汽车构造维修系列丛书

新型汽车底盘维修简明教学图解

李 伟 主 编

史雪飞 副主编

電子工業出版社

Publishing House of Electronics Industry

北京 · BEIJING

内 容 简 介

本书详细讲解新型汽车底盘构造，所选图片以透视图、剖视图及原理示意图等为主，可以让读者清晰地看到汽车底盘的内部构造，了解汽车底盘各个部件运作的原理。

本书从实际出发，将汽车底盘相关的新技术重新进行整合，具有较强的针对性和实操性。书中包含上百幅汽车电器精美图片及维修图片，提升维修技能，突出新技术和新方法。

本书语言通俗、层次分明、条理清晰、图表结合、简单实用、易学易懂，并做到理论与实践相结合，非常适合广大汽车爱好者及汽车相关行业人员和学员使用。

图书在版编目（CIP）数据

新型汽车底盘维修简明教学图解 / 李伟主编. —北京：电子工业出版社，2019.7
（汽车构造维修系列丛书）
ISBN 978-7-121-35411-3

Ⅰ. ①新… Ⅱ. ①李… Ⅲ. ①汽车－底盘－车辆修理－图解 Ⅳ. ①U472.41-64

中国版本图书馆 CIP 数据核字（2018）第 253355 号

策划编辑：李 洁
责任编辑：刘真平
印 刷：三河市鑫金马印装有限公司
装 订：三河市鑫金马印装有限公司
出版发行：电子工业出版社
北京市海淀区万寿路 173 信箱 邮编 100036
开 本：787×1 092 1/16 印张：15.75 字数：403.2 千字
版 次：2019 年 7 月第 1 版
印 次：2019 年 7 月第 1 次印刷
定 价：49.90 元

凡所购买电子工业出版社图书有缺损问题，请向购买书店调换。若书店售缺，请与本社发行部联系，联系及邮购电话：（010）88254888，88258888。

质量投诉请发邮件至 zlts@phei.com.cn，盗版侵权举报请发邮件至 dbqq@phei.com.cn。

本书咨询联系方式：lijie@phei.com.cn。

前　言

随着对汽车知识的了解，我们发现对现在的汽车反而越来越看不懂了，底盘新技术、新配置、新名词、新设计让人眼花缭乱，如果只认识一些车标和车名，早已不能称为汽车爱好者了。随着汽车技术的进步，汽车爱好者们也需要不断学习和更新知识，对汽车应有更深层次的认识和了解；对于购车者、车主和驾车人来说，也必须掌握一定的汽车底盘知识，了解汽车底盘基本机械构造，了解汽车底盘构造及力与驾驶和使用的关系。只有这样，才能轻松应对每天行车中遇到的各种问题，并不断加深对汽车底盘的了解。

汽车更新换代很快，在维修人员及学员掌握基本结构及工作原理的基础上，本书将汽车底盘内容重新进行了整合，把最新的底盘结构、工作原理、故障诊断、检修等渗透其中。

（1）采用最新的底盘进行讲解和剖析；应用大量三维实物和解剖分解图使读者直观了解汽车底盘最新结构原理，掌握最新汽车底盘技术。

（2）提供大量新型底盘图片，将其与结构原理相结合，便于读者拆装与检修。

（3）列举大量故障案例，达到举一反三的效果。

本书文字简练、通俗易懂，适合汽车学员及汽车爱好者参考阅读。本书由李伟担任主编，史雪飞担任副主编，其他参编人员有：李校航、李校研、于洪燕、李春山、吕春影、李微、于忠贵、姜春玲、马针等。由于经验不足，书中的错误和不完善之处在所难免，恳请广大读者批评指正。

编　者

目　录

Chapter 1

第 1 章

离合器

001 膜片式离合器结构

膜片式离合器主要由主动盘、从动盘和分离系统 3 大部分组成，如图 1-1 所示。

（a）主动盘

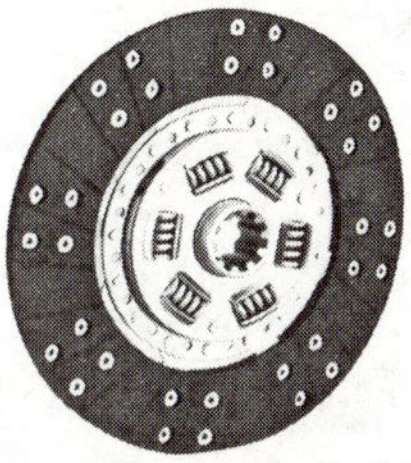

（b）从动盘

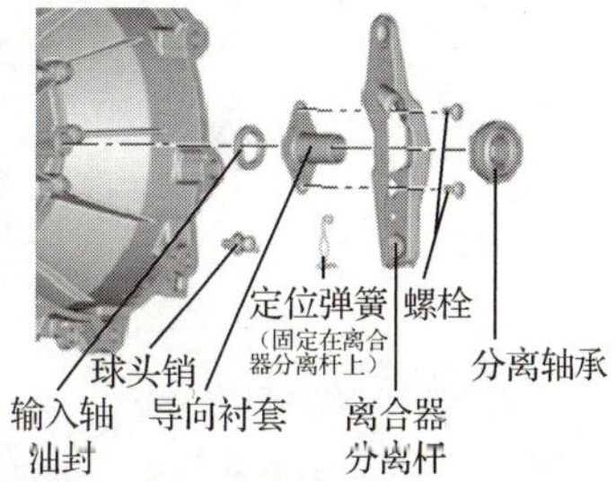

（c）分离系统

图 1-1 膜片式离合器结构

002 液压助力式离合器操纵机构

液压助式离合器操纵机构如图 1-2 所示，主要由主缸、工作缸（离合器分泵）及管路系统组成。液压式操纵机构具有摩擦阻力小、传动效率高、质量轻、接合柔和及布置方便等优点，并且不受车身车架变形的影响，应用广泛。

003 离合器主缸结构

离合器主缸结构如图 1-3 所示。主缸进油孔通过进油软管与制动储液罐相通，出油孔与离合器分泵通过管路相连接。主缸体内装有活塞、限位橡胶装置。

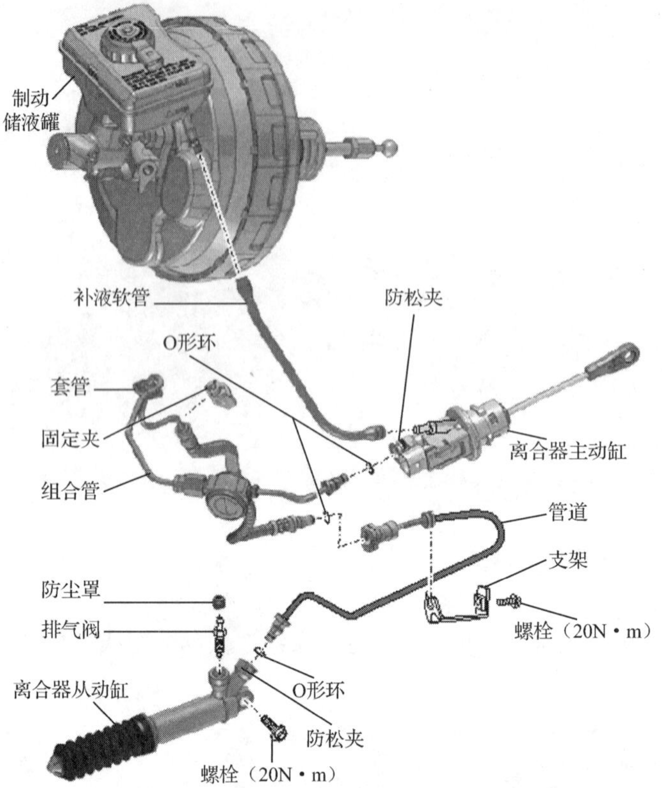

图 1-2　液压助力式离合器操纵机构

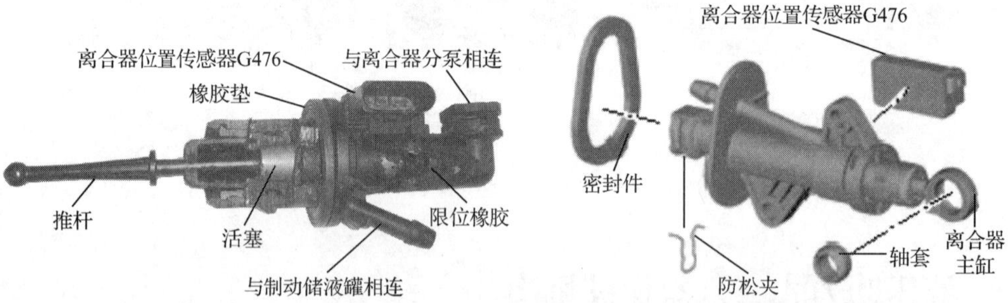

图 1-3　离合器主缸结构

004 离合器分泵结构

离合器分泵结构如图 1-4 所示，主要由排气孔、进油孔、回位弹簧、皮碗、推杆、保护套等组成。

005 新型 CSC 离合器结构

目前，开始流行将离合器的分缸直接和分离轴承集成在一起构成同心式分缸（Concentric Slave Cylinder，CSC），带分离轴承的离合器从动缸如图 1-5 所示。同心式分缸的主要优点是，简化了离合器操纵传动的组装，可在一个紧凑的分缸单元里集成多种功能，如尖峰转矩限制功能（即在分缸内有一开闭式流道，能随时改变流道大小，在离合器分离时可使液流变慢增加接合时间，而分离时却毫无阻力）、踏板阻尼功能（减小操纵系统工作时踏板的振动）等。

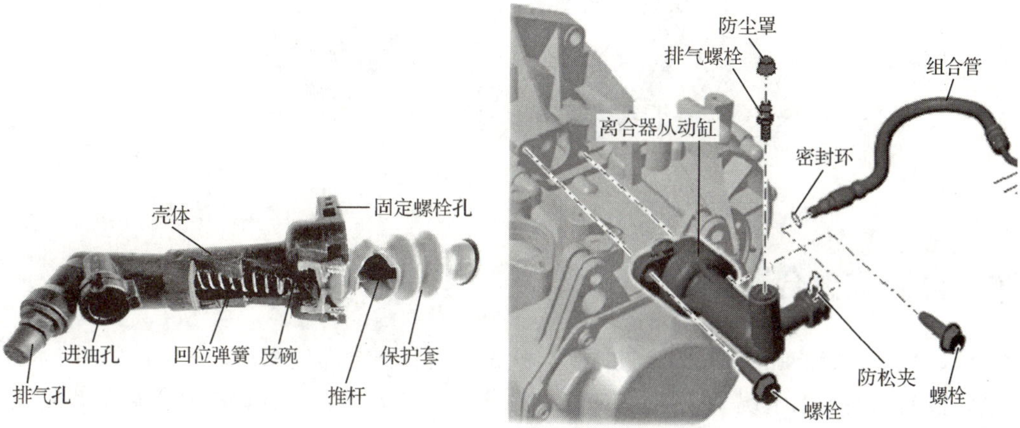

图 1-4　离合器分泵结构

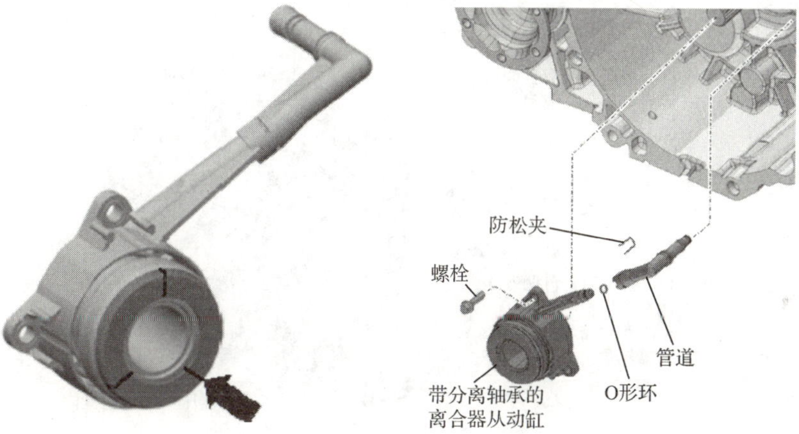

图 1-5　带分离轴承的离合器从动缸

CSC 通过轴承直接安装在离合器盖上，这不仅可使离合器分离时发动机曲轴免受轴向力作用，还可减轻曲轴发生轴向运动时引发的转矩波动，以免造成离合器接合时的抖动。未操纵离合器/离合器已接合，如图 1-6 所示；已操纵离合器/离合器已脱开，如图 1-7 所示。

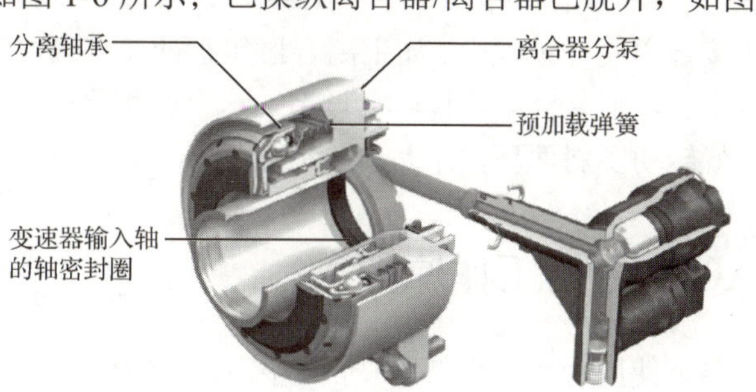

图 1-6　分离机构状态（1）

图 1-7 分离机构状态（2）

006 自调式离合器结构

SAC 是“Self-Adjusting-Clutch”的缩写，就是自调式离合器的意思，其结构如图 1-8 所示。SAC 系统根据分离力的情况来工作。在 SAC 系统上，离合器压盘的磨损补偿可重新复位，因此离合器从动盘和离合器压盘就可以单独更换了。

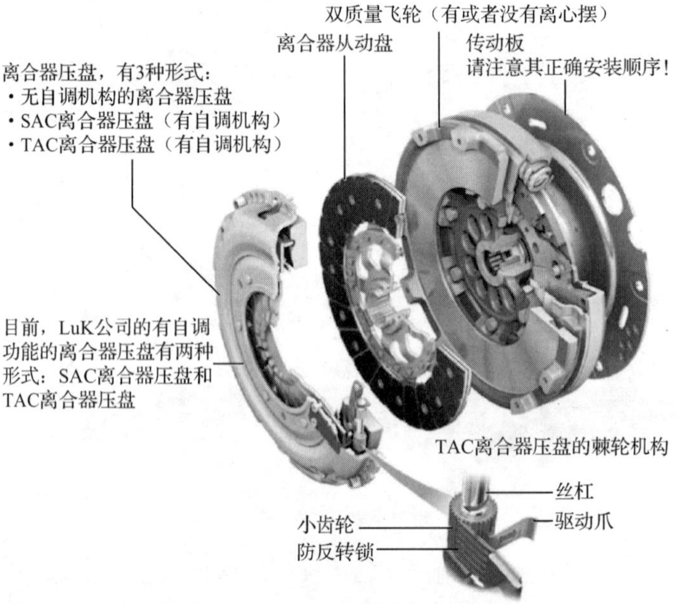

图 1-8 自调式离合器结构

调节发生在离合器接合和脱开过程中。如果离合器压盘的摩擦面与双质量飞轮之间的距离因离合器磨损而相应减小了，则离合器行程就会调节。这个行程变化会触动棘轮机构，棘轮机构与丝杠连接在一起，就转动了斜面环，于是就补偿了磨损。

007 自调式 SAC 离合器工作原理

在离合器从动盘的整个使用寿命中保持不变的分离力，离合器从动盘结构如图 1-9 所示。

随着离合器从动盘的磨损，主碟形弹簧的位置会发生改变，从而改变压紧力和分离力的特征线。主碟形弹簧有一条递减的特征线。为了使压盘的压紧力在 1.5～2mm 的磨损范围内不致过低，选择的主碟形弹簧的特征线在一开始压紧力首先上升，其结果是不得不加大踩踏力。在双涡轮增压发动机上，离合器必须传递很高的扭矩。因为在设计离合器时由于结构上的条件限制了摩擦片的面积，所以必须通过更高的压紧力来补偿，结果是同样需要更高的分离力（特别是在磨损时）。离合器压盘结构如图 1-10 所示。

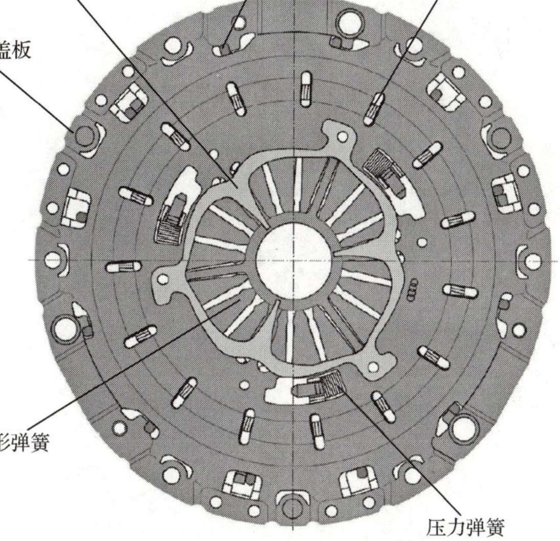

图 1-9　离合器从动盘结构

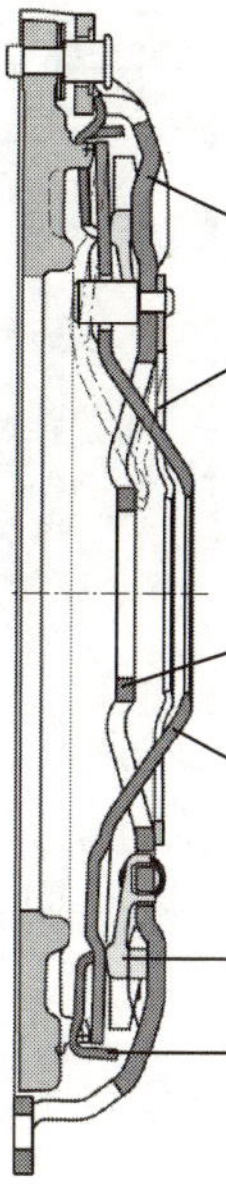

图 1-10　离合器压盘结构

与传统的离合器相比，下列零件是经过改进的：

（1）传感器碟形弹簧、带压力弹簧的调整环、带辅助弹簧和分离挡块的壳体盖板，如图 1-11 所示。

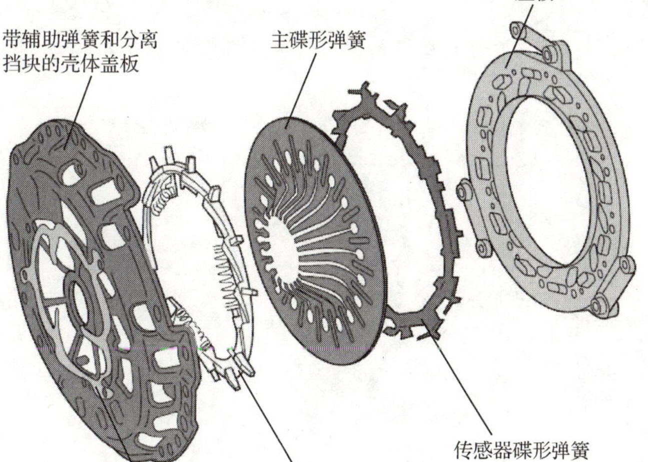

图 1-11　SAC 离合器结构

（2）分离挡块（集成在壳体盖板中）。

（3）辅助弹簧（与壳体盖板铆接在一起）。

分离挡块限制了分离轴承的位移并防止调整环无意间的调整。辅助弹簧从一个定义的行程开始克服主碟形弹簧力，并使得离合时受力均匀，如图 1-12 所示。

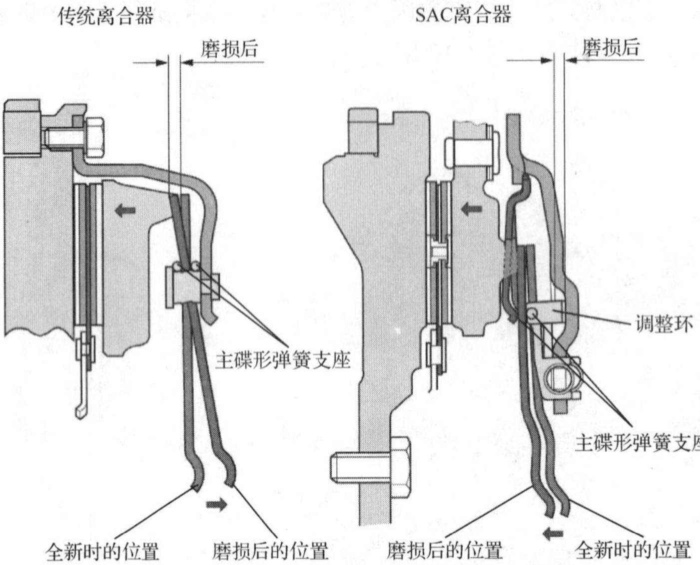

图 1-12 传统离合器与 SAC 离合器复位过程

分离时的过程：

传感器碟形弹簧的力量克服主碟形弹簧的力量，力量大小应保证在正常分离力下将主碟形弹簧压在调整环上，如图 1-13 所示。

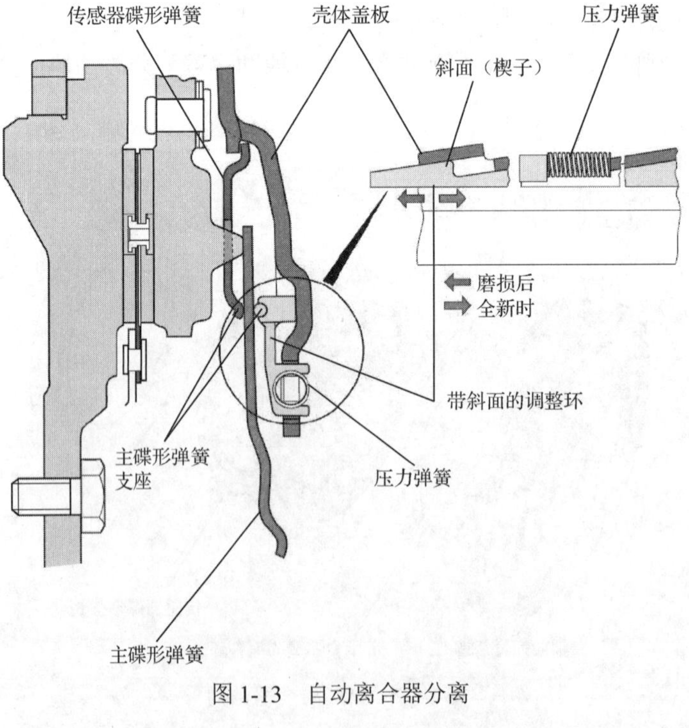

图 1-13 自动离合器分离

如果由于摩擦片磨损使主碟形弹簧的力量大于传感器碟形弹簧的力量，则主碟形弹簧会从调整环上翘起，压力弹簧沿着壳体盖板的斜面扭转调整环，这样就补偿了摩擦片的磨损，并重新恢复了压紧和分离力。

008 双片离合器结构

由于结构的影响，单片离合器的转矩容量受到了一定的限制。目前，常见的单片离合器转矩容量可达 2300N·m。在超载运输经常发生的情况下，许多大型车辆使用双片离合器比较合适，双片离合器即是在离合器中多了一个从动盘。在单片离合器无法满足转矩容量要求的情况下，双片离合器应运而生。

（1）双片离合器从动盘允许摩擦量是单片的 2 倍（同等尺寸时），因而具有更长的使用寿命。

（2）两个摩擦片平行工作，离合器接合时从动盘逐步压紧，所以起步平稳，快速换挡时，转矩峰值也较小，有利于延长变速器的寿命。其结构及安装位置如图 1-14、图 1-15 所示。

图 1-14　双片离合器结构

（3）双片离合器由于多了一个从动盘，使离合器从动部分转动惯量增大，鉴于此，压盘 1 和 2 的切向弹簧之间有间距调整件，它的作用是在离合器脱开时保持离合器从动盘之间所必需的气隙。只有在弹簧连接、切向弹簧和间距调整件都正常时，才能保证离合器正常脱开。

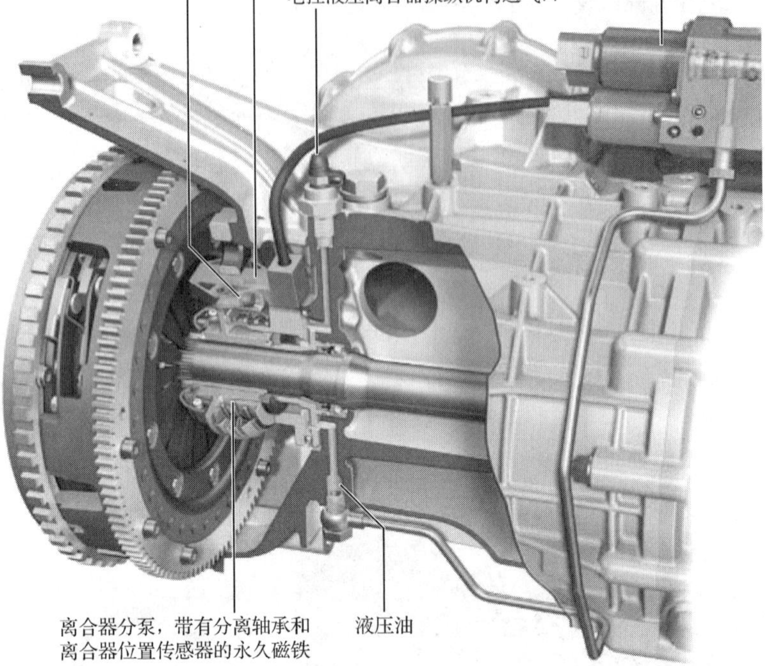

图 1-15　双片离合器安装位置

（4）双片离合器还存在一个磨损后压紧力调整的问题，单片离合器（螺旋盖）磨损后压紧力要变小，通常换新之前是不用调整的，而双片比单片允许的摩擦量大 1 倍，这意味着双片的压紧力也要比单片的改变量大 1 倍，通常这样的情况采取调整弹簧或垫片数量的方法来补偿压力损失。

009 气压助力式操纵机构

气压助力式离合器操纵机构一般利用由发动机带动的空气压缩机作为主要的操纵能源，驾驶人的肌体则作为辅助和后备的操纵能源。由于包括空气压缩机、储气罐在内的一整套磁压缩空气源结构复杂，所以单为离合器操纵机构设置整套能源系统是不适宜的，一般都是与汽车的气压制动系统及其他气动设备共用一套压缩空气源。

离合器分离：踩下踏板，总泵制动液从 4 口输入 A 液压腔，作用在活塞杆 a 上，使推杆 b 产生向左的推力。同时，制动液经通道 j 进入 C 油腔，推动控制阀杆 c 向左移动，打开气门 f，压缩空气经通道 g 流入 B 气压腔。在气压力和液压力同时作用下，使推杆 b 继续往左移动，从而使离合器分离。

离合器啮合：松开踏板，4 口液压降为零。在大回位弹簧 d 和气压的作用下，控制阀杆 c 向右移动，关闭气门 f，空气经控制阀杆的通道 h 由 31 口排向大气，活塞杆回位，推杆 b 在大回位弹簧 d 的作用下也同时回到起始位置，如图 1-16 所示。注：最大行程为 60～75mm；最大工作压力为液压 12MPa、气压 1MPa。

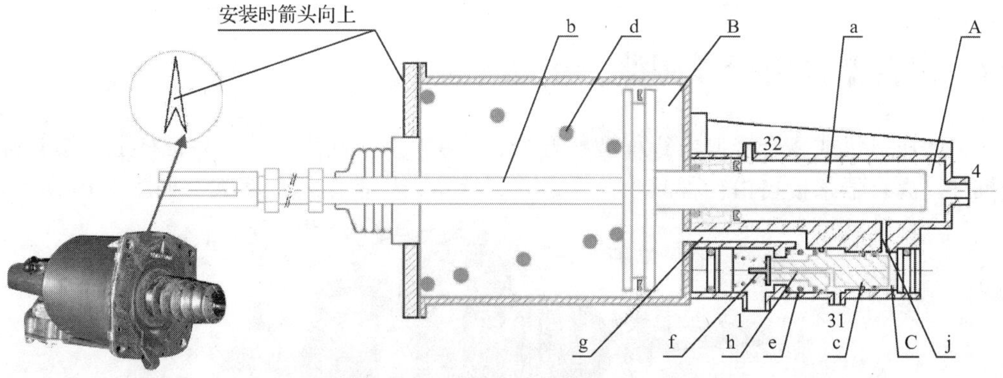

A—活塞杆；b—推杆；c—控制阀杆；d—大回位弹簧；e—小回位弹簧；f—气门；g、h、j—通道；
1—进气口；4—进液口；32—液压排气口（放气螺栓）；31—排气口；A—液压腔；B—气压腔；C—油腔

图 1-16　气压助力离合器泵

010 离合器排气

（1）如果空气滤清器在从动缸上方，请将其完整地拆除。

（2）连接制动液加注及排气装置 V.A.G 1869 或空瓶，如图 1-17 所示。

（3）将排气机软管与制动排气装置收集罐连接起来。

（4）将排气软管插到排气机上，如图 1-18 中箭头所示。

（5）以 2bar 的压力给系统供气。

（6）打开排气阀。

（7）排出约 $100cm^3$ 的制动液。

（8）关闭排气阀。

（9）迅速将踏板从一个极限位置到另一个极限位置踩 10～15 次。

（10）打开排气阀。

（11）排出剩余的 $50cm^3$ 制动液。

（12）关闭排气阀。

（13）结束排气过程后踩几次离合器踏板。

（14）安装整个空气滤清器罩壳。

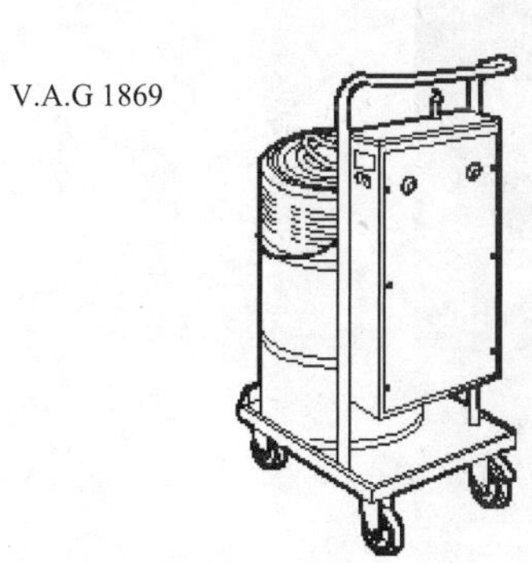

图 1-17　排气装置

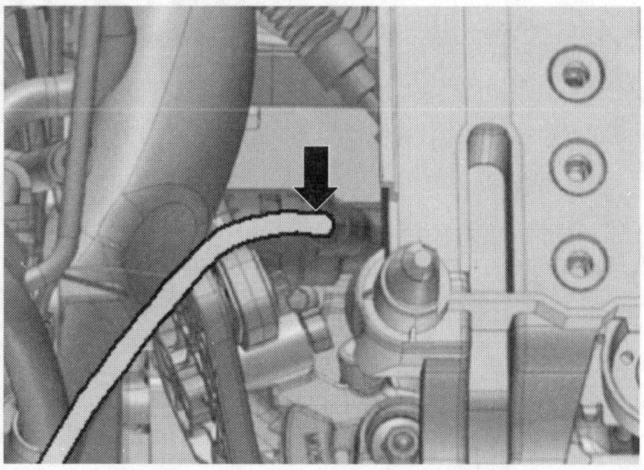

图 1-18　将排气软管插到排气机上

011 离合器自由行程调整

（1）液压操纵式离合器自由行程调整方法1：用扳手松开离合器分泵推杆上的锁紧螺母，调长推杆，离合器踏板自由行程减小；反之，离合器踏板自由行程增大，如图1-19所示。

图1-19 液压离合器自由行程调整（1）

（2）液压操纵式离合器自由行程调整方法2：用扳手松开离合器踏板臂上连接离合器主缸的偏心螺栓的锁紧螺母，转动偏心螺栓，将其转至左方，则离合器踏板自由行程减小；反之，离合器踏板自由行程增大，如图1-20所示。调整好后，拧紧偏心螺栓的锁紧螺母。

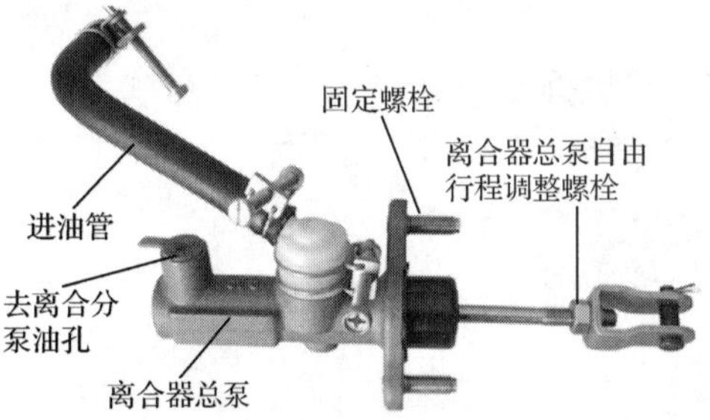

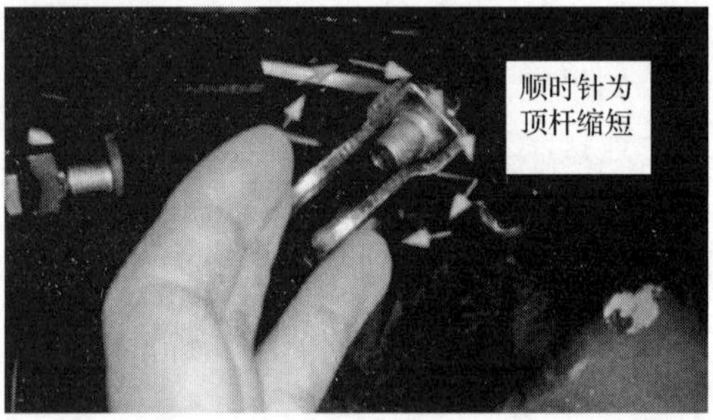

图1-20 液压离合器自由行程调整（2）

（3）拉线式离合器自由行程的调整：通过调整分离拉杆上的球形调整螺母来进行，螺母旋入，自由行程减小；螺母旋出，自由行程增大，如图1-21所示。离合器踏板自由行程为15～25mm，如不符合要求可通过球形调整螺母进行调整。

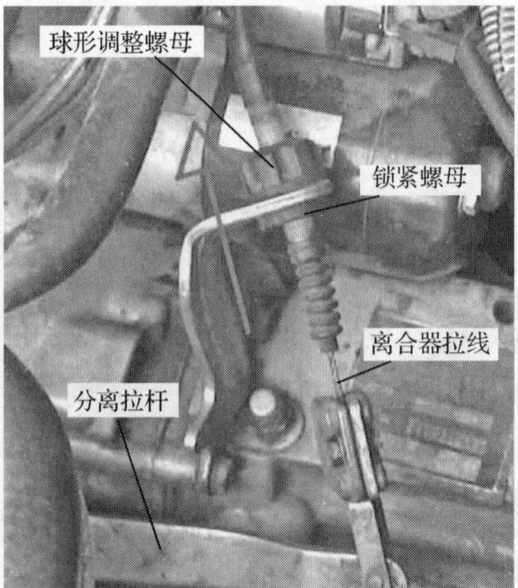

图1-21 拉线式离合器自由行程的调整

012 气压助力式离合器故障排除

离合器液压系统内存有空气，助力器推杆的有效行程就会减小，使离合器分离不彻底，挂挡困难。在装配或拆装油管时，先将助力器放气螺钉松开，在储油罐内加入指定牌号的制动液，边踩离合器踏板边补充制动液，直至从放气螺钉处溢出为止，拧紧放气螺钉。然后快踩离合器踏板数次后踩住踏板不放，松开助力器放气螺钉直到没有气窜出，拧紧放气螺钉。重复上述步骤 2～3 次，即可排尽液压系统内的空气。

离合器故障判断流程如图 1-22 所示。

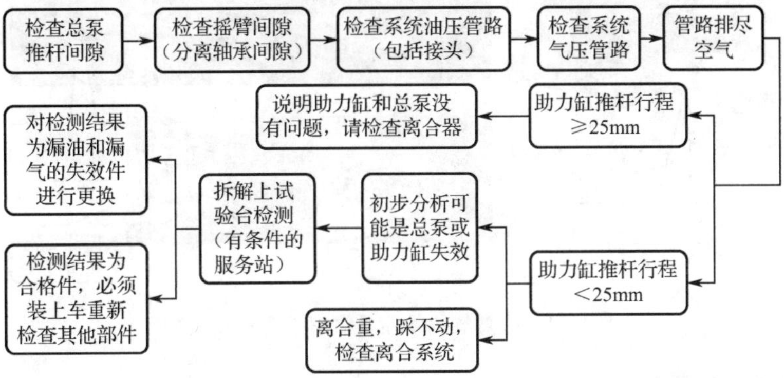

图 1-22　离合器故障判断流程

1）离合器分离不彻底故障

（1）故障现象：踩离合时离合器分离不彻底，或踩踏板感觉无力。

（2）主要原因（判定）：①总泵推杆间隙过大；②助力缸摇臂间隙过大；③制动液管路中有空气；④油管材质问题引起膨胀，行程缩短。

（3）解决方法（维修）：①调整总泵推杆间隙（0.5～1mm）；②（拆下推杆回位弹簧）调整摇臂间隙（3～5mm，特指带回位弹簧式的），如图 1-23 所示；③反复排气，当踏板踩到接近（不到）底部时，踏板不松，挂挡—退挡—挂挡能正常；④更换合格油管。

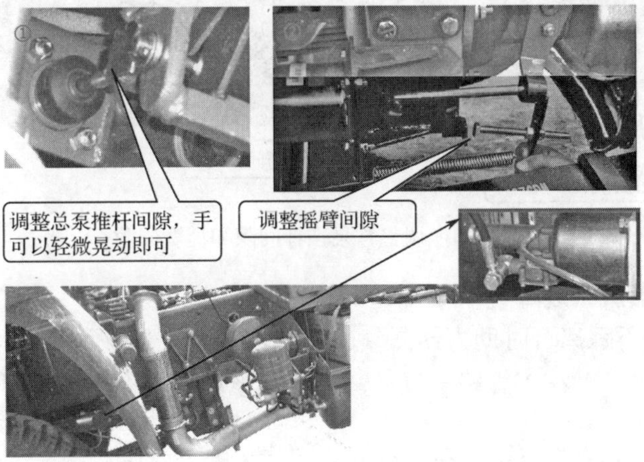

图 1-23　调整总泵推杆间隙和摇臂间隙

2）踩离合器踏板时感觉沉重故障

（1）故障现象：踏板离合沉重。

（2）主要原因（判定）：①气路漏气或气压过低；②摇臂安装偏角过大；③离合机构变形、发卡、咬死。

（3）解决方法（维修）：①检查管路密封处，提高气源压力，一般在0.7MPa以上；②改进摇臂安装偏角，在3°以内；③调整摇臂传动机构使之动作灵活，如图1-24所示。

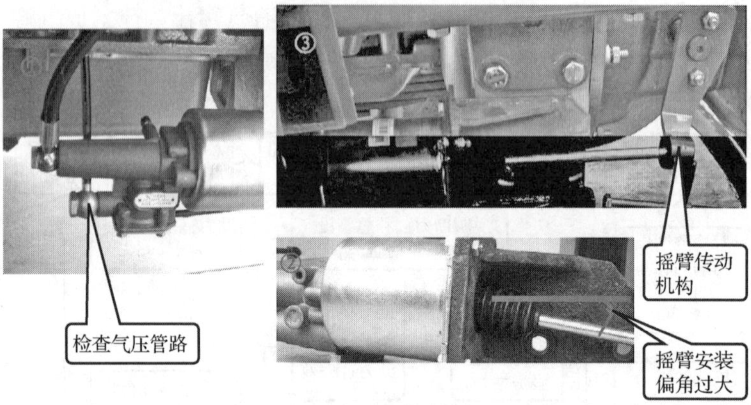

图1-24 检查气压管路及调整摇臂传动机构

3）烧离合器片故障

（1）故障现象：助力器推杆顶死，不回位，合不拢，烧离合器片。

（2）主要原因（判定）：①总泵推杆间隙0.5～1mm未保证（推杆摇不动）；②摇臂无间隙，造成离合器处于半离合状态，引起烧片。

（3）解决方法（维修）：①调整总泵推杆间隙（0.5～1mm）；②调整限位螺栓使摇臂间隙不小于5mm，如图1-25所示。

图1-25 调整总泵推杆间隙和摇臂间隙

4）离合器助力器漏气故障

（1）故障现象：不踩离合时助力器漏气。

（2）主要原因（判定）：①管路漏气；②装配或修理现场不干净，混入杂质使助力器气门无法关闭。

（3）解决方法（维修）：①检查气压管路；②检查助力器接气口，如图1-26所示。

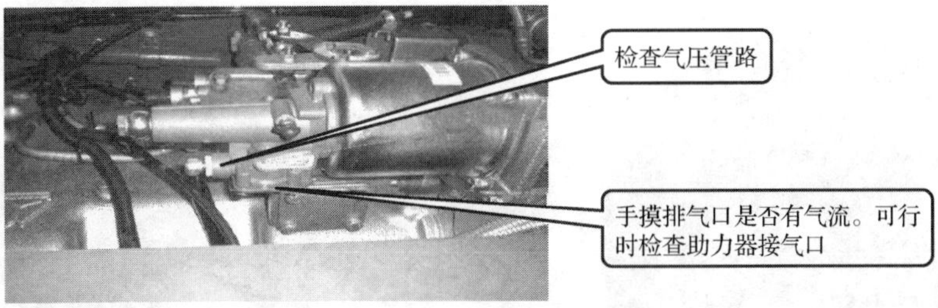

图 1-26 检查气压管路和助力器接气口

5）离合器泵漏油故障

（1）故障现象：漏油总泵不回位、发卡、回位慢。

（2）主要原因（判定）：①管路漏油；②在上述情况全部排除的情况下能看到总泵或助力器滴油；③加错制动液（假冒伪劣或非指定合成制动液），密封件早期失效；④错加机械油，密封件发涨失效。

（3）解决方法（维修）：①检查油压管路或拆解清洗管路和总成，更换密封件，如图 1-27 所示；②其他部位漏油，在无法修复的情况下更换失效件；③因加错制动液或加机械油导致密封件损坏，汽车公司不予保修。

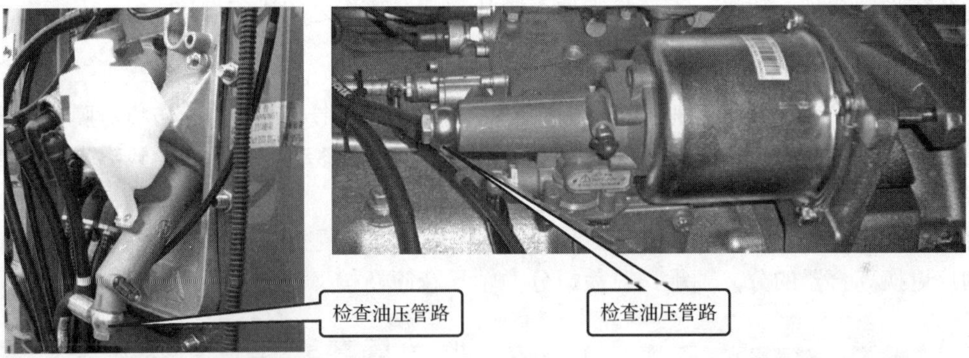

图 1-27 检查油压管路

013 离合器盘总成的减振部件故障

1）离合器盘总成的减振部分、摩擦面故障

离合器盘总成的减振部分、摩擦面带有金属粉末（红锈，如图 1-28 所示），离合器盖总成的压盘摩擦面光滑如镜，如图 1-29 所示。

主要原因：造成以上现象的原因可能是离合器长时间保持半离合状态，导致压盘表面镜面化；还有可能是离合器的分离操纵机构复位不良所致。

解决方法：如果是人为因素造成的，需要说明汽车离合器的正确使用规范；如果是由于离合器的分离操纵机构工作不良造成的，则需要为离合器分离轴承套筒的滑动部分涂抹润滑脂或直接更换离合器分离操纵机构磨损的部件。

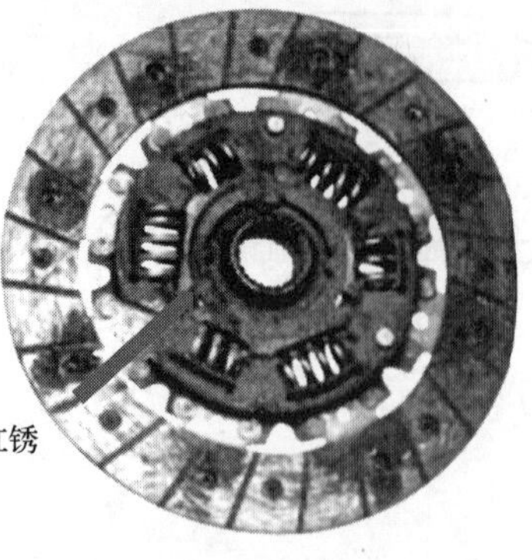

图 1-28 离合器盘总成的减振部分有金属粉末（红锈）

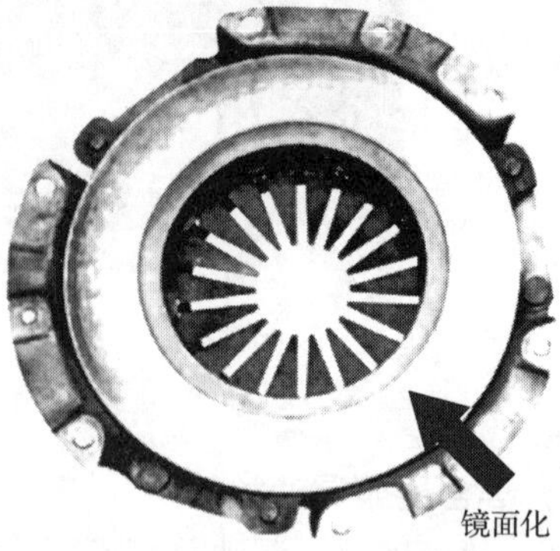

图 1-29 离合器盖总成的压盘摩擦面光滑如镜

2）膜片弹簧的分离指高度不一致故障

主要原因：以上现象可能是由于在离合器盖总成安装过程中各个螺栓紧固的力矩不均匀，或是由于外力碰撞膜片弹簧的分离指所造成的，如图 1-30 所示。

解决方法：在将离合器盖总成安装到飞轮上时，需要按对角线方向依次将螺栓旋入作为临时紧固，切勿将一个螺栓拧紧后再旋入下一个螺栓。在离合器盖总成搬运过程中，要避免膜片弹簧的分离指遭到外力碰撞，不可将手伸入膜片弹簧分离指之间进行搬运。

3）膜片弹簧的分离指端部异常磨损故障

主要原因：可能是由于变速器或发动机侧轴承的磨损劣化及安装面的伤痕对膜片弹簧产生了扭曲现象，使得支承环的支点部位异常磨损，引起压盘的移动量减小而导致离合器分离不良所造成的，如图 1-31 所示。

解决方法：更换变速器或发动机侧磨损劣化的轴承，修复变速器钟形罩安装面的伤痕并清除异物；更换离合器的分离轴承、前盖、分离轴承套筒及拨叉等部件。

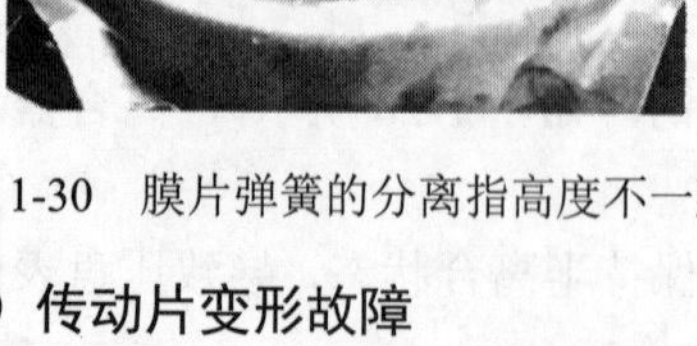

图 1-30 膜片弹簧的分离指高度不一致

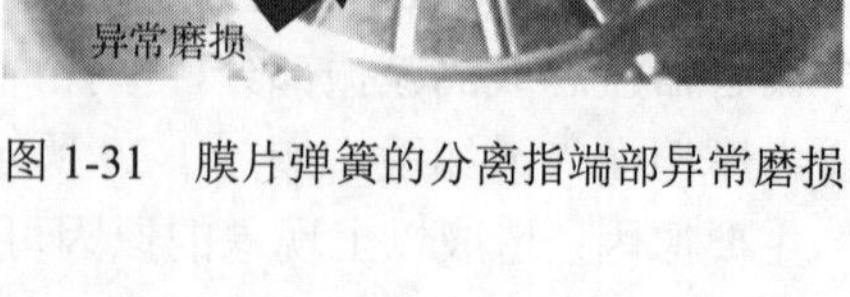

图 1-31 膜片弹簧的分离指端部异常磨损

4）传动片变形故障

主要原因：可能是由于摔落等原因对离合器盖总成形成冲击致使传动片变形，造成膜片弹簧动作时压盘移动量不足，导致离合器分离不彻底，如图 1-32 所示。

解决方法：绝对不允许使用被撞击过的离合器盖总成，需要整体进行更换。

图 1-32 传动片变形

014 拆卸和安装离合器压盘（Sachs 公司）

SAC 离合器总成如图 1-33 所示。

1）拆卸

（1）为了在拆卸左侧法兰轴后没有齿轮油外溢，必须使变速箱略微向后倾斜。

（2）拧出左侧法兰轴支撑座的螺栓，如图 1-34 中箭头所示。

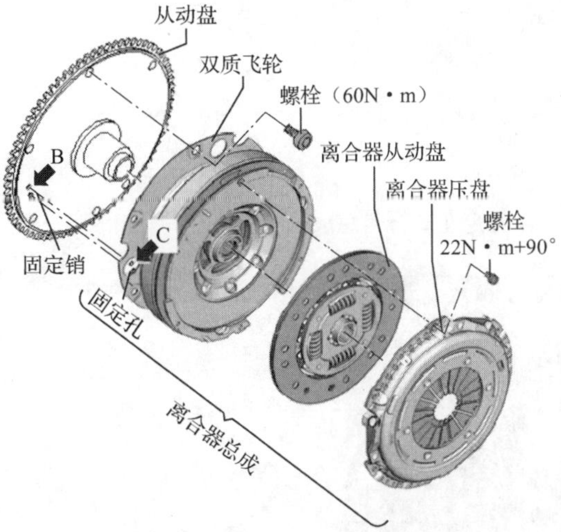

图 1-33 SAC 离合器总成

图 1-34 拧出左侧法兰轴支撑座的螺栓

（3）将法兰轴沿箭头方向 A 从变速箱中拉出，同时使轴端 C 与前轴主减速器上的开口（如图 1-35 中箭头所示）保持对中状态。

（4）将拔出器 T40176 用螺母 B 固定在离合器总成 A 上，如图 1-36 中箭头所示。

（5）向上转动拔出器 T40176，如图 1-37 所示。

（6）不过分歪斜地将离合器模块从驱动轴上拔下。

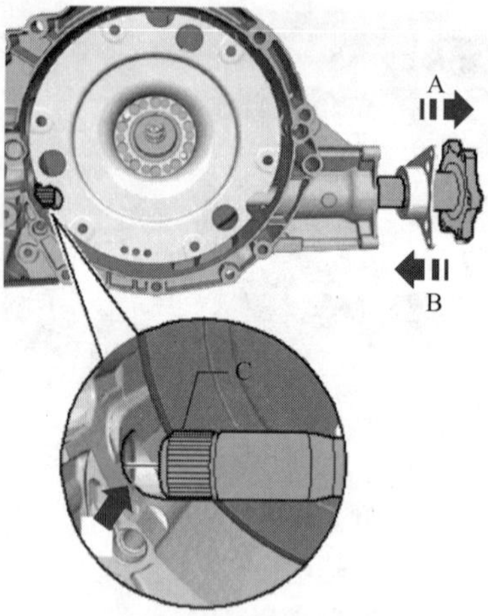

图 1-35　将法兰轴沿箭头方向 A 从变速箱中拉出

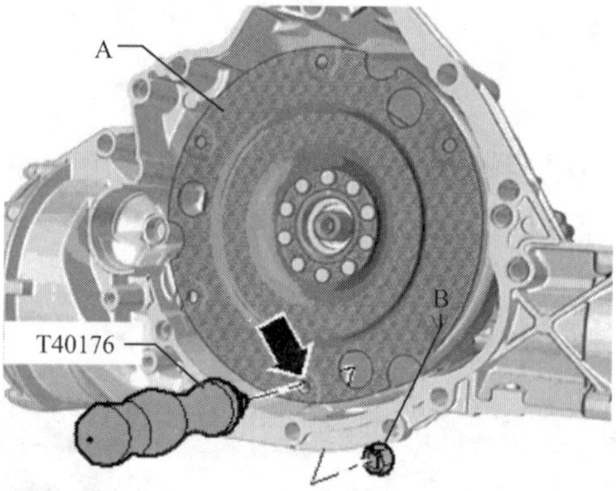

图 1-36　将拔出器 T40176 用螺母 B 固定在离合器总成 A 上

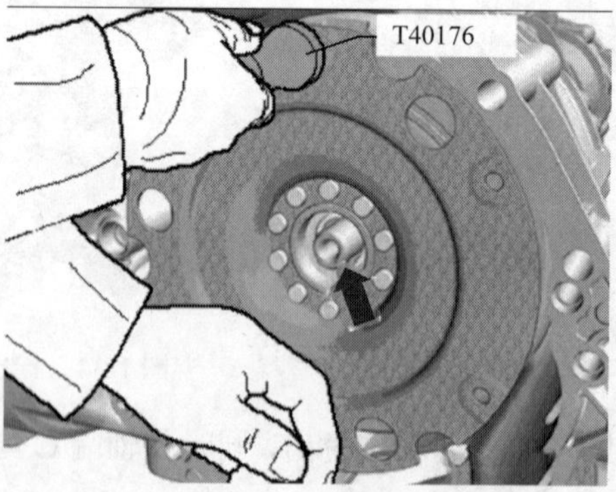

图 1-37　向上转动拔出器 T40176

2）安装

安装以倒序进行，同时要注意下列事项：

（1）用定心棒 T40171 使离合器从动盘居中，如图 1-38 所示。

（2）将离合器压盘插到固定销上。

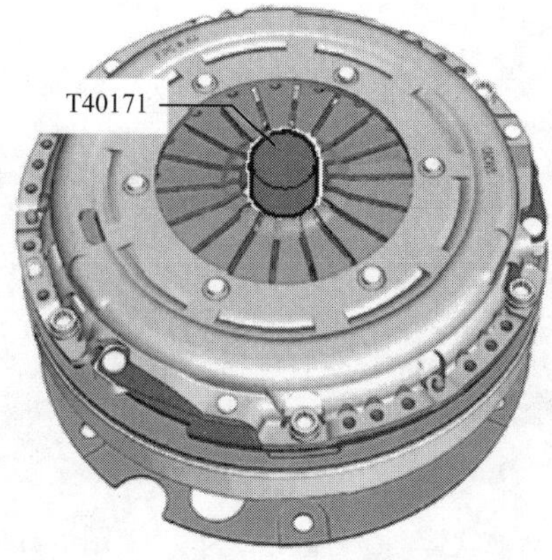

图 1-38　用定心棒 T40171 使离合器从动盘居中

（3）离合器从动盘的安装位置：减振套件（螺旋弹簧）或标记变速箱侧必须指向离合器压盘。

（4）安装离合器模块，使压盘 VW510 靠在双质飞轮内的支撑环 A 上，如图 1-39 所示。

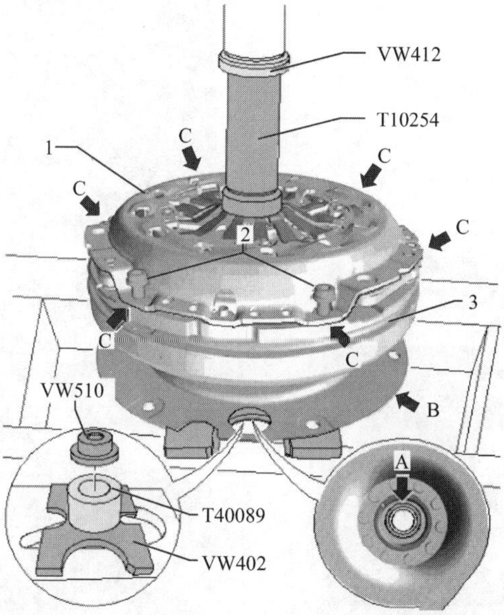

1—离合器压盘；2—螺栓；3—双质飞轮；A—支撑环；B—过渡板；VW402—压板；VW412—压杆；VW510—压盘；T10254—装配工装；T40089—压块

图 1-39　安装离合器总成

（5）将装配工装 T10254 装在定心棒 T40171 上。

（6）操纵压力机，直至离合器压盘 1 靠在双质飞轮 3 上箭头 C 外。

015 离合器拆装

（1）从适配器上分离离合器油软管，如图 1-40 所示。使用锁止钳防油泄漏。

（2）拆卸变速器总成，如图 1-41 所示。

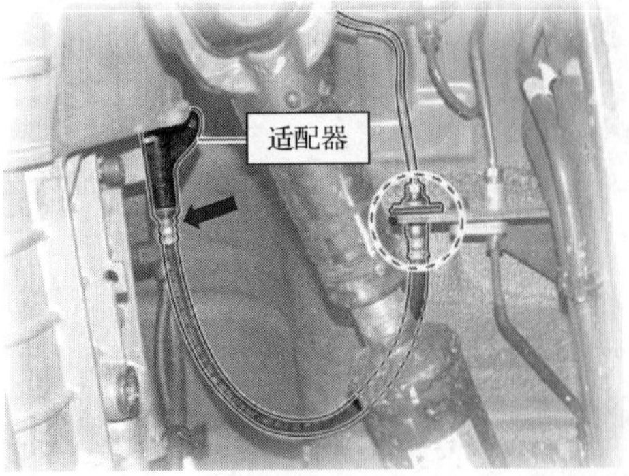

图 1-40　从适配器上分离离合器油软管

图 1-41　拆卸变速器总成

（3）把定中心销（专用工具）插入中央的花键，按横向顺序拧松离合器壳螺栓 1/2 直到弹簧张力释放，如图 1-42 所示。

（4）拧下螺栓并拆卸离合器壳，如图 1-43 所示。

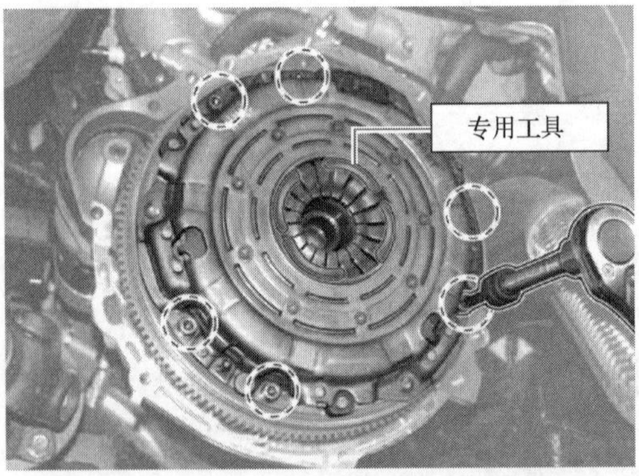

图 1-42　松开压盘螺栓

图 1-43　拆卸离合器壳

016 同轴分泵和适配器拆卸及检修

（1）拧下离合器外壳中的油管螺母（20～25N・m），如图 1-44 所示。

（2）从离合器外壳上拧下油管适配器固定螺栓并拆卸适配器和油管，如图 1-45 所示。

（3）拧下 3 个螺栓并拆卸输出轴上的同轴分泵总成，如图 1-46 所示。

（4）按拆卸的顺序进行安装。

图 1-44　拧下离合器外壳中的油管螺母

图 1-45　拆卸适配器和油管

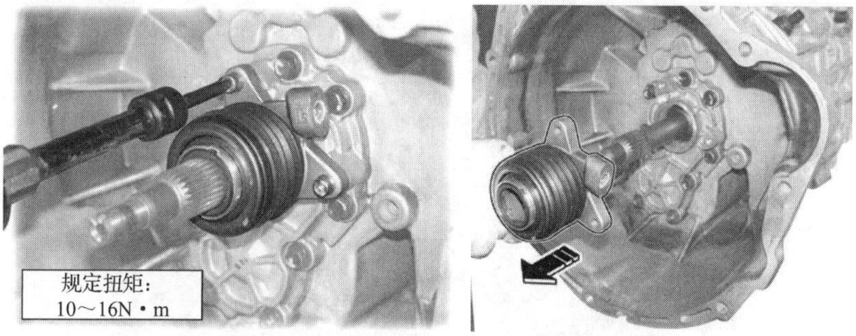

图 1-46　拆卸输出轴上的同轴分泵总成

017 离合器主泵拆卸

（1）排放离合器油。

（2）从制动器储油箱中分离离合器油供给软管，如图 1-47 所示。

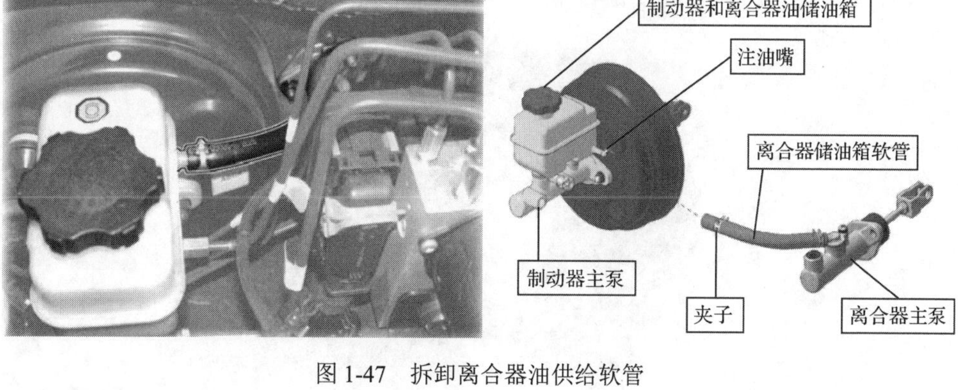

图 1-47　拆卸离合器油供给软管

（3）分离离合器油供给软管（到腔）并拧下两个离合器主泵固定螺母，如图 1-48 所示。

（4）从离合器踏板分离离合器主泵推杆并拆卸离合器主泵。

（5）按拆卸的相反顺序进行安装，安装后检查放气和离合器踏板工作。

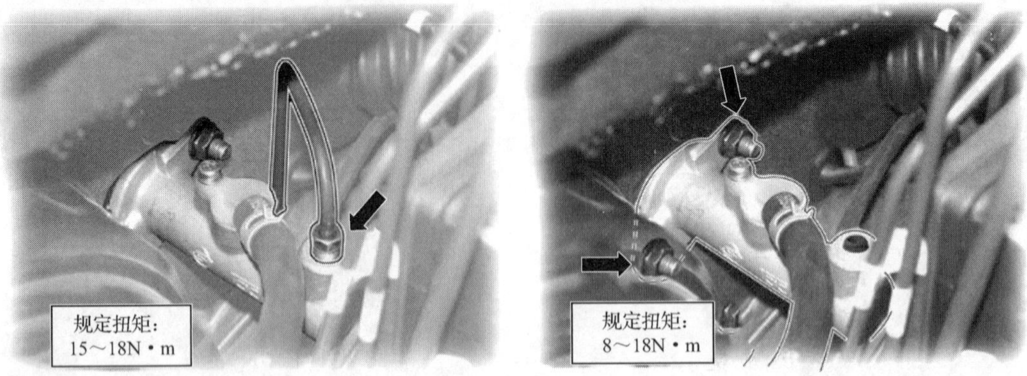

图 1-48　拧下两个离合器主泵固定螺母

（6）在储油箱注入制动器和离合器油，如图 1-49 所示。

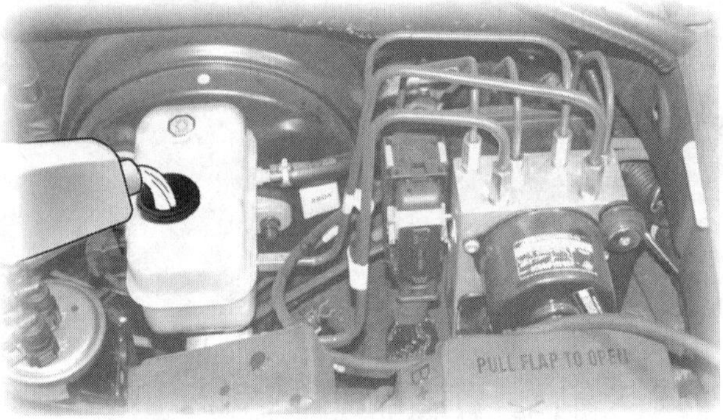

图 1-49　注入制动器和离合器油

018 离合器压盘、从动盘和同轴分泵检修

1）离合器压盘检修

检查膜片弹簧是否磨损和高度是否不平，不平极限为 0.8mm，如图 1-50 所示。

图 1-50　离合器压盘

2）离合器从动盘检修

检查表面铆钉是否松动，是否存在接触不平、卡滞现象，是否有油和润滑脂。检测铆钉头深度，如果超过极限 0.3mm，则更换离合器片，如图 1-51 所示。

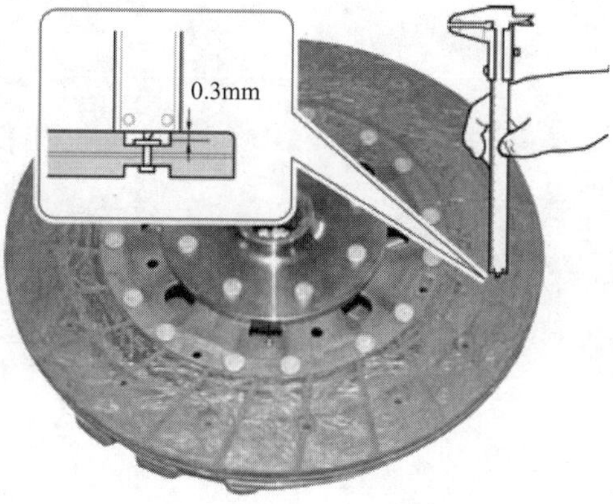

图 1-51　检测离合器片

3）同轴分泵检修

检查是否存在受热损坏、异常噪声、转动不良和同轴分泵轴承磨损情况，如图 1-52 所示。

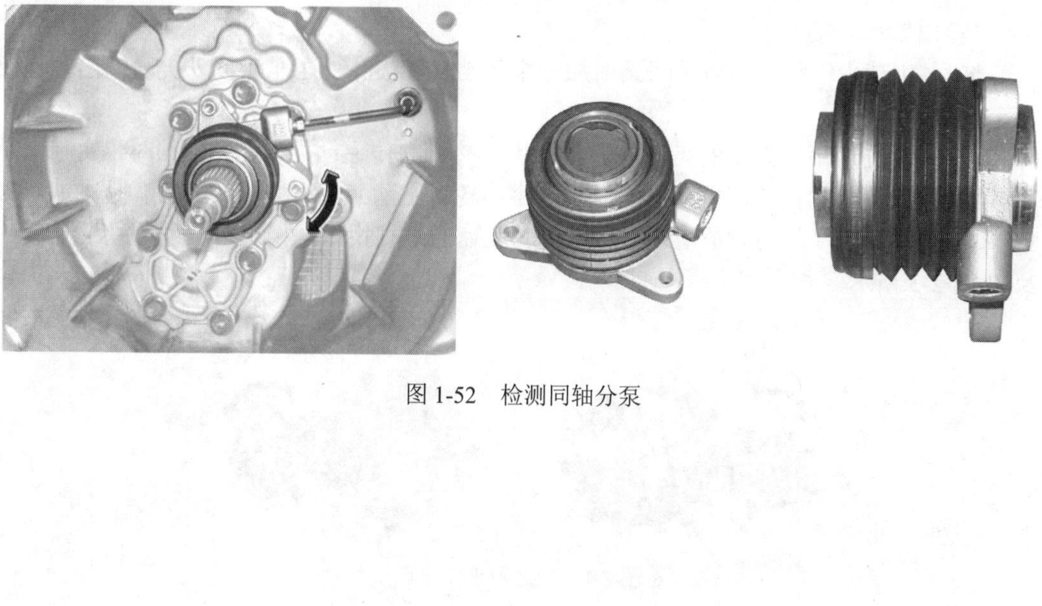

图 1-52　检测同轴分泵

Chapter 2

第2章

手动变速器

019 手动变速器变速原理

启动发动机，踩下离合器使离合器分离，通过变速杆挂上挡位，实际是将挡位的主动齿轮和从动齿轮通过同步器和输出轴连接起来共同旋转。当升挡时则又换成新的挡位主动齿轮、从动齿轮、输出轴齿轮接合。

倒挡时，主动齿轮和从动齿轮间又增加一个倒挡轴和齿轮，这样就可以实现输出轴相反方向的运动。

手动变速是利用不同大小的齿轮与输出轴齿轮接合来传递动力的，当降挡时，实际上是将从动齿轮切换到更大的齿轮，主动齿轮变小。小齿轮（主动）带大齿轮（从动）是减速，大齿轮（主动）带小齿轮（从动）是增速，所以手动变速通过切换不同挡位会实现不同的速度，如图 2-1～图 2-3 所示。

图 2-1　变速器工作原理

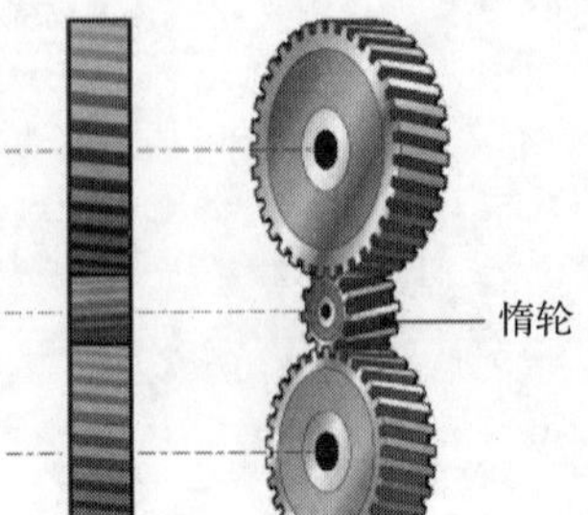

图 2-2　倒挡工作原理

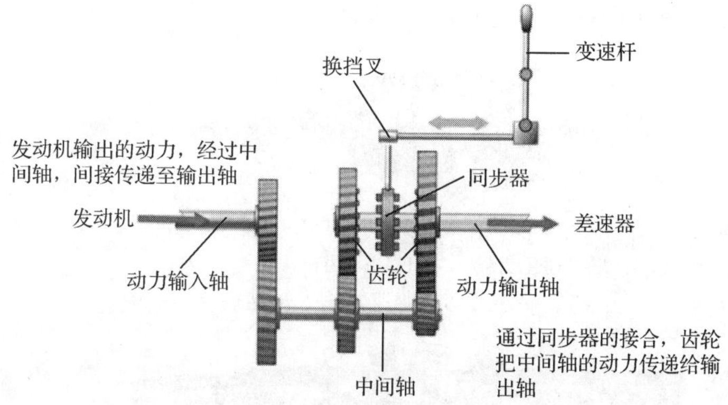

图 2-3　手动变速器工作原理

020 二轴式 5 挡变速器结构及主要部件

二轴式 5 挡变速器结构及主要部件如图 2-4～图 2-16 所示。

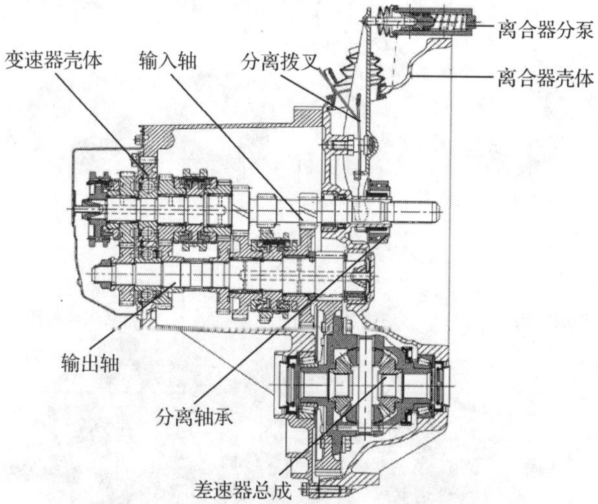

图 2-4　变速器结构

图 2-5　变速器的主要部件

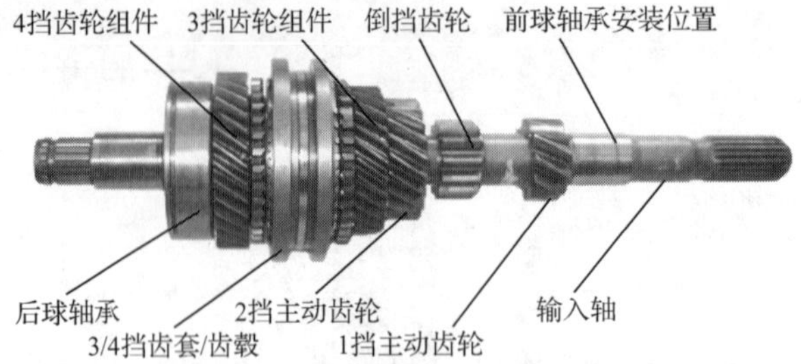

图 2-6 变速器输入轴结构

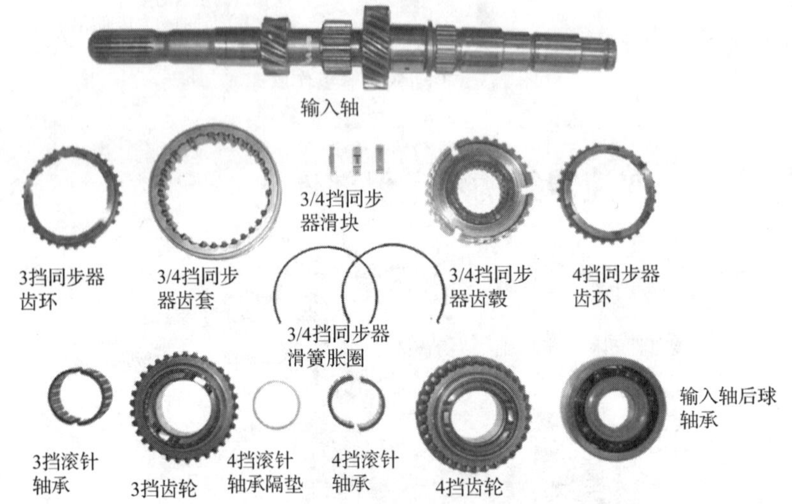

图 2-7 输入轴元件图

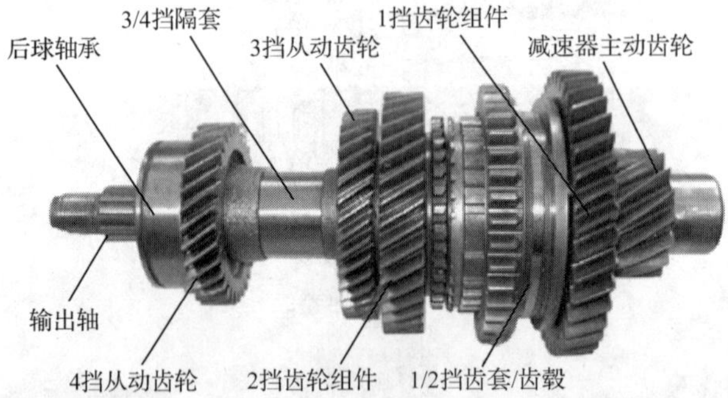

图 2-8 变速器输出轴结构

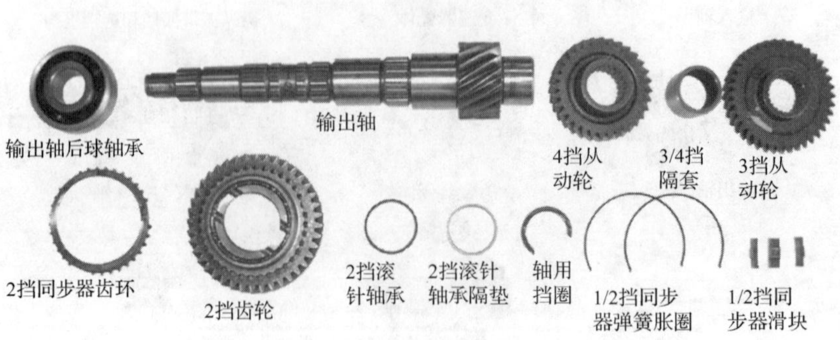

图 2-9 输出轴元件图

图 2-9　输出轴元件图（续）

图 2-10　变速器后体 5 挡组件

注：装配时，注意倒挡惰轮轴安装孔所对位置。

图 2-11　倒挡机构

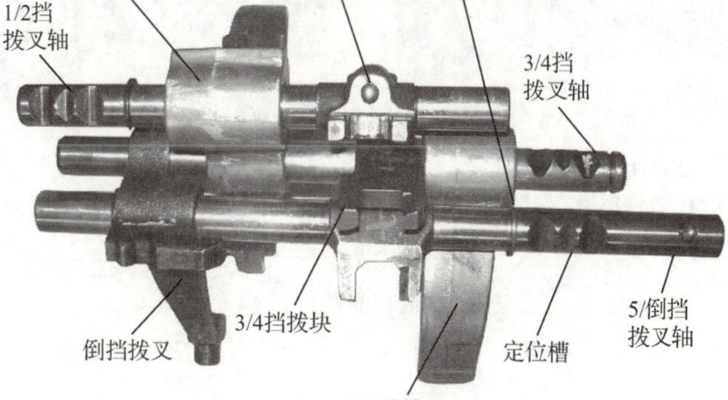

注：1/2 挡和 3/4 挡、5 挡拨叉利用螺钉定位，倒挡拨叉利用钢球和轴用挡圈定位，挂挡时轴用挡圈传力，摘挡时钢球传力。

图 2-12　拨叉与拨叉轴

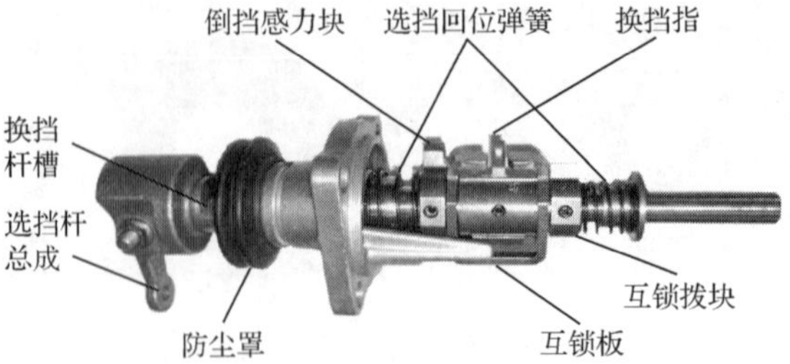

图 2-13 操纵盖带换挡和选挡机构

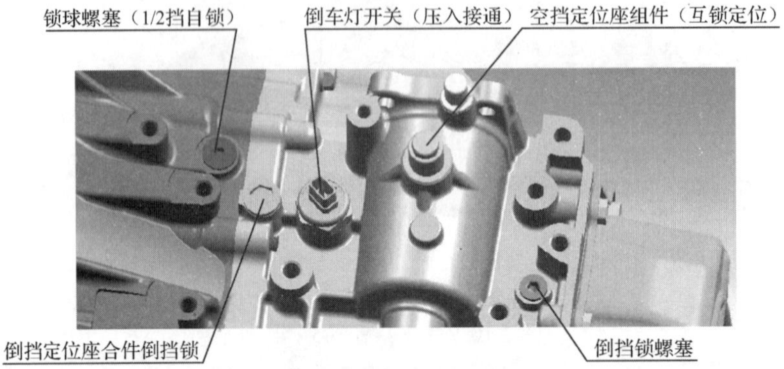

图 2-14 变速器定位机构

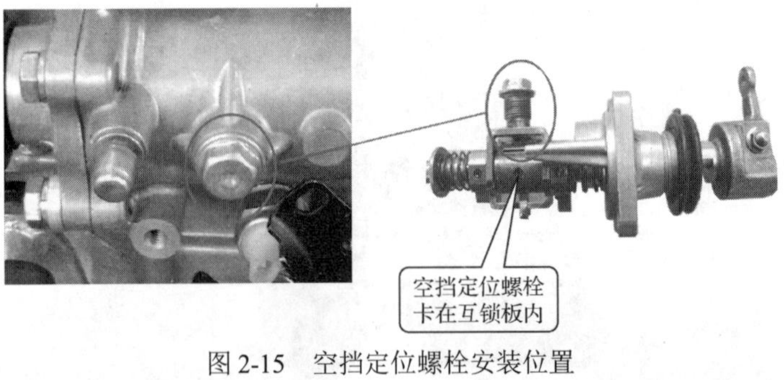

图 2-15 空挡定位螺栓安装位置

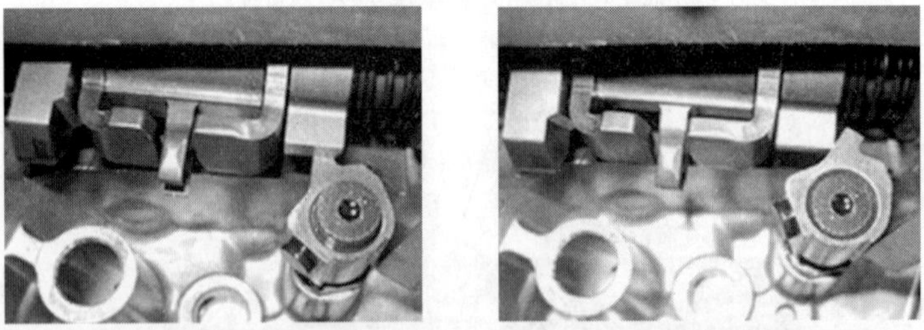

从5挡直接误挂倒挡时　　正常挂倒挡时

注：误挂倒挡时，如果从 5 挡误挂向倒挡，倒挡锁合件的平面会挡住互锁拨块，阻止换挡杆向倒挡方向转动，防止误挂入倒挡。正常挂倒挡时，互锁拨块压下倒挡锁合件，可顺利挂入倒挡。

图 2-16 倒挡锁机构

021 二轴式变速器动力分析

（1）1 挡：动力→输入轴 1 挡齿轮→输出轴上 1/2 挡同步器→输入轴 1 挡齿轮→差速器与

输出轴常啮合齿轮→动力输出，如图 2-17 所示。

（2）2 挡：动力→输入轴 2 挡齿轮→输出轴上 1/2 挡同步器→输入轴 2 挡齿轮→差速器与输出轴常啮合齿轮→动力输出，如图 2-18 所示。

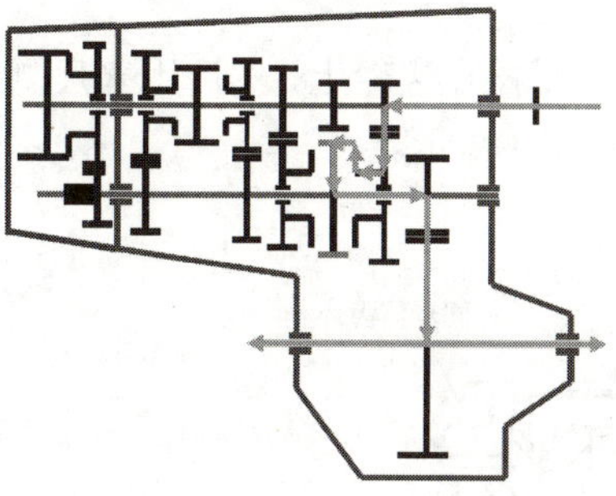

图 2-17　1 挡动力传递路线

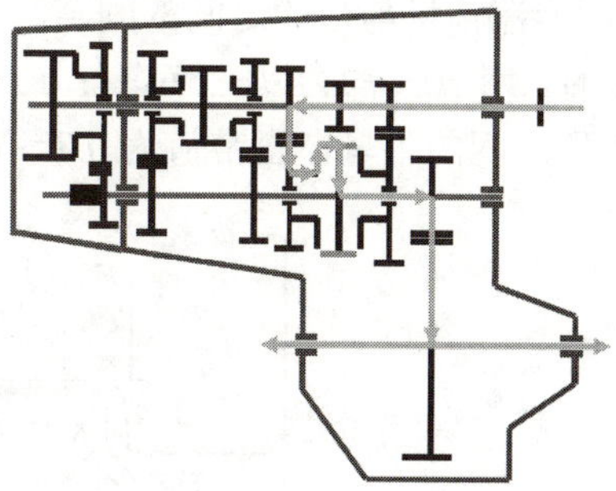

图 2-18　2 挡动力传递路线

（3）3 挡：动力→输入轴上 3/4 挡同步器→输入轴 3 挡主动齿轮→输出轴 3 挡齿轮→差速器与输出轴常啮合齿轮→动力输出，如图 2-19 所示。

（4）4 挡：动力→输入轴上 3/4 挡同步器→输入轴 4 挡主动齿轮→输出轴 4 挡齿轮→差速器与输出轴常啮合齿轮→动力输出，如图 2-20 所示。

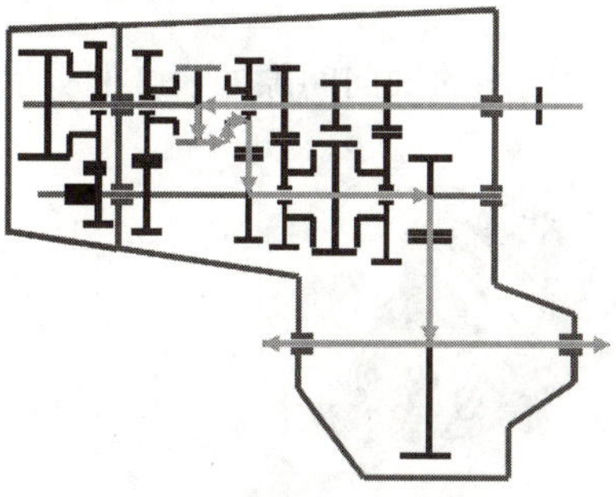

图 2-19　3 挡动力传递路线

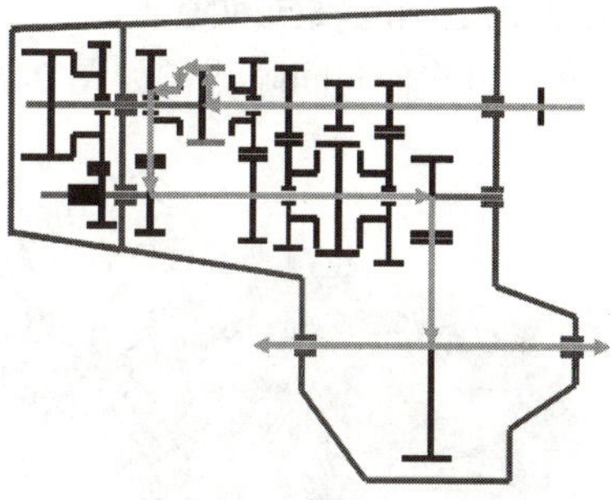

图 2-20　4 挡动力传递路线

（5）5 挡：动力→输入轴上 5 挡同步器→输入轴 5 挡齿轮→输出轴 5 挡齿轮→差速器与输出轴常啮合齿轮→动力输出，如图 2-21 所示。

（6）R 挡：按下变速器换挡操纵杆从空挡向左前移动，实现动力→输入轴倒挡主动齿轮→倒挡轴上倒挡惰轮→输出轴 1/2 挡同步器（同步器上加工直齿，此时同步器成为倒挡从动齿轮）→输出轴→差速器与输出轴常啮合齿轮→动力反向输出，如图 2-22 所示。

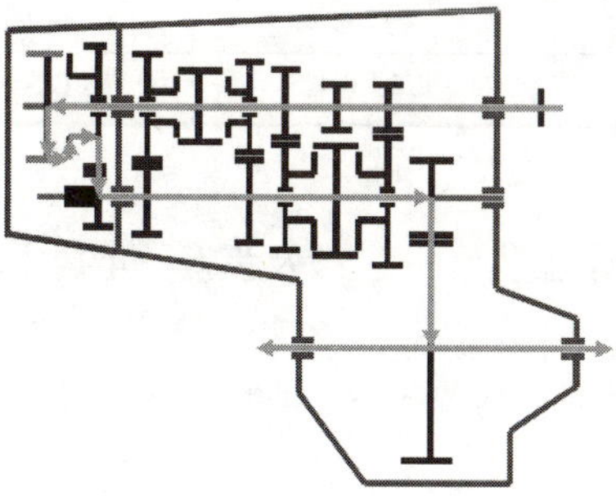

图 2-21　5 挡动力传递路线

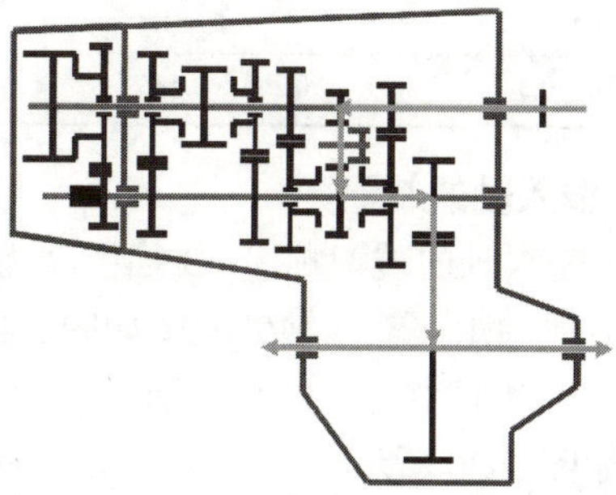

图 2-22　R 挡动力传递路线

022 二轴式变速器装配

1）同步器齿环与齿轮之间的间隙

测量时，用 50N 的力以三点均布方式将同步器齿环平压在齿轮上，然后用塞尺测量齿轮和同步器齿环之间的备量，正常值为 0.8～1.6mm，如图 2-23 所示。

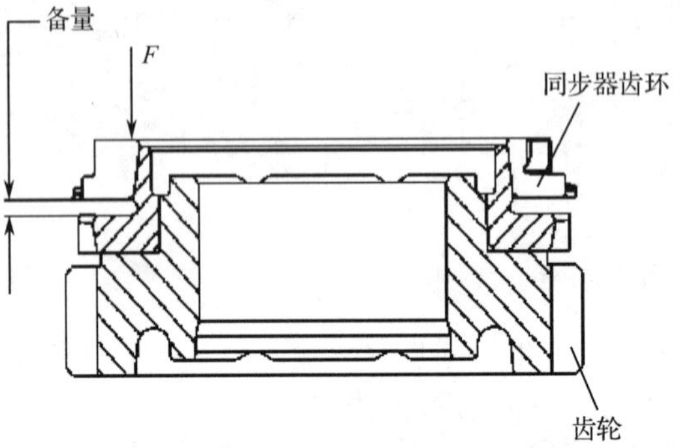

图 2-23　同步器齿环与齿轮之间的间隙

2）各齿轮之间的轴向间隙

各齿轮之间的轴向间隙测量如图 2-24 所示，各齿轮之间的轴向间隙如表 2-1 所示。

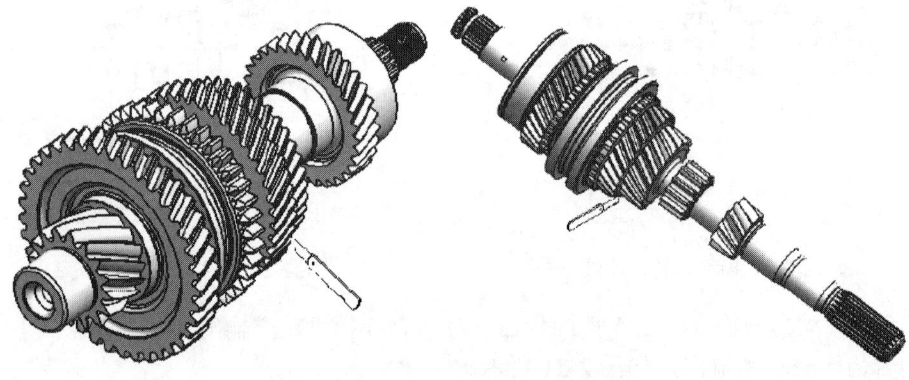

图 2-24　各齿轮之间的轴向间隙测量

表 2-1　各齿轮之间的轴向间隙

（mm）

1 挡	2 挡	3 挡	4 挡	5 挡
0.10～0.3	0.205～0.455	0.125～0.275	0.175～0.425	0.175～0.445

3）输入轴的装配

（1）输入轴的装配顺序：3 挡主动齿轮→3/4 挡同步器齿环→齿毂及齿套→4 挡主动齿轮→输入轴后球轴承，输入轴装配图如图 2-25 所示。

① 3/4 挡同步器齿环的识别。3 挡、4 挡同步器齿环上分别有 3、4 的标记，装配时应注意区分，如图 2-26 所示。

图 2-25　输入轴装配图

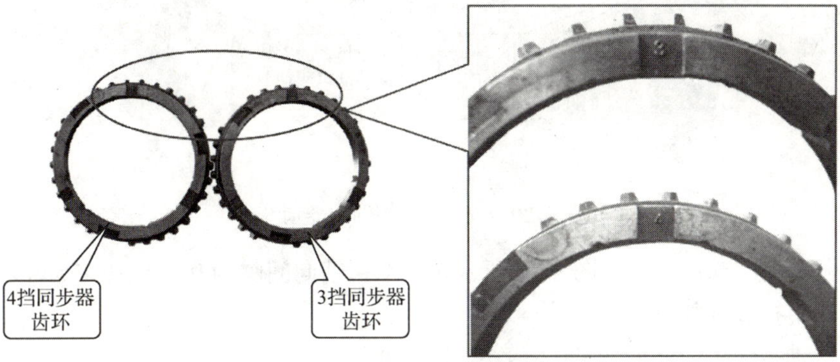

图 2-26　3/4 挡同步器齿环的识别

② 齿毂和齿套的区分如图 2-27 所示。注意：3/4 挡同步器齿毂无特定装配方向，两侧一样。

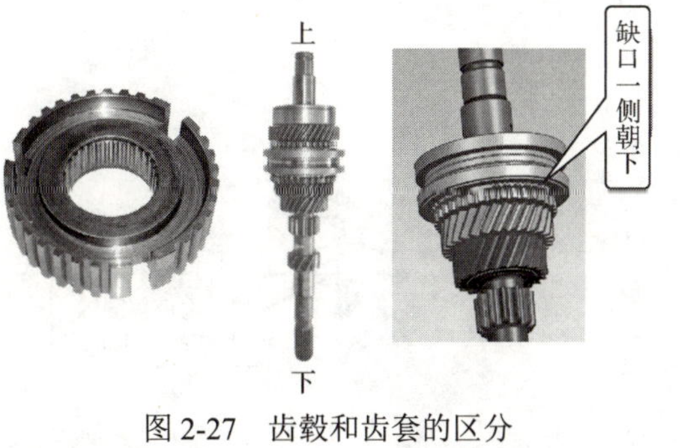

图 2-27　齿毂和齿套的区分

（2）在安装完 3 挡滚针轴承、3 挡主动齿轮后（注意：轴向间隙为 0.125～0.275mm），压装 3/4 挡同步器齿毂，压装时要对正花键，垂直压入，防止将齿毂压坏，如图 2-28 所示。

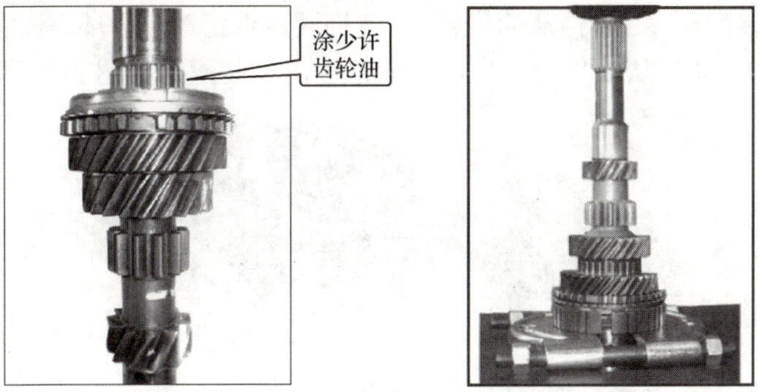

图 2-28　压装 3/4 挡同步器齿毂

（3）安装挡圈、3/4 挡滚针轴承隔垫、滚针轴承，并装好 3/4 挡同步器齿套，如图 2-29 所示。

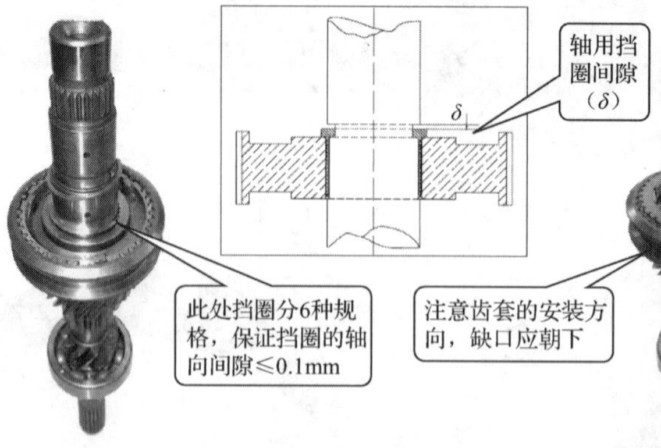

图 2-29　安装 3/4 挡同步器齿套

（4）装上 4 挡主动齿轮，如图 2-30 所示（注意：轴向间隙为 0.175～0.425mm），压入后球轴承、装复轴用挡圈，如图 2-31 所示。

（5）输入轴装配完成，如图 2-32 所示。

图 2-30　装上 4 挡主动齿轮

图 2-31　装复轴用挡圈

图 2-32　输入轴装配完成

4）输出轴的装配

（1）输出轴的装配顺序：1 挡从动齿轮→1/2 挡同步器齿毂、齿环、齿套→2 挡从动齿轮→3 挡从动齿轮、隔套→4 挡从动齿轮→后球轴承，输出轴装配图如图 2-33 所示。

图 2-33　输出轴装配图

① 1/2 挡同步器齿环的识别如图 2-34 所示。1 挡、2 挡同步器齿环上分别有 1、2 的标记，

装配时应注意区分。

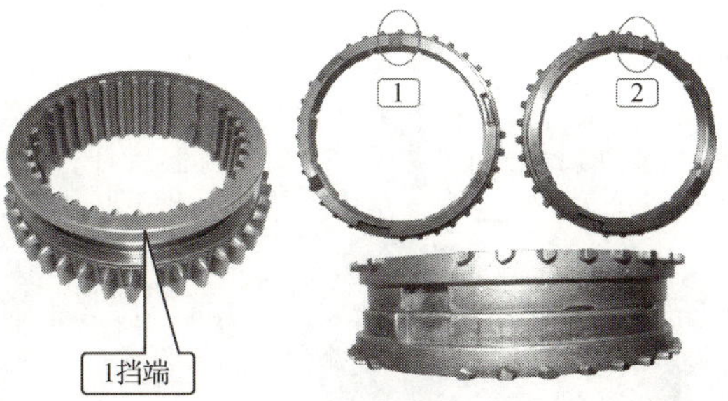

图 2-34　1/2 挡同步器齿环的识别

② 3/4 挡从动齿轮的安装如图 2-35 所示。

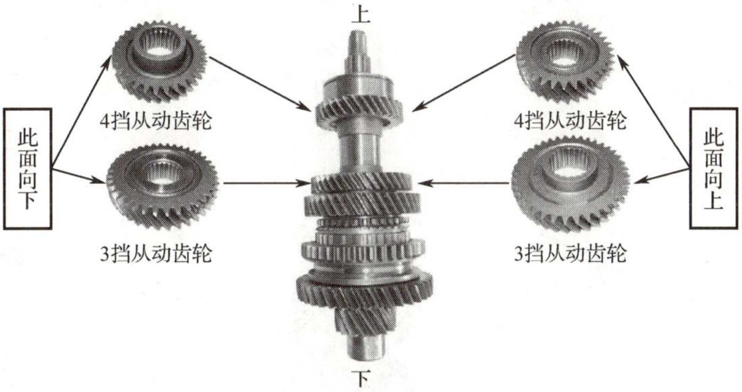

图 2-35　3/4 挡从动齿轮的安装

（2）安装 1 挡滚针轴承和 1 挡从动齿轮（轴向间隙为 0.10～0.30mm），如图 2-36 所示。注意：止推钢球不要漏装；区分 1/2 挡滚针轴承。

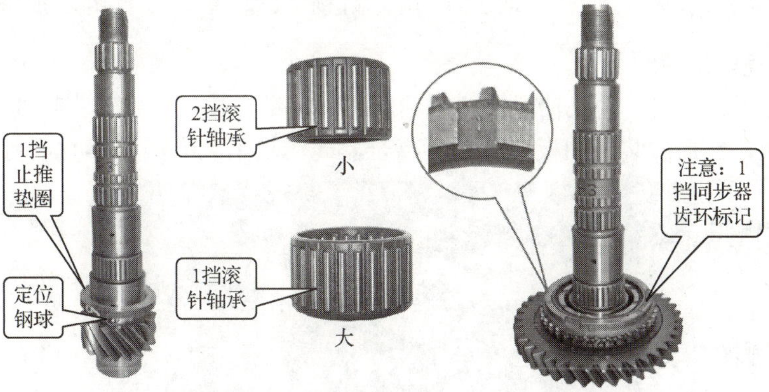

图 2-36　安装 1 挡滚针轴承和 1 挡从动齿轮

（3）压装 1/2 挡同步器，装好挡圈、隔垫、滚针轴承、2 挡同步器齿环及 2 挡从动齿轮，如图 2-37 所示（注意：轴向间隙为 0.205～0.455mm）。

（4）压装 3 挡从动齿轮，齿轮凸台朝上，如图 2-38 所示。以同样的方法安装 4 挡从动齿轮。注意隔套装在 3/4 挡之间。

（5）压装输出轴后球轴承，如图 2-39 所示。

（6）输出轴装配完成，如图 2-40 所示。

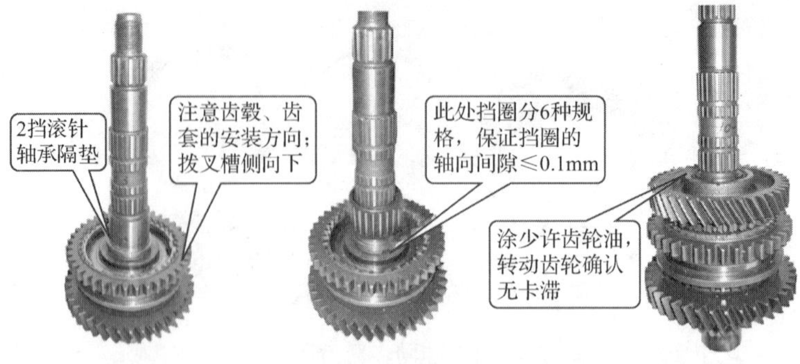

图 2-37　压装 1/2 挡同步器

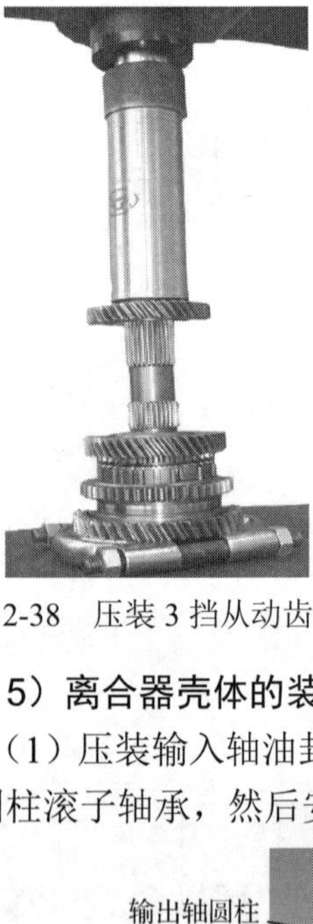

图 2-38　压装 3 挡从动齿轮

图 2-39　压装输出轴后球轴承

图 2-40　输出轴装配完成

5）离合器壳体的装配

（1）压装输入轴油封、输入轴圆柱滚子轴承和圆柱销，装入输出轴头导油嘴后再压入输出轴圆柱滚子轴承，然后安装导油板和螺栓，离合器壳体轴承装配如图 2-41 所示。

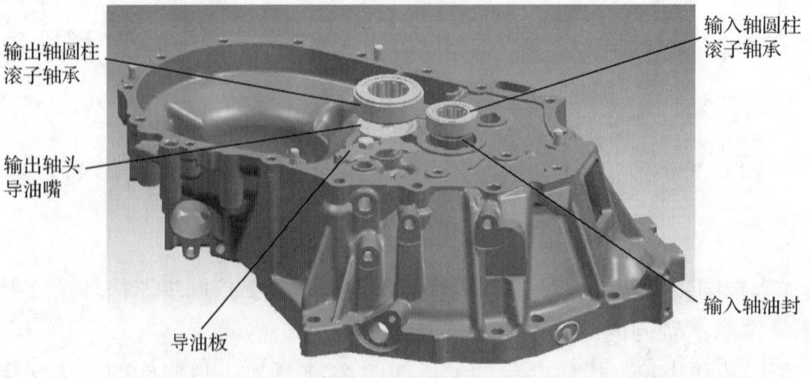

图 2-41　离合器壳体轴承装配

（2）安装输出轴圆柱滚子轴承压板、螺栓和磁铁，压装油封和前圆锥滚子轴承（外圈），并放入选好的差速器前端垫片，如图 2-42 所示。

图 2-42　安装输出轴圆柱滚子轴承压板、螺栓和磁铁

6）拨叉和拨叉轴及倒挡机构的装配

（1）拨叉和拨叉轴及倒挡机构如图 2-43 所示。

① 注意拨叉轴、拨叉的方向性。

② 装配长、短锁销时为防止锁销装配时掉落，要涂润滑脂。

③ 装配定位螺栓时首先涂锁固胶，并按要求力矩拧紧：13.7～22.4N・m。

④ 装配弹性圆柱销时要注意弹性销的开口方向；所有圆柱销和轴用挡圈均不可重复使用。

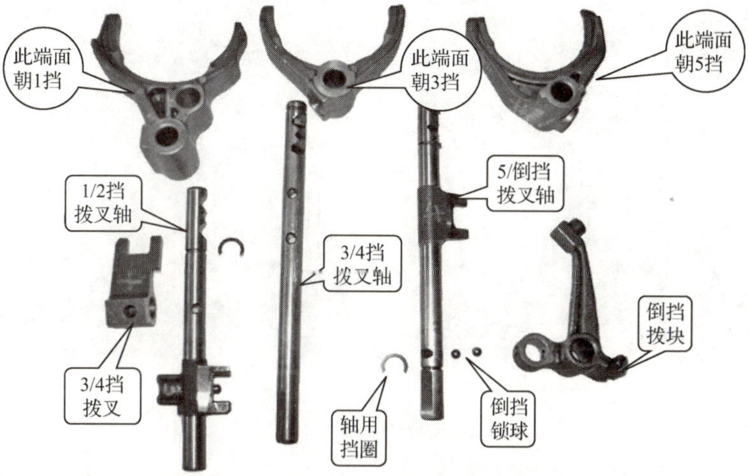

图 2-43　拨叉和拨叉轴及倒挡机构

（2）倒挡惰轮的装配如图 2-44 所示。注意：螺钉要安装到位。

（3）拨叉与拨叉轴工作检查示意图如图 2-45 所示。

7）输入轴和输出轴后体部分的装配

（1）注意：在装配轴承止动环时，分别轻轻提起输入轴与输出轴，以方便止动环安装，如图 2-46 所示。有明显变形或松旷时需及时更换。

（2）安装轴承压板并用螺栓拧紧，如图 2-47 所示。拧紧力矩为 9～17N・m。

（3）装入 5 挡主动齿轮滚针轴承及轴承隔垫，如图 2-48 所示。注意：装配时不要忘记滚针轴承隔垫。

（4）压入 5 挡从动齿轮，拧紧输出轴锁紧螺母，如图 2-49 所示。拧紧力矩为 110～160N・m。

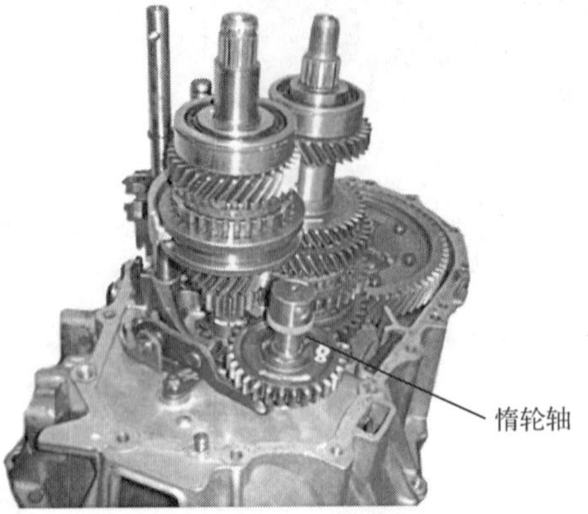

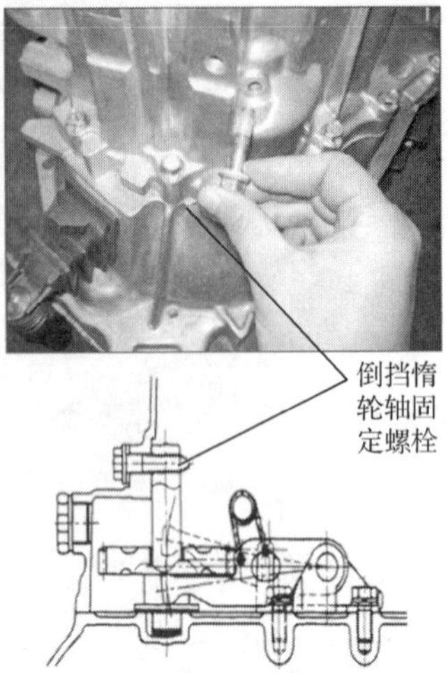

图 2-44 倒挡惰轮的装配

图 2-45 拨叉与拨叉轴工作检查示意图

图 2-46 装配轴承止动环

图 2-47 安装轴承压板

图 2-48　装入 5 挡主动齿轮滚针轴承及轴承隔垫

图 2-49　压入五挡从动齿轮

（5）装入 5 挡主动齿轮及 5 挡同步器齿环，如图 2-50 所示。

（6）压入 5 挡同步器总成，如图 2-51 所示。注意：轴向间隙为 0.175～0.425mm，压入前先将 5 挡同步器总成和 5 挡拨叉组装好，压入时对好花键。

图 2-50　装入 5 挡主动齿轮及 5 挡同步器齿环

图 2-51　压入 5 挡同步器总成

（7）5 挡组件的装配方向如图 2-52 所示。

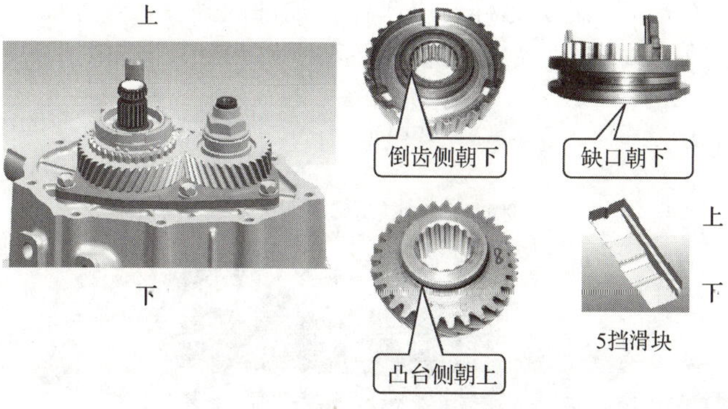

图 2-52　5 挡组件的装配方向

（8）用卡簧钳安装 5 挡同步器轴用挡圈，如图 2-53 所示。

（9）安装 5 挡拨叉固定螺栓及 3/4 挡拨叉轴限位卡环，取下 5 挡拨叉，如图 2-54 所示。

（10）在后体与变速器壳体的结合面上涂好密封胶（宽 1.2mm）后，将其安装到变速器壳体上，并用螺栓拧紧，如图 2-55 所示。

图 2-53 安装 5 挡同步器轴用挡圈

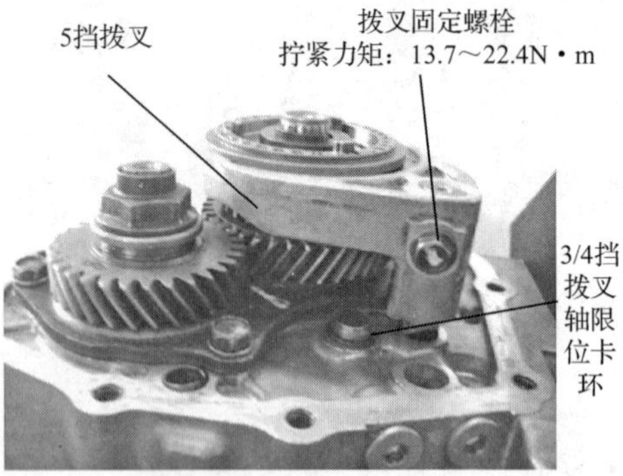

图 2-54 安装 5 挡拨叉固定螺栓及 3/4 挡拨叉轴限位卡环

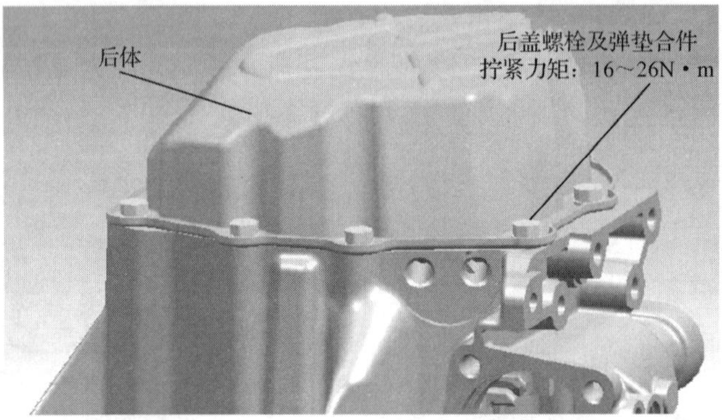

图 2-55 安装后体

023 6 挡手动变速结构

大众奥迪 6 挡手动 01X 变速器结构如图 2-56 所示。通过机油接油槽（01X/02X）和机油供油盘 0A3 进行有针对性的润滑，这样可以降低机油油面高度，从而减小了搅动机油所造成的损失，提高了变速器的工作效率，如图 2-57 所示。

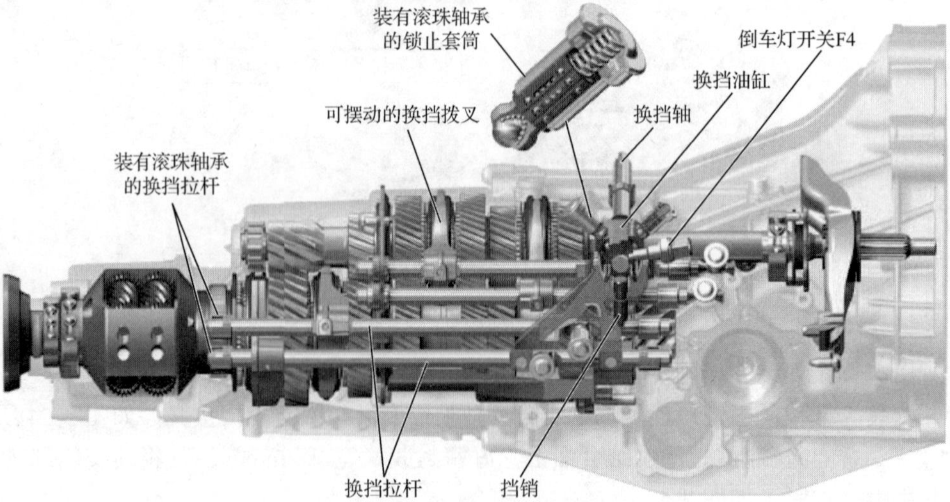

图 2-56 6 挡手动 01X 变速器结构

为了使得换挡更轻松，换挡拉杆和锁止元件都使用滚珠轴承来支承。换挡拉杆和换挡油缸的滑槽及锁止轮廓可保证在空挡位置和最终换挡位置都处于无间隙状态，如图2-58所示。

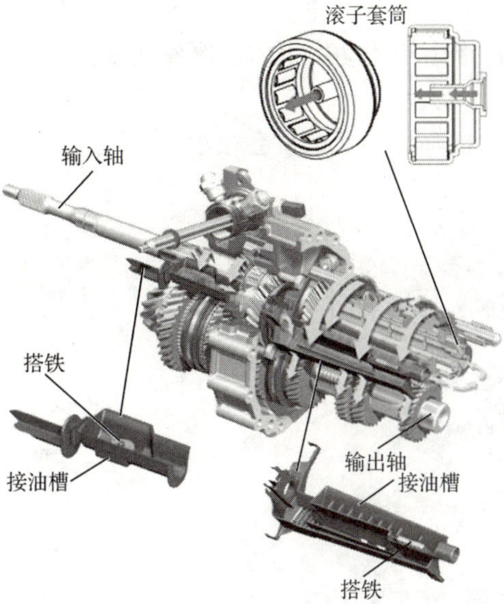

图2-57　变速器的润滑

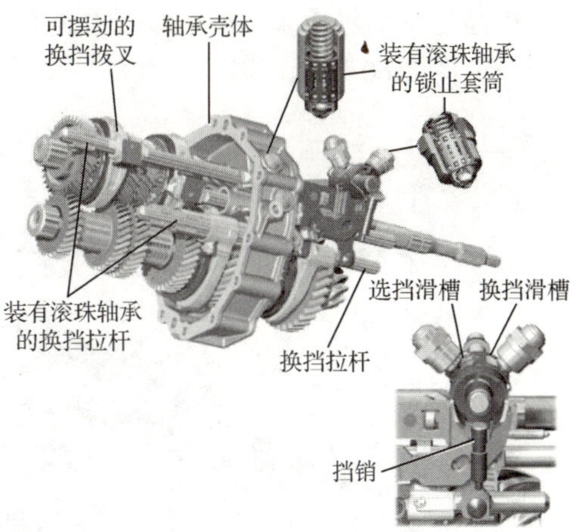

图2-58　内部换挡机构

新型奥迪6挡手动变速器0DJ和6挡手动变速器0CS的结构是相同的，不同之处主要是变速器前部壳体的材质选择：在0DJ变速器上，两部分壳体都是镁制的；在0CS变速器上，前部壳体是铝制的，后部壳体（变速器端盖）是镁制的，如图2-59所示。

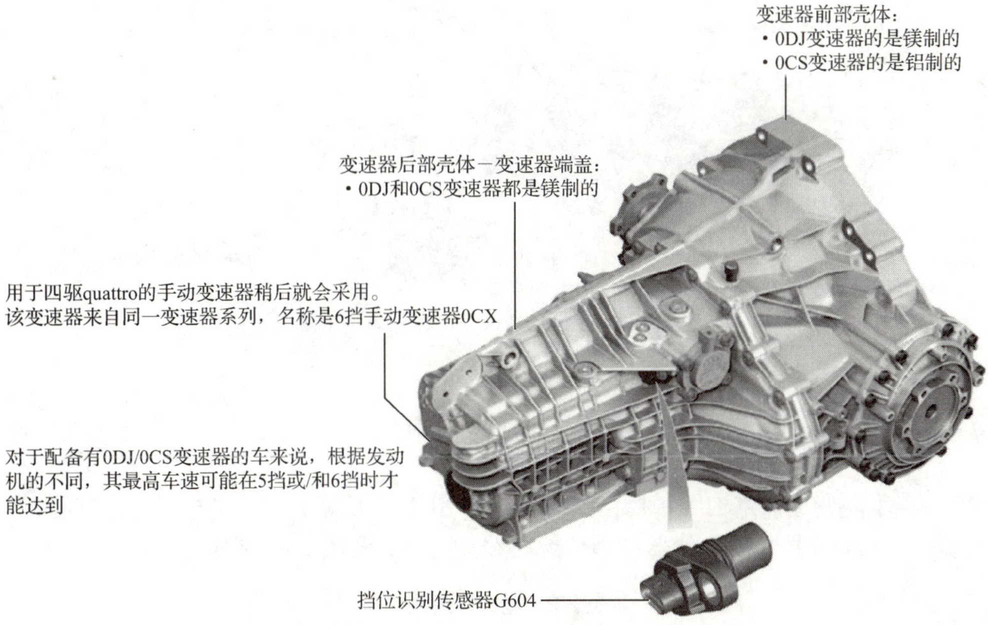

图2-59　6挡变速器外观结构

齿轮副的机油润滑结构很特殊，这样变速器油加注量就可以非常少了。另外，车辆运行时所需的机油液面高度也大大降低了，这也会明显降低搅动损失和拖动损失。为此，主动锥齿轮轴上的圆柱齿轮会把变速器机油（MTF）输送到机油盘内，机油盘再将机油分配到各个润滑点。

采用这种润滑结构，再加上低黏度的 MTF 和低摩擦的齿轮副轴承，可以大大提高效率并能大幅度降低燃油消耗。

通过直齿圆柱齿轮（其摩擦损失很小）将动力传递到主动锥齿轮轴上。短的主动锥齿轮轴与冠状齿轮呈 90° 角工作，无轴向偏距，因此也就能在锥齿轮传动中采用低摩擦的斜齿和低黏度的 MTF。另外，可以用常规方式来检修主传动。

锥齿轮轴的轴承采用的是单排径向推力球轴承，这样轴承预紧力就会很小了，运行就非常轻快，如图 2-60 所示。

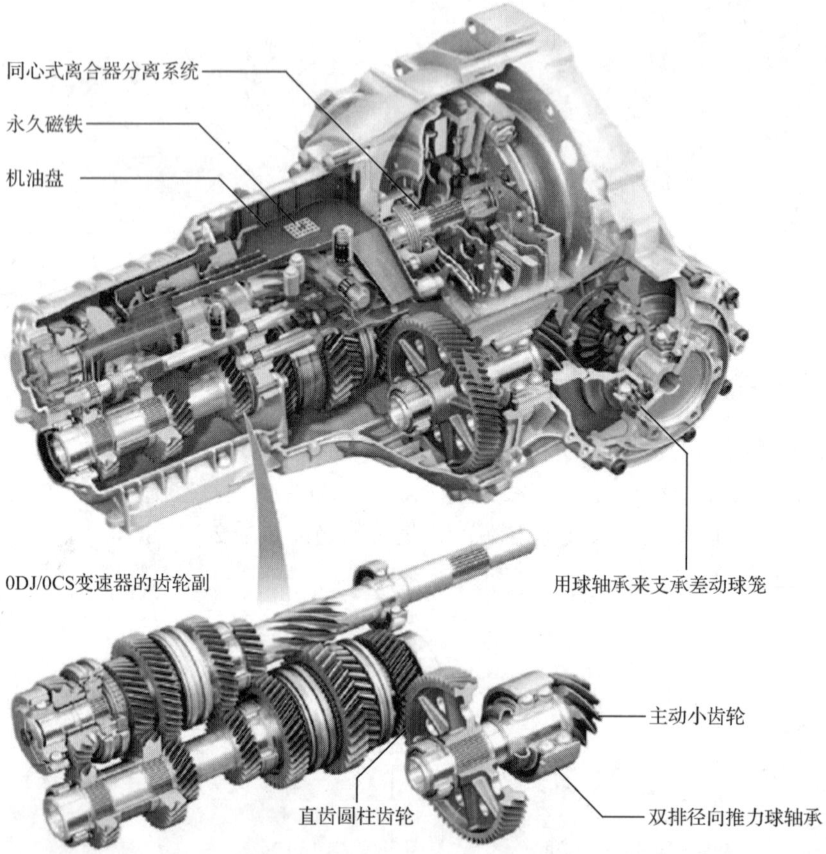

图 2-60 奥迪 0DJ/0CS 6 挡手动变速器

024 大众奥迪 6 挡手动变速器动力分析

02Q 6 挡手动变速器结构图、挡位如图 2-61、图 2-62 所示。

大众奥迪 02Q 6 挡手动变速器动力传递路线如表 2-2 及图 2-63 所示。

表 2-2 动力传递路线

挡 位	动力传递路线
1 挡	动力→传动轴→传动轴 1 挡齿轮→输出轴 1 挡齿轮→输出轴上 1/2 挡同步器→输出轴→动力输出
2 挡	动力→传动轴→传动轴 2 挡齿轮→输出轴 2 挡齿轮→输出轴上 1/2 挡同步器→输出轴→动力输出
3 挡	动力→传动轴→传动轴 3 挡齿轮→输出轴 3 挡齿轮→输出轴上 3/4 挡同步器→输出轴→动力输出
4 挡	动力→传动轴→传动轴 4 挡齿轮→输出轴 4 挡齿轮→输出轴上 3/4 挡同步器→输出轴→动力输出

续表

挡　　位	动力传递路线
5 挡	动力→传动轴→传动轴 5 挡齿轮→输出轴 5 挡齿轮→输出轴上 5/6 挡同步器→输出轴→动力输出
6 挡	动力→传动轴→传动轴 6 挡齿轮→输出轴 5 挡齿轮→输出轴上 5/6 挡同步器→输出轴→动力输出
倒挡	动力→传动轴→传动轴 1 挡/倒挡齿轮→倒挡轴齿轮→输出轴上倒挡同步器→输出轴上倒挡齿轮→输出轴→动力输出

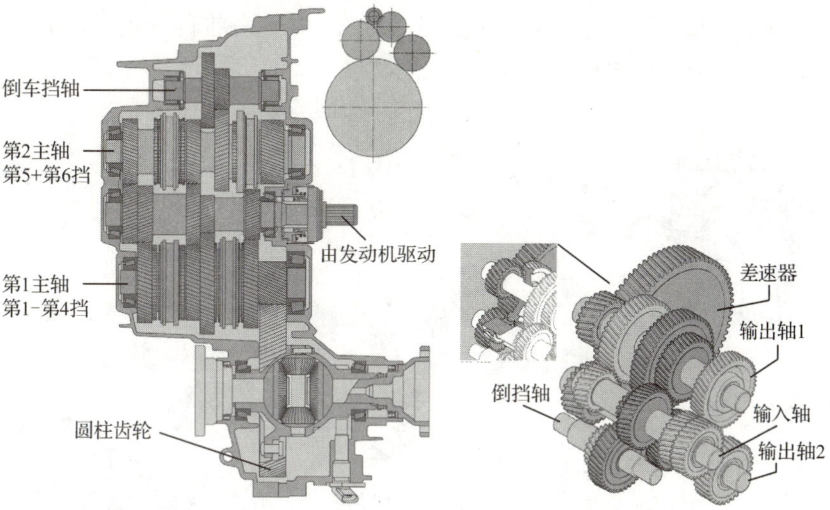

图 2-61　02Q 6 挡手动变速器结构图

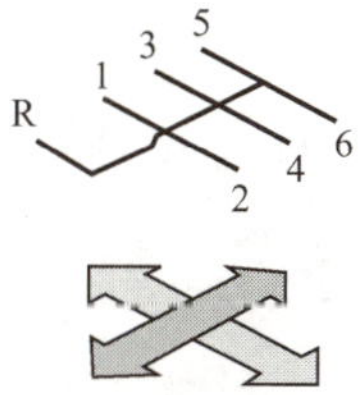

图 2-62　挡位

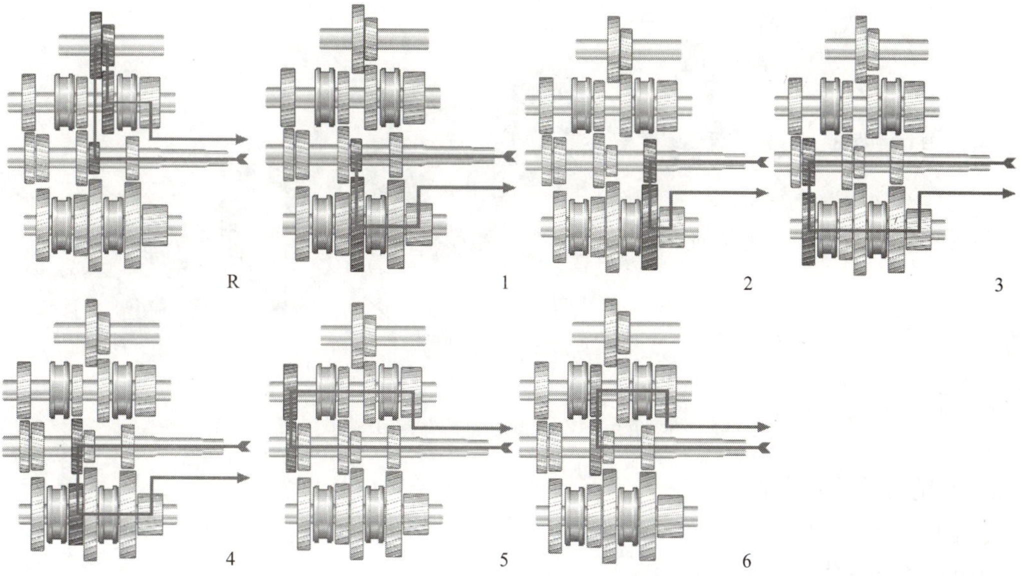

图 2-63　6 挡手动变速器动力传递路线

025 变速器的同步机构

1）01X 和 02X 变速器的同步机构

1 挡使用三联锥同步机构，2 挡使用双联锥同步机构，如图 2-64 所示，它们都是 Borg Warner 系统，使用的是碳制的摩擦片；3～6 挡和倒挡使用的是单联外锥同步机构，如图 2-65 所示，它是一种 Audi 系统，由喷钼的黄铜制成。

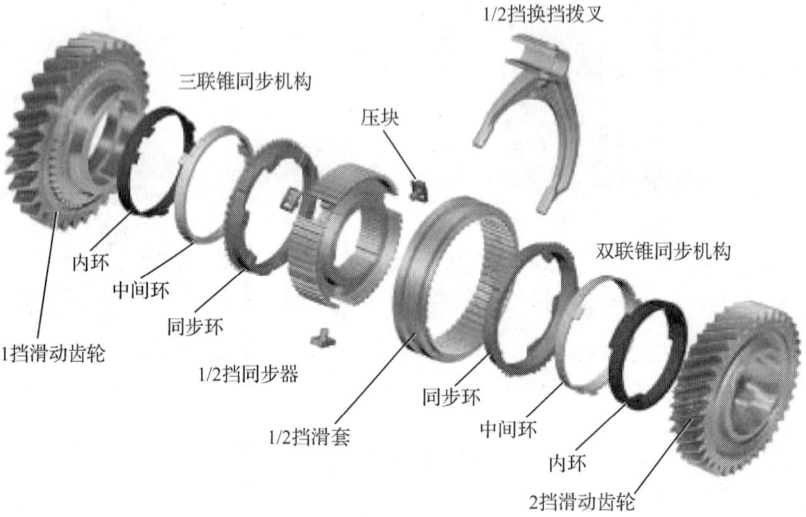

图 2-64　双联锥及三联锥同步机构

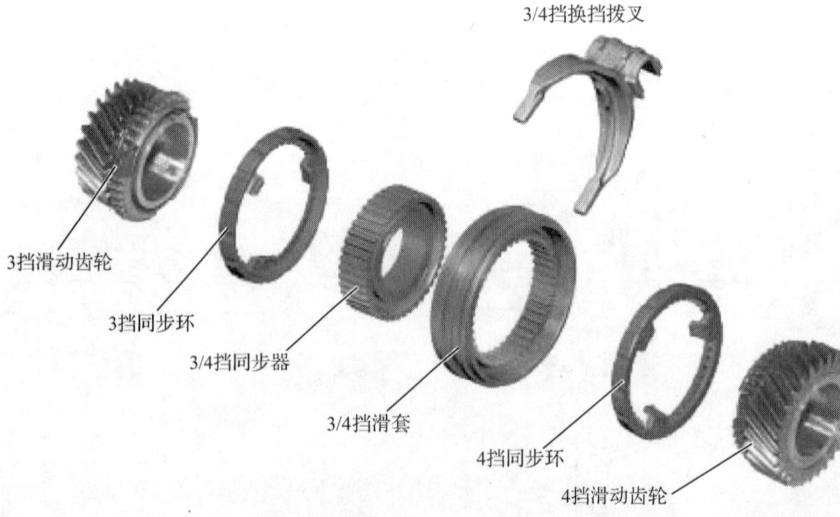

图 2-65　单联外锥同步机构

2）锁销式惯性同步器

目前中型及大型载货汽车较普遍地采用了锁销式惯性同步器。汽车锁销式惯性同步器的基本结构如图 2-66 所示。

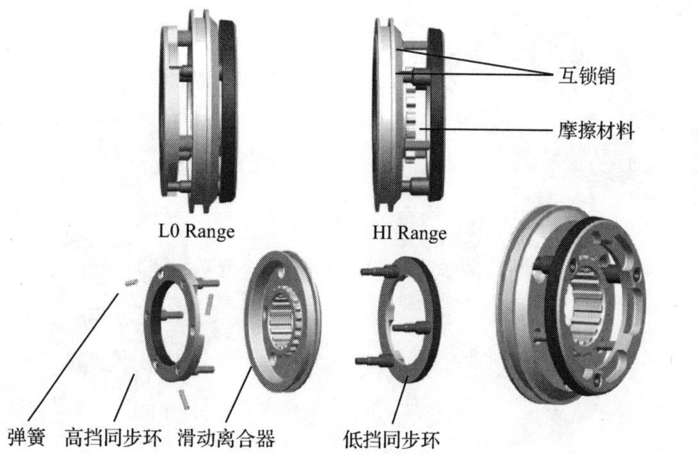

图 2-66　锁销式惯性同步器的基本结构

026 手动变速器换挡拨叉机构

1）大众 02T 手动变速器换挡拨叉机构

换挡拨叉机构主要由变速杆、叉形拨杆、换挡轴、各挡拨块、拨叉轴及拨叉等组成，各种变速器由于挡位及挡位排列位置不同，其拨叉和拨叉轴的数量及排列位置也不相同。

2）大众捷达、宝来型轿车变速器的操纵机构

它由外操纵机构和内操纵机构组成。外操纵机构主要由变速杆、选挡机构壳体、横向（选挡）拉索、纵向（挂挡）拉索等组成。变速杆通过一系列中间连接杆件操纵变速器的内操纵机构，以进行选挡、换挡。变速杆以球形轴承为支点，可以直接左右、前后摆动。

3）带换挡机构盖的换挡轴

所有凸轮块、弹簧和换挡机构的导向元件，以及调整换挡机构的角杆（角杆用于锁止换挡轴）均安装在该模块上，如图 2-67 所示。

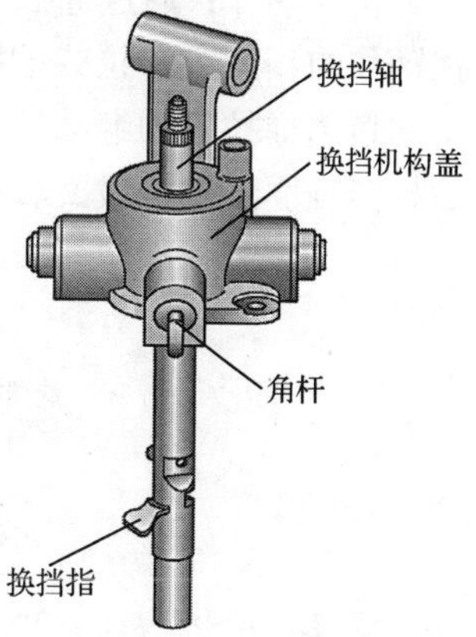

图 2-67　换挡轴

4）内部换挡模块

内部换挡模块与换挡拨叉须一起加工；更换时，须更换全套换挡机构，如图 2-68 所示。注意：维修时，切勿混淆 1/2 挡换挡板和 3/4 挡换挡板。

5）外部换挡机构

外部换挡机构如图 2-69 所示。

拉索操纵装置隔离了传动系统的振动，拉索连接着换挡杆和变速箱，将换挡杆的动作传递给变速箱（换挡轴）。同时，为进行保养维修，换挡机构盖上的角杆可以将换挡轴固定在规定位置，从而使拉索机构更容易调整。

选挡动作：换挡杆的选挡动作（左-右）通过选挡杆转换为通道选择拉索的前后动作。选挡杆安装在支承轴的旋转轴承上。

挂挡拉索的前后动作通过变速箱的外部换挡机构转化为换挡轴的上下移动。在变速箱内，这个上下动作使换挡轴上的换挡指与相应的齿轮盘啮合，从而选定挡位，选择换挡结构如图 2-70 所示。

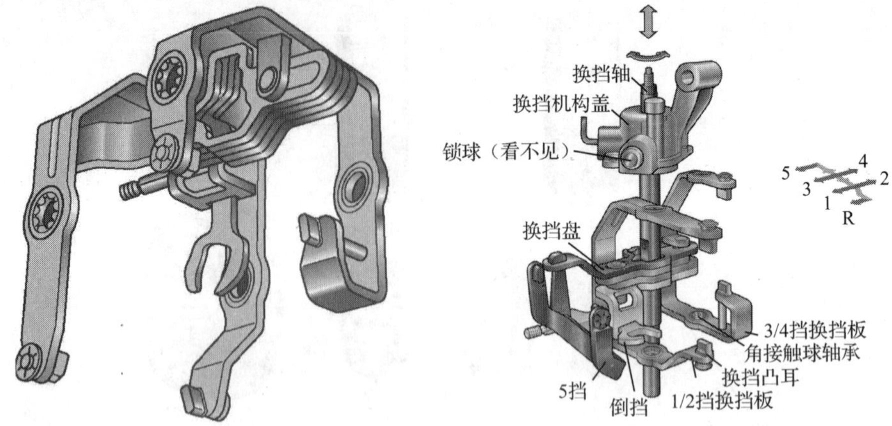

图 2-68　内部换挡模块

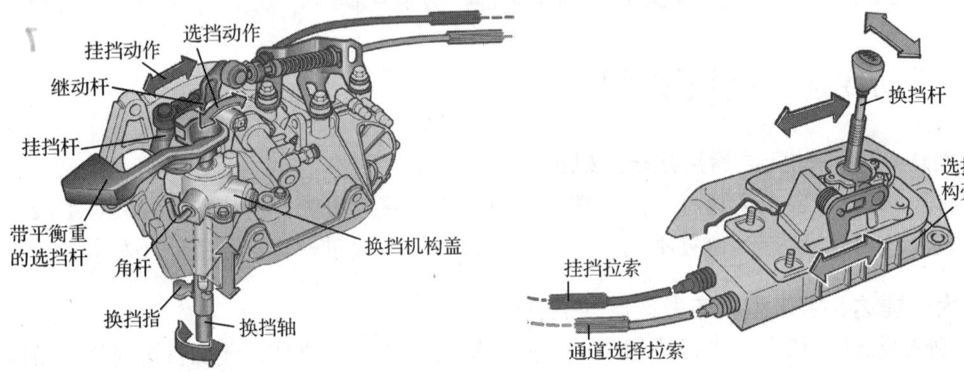

图 2-69　外部换挡机构

挂挡动作：通过选挡杆将挂挡动作传递到挂挡拉索。换挡杆沿挡位方向前后移动，并按选挡动作的相反方向拉或推挂挡拉索。换挡过程中，前后移动的挂挡拉索使换挡轴转动，滑块保持通道选择拉索的继动杆在选定位置不变。变速箱内，换挡轴的换挡指旋转时移动换挡盘，然后换挡轴驱动换挡拨叉和换挡滑套使挡位啮合，如图 2-71 所示。

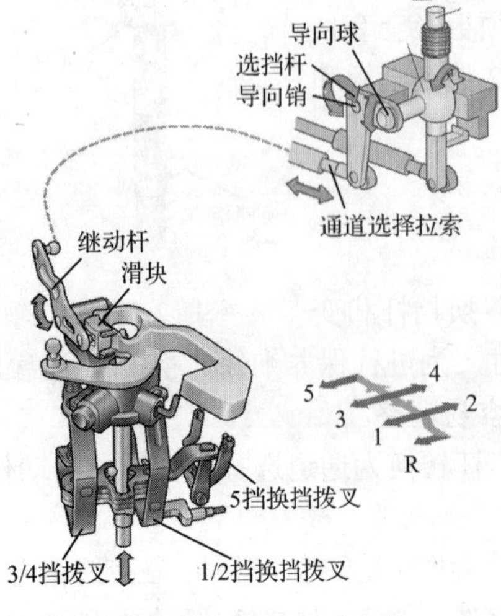

图 2-70　选择换挡结构

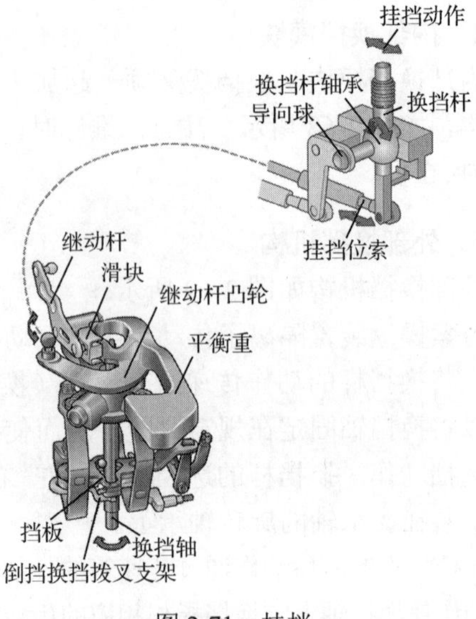

图 2-71　挂挡

倒挡及其锁止装置：作为安全装置，压下锁止装置用于防止无意识挂上倒挡，如图 2-72 所示。压下锁止装置安装在换挡机构壳体内。驾驶员挂倒挡前必须压下锁止装置。正常的挂前进挡换挡行程内，换挡杆锁止凸轮向上运动，防止锁止（是换挡机构壳体一个内部件）。换挡杆克服弹簧力被压下时，通过球形换挡杆导管向下运动，锁止凸轮位于联锁装置下面。挂倒挡时，联锁装置绕过锁止杆凸轮，从而可挂入倒挡。弹簧又将换挡杆上推到啮合位置，并将它保持在倒挡位置。

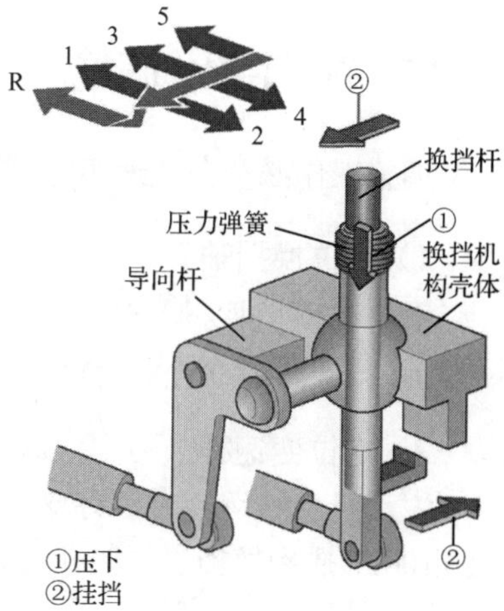

图 2-72　挂上倒挡动作

6）B70 换挡操纵机构

B70 换挡操纵机构由换挡手柄、换挡机座、换挡拉索、选挡拉索、支架等组成，其组成及工作情况如图 2-73 所示。

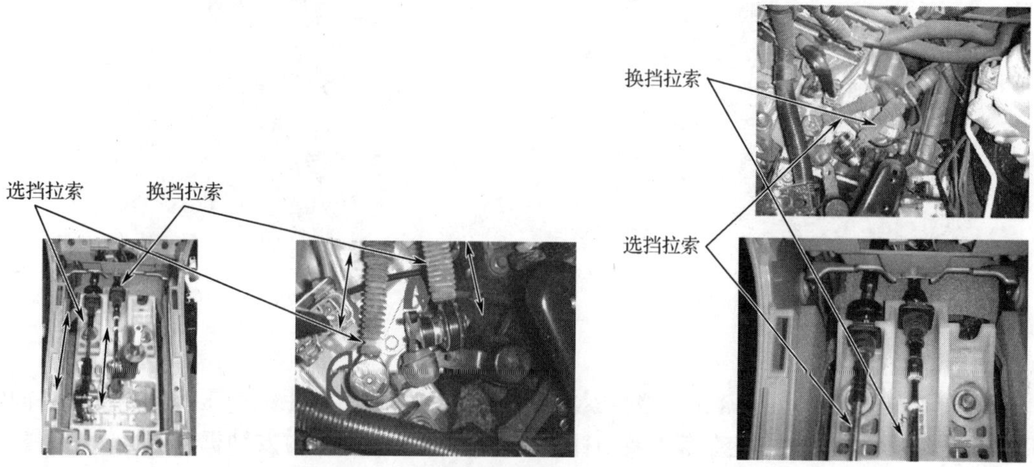

图 2-73　B70 换挡操纵机构组成及工作情况

一汽大众 B70 6 挡手动变速器换挡拨叉机构如图 2-74 所示。

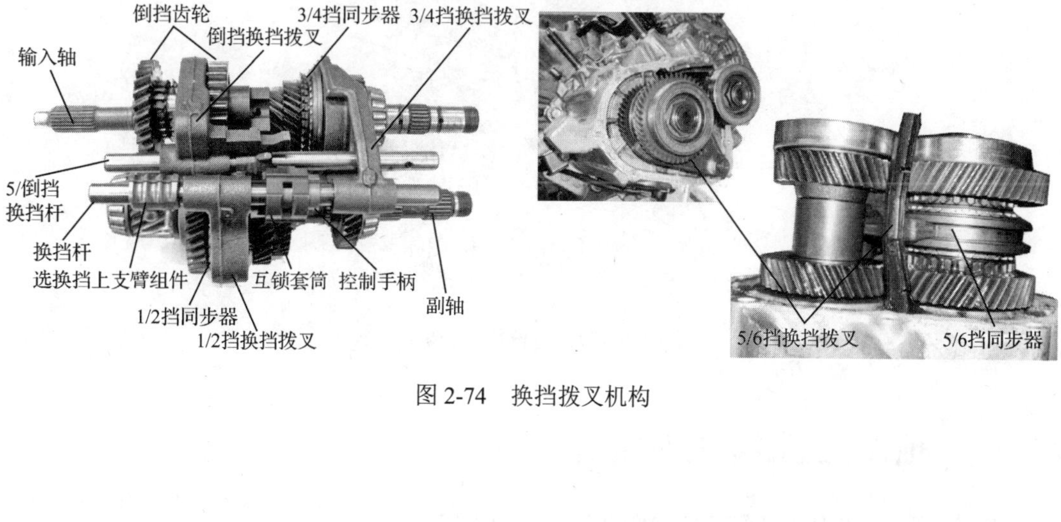

图 2-74　换挡拨叉机构

027 换挡拉索调整

调整工作必须在变速箱空挡时进行。

1）定位换挡轴

定位换档轴时，①用手将换挡轴压到 1/2 挡通道；②压换挡轴时，先将角杆压向换挡轴；③按箭头方向旋转，从而将换挡杆定位在该位置，如图 2-75 所示。

2）定位变速杆

发动机怠速运转时，将变速杆置于 1/2 挡通道。换挡杆上有一个定位孔，通过此孔将定位销 T10027 插到换挡壳体的孔内，如图 2-76 所示。

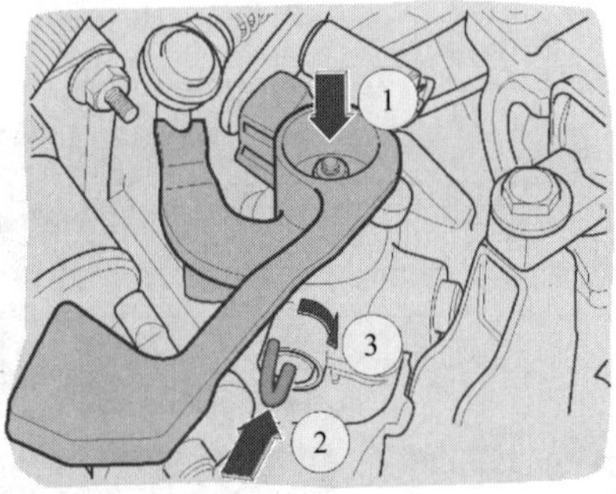

图 2-75　定位换挡轴

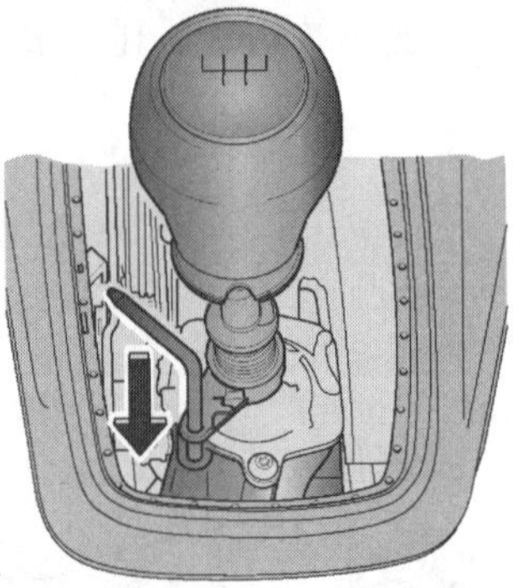

图 2-76　定位变速杆

3）定位换挡拉索

顺时针旋转通道选择拉索和挂挡拉索的锁止机构，弹簧将锁止机构压到设定位置并固定。然后，再次松开角杆并拉出定位销。换挡杆应处于 3/4 挡通道，此时发动机怠速运转，如图 2-77 所示。

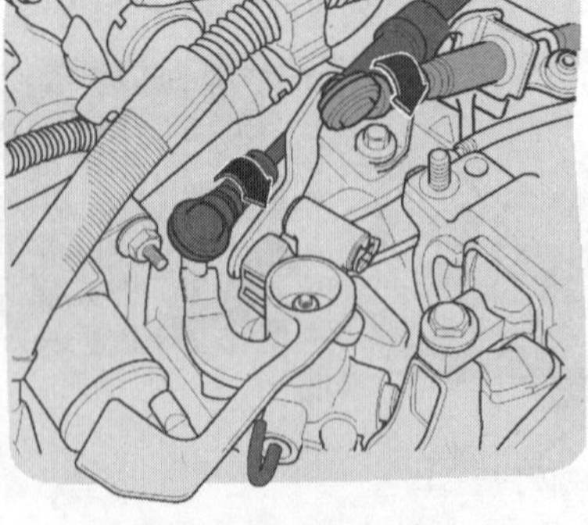

图 2-77　定位换挡拉索

028 三轴式变速器结构及主要部件

三轴式变速器结构及主要部件如图 2-78～图 2-84 所示。

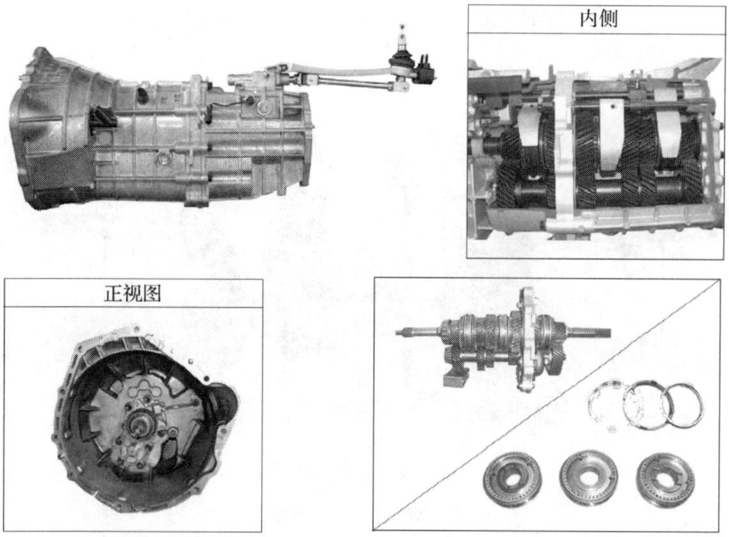

图 2-78　系统结构图

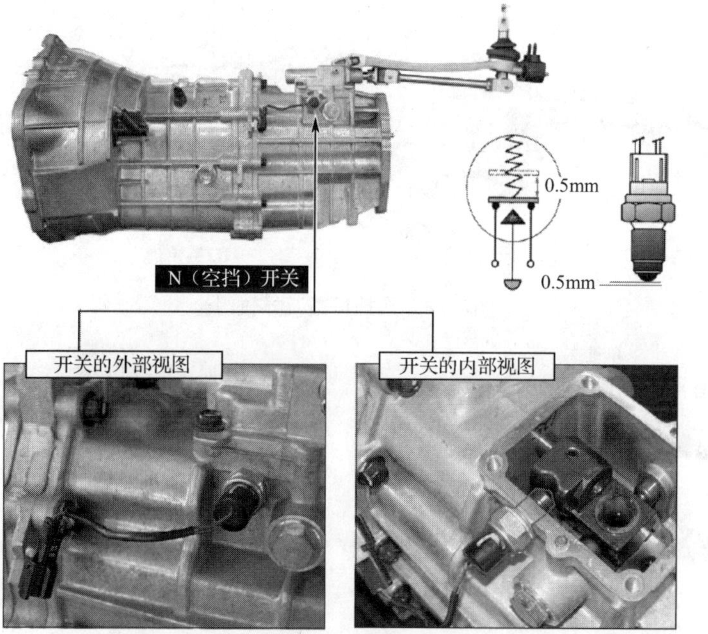

图 2-79　倒挡开关

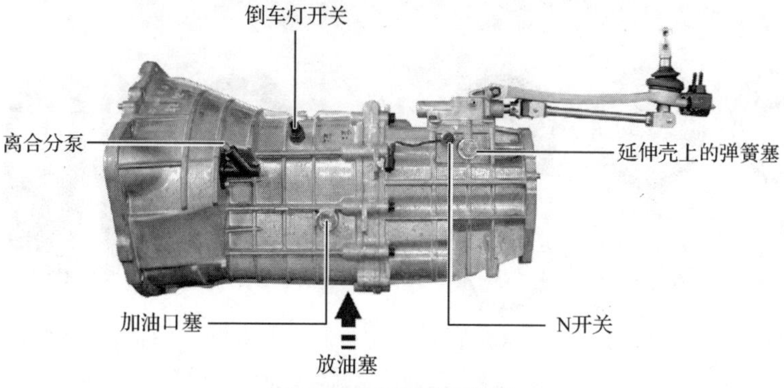

图 2-80　放油螺栓位置

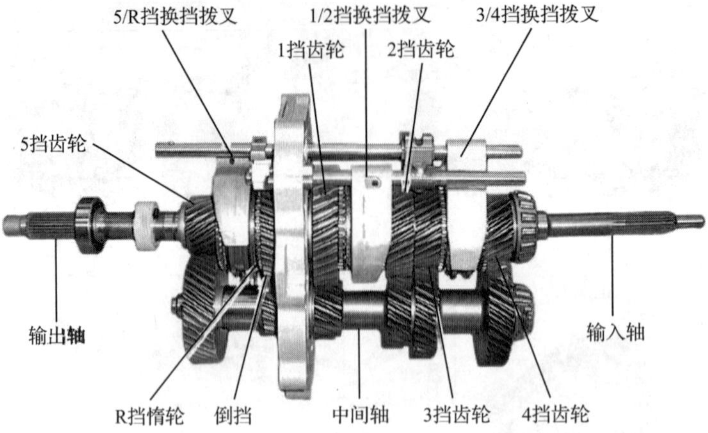

图 2-81 齿轮组合图

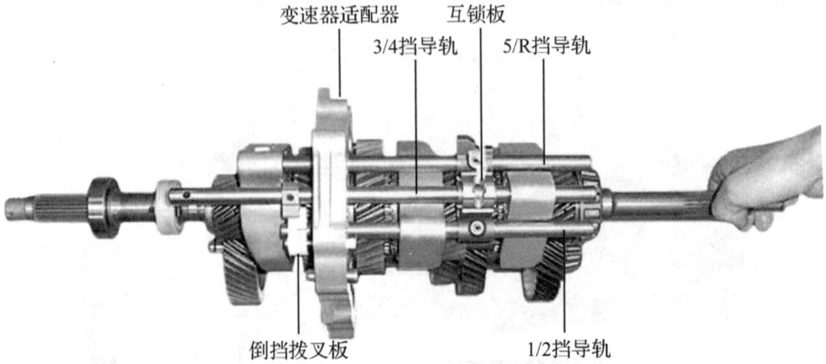

图 2-82 换挡拨叉及导轨组合

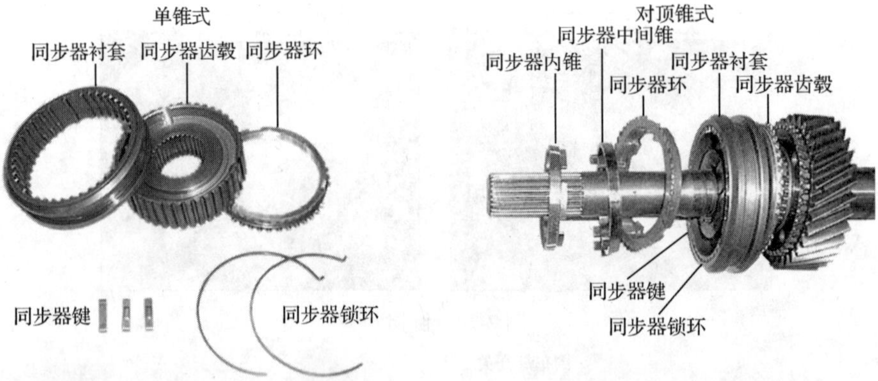

图 2-83 同步器结构

同步器包含同步器齿毂、同步器衬套、同步器环、同步器键和同步器锁环（1/2、5/R 和 3/4 同步器不同），如图 2-83 所示。注意：3/4 挡同步器和 5/R 挡同步器是单锥式，1/2 挡同步器是对顶锥式，添加内锥和中间锥，提高发动机转矩输出能力。3/4 挡同步器、1/2 挡同步器和 5/R 挡同步器齿毂不同（润滑油道不同）。

在每个齿上引入滚针轴承并在变速器壳内的输入轴和中间轴上应用滚锥轴承，如图 2-84 所示。

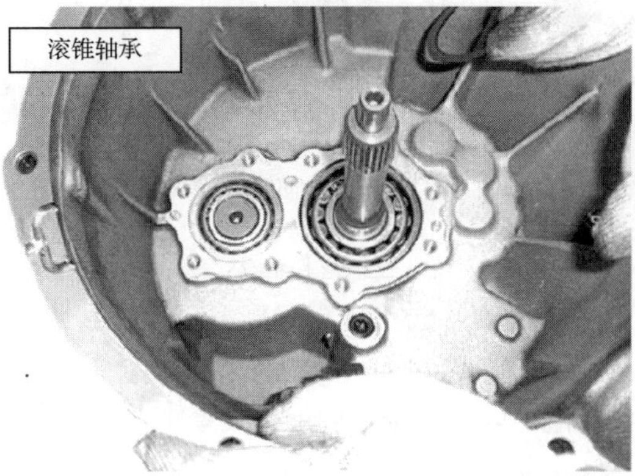

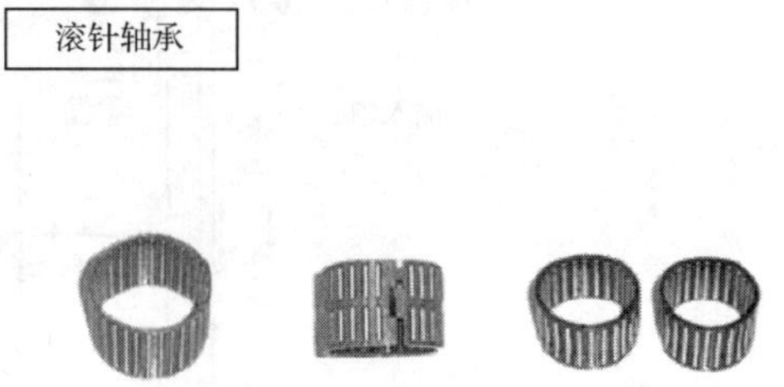

图 2-84　轴承结构

029 三轴式变速器动力分析

三轴式变速器由第一轴（输入轴）、第二轴（输出轴）、中间轴及在各轴上的齿轮组成。第一轴和第二轴在一条直线上。第一轴通过中间轴驱动第二轴以达到输出动力的目的。

1 挡主动齿轮与中间轴花键紧配合，从动齿轮与输出轴间装有滚针轴承，从动齿轮在输出轴上空转。选择 1 挡时操纵机构通过 1/2 挡拨叉将 1/2 挡同步器啮合套右移，经过同步后，同步器啮合套将 1 挡从动齿轮和同步器齿毂连为一体。离合器传递的动力经输入轴上的中间轴常啮合主动齿轮、中间轴上的常啮合从动齿轮传递到中间轴上的 1 挡从动齿轮。1 挡主动齿轮将动力传给 1 挡从动齿轮，1 挡从动齿轮再将动力传递给 1/2 挡同步器和同步器齿毂，通过同步器齿毂花键将动力传递给输出轴，如图 2-85 所示。

2 挡主动齿轮与中间轴花键紧配合，从动齿轮与输出轴间装有滚针轴承，从动齿轮在输出轴上空转。选择 2 挡时操纵机构通过 1/2 挡拨叉将 1/2 挡同步器啮合套左移，经过同步后，同步器啮合套将 2 挡从动齿轮和同步器齿毂连为一体。离合器传递的动力经输入轴上的中间轴常啮合主动齿轮、中间轴上的常啮合从动齿轮传递到中间轴上的 2 挡从动齿轮。2 挡主动齿轮将动力传给 2 挡从动齿轮，2 挡从动齿轮再将动力传递给 1/2 挡同步器和同步器齿毂，通过同步器齿毂花键将动力传递给输出轴，如图 2-86 所示。

3 挡主动齿轮与中间轴花键紧配合，从动齿轮与输出轴间装有滚针轴承，从动齿轮在输出轴上空转。选择 1 挡时操纵机构通过 3/4 挡拨叉将 3/4 挡同步器啮合套右移，经过同步后，同步器啮合套将 3 挡从动齿轮和同步器齿毂连为一体。离合器传递的动力经输入轴上的中间轴常啮合主动齿轮、中间轴上的常啮合从动齿轮传递到中间轴上的 3 挡从动齿轮。3 挡主动齿轮将动力传给 3 挡从动齿轮，3 挡从动齿轮再将动力传递给 3/4 挡同步器和同步器齿毂，通过同步器齿毂花键将动力传递给输出轴，如图 2-87 所示。

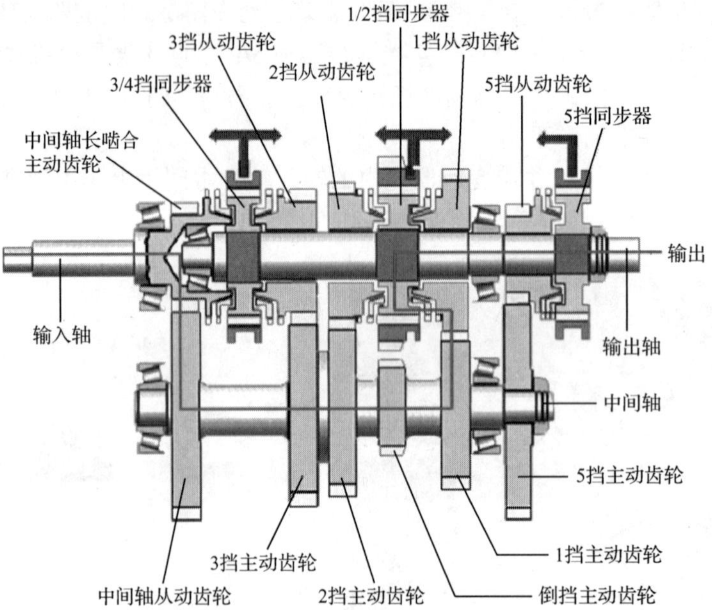

图 2-85　1 挡动力传递路线

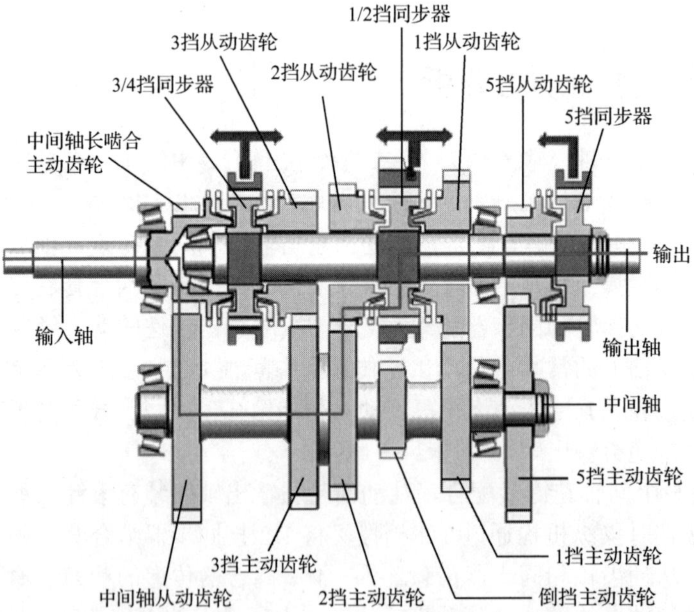

图 2-86　2 挡动力传递路线

4 挡齿轮在输入轴末端与输入轴制为一体，如图 2-88 所示。

选择 4 挡时，3/4 挡拨叉推动同步器啮合套向左移动，推动 4 挡同步环与 4 挡齿轮锥面接触，两者达到同一转速后，啮合套在拨叉的作用下继续向左移动，将 4 挡同步环与 4 挡齿轮锁为一体。动力通过主动轴 4 挡齿轮传递给 3/4 挡同步器啮合套，再传递给同步器齿毂，经同步器齿毂花键传递给输出轴。4 挡的目的是通过同步器将输入轴与输出轴锁为一体，实现动力的直接输出。4 挡的传动比等于 1。

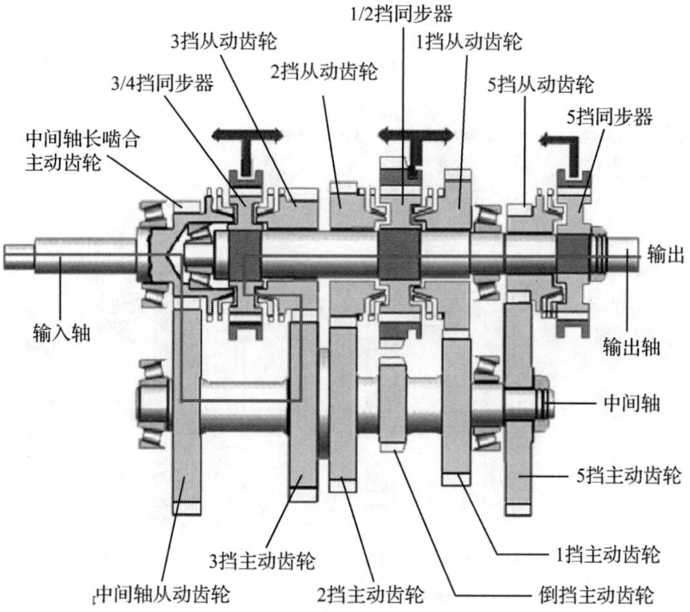

图 2-87 3 挡动力传递路线

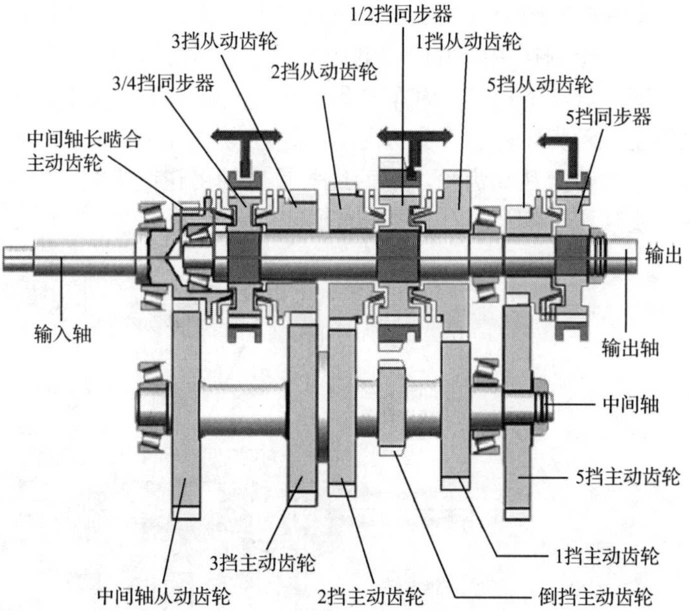

图 2-88 4 挡动力传递路线

5 挡主动齿轮与中间轴制为一体，从动齿轮与输出轴之间装有滚针轴承。从动齿轮在输出轴上空转。选择 5 挡时拨叉推动同步器啮合套向左移动，啮合套推动同步环向左移动并与 5 挡齿轮锥面接触产生摩擦，当同步环和 5 挡齿轮的转速相同时，5 挡齿轮和同步环与啮合套相对静止，这时拨叉继续推动啮合套向左移动，啮合套将同步环与 5 挡从动齿轮啮合在一起，动力通过同步器齿毂花键传递给输出轴，如图 2-89 所示。5 挡的传动比小于 1，属于超速挡。

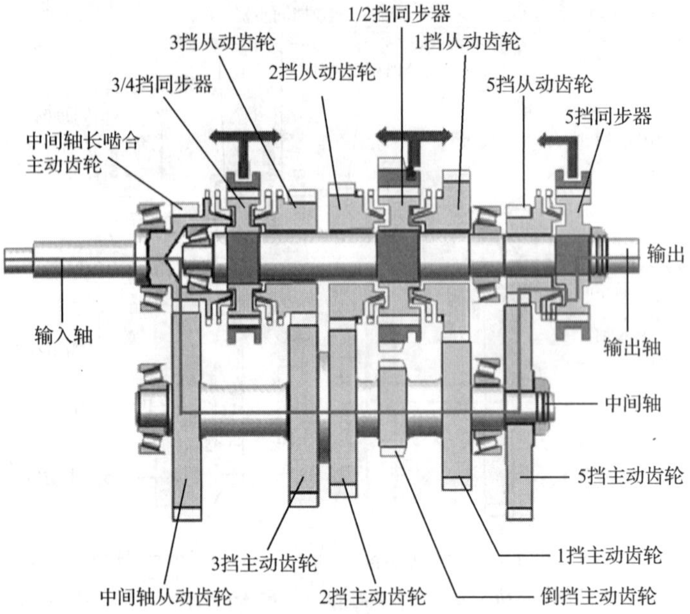

图 2-89　5 挡动力传递路线

对变速器而言，实现汽车倒挡只需使输出轴反方向旋转，为此在变速器输出轴与中间轴之间增设了一个倒挡轴和一个倒挡中间齿轮即倒挡惰轮。倒挡惰轮空套在倒挡轴上，并可在操纵机构的作用下滑动。变速器挂倒挡时，汽车必须处于静止状态，此时变速器不输出动力。拨叉推动倒挡齿轮与倒挡主从动齿轮啮合，发动机动力经过与中间轴制为一体的倒挡主动齿轮传给倒挡惰轮，惰轮再将动力传给从动齿轮，然后经与输出轴用花键紧配合的 1/2 挡同步器齿毂将动力传递给输出轴，实现汽车倒挡，如图 2-90 所示。

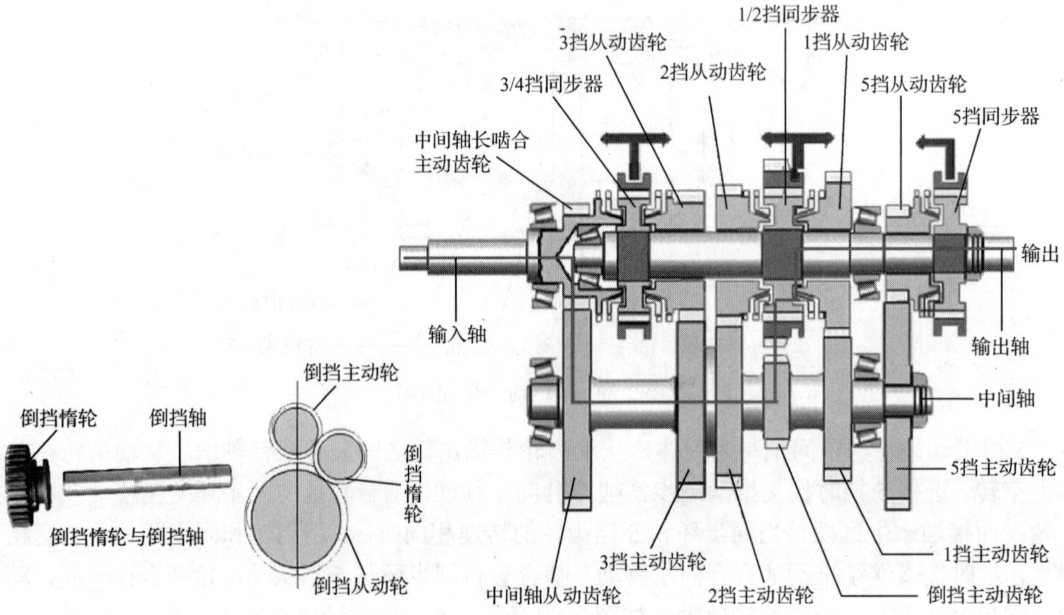

图 2-90　倒挡动力传递路线

030 三轴式变速器拆装

1）拆卸

（1）拆卸变速器放油螺栓（六角 14mm）并完全排出变速器油。把拆下的变速器放在工作台上，如图 2-91 所示。

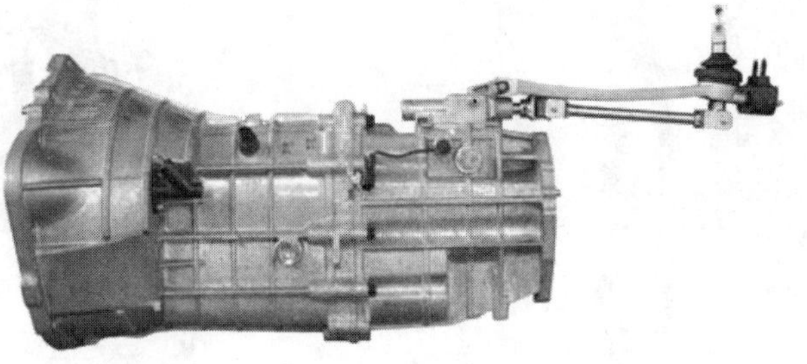

图 2-91　把拆下的变速器放在工作台上

（2）拉出锁紧垫圈 1 并拆卸导向销 2，如图 2-92 所示。

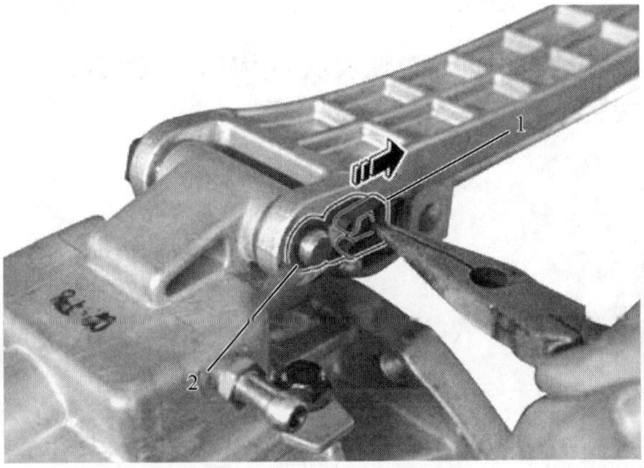

1—锁紧垫圈；2—导向销

图 2-92　拆卸导向销

（3）朝后推控制杆并用 12mm 扳手拧下装配螺栓以拆卸顶盖，如图 2-93 所示。

（4）倾斜偏置杆并拉出弹簧销以拆卸偏置杆，如图 2-94 所示。

图 2-93　拆卸顶盖

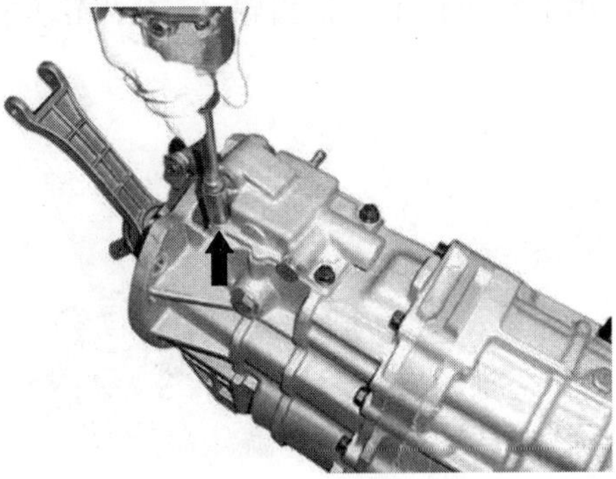

图 2-94　拆卸偏置杆

（5）用 14mm 扳手从延伸壳上拧下螺栓，如图 2-95 所示。

（6）用专用工具拆卸延伸壳，如图 2-96 所示。注意：拆卸和延伸壳在一起的偏置杆及滚动柱塞，小心不要掉落。

图 2-95　拧下延伸壳螺栓

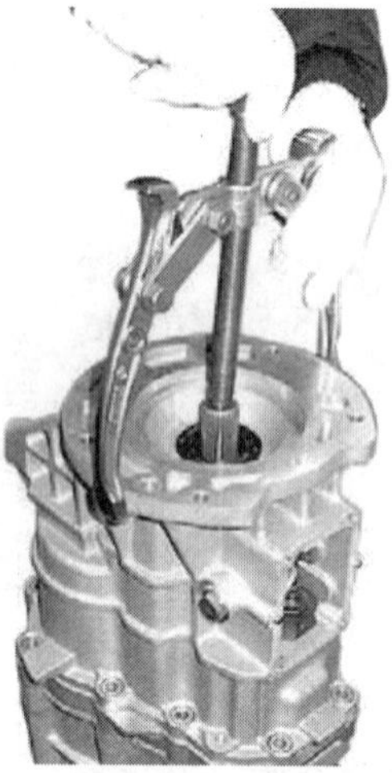

图 2-96　拆卸延伸壳

（7）用拉具拆卸后滚珠轴承并拆卸车速表从动齿轮，如图 2-97 所示。

（8）拆卸 5/R 换挡拨叉弹簧销，如图 2-98 所示。

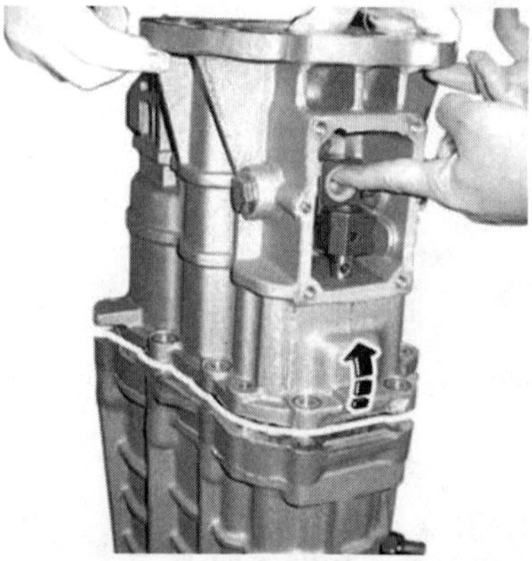

图 2-97　拆卸车速表从动齿轮

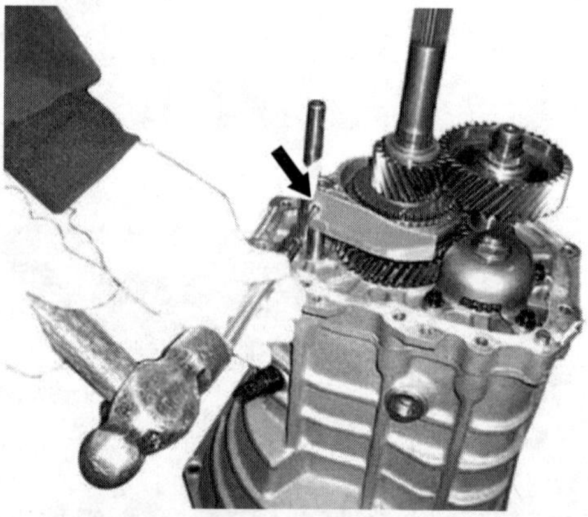

图 2-98　拆卸 5/R 换挡拨叉弹簧销

（9）用卡环钳把中间轴齿轮（5 挡齿轮）挡圈拉出环槽，如图 2-99 所示。

图 2-99　拆卸挡圈

（10）撑散挡圈并用拉具拆卸 5 挡中间轴齿轮，如图 2-100 所示。

（11）拆卸中间轴倒挡隔圈，如图 2-101 所示。

图 2-100　拆卸 5 挡中间轴齿轮

图 2-101　拆卸中间轴倒挡隔圈

（12）用卡簧钳拆卸 5 挡齿轮挡圈，如图 2-102 所示。

（13）从轴上拆卸止推垫圈，如图 2-103 所示。

图 2-102　拆卸 5 挡齿轮挡圈

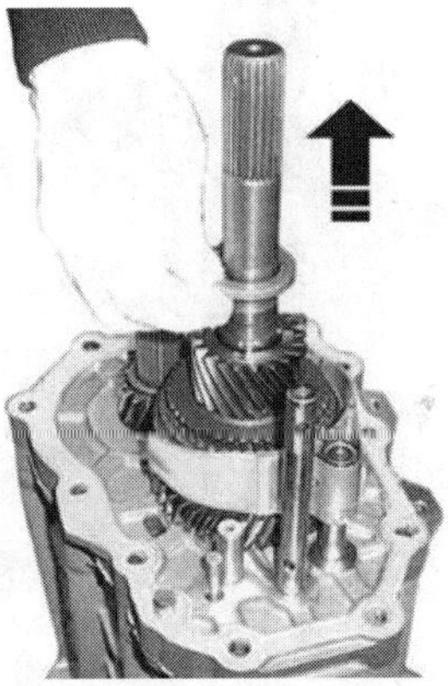

图 2-103　拆卸止推垫圈

（14）拆卸 5 挡齿轮并拉出弹簧销，如图 2-104 所示。

（15）拆卸两个 5 挡齿轮滚针轴承，如图 2-105 所示。

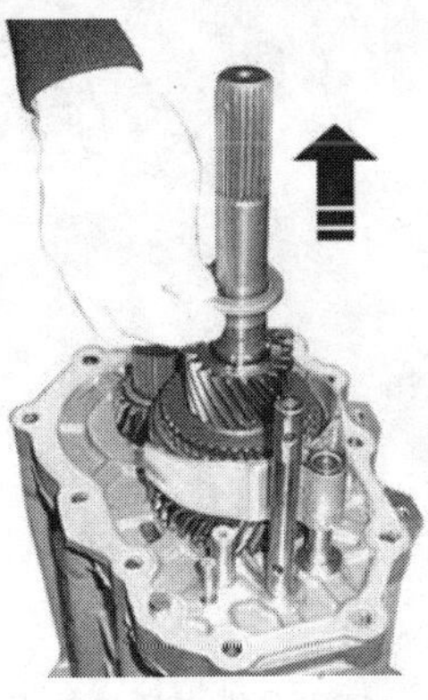

图 2-104　拉出弹簧销

图 2-105　拆卸两个 5 挡齿轮滚针轴承

（16）拆卸 5 挡齿轮同步器环，如图 2-106 所示。

（17）用环钳从轴上拆卸 5/R 挡齿轮挡圈，如图 2-107 所示。

图 2-106 拆卸 5 挡齿轮同步器环

图 2-107 拆卸 5/R 挡齿轮挡圈

（18）一次性拆卸 5/R 挡同步器毂总成、倒挡齿轮和换挡拨叉，如图 2-108 所示。

（19）拆卸中间轴倒挡齿轮，如图 2-109 所示。

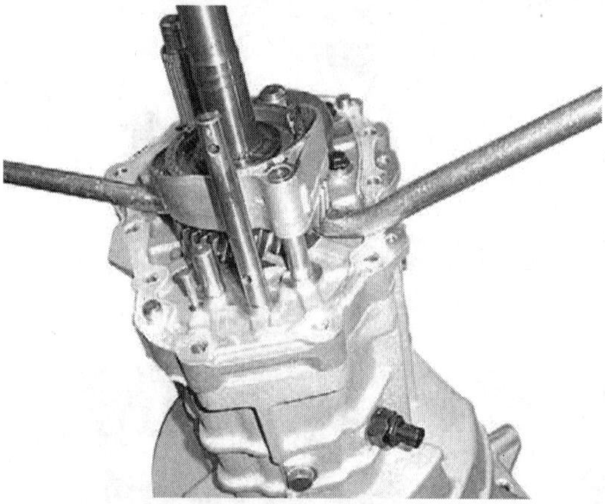

图 2-108 拆卸 5/R 挡同步器毂总成、倒挡齿轮和换挡拨叉

图 2-109 拆卸中间轴倒挡齿轮

（20）拆卸中间轴倒挡齿轮滚针轴承，如图 2-110 所示。

（21）拧下互锁螺栓，如图 2-111 所示。

图 2-110 拆卸中间轴倒挡齿轮滚针轴承

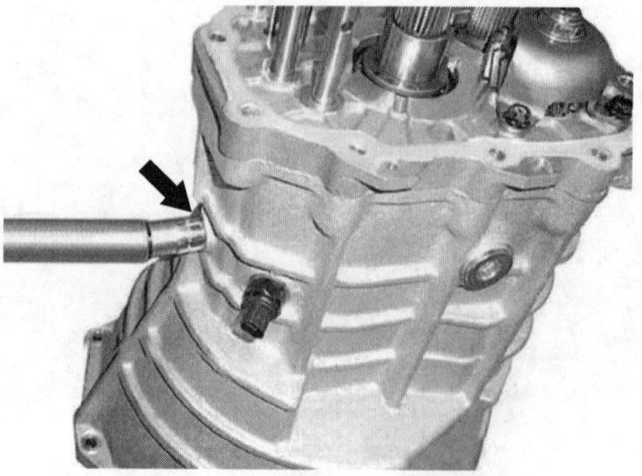

图 2-111 拧下互锁螺栓

（22）从变速器壳上拆卸变速器中间壳体，如图 2-112 所示。

（23）从壳上拆卸齿轮总成，如图 2-113 所示。

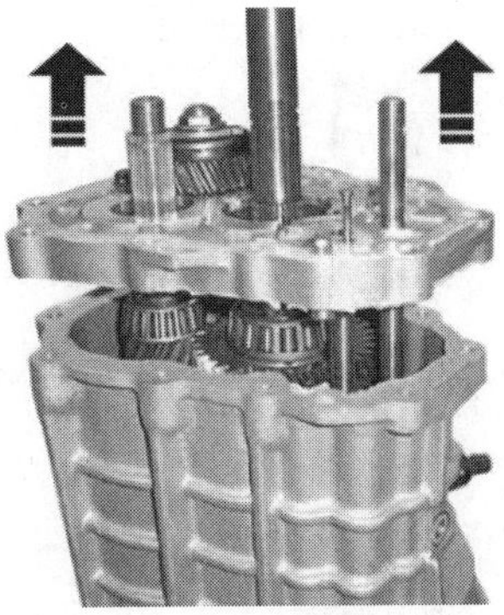

图 2-112　拆卸变速器中间壳体

图 2-113　拆卸齿轮总成

（24）拆卸主轴和中间轴齿轮总成，从 5/R 和 1/2 换挡导轨上拉出销并通过后部拆卸换挡导轨，从换挡拨叉上拉出锁销，如图 2-114 所示。

（25）拆卸换挡导轨和换挡拨叉，把输出轴和中间轴齿轮放到专用工具上，如图 2-115 所示。

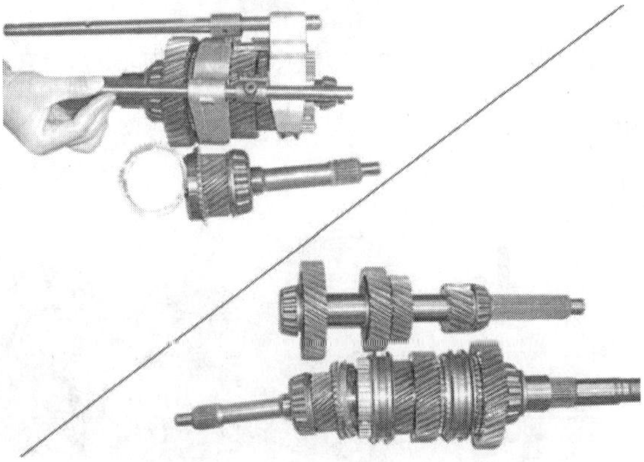

图 2-114　拆卸主轴和中间轴齿轮总成

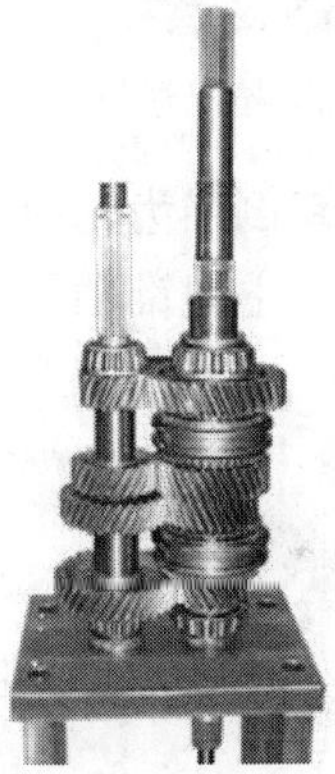

图 2-115　拆卸换挡导轨和换挡拨叉

（26）把输出轴总成和 1 挡齿轮朝下放置，并用专用工具拆卸中间滚锥轴承，如图 2-116 所示。

（27）拆卸 3/4 挡齿轮挡圈，如图 2-117 所示。

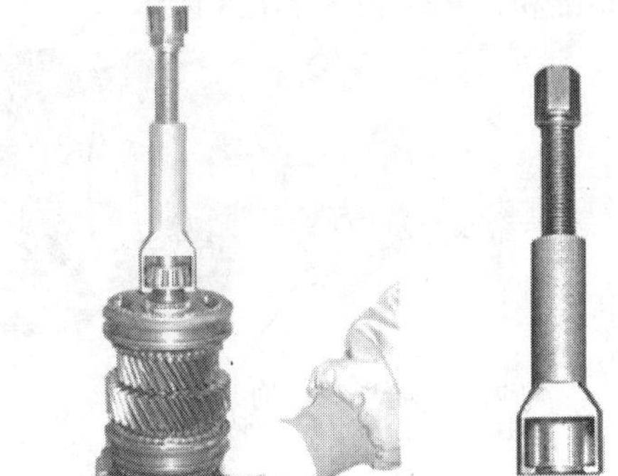

图 2-116　拆卸中间滚锥轴承

图 2-117　拆卸 3/4 挡齿轮挡圈

（28）用专用工具拆卸 3/4 挡齿轮同步器毂、单同步器衬套和 3 挡齿轮，拉出滚针轴承，如图 2-118 所示。

（29）用专用工具松动 1/2 挡齿轮、轮毂和双同步器衬套，如图 2-119 所示。

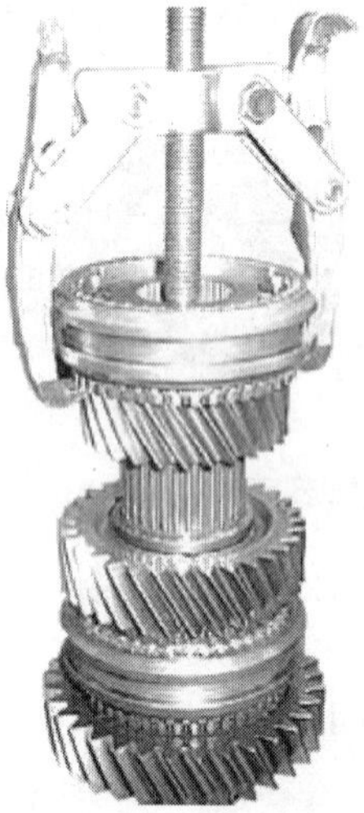

图 2-118 拉出滚针轴承

图 2-119 松动 1/2 挡齿轮、轮毂和双同步器衬套

（30）拆卸倒挡齿轮内座圈，如图 2-120 所示。

（31）拆卸主滚锥轴承，如图 2-121 所示。

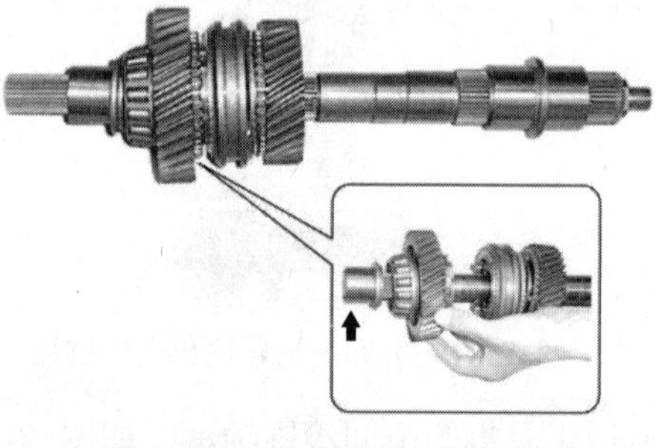

图 2-120 拆卸倒挡齿轮内座圈

图 2-121 拆卸主滚锥轴承

（32）从轴上拆卸内座圈、1 挡齿轮和滚针轴承，如图 2-122 所示。

（33）拆卸在 1 挡齿轮侧的同步器内环、中间锥和外环，如图 2-123 所示。

图 2-122 拆卸内座圈、1 挡齿轮和滚针轴承

图 2-123 拆卸在 1 挡齿轮侧的同步器内环、中间锥和外环

（34）拆卸和双同步器衬套在一起的 1/2 挡齿轮同步器毂，如图 2-124 所示。

（35）拆卸在 2 挡齿轮侧的同步器内环、中间锥和外环，如图 2-125 所示。

图 2-124　拆卸 1/2 挡齿轮同步器毂

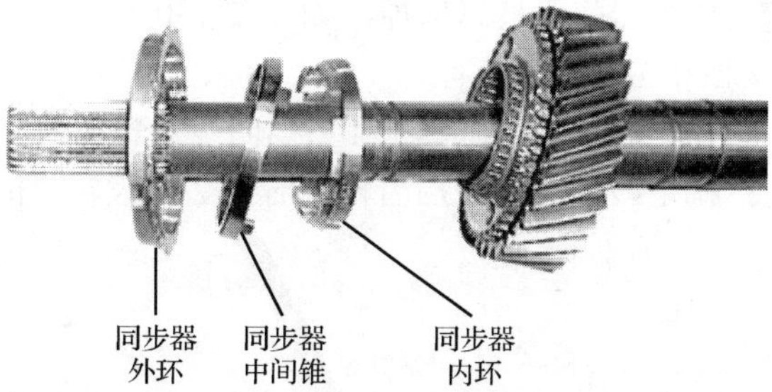

图 2-125　拆卸在 2 挡齿轮侧的同步器内环、中间锥和外环

（36）拆卸 2 挡齿轮和滚针轴承，如图 2-126 所示。

（37）从延伸壳上拆卸油封，如图 2-127 所示。

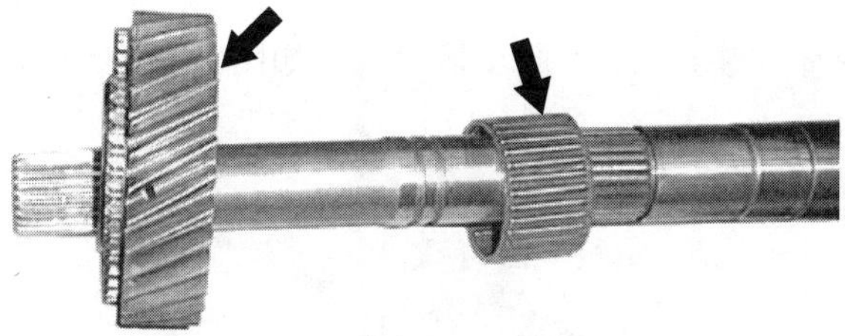

图 2-126　拆卸 2 挡齿轮和滚针轴承

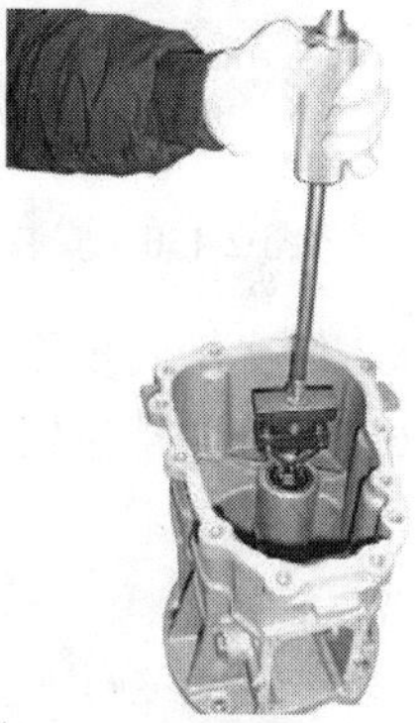

图 2-127　拆卸油封

2）组装

装配前要检查测量同步器环和变速器齿轮之间的间隙。新 1/2 挡齿轮同步器环：0.87～1.40mm；新 3/4 挡齿轮同步器环：0.88～1.50mm。如果间隙过大，则更换新同步器环，否则会损坏齿轮。

（1）安装 2 挡齿轮滚针轴承，如图 2-128 所示。注意：1/2/3 挡齿轮滚针轴承有一排轴承并且这些轴承的尺寸相同；倒挡滚针轴承有两排轴承；5 挡滚针轴承比其他轴承小并且包含两个轴承。

（2）依次安装 2 挡齿轮同步器外环、中间锥和内环，如图 2-129 所示。

图 2-128　安装 2 挡齿轮滚针轴承

图 2-129　安装 2 挡齿轮同步器外环、中间锥和内环

（3）在 1/2 挡同步器毂和双同步器衬套内插入 3 个同步器键。在偏置处安装同步器弹簧，避免同步器弹簧被忽略掉，如图 2-130 所示。注意：1/2 挡齿轮同步器衬套边缘没有台阶，但 3/4 挡和 5/R 挡齿轮有。

（4）通过使用压具把 1/2 挡同步器毂和双同步器衬套安装到输出轴内，如图 2-131 所示。注：确定毂槽面朝 2 挡齿轮，对正 2 挡齿轮内的同步器环槽和同步器键。

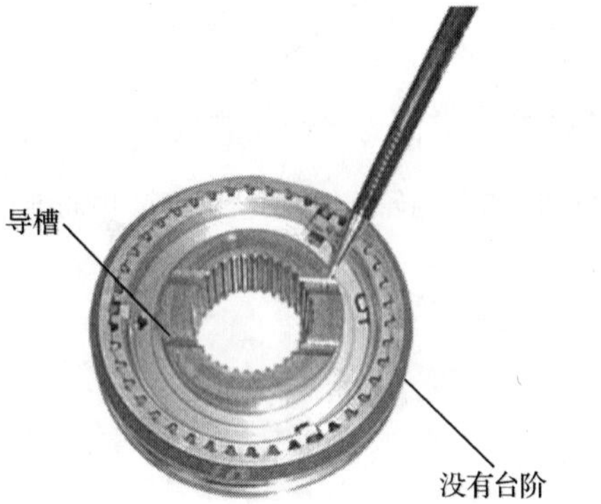

图 2-130　安装同步器弹簧

图 2-131　把 1/2 挡同步器毂和双同步器衬套安装到输出轴内

（5）依次把同步器外环、中间锥和内环安装到 1/2 挡同步器毂内，如图 2-132 所示。

（6）安装 1 挡齿轮，如图 2-133 所示。

图 2-132　安装同步器外环、中间锥和内环

图 2-133　安装 1 挡齿轮

（7）安装 1 挡齿轮滚针轴承，如图 2-134 所示。

（8）通过使用压具安装 1 挡齿轮内座圈，如图 2-135 所示。注意：1 挡齿轮内座圈边缘没有台阶。

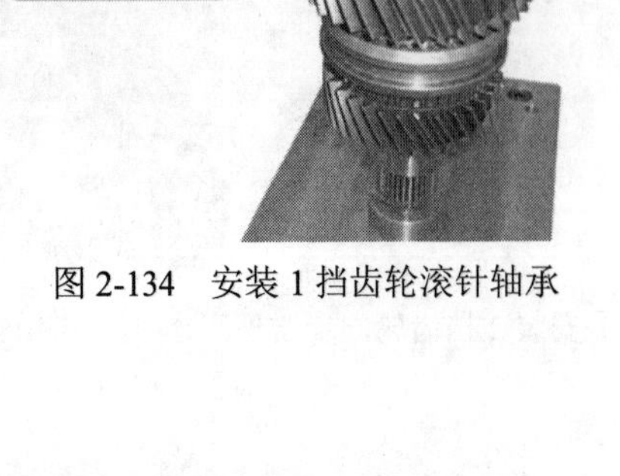

图 2-134　安装 1 挡齿轮滚针轴承

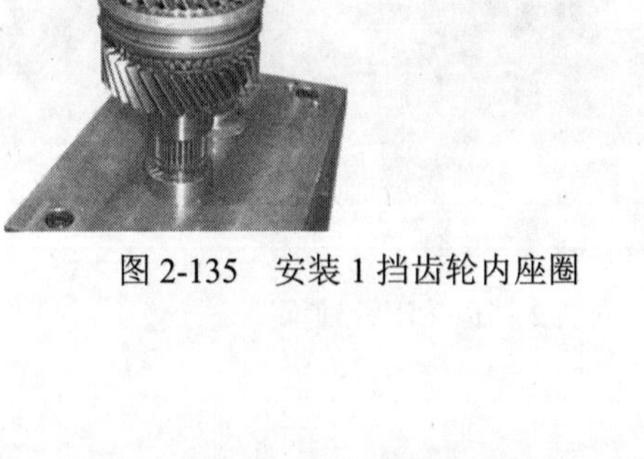

图 2-135　安装 1 挡齿轮内座圈

（9）通过压具安装主滚锥轴承，如图 2-136 所示。

（10）通过压具安装倒挡齿轮内座圈，如图 2-137 所示。注意：倒挡齿轮内座圈边缘有一个台阶。

图 2-136　安装主滚锥轴承

图 2-137　安装倒挡齿轮内座圈

（11）把输出轴总成和 1 挡齿轮朝下放置并安装 3 挡齿轮滚针轴承，如图 2-138 所示。

图 2-138　安装 3 挡齿轮滚针轴承

（12）安装 3 挡齿轮，如图 2-139 所示。

（13）在 3 挡齿轮上安装同步环，如图 2-140 所示。

图 2-139　安装 3 挡齿轮

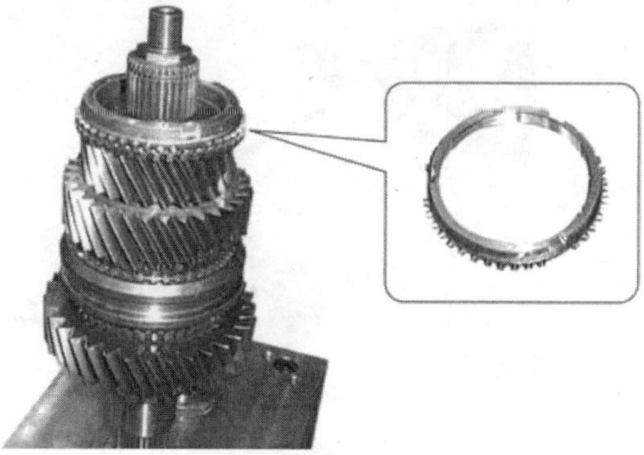

图 2-140　安装同步环

（14）在 3/4 挡同步器毂和同步器衬套内插入 3 个同步器键。在偏置处安装同步器弹簧，避免同步器弹簧被忽略掉，如图 2-141 所示。注意：3/4 挡齿轮同步器衬套边缘有一个台阶，使毂内的导槽面向 3 挡齿轮并对正 3 挡齿轮内的同步器环槽和同步器键。

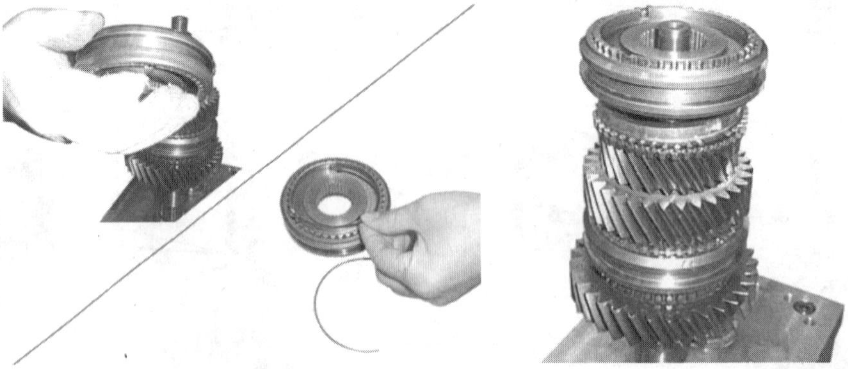

图 2-141　安装同步器弹簧

（15）安装 3/4 挡齿轮挡圈，如图 2-142 所示。注意：通过用厚薄规把挡圈和毂之间的轴向间隙调整到 0～0.50mm 范围内。

（16）通过压具安装中间滚锥轴承，如图 2-143 所示。

图 2-142　安装 3/4 挡齿轮挡圈

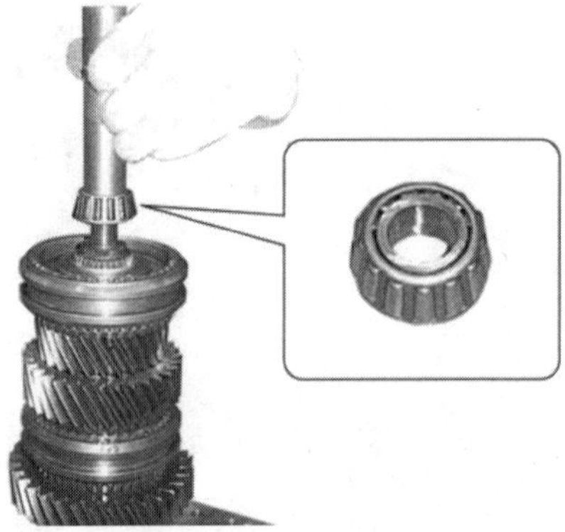

图 2-143　安装中间滚锥轴承

（17）把输入轴和 4 挡同步器环安装到一起，将输入轴面朝下放置到工作台上，如图 2-144 所示。

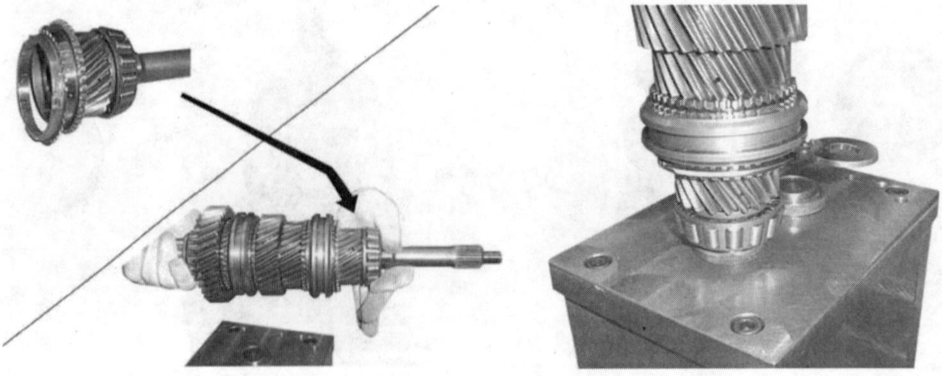

图 2-144　把输入轴和 4 挡同步器环安装到一起

（18）为了减轻负荷并为轴承提供一个间隙，请插入专用工具，如图 2-145 所示。

（19）把中间轴齿轮和输入/输出轴放到工作台上，如图 2-146 所示。

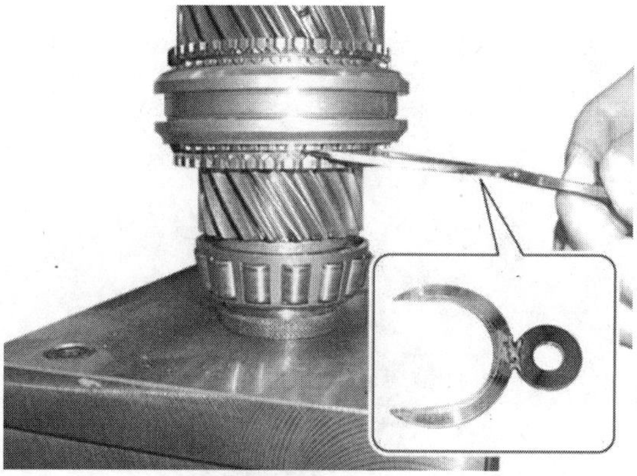

图 2-145　插入专用工具

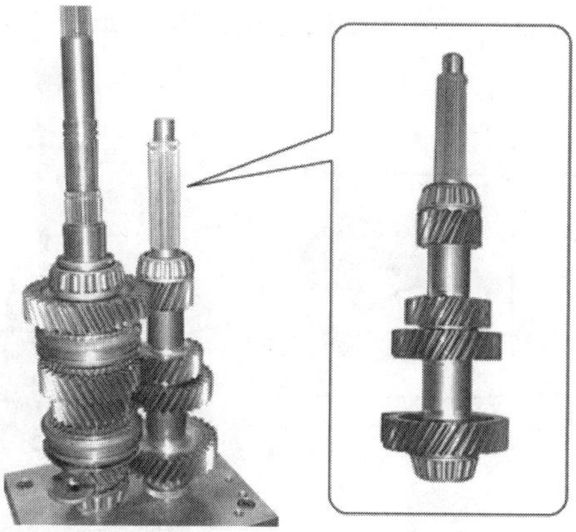

图 2-146　把中间轴齿轮和输入/输出轴放到工作台上

（20）把变速器适配器安装到输入轴和中间轴齿轮上，如图 2-147 所示。

（21）安装倒挡齿轮滚针轴承，如图 2-148 所示。

图 2-147　把变速器适配器安装到输入轴和中间轴齿轮上

图 2-148　安装倒挡齿轮滚针轴承

（22）把倒挡齿轮安装到轴上，如图 2-149 所示。

（23）把同步器环安装到倒挡齿轮上，如图 2-150 所示。

图 2-149　把倒挡齿轮安装到轴上

图 2-150　把同步器环安装到倒挡齿轮上

（24）在 5/R 挡同步器毂和同步器衬套内装入 3 个同步器键，如图 2-151 所示。在偏置处安装同步器弹簧，避免同步器弹簧被忽略掉。注意：使毂内的导槽面向5挡齿轮并对正倒挡齿轮的同步器环槽和同步器键。

（25）安装5/R挡齿轮挡圈，如图2-152所示。

图2-151 装入3个同步器键

图2-152 安装5/R挡齿轮挡圈

（26）通过压具安装中间轴倒挡齿轮，如图2-153所示。注意：放置中间轴倒挡齿轮，使较长突出部分朝向适配器。

（27）安装中间轴倒挡隔圈，如图2-154所示。

图2-153 安装中间轴倒挡齿轮

图2-154 安装中间轴倒挡隔圈

（28）安装5挡同步器环，如图2-155所示。

（29）安装两个5挡齿轮滚针轴承，使这两个5挡齿轮滚针轴承排成一行，如图2-156所示。

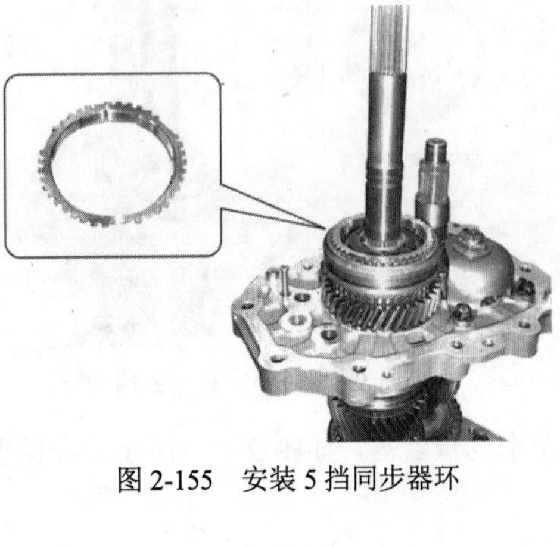

图2-155 安装5挡同步器环

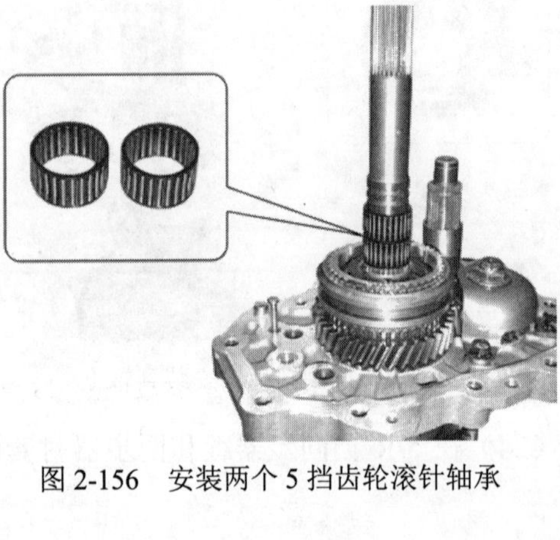

图2-156 安装两个5挡齿轮滚针轴承

（30）安装 5 挡齿轮，如图 2-157 所示。

（31）使用压具安装 5 挡中间轴齿轮。此时，使 5 挡中间轴齿轮的较长突出部分朝向适配器，如图 1-158 所示。

图 2-157　安装 5 挡齿轮

图 2-158　安装 5 挡中间轴齿轮

（32）安装中间轴 5 挡齿轮挡圈，如图 2-159 所示。

（33）安装锁定滚珠，如图 2-160 所示。

图 2-159　安装中间轴 5 挡齿轮挡圈

图 2-160　安装锁定滚珠

（34）在对正键槽的情况下安装止推垫圈，如图 2-161 所示。

（35）安装挡圈，如图 2-162 所示。注意：通过使用厚薄规把挡圈和毂之间的轴向间隙调整到 0.08～0.22mm 范围内。

图 2-161　安装止推垫圈

图 2-162　安装挡圈

（36）使用压具安装中间轴滚子轴承的内座圈，如图 2-163 所示。注意：使中间轴滚子轴承内座圈的突出部分朝向 5 挡齿轮。

（37）把齿轮总成平行放在工作台上，如图 2-164 所示。

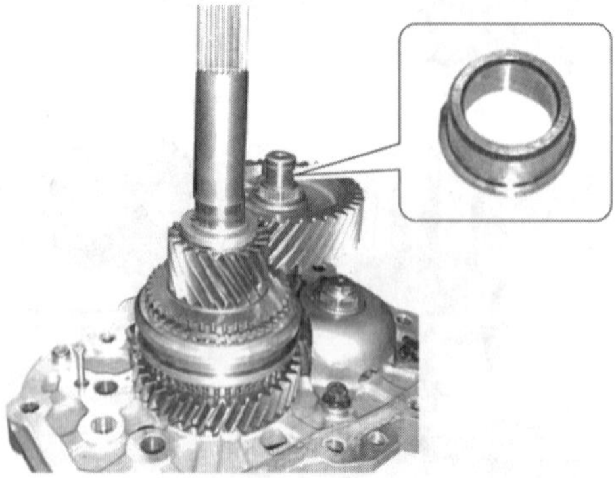

图 2-163　安装中间轴滚子轴承的内座圈

图 2-164　把齿轮总成平行放在工作台上

（38）把内部变速杆和互锁板安装到 3/4 挡齿轮换挡导轨内，如图 2-165 所示。注意：锁内部变速杆的弹簧销很小（6mm×22mm）并且其开槽应面朝轴。

（39）把 3/4 挡齿轮换挡导轨安装到变速器适配器内，如图 2-166 所示。注：换挡导轨的较长部分应朝向输入轴。

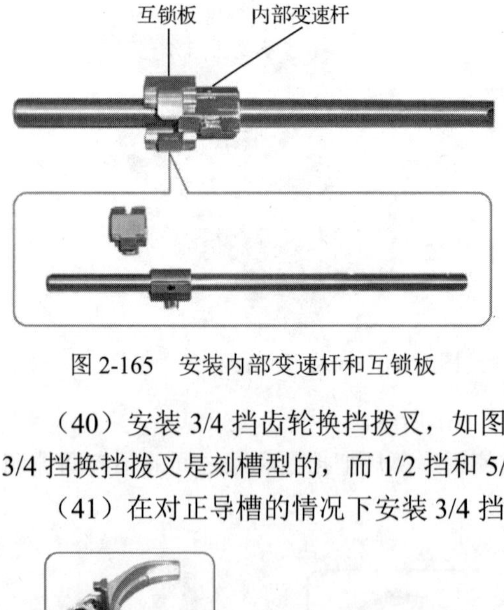

图 2-165　安装内部变速杆和互锁板

图 2-166　安装 3/4 挡齿轮换挡导轨

（40）安装 3/4 挡齿轮换挡拨叉，如图 2-167 所示。注意：1/2 挡和 5/R 挡换挡拨叉兼容，3/4 挡换挡拨叉是刻槽型的，而 1/2 挡和 5/R 挡换挡拨叉不是。

（41）在对正导槽的情况下安装 3/4 挡换挡拨叉和换挡导轨，如图 2-168 所示。

图 2-167　安装 3/4 挡齿轮换挡拨叉

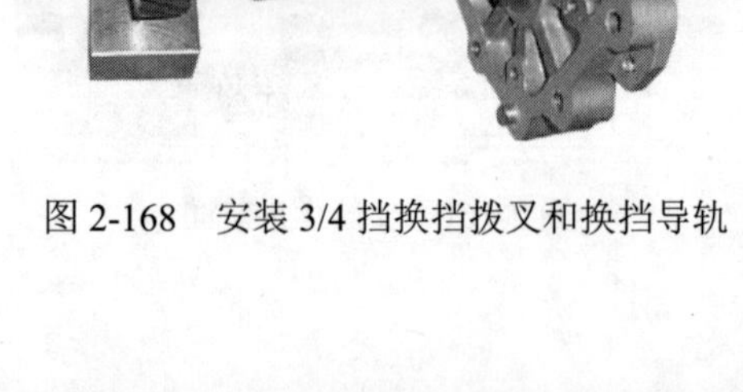

图 2-168　安装 3/4 挡换挡拨叉和换挡导轨

（42）把 1/2 挡齿轮换挡导轨安装到变速器适配器内，如图 2-169 所示。

（43）局部啮合 1/2 挡换挡拨叉到换挡导轨，如图 2-170 所示。

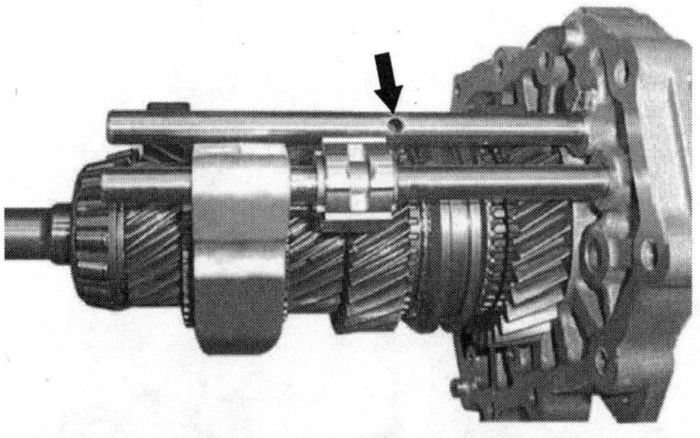

图 2-169　安装 1/2 挡齿轮换挡导轨

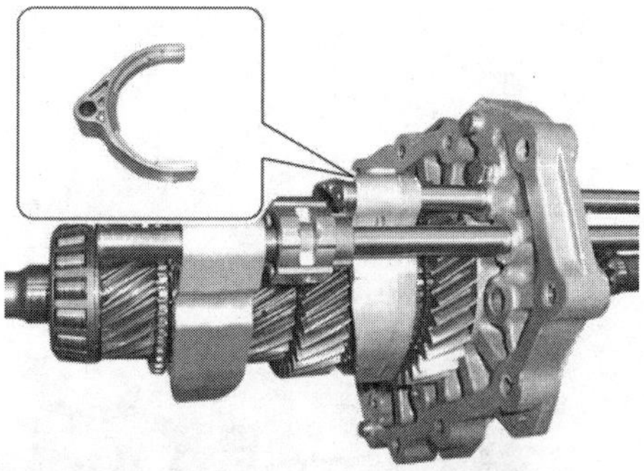

图 1-170　局部啮合 1/2 挡换挡拨叉

（44）把换挡轮壳安装到 1/2 挡换挡导轨上，如图 2-171 所示。安装倒挡锁止弹簧、倒挡锁止板和倒挡锁止螺栓。注意：对正 1/2 挡齿轮换挡轮壳和互锁板匹配表面。

（45）局部啮合 5/R 挡齿轮换挡拨叉换到换挡导轨的导槽上，如图 2-172 所示。

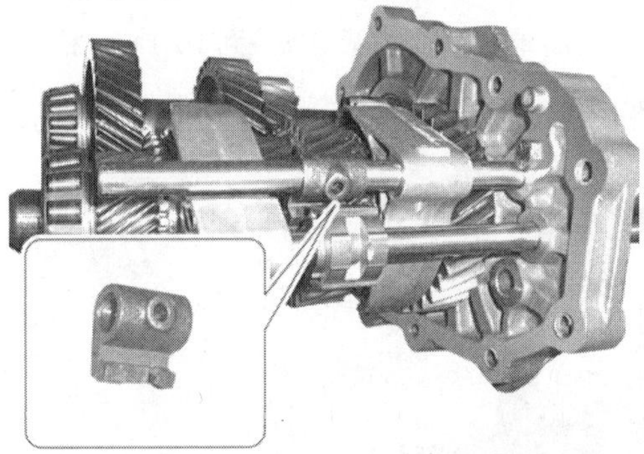

图 2-171　把换挡轮壳安装到 1/2 挡换挡导轨上

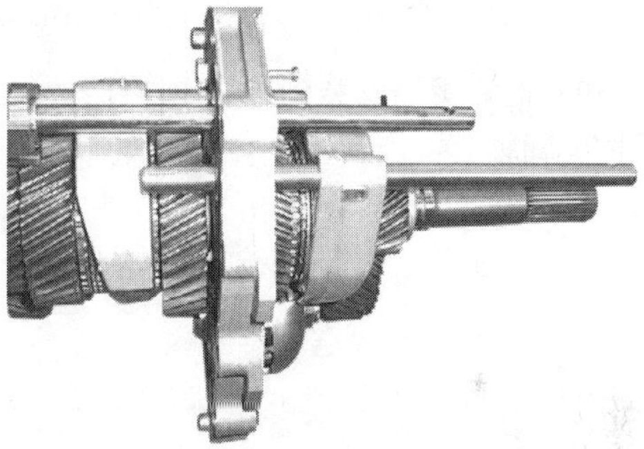

图 2-172　5/R 挡齿轮换挡拨叉换到换挡导轨的导槽上

（46）把 5/R 挡换挡轮壳和 5/R 挡换挡拨叉安装到换挡导轨上，如图 2-173 所示。注意：对正 5/R 挡换挡轮壳和互锁板表面。

（47）把弹簧销安装到 1/2 挡换挡轮壳内，如图 2-174 所示。注意：放置弹簧销，使弹簧销开槽面朝轴。

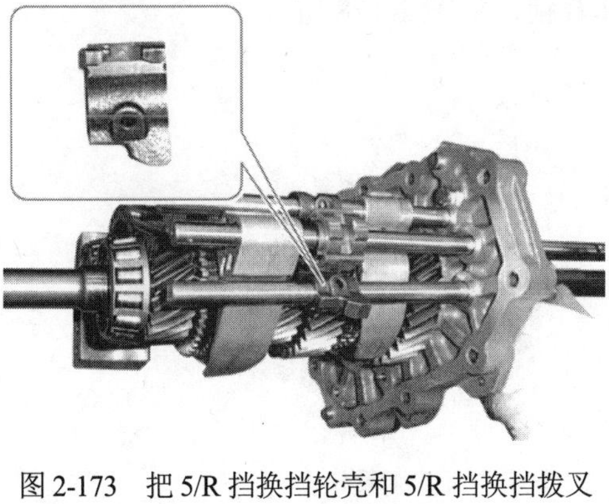

图 2-173　把 5/R 挡换挡轮壳和 5/R 挡换挡拨叉安装到换挡导轨上

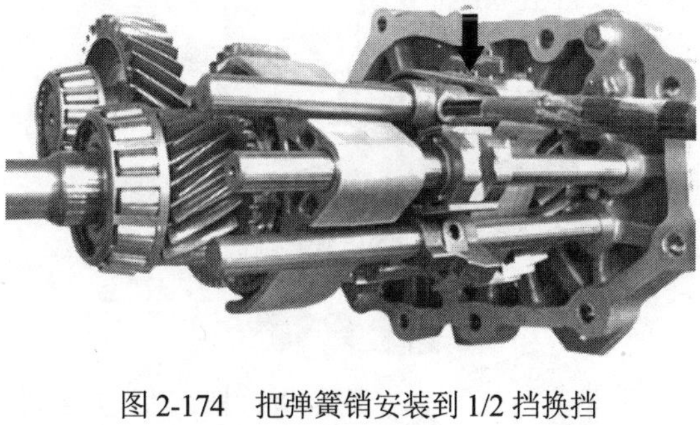

图 2-174　把弹簧销安装到 1/2 挡换挡轮壳内

（48）把弹簧销安装到 5/R 挡换挡轮壳内，如图 2-175 所示。注意：放置弹簧销，使弹簧销开槽面朝轴。

（49）把弹簧销安装到 1/2 挡换挡拨叉内，如图 2-176 所示。注意：放置弹簧销，使弹簧销开槽面朝轴。

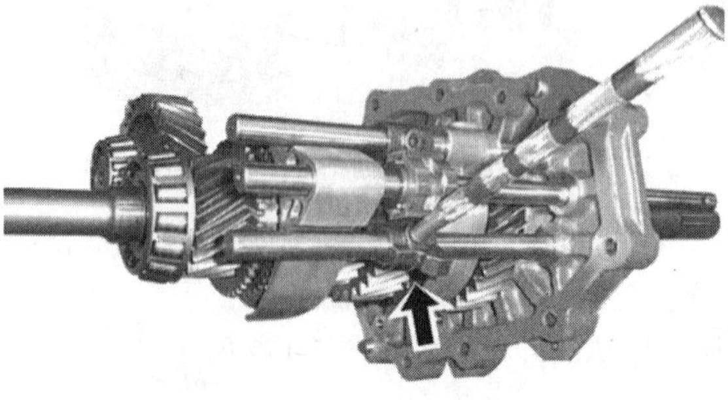

图 2-175　把弹簧销安装到 5/R 挡换挡轮壳内

图 2-176　把弹簧销安装到 1/2 挡换挡拨叉内

（50）把弹簧销安装到 5/R 挡换挡拨叉内，如图 2-177 所示。注意：放置弹簧销，使弹簧销开槽面朝轴。

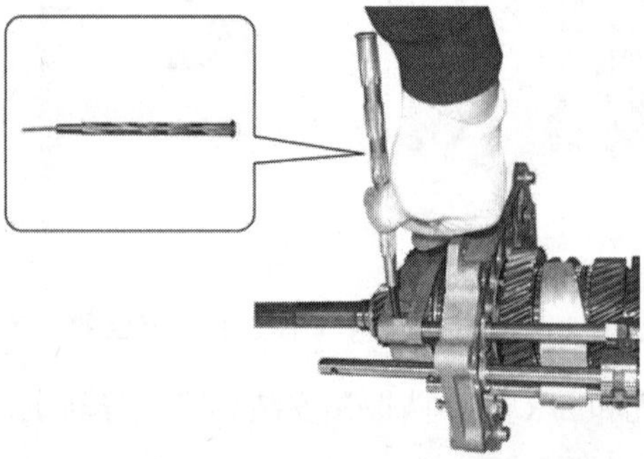

图 2-177　把弹簧销安装到 5/R 挡换挡拨叉内

（51）把倒挡锁止板和倒挡锁止弹簧安装到 1/2 挡换挡导轨上。

（52）把止动板安装到 3/4 挡换挡导轨上并插入弹簧销，如图 2-178 所示。

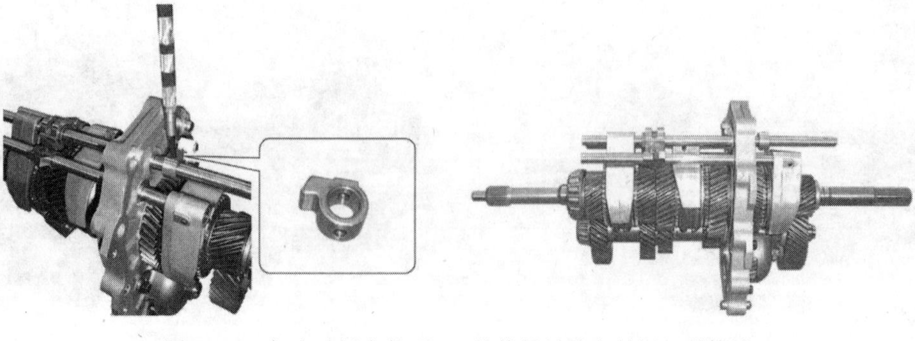

图 2-178　把止动板安装到 3/4 挡换挡导轨上并插入弹簧销

（53）在变速壳上涂抹密封胶，如图 2-179 所示。

（54）把齿轮总成和适配器安装到变速壳上，如图 2-180 所示。

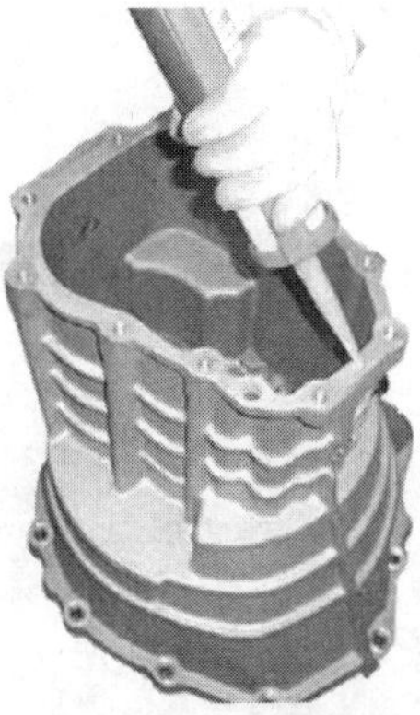

图 2-179　涂抹密封胶

图 2-180　把齿轮总成和适配器安装到变速壳上

（55）把车速表从动齿轮安装到输出轴上并使用压具安装滚珠轴承。

（56）在延伸壳上涂抹密封胶，把延伸壳向下按压到适配器上，如图 2-181 所示。

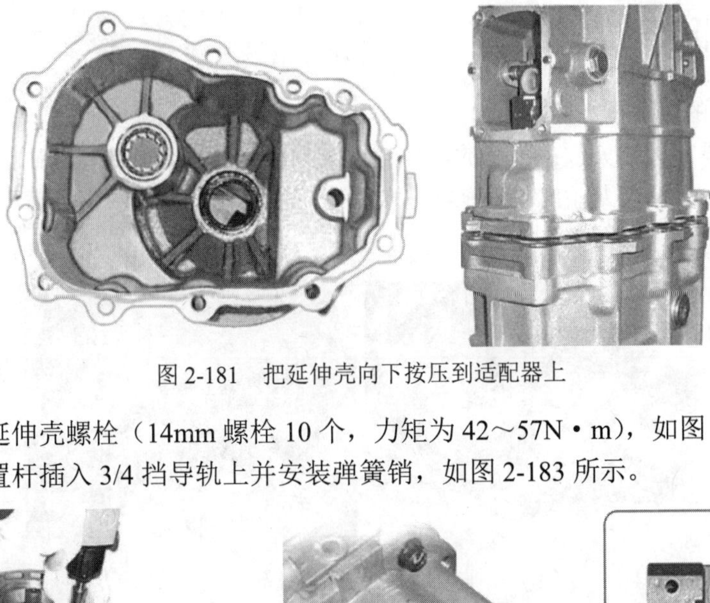

图 2-181　把延伸壳向下按压到适配器上

（57）拧紧延伸壳螺栓（14mm 螺栓 10 个，力矩为 42～57N・m），如图 2-182 所示。

（58）把偏置杆插入 3/4 挡导轨上并安装弹簧销，如图 2-183 所示。

图 2-182　拧紧延伸壳螺栓

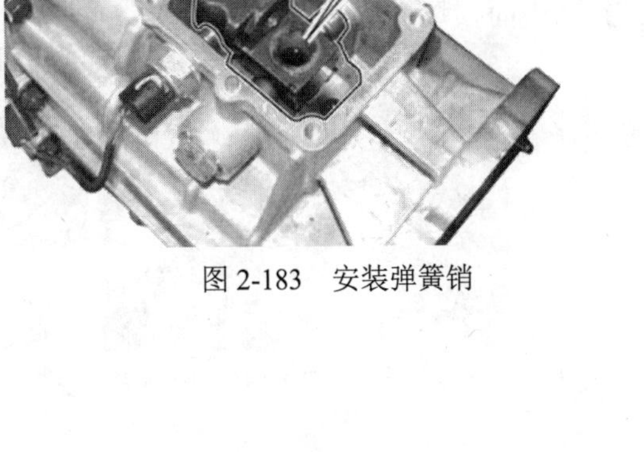

图 2-183　安装弹簧销

（59）在偏置杆轴套内涂抹润滑脂。

（60）在互锁螺栓（17mm）上涂抹密封胶并把它插入互锁板孔，如图 2-184 所示。注意：确定齿轮在空挡位置，否则不能把互锁螺栓插入互锁板孔。螺栓力矩：40～50N・m。

（61）在顶盖上涂抹密封胶并安装 4 个螺栓（12mm），如图 2-185 所示。注意：确定齿轮在空挡位置。螺栓力矩：17～26N・m。

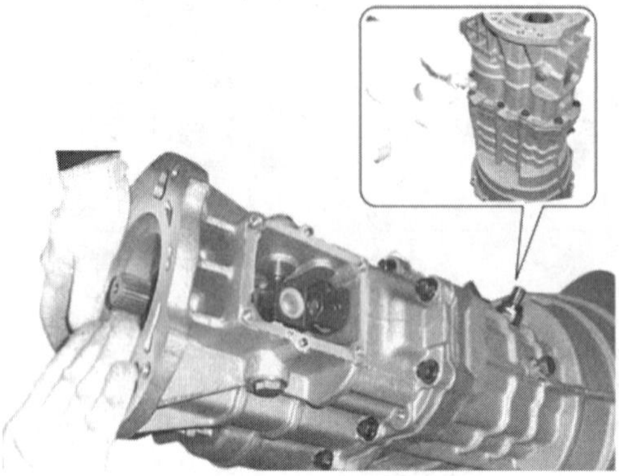

图 2-184　安装互锁螺栓

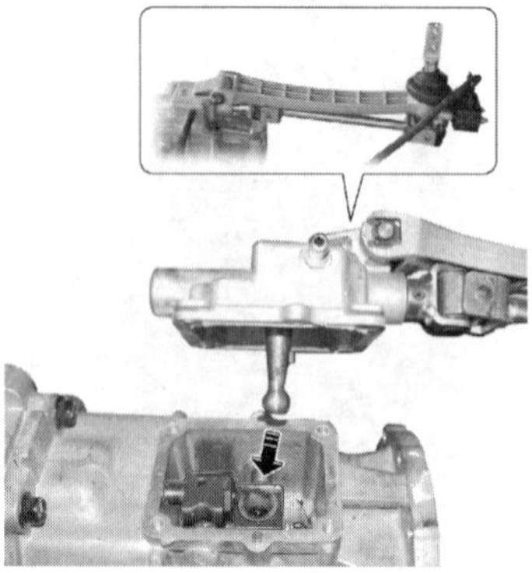

图 2-185　安装顶盖

031 变速器常见故障判断

1）外因导致的变速器故障

（1）同步器早期磨损失效：不良的操作习惯，如换挡时离合器踏板未踩到底。

（2）挂入挡位后无动力输出：变速器进水后齿轮油乳化变质，同步器齿毂花键与轴冲击损坏，造成花键齿脱落，如图 2-186 所示。

图 2-186　花键齿脱落

（3）盆角齿早期磨损：加注了非双曲线齿轮油（型号 SAE75W-90）的一般齿轮油。

（4）倒挡齿轮异响：挂倒挡时，车辆未完全停稳或离合器踏板踩下后立即挂入倒挡，致使倒挡齿轮受到冲击而损坏，如图 2-187 所示。

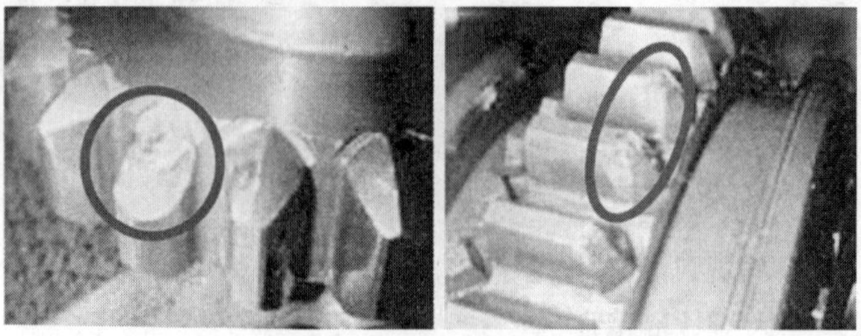

图 2-187　倒挡齿轮受到冲击而损坏

2）科鲁兹轿车 3 挡极易脱落

（1）故障现象：一辆科鲁兹轿车，行驶里程 10 万千米。该车 3 挡极易脱落。

（2）检查分析：路试发现该车 3 挡的挡位手感不清晰，入挡后稍一加速就会脱成空挡。车速低时，3 挡更难换入。发动机熄火后，3 挡换挡正常，但是手感仍然不清晰。发动机怠速运转时换入 3 挡，能感到齿轮的同步很吃力，要推住挡杆一段时间才能换入。如果在推住挡杆的同时提高怠速，则比较容易入挡，这说明 3 挡的同步环已经出现了打滑现象，要借助额外的转动力矩才能实现齿轮的同步。在这种情况下，决定对变速器进行解体检查。

解体变速器检查，发现 3 挡拨叉末端的尼龙套已经不见了，如图 2-188 所示。根据这一现象判断，同步器已经完全失效了。进一步检查发现，同步环内圈的纹路已经被磨平，这样一来，这些纹线就无法切入油膜来为齿轮提供同步扭矩。根据维修手册的提示，测量同步环与齿轮之间的间隙，发现已经严重超差，如图 2-189 所示。分析认为故障原因是不良的驾驶习惯，即驾驶员在换挡时离合器经常分离不彻底，导致同步器过载，从而出现早期磨损。

（3）故障排除：更换 3 挡同步环和换挡拨叉，故障排除。

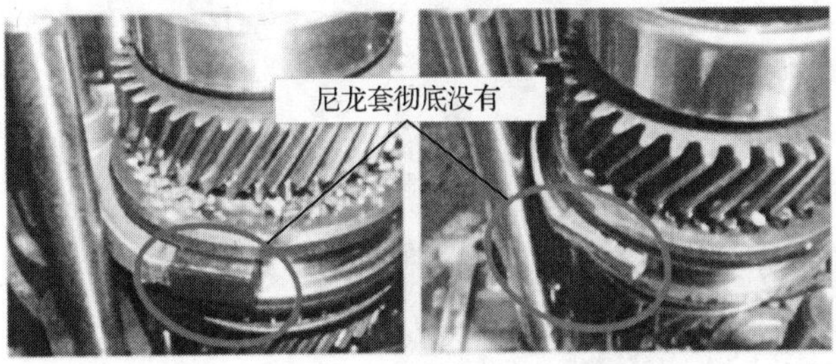

图 2-188 损坏的拨叉

图 2-189 同步环的测量

3）北京现代名图汽车挂挡困难

（1）故障现象：挂挡困难。

（2）故障诊断：该车在每天早上挂挡行车时，初次挂挡时换挡杆不能挂到 3 挡的挡位，可是当第二次将换挡杆推入相同的挡位时，换挡杆却能够顺利地推入到挡位上。当踩下离合器踏板以后将换挡杆推入到倒挡时，换挡杆不能够顺利地推入倒挡，可是当把换挡杆拨到空挡后重新推入倒挡时，换挡杆却能够顺利地推入倒挡位。按照上述方法又测试了其他的挡位，发现 1 挡、2 挡和 3 挡也都存在同样的问题。不过在故障检查当中，维修人员也发现如果将离合器踏板踩下以后持续保持 5s 以上的时间再进行挂挡，则基本上不存在挂挡困难的情况。根据对该车故障的检测，初步判断故障的可能原因是：

- 离合器分离不彻底；
- 换挡杆位置调整不当；
- 手动变速器油型号不符；
- 变速器内部故障。

手动变速器油是出厂时充注的原厂变速器油，所以在变速器油方面，只检查了一下变速器油是否充足，检查的结果是正常的。然后又按照维修手册的要求检查了换挡杆的位置，也没有问题。考虑到变速器本身不太可能会出现问题，而且即便有问题也不可能是倒挡、1 挡、2 挡和 3 挡同时出问题，所以最后把故障原因圈定在了离合器分离不彻底上。离合器分离不彻底的原因有两方面，一方面是离合器操作部分，比如离合器总泵、离合器分泵、离合器分离拨叉；另一方面就是离合器本体部分，比如离合器压盘或离合器片。于是在接下来的故障检查中，按照由简到难的步骤先后检查了离合器总泵、离合器分泵，并对离合器分泵进行放气排油的操作，而且也从外部检查了离合器分离拨叉的动作。上述检查均未发现有任何问题，最后只能将变速器拆卸下来检查离合器本体的情况。拆卸下变速器以后发现变速器输入轴的齿槽上布满了锈迹，如图 2-190 所示，而与之啮合的离合器片的内花键上也同样是锈迹斑斑，如图 2-191 所示。将离合器片装到变速器输入轴上，滑动离合器片时发现离合器片的运动并不是很顺畅。使用钢丝刷清除变速器输入轴上的锈迹，然后使用除锈剂和锉清洁离合器片内花键上的锈迹。完成上述清洁工作后重新装配变速器，如图 2-192 所示，再次试车时故障排除。

图 2-190 变速器输入轴上的锈迹

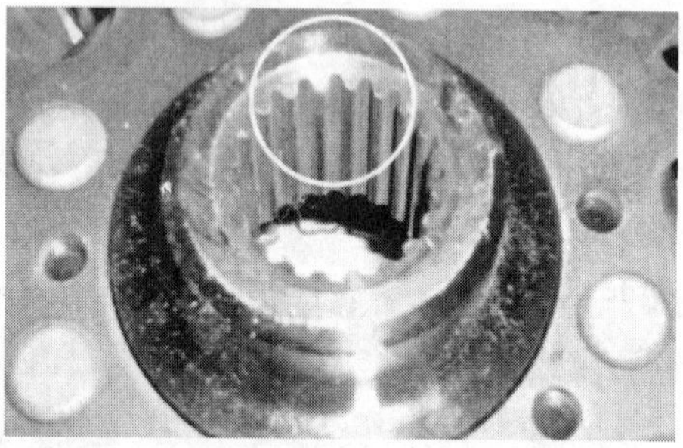

图 2-191 离合器片内花键上的锈迹

图 2-192 将离合器片装到变速器输入轴上检查滑动的情况

Chapter 3

第3章

万向传动装置

032 等速万向节结构

等速万向节结构如图 3-1 所示。

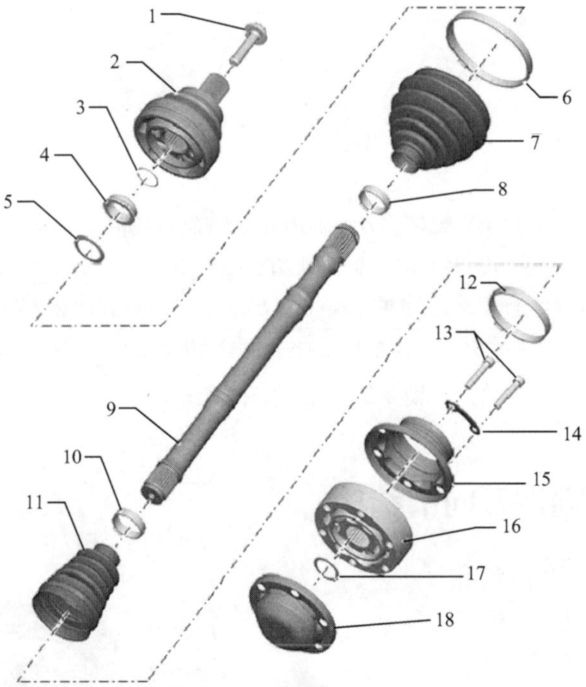

1—十二角螺栓 200N·m+180°；2—外等速万向节；3、17—卡环；4—隔环；5—碟形弹簧；6、8、10、12—卡箍；7—万向节保护套；9—万向轴；11—等速万向节保护套；13—圆头内梅花螺栓（M8：40N·m，M10：70N·m）；14—垫板；15—盖罩；16—内等速万向节；18—盖板

图 3-1 等速万向节结构

033 三销式万向节结构

三销式万向节结构如图 3-2 所示。

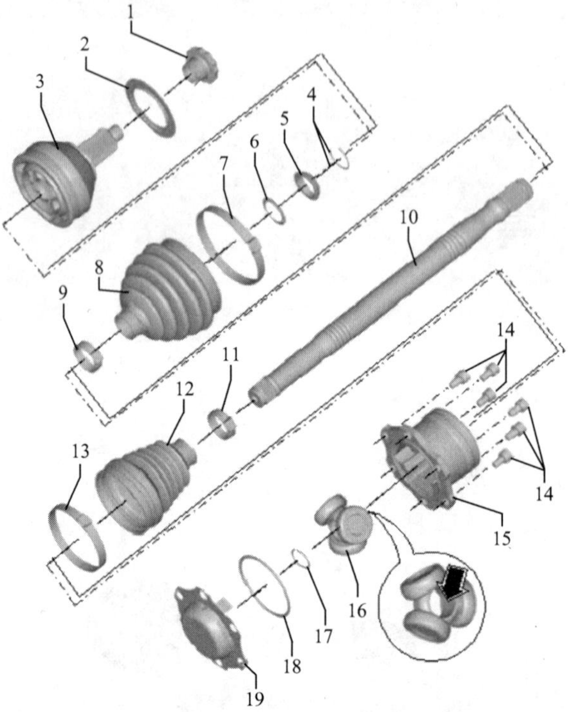

1—十二角螺母 50N·m +45°；2—离心盘（安装万向轴前检查离心盘的正确位置）；3—外等速万向节；4、17—卡环；
5—隔环；6—碟形弹簧；7、9、11、13—卡箍；8—等速万向节保护套；10—万向轴；12—三销式万向节保护套；
14—圆头内梅花螺栓（以交叉方式用 70N·m 的力矩拧紧）；15—万向节体（外径 108 mm）；
16—带三个滚轮的万向节（倒角-箭头-指向万向轴的花键）；18—密封环；19—盖板

图 3-2　三销式万向节结构

034 十字轴式刚性万向节结构

十字轴式刚性万向节结构如图 3-3 所示，它主要由万向节叉、十字轴、卡簧、十字轴盖等组成。

万向节十字轴分解图如图 3-4 所示。

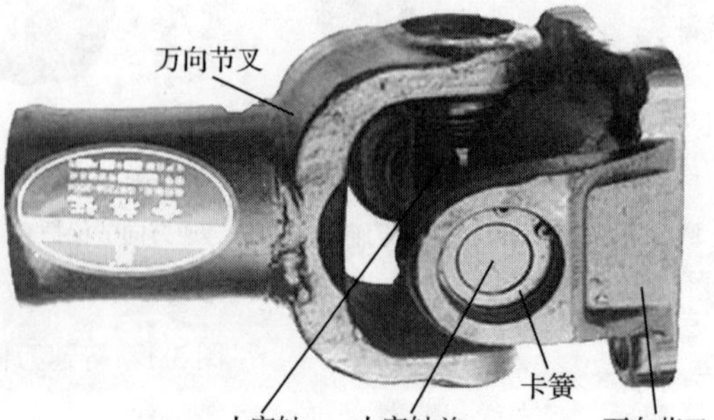

图 3-3　十字轴式刚性万向节结构

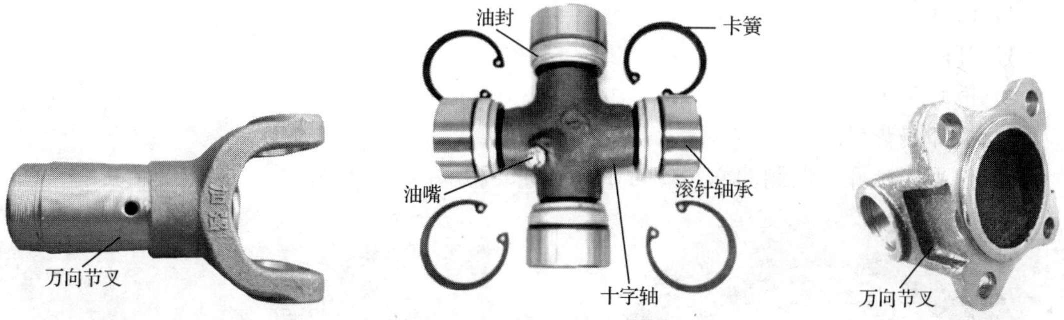

图 3-4　万向节十字轴分解图

035 传动轴结构

传动轴通常用来连接变速器（分动器）和驱动桥，在转向驱动桥和断开驱动桥中，则用来连接差速器和驱动轮。当传动距离远、传动轴过长而使自振频率降低时，易产生共振，故常将其分成两段并加中间支承。前段称为中间传动轴，后段称为主传动轴，都是用薄钢板卷焊而成的。中间传动轴的两端用止口定位，分别焊有万向节叉和带花键的轴头，花键轴头与凸缘连接，并用螺母紧固。主传动轴前端花键轴头与万向节滑动叉套合形成滑动花键连接，使主传动轴可以轴向伸缩，如图 3-5 所示。

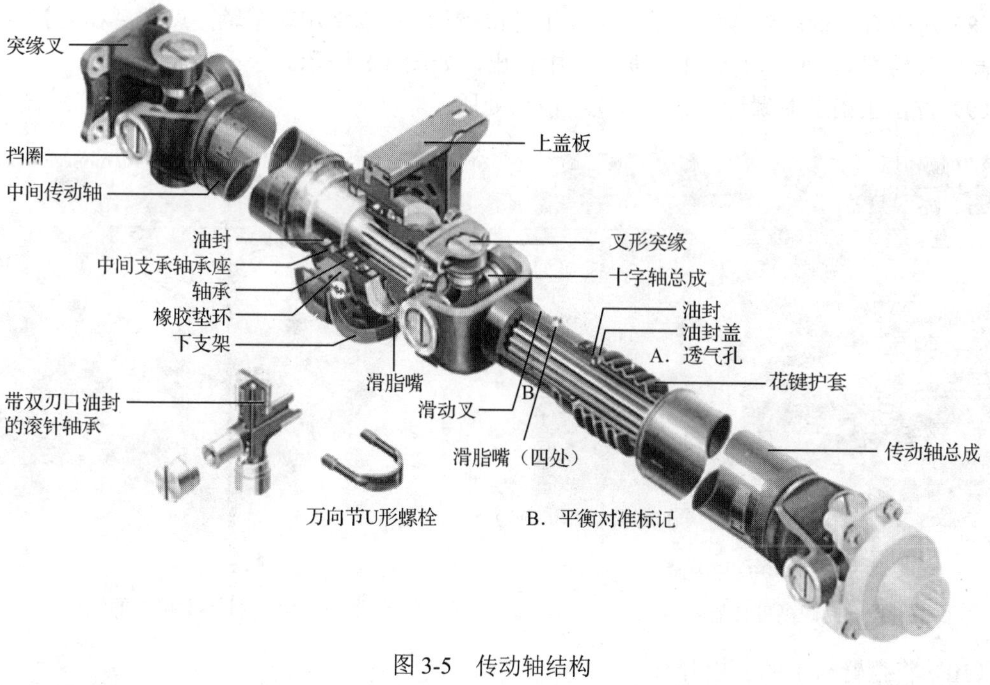

图 3-5　传动轴结构

036 拆卸和安装等速万向传动轴

1）拆卸

（1）拧松传动轴螺栓，如图 3-6 所示。

（2）松开车轮螺栓。

（3）升高车辆。

（4）拆卸车轮。

（5）拆卸隔音垫。

（6）拧下连接杆 3 左侧的六角螺母 1，如图 3-7 所示。

图 3-6　拧松传动轴螺栓

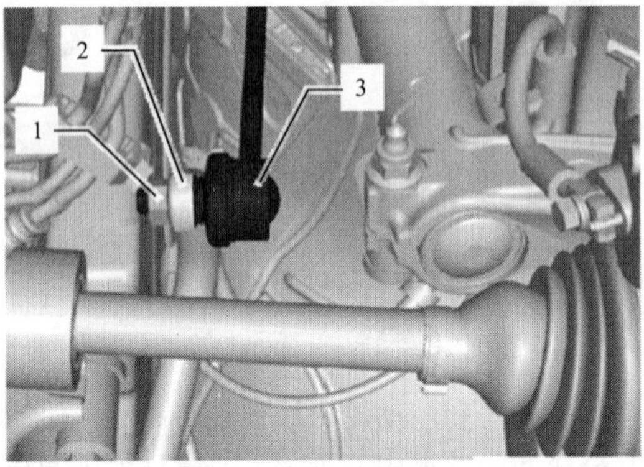

1—六角螺母；2—稳定杆；3—连接杆

图 3-7　拧下连接杆螺母

（7）从稳定杆 2 上拔出连接杆 3。

（8）对带有车辆高度传感器的车辆：①拧出螺母 1；②将左前车辆高度传感器 G78 或右前车辆高度传感器 G289 的支架 2 从摆臂 3 中拔出，如图 3-8 所示。

（9）拧出主销上的螺母，如图 3-9 中箭头处所示。

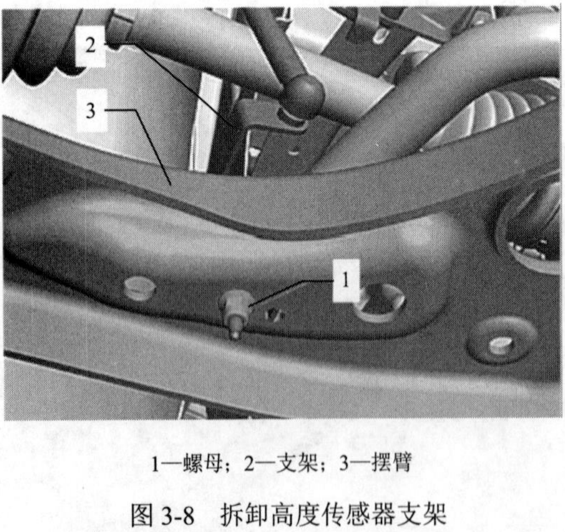

1—螺母；2—支架；3—摆臂

图 3-8　拆卸高度传感器支架

图 3-9　拧出主销上的螺母

（10）将摆臂从主销上松开。

（11）将传动轴从法兰轴/变速箱上拧下，如图 3-10 中箭头处所示。

（12）向左转动车轮轴承罩。

（13）从轮毂上拉出传动轴。注：如果无法从车轮轴承中拉出传动轴，可以用压出器 T10520 将传动轴从车轮轴承中压出，如图 3-11 所示。

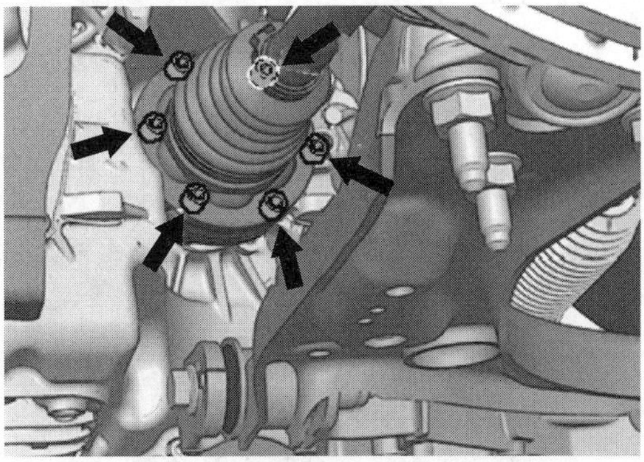

图 3-10　将传动轴从法兰轴/变速箱上拧下

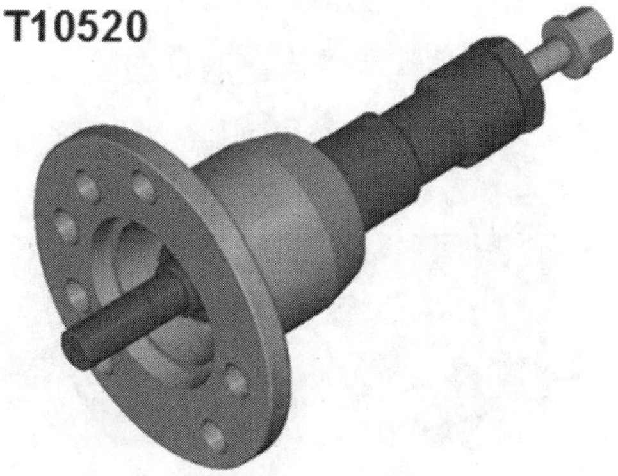

图 3-11　压出器 T10520

（14）将压出器 T10520 用 3 个车轮螺栓 2 固定在轮毂上，目的是压出传动轴 3，如图 3-12 所示。压出器 T10520 的操作必须遵守规定的顺序：①用手拧紧滚花螺母 1；②只能用扳手转动螺栓 2，用压出器 T10520 压出传动轴，如图 3-13 所示。

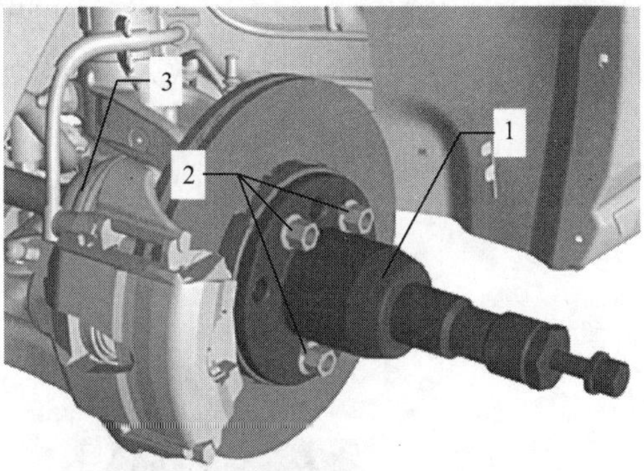

1—压出器 T10520；2—车轮螺栓；3—传动轴

图 3-12　压出传动轴

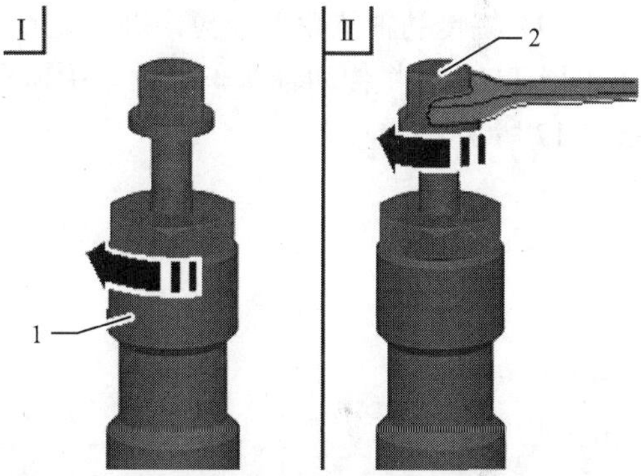

1—滚花螺母；2—螺栓

图 3-13　压出器的操作

（15）取出传动轴。

2）安装

安装以相反顺序进行，安装过程中必须注意：在将外侧万向节装入轮毂之前，为外侧万向节的花键涂抹一层薄薄的装配膏。

037 拆卸和安装三销式万向节

1）拆卸

（1）拧松传动轴螺栓，如图 3-14 所示。

（2）松开车轮螺栓。

（3）升高车辆。

（4）拆卸车轮。

（5）拧下连接杆 3 左侧的六角螺母 1，如图 3-15 所示。

图 3-14　拧松传动轴螺栓

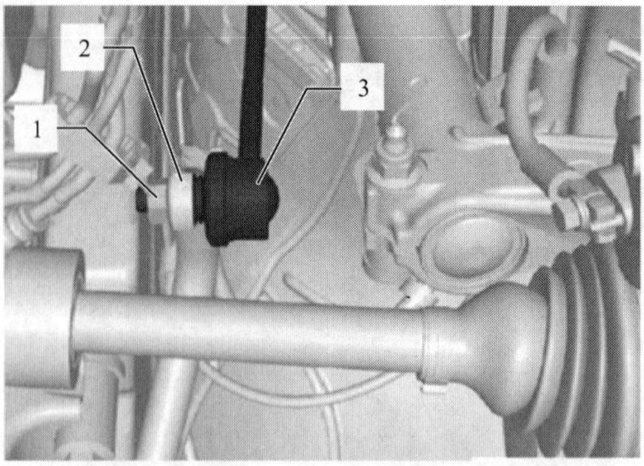

1—六角螺母；2—稳定杆；3—连接杆

图 3-15　拧下连接杆螺母

（6）从稳定杆 2 上拔出连接杆 3。

（7）拧下螺母，如图 3-16 中箭头处所示。

（8）将带转向节主销的车轮轴承罩从摆臂上拉出。

（9）将传动轴从轮毂中拉出并固定在车身上。如果无法从车轮轴承中拉出传动轴，可以用压出器 T10520 将传动轴从车轮轴承中压出。在使用压出器 T10520 之前，要注意放入压块，如图 3-17 所示。

图 3-16　拧下螺母

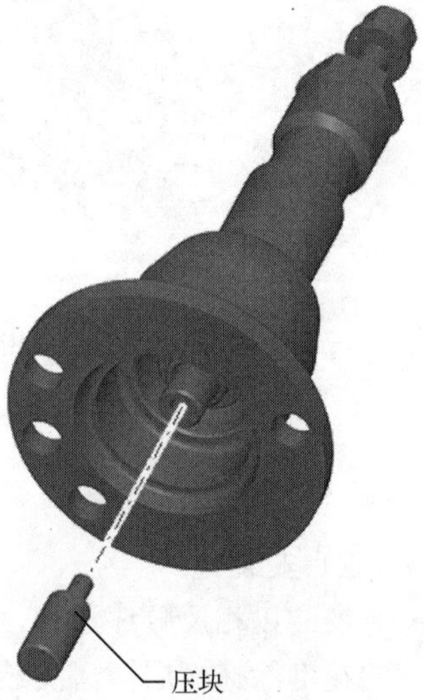

图 3-17　压出器的压块

（10）将压出器 T10520 用 3 个车轮螺栓 2 固定在轮毂上，目的是压出传动轴 3，如图 3-18 所示。压出器 T10520 的操作必须遵守规定的顺序：①用手拧紧滚花螺母 1；②只能用扳手转动螺栓 2，用压出器 T10520 压出传动轴，如图 3-19 所示。注意：在操作结束或调整时，必须重新将丝杆安装到其初始位置，以便可以使用液压功能。

（11）将楔子 T10161 装入变速箱壳体和三销式万向节之间，如图 3-20 所示。

（12）用橡胶锤敲击楔子 T10161，将内侧万向节从变速箱中敲出。

（13）取出传动轴。

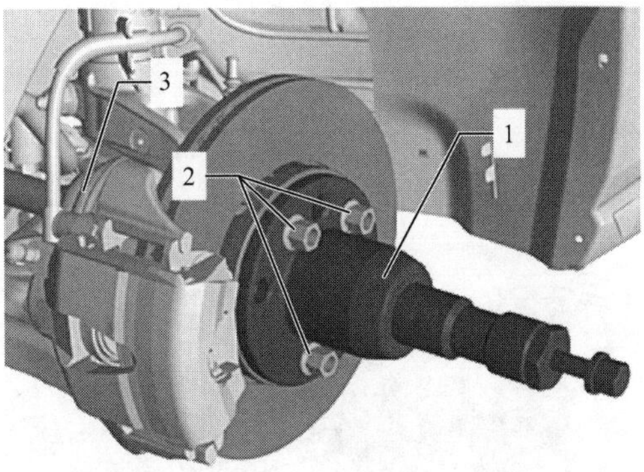

1—压出器 T10520；2—车轮螺栓；3—传动轴

图 3-18　压出传动轴

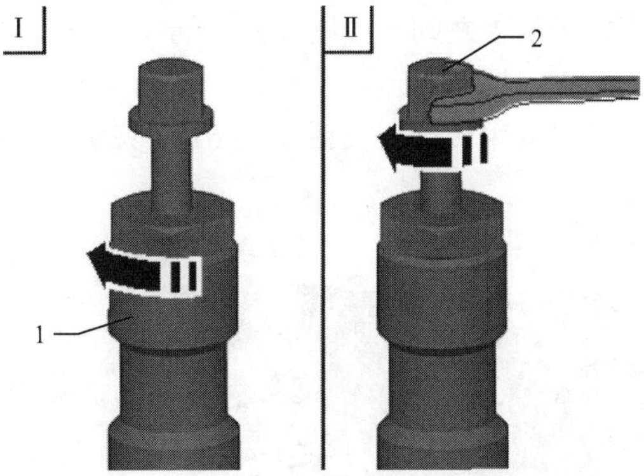

1—滚花螺母；2—螺栓

图 3-19　压出器的操作

2）安装

安装以倒序进行。安装时应注意下列事项：

（1）将新的卡环装入铰接件轴颈的槽中。

（2）将铰接件和变速箱的外、内花键啮合。

（3）用手抓住传动轴并将其推到铰接件中，直至止挡位。

（4）现在将铰接件猛推入变速箱中。注意：可以利用铰接件中的推拉路径执行猛推操作，同时，不要将万向轴拉离铰接件太远。

（5）克服卡环的阻力，拉动铰接件，检查万向轴在变速箱中的安装是否牢固。

（6）将外侧万向节尽可能插入轮毂花键中。

3）将卡箍固定在三销式万向节和外万向节上

（1）用弹簧钳 V.A.G 1682 A 夹紧不锈钢卡箍，如图 3-21 所示。安装弹簧钳 V.A.G 1682 A，钳子的钳口必须紧贴卡箍 2 的中间位置（图 3-21 中箭头处）。注意：螺杆的螺纹必须能轻松拧入，必要时用 MoS 2 润滑脂进行润滑。活动困难时，如螺纹有污物，则在规定的拧紧力矩下无法达到卡箍所需的夹紧力。

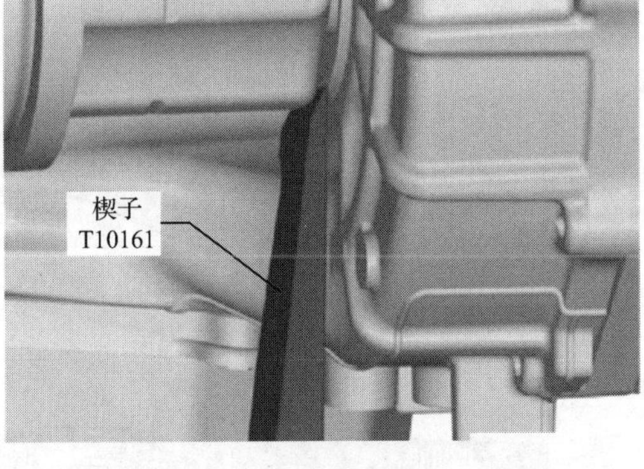

图 3-20　将楔子装入变速箱壳体和三销式万向节之间

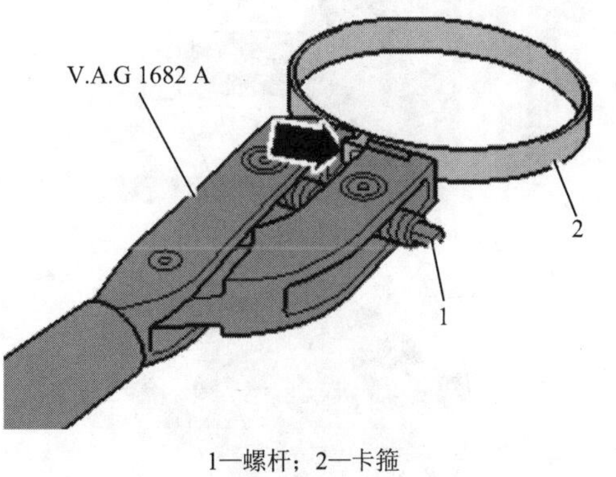

1—螺杆；2—卡箍

图 3-21　用弹簧钳夹紧不锈钢卡箍

（2）用扭矩扳手旋转螺杆 1 来张紧卡箍，这时弹簧钳不能歪斜。拧紧力矩：20N・m。

（3）为了能在安装万向轴时更好地将内多齿螺栓装上，必须将卡箍接口 2 置于万向节体的固定法兰 1 之间，如图 3-22 所示。

（4）用手将卡箍挂在第一个凸缘上。

（5）用转向器夹钳 VAS 6199 夹紧卡箍，如图 3-23 所示。

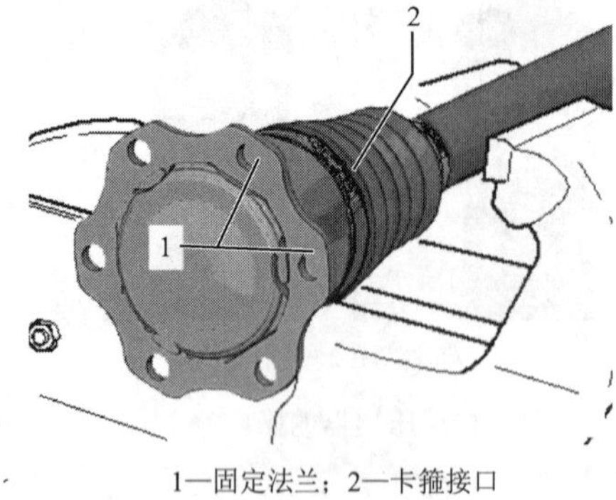

1—固定法兰；2—卡箍接口

图 3-22　将卡箍夹紧

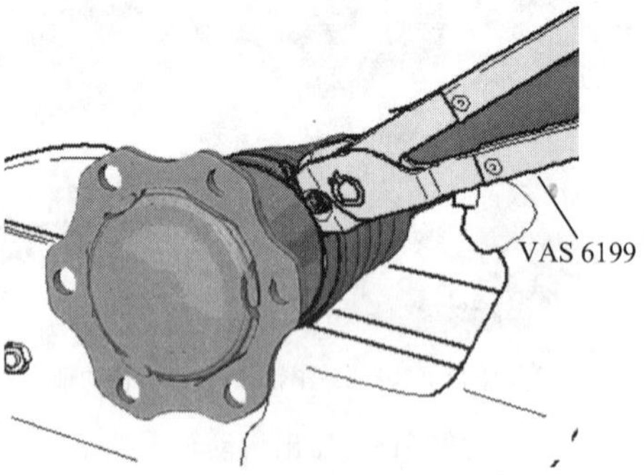

图 3-23　夹紧卡箍

038 分解和组装等速万向节

1）分解

（1）使用保护板将万向轴夹在台钳中。

（2）将橡胶防尘套翻回。

（3）安装起拔工装 T10382，使起拔板 T10382/1 的光滑侧朝向丝杆 T10382/2，如图 3-24 所示。

（4）将起拔工装 T10382 完全与多用途工具 VW 771 组装在一起。

（5）将等速万向节用起拔工装 T10382 和多用途工具 VW 771 从万向轴上拔下，或用轻合金锤通过用力敲击把等速万向节从万向轴中敲出，如图 3-25 所示。

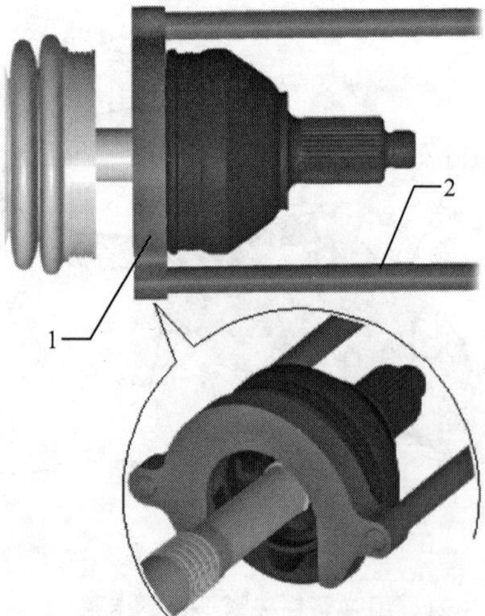

1—起拔板 T10382/1；2—丝杆 T10382/2

图 3-24　安装起拔工装

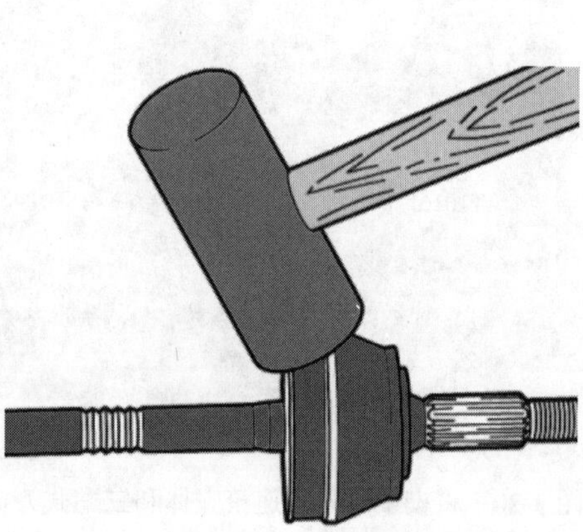

图 3-25　敲下等速万向节

（6）用卡环钳拆卸卡环，如图 3-26 所示。

（7）用黄铜芯轴或铜芯轴将万向节保护套的盖罩推下，如图 3-27 所示。

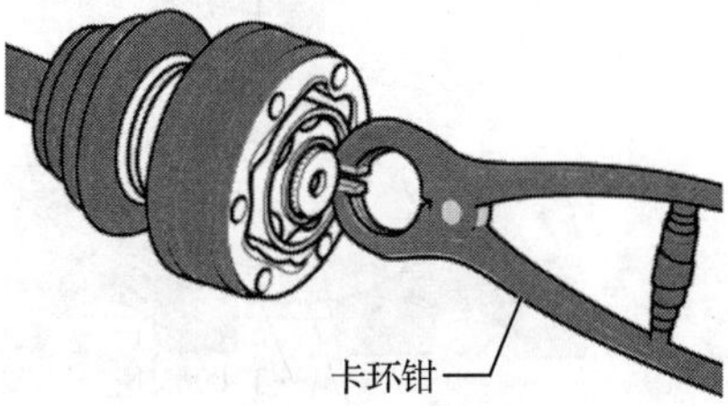

图 3-26　拆卸卡环

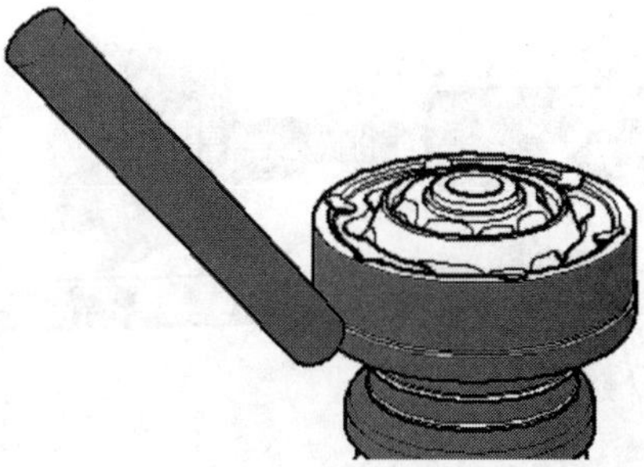

图 3-27　用芯轴敲出万向节保护套

（8）压出内侧等速万向节，如图 3-28 所示。

2）组装

（1）碟形弹簧和止推环在外万向节上的安装位置如图 3-29 所示。

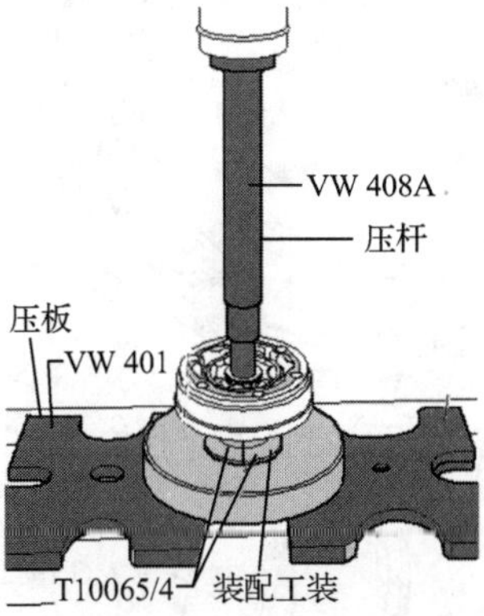

图 3-28　压出内侧等速万向节

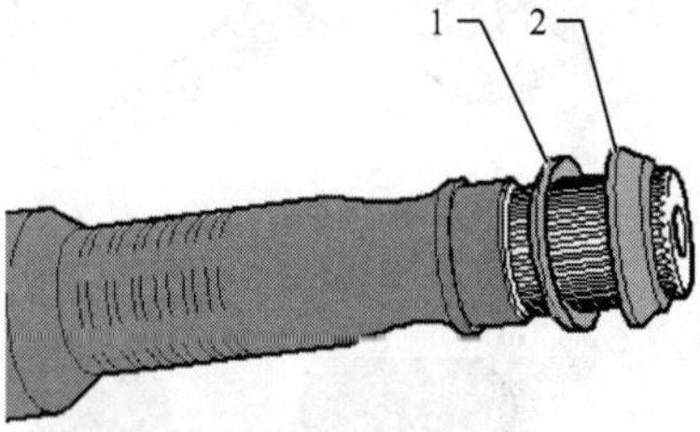

1—碟形弹簧；2—止推环

图 3-29　碟形弹簧和止推环安装位置

（2）在装配万向节体前，必须在花键上薄薄地涂一层万向节中使用的油。

（3）如图 3-30 所示，将旧螺栓旋入万向节体，将万向节用塑料锤敲到轴上，直到卡环卡入。

（4）压入内侧等速万向节，将万向节压紧至极限位置，如图 3-31 所示。卡紧卡环，球形毂（齿合）内径上的倒角必须指向万向轴的接触凸肩。

（5）安装卡环，如图 3-32 所示。

（6）将密封剂涂敷到万向节保护套盖罩内侧干净的区域，如图 3-33 中阴影线部分所示。密封剂条不中断，直径为 2～3mm。

（7）把万向节保护套套到轴上。注意：万向轴、万向节保护套和盖罩的接触面上必须无油脂。

（8）用螺栓将万向节保护套的盖罩对准螺孔，如图 3-34 中箭头处所示。

（9）用塑料锤把带罩子的万向节保护套敲入。流出的密封剂应立即清除干净。

（10）如图 3-35 所示安装弹簧钳 V.A.G 1682 A。此时应注意，钳子的刃应紧贴卡箍的角（箭头 B 处所示）。

（11）用扭矩扳手旋转螺杆 A 来夹紧卡箍（同时钳子不能歪斜），拧紧力矩：20N • m。

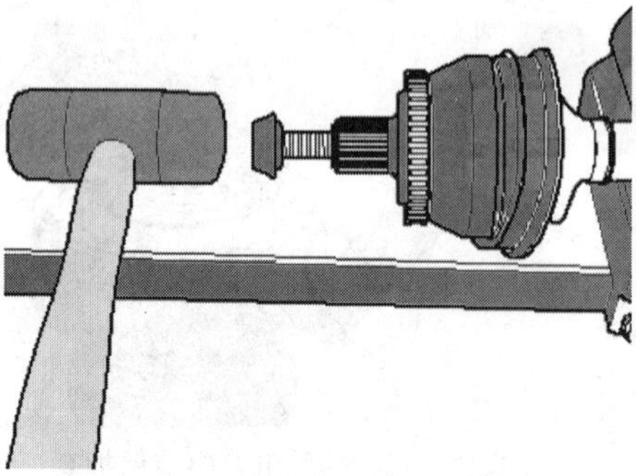

图 3-30 将万向节用塑料锤敲到轴上

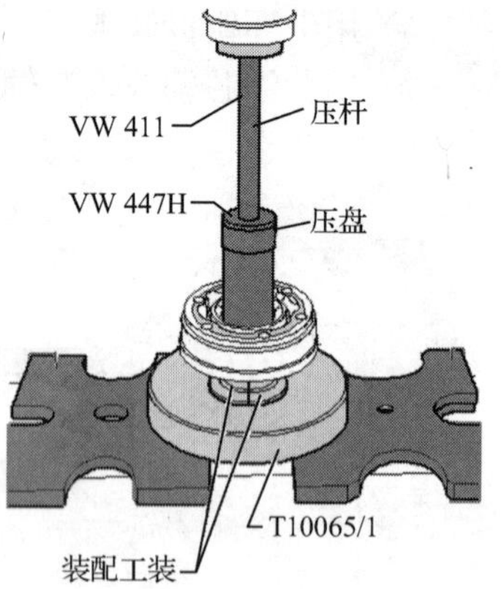

图 3-31 将万向节压紧至极限位置

图 3-32 安装卡环

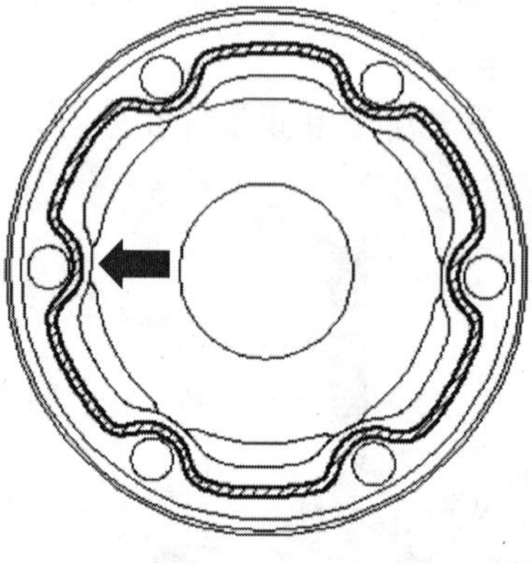

图 3-33 将密封剂涂敷到万向节保护套盖罩内侧

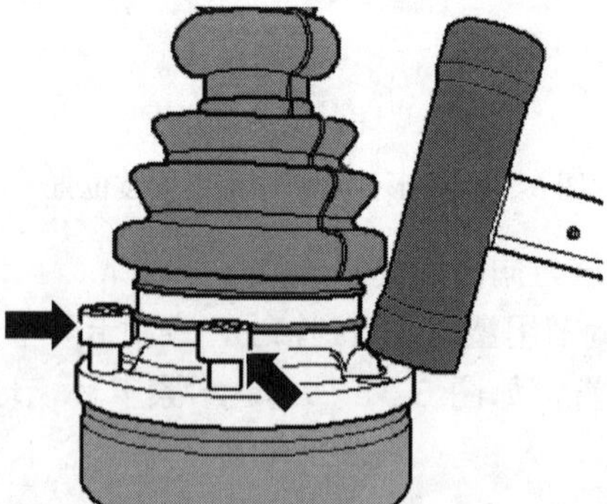

图 3-34 用螺栓将万向节保护套的盖罩对准螺孔

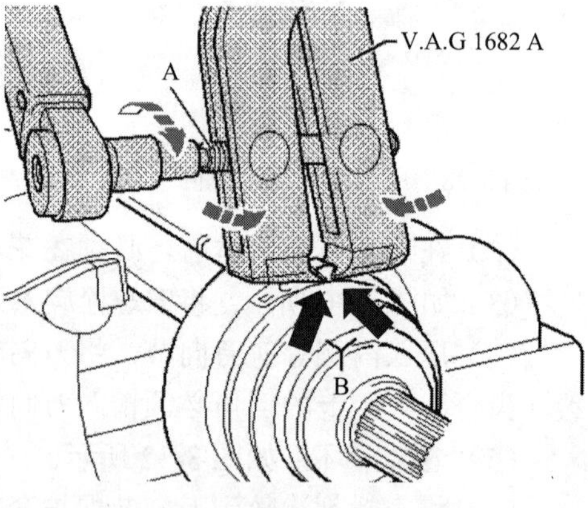

图 3-35 安装弹簧钳

039 检查外等速万向节

为在污物较多时更换油脂，或为了检查钢球摩擦面的磨损和损坏情况，必须分解万向节。

1）分解

（1）分解前，用电刻笔或油石标出球形毂相对于钢球保持架和壳体的位置，如图 3-36

所示。

（2）转动球形毂和钢球保持架。

（3）逐个取出钢球。

（4）转动保持架，直至两个矩形窗口贴在万向节体上，如图 3-37 中箭头处所示。

（5）取出保持架和球形毂。

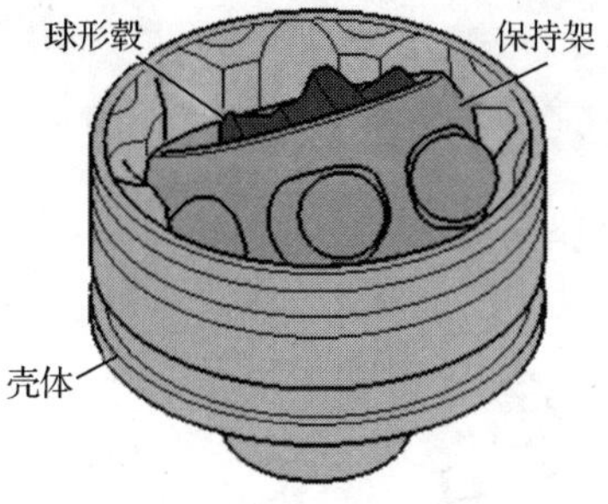

图 3-36　等速万向节结构

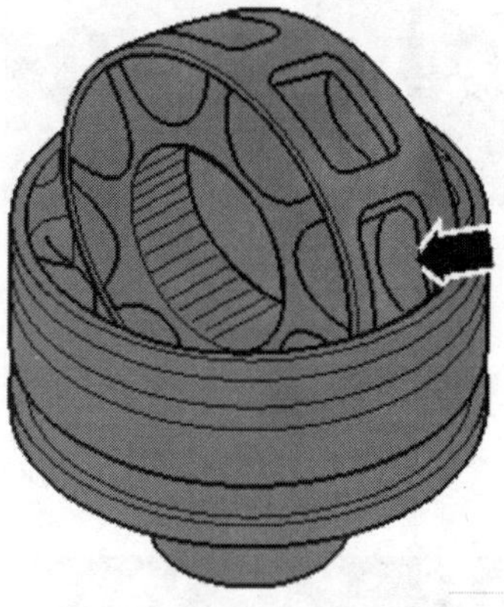

图 3-37　转动保持架

（6）将带较短轴颈的球形毂的扇形面转入保持架的矩形窗口中。

（7）将球形毂从保持架中松开。

2）检查

每个万向节的钢球属于一个公差级别。检查轴颈、球形毂、保持架、钢球有无小凹痕（麻点形状）和腐蚀迹象。如果通过变荷冲击发现万向节转动间隙过大，则应更换万向节。不能根据钢球的光亮度和摩擦痕迹来更换万向节。

3）组装

（1）将保持架及球形毂装入万向节体，如图 3-38 所示。注意：必须将保持架的两侧正确地放入。

（2）压入两个相对的球体，必须重新形成球形毂相对于钢球保持架和万向节体的旧位置。

（3）将适量的油脂压入万向节体。

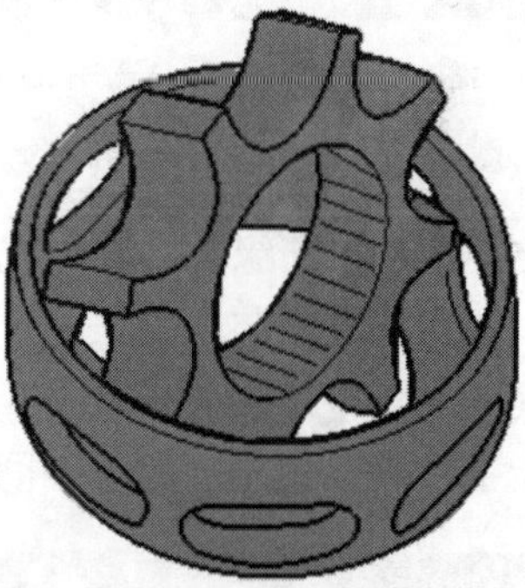

图 3-38　将保持架及球形毂装入万向节体

040 拆卸十字轴式万向传动装置

（1）传动轴后端拆卸：在万向节凸缘叉与主减速器凸缘相连接处做装配记号，如图 3-39 所示。

（2）拆下主传动轴与主减速器主动轴凸缘相连接的 4 个紧固螺母和螺栓，使传动轴与主减速器分离。

（3）拆除前传动轴凸缘与变速器输出轴凸缘的连接螺栓和螺母，使传动轴与变速器脱开，如图 3-40 所示。在松开万向节盘 2 和三孔法兰 3 之前，必须在一个平面上将万向轴前的万向轴盘螺栓 1 的连接标识出来。

图 3-39 传动轴后端拆卸

（4）从变速器上拉出连接轴叉，插入专用柱塞，以防变速器油从油封处渗出，如图 3-41 所示。

1—螺栓；2—万向节盘；3—三孔法兰

图 3-40 传动轴前端拆卸

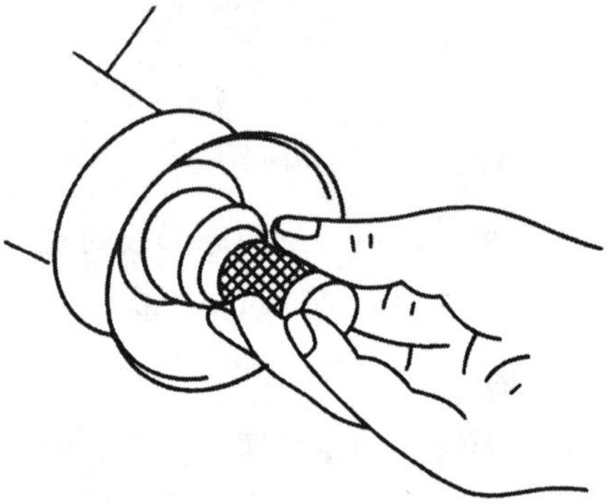

图 3-41 插入专用柱塞

（5）在连接凸缘上做装配记号，拆下连接螺母和螺栓，将传动轴与中间轴分离，如图 3-42 所示。注意：在安装三孔法兰 3 时，必须在同样的位置将其与万向节盘 2 组装起来。

（6）对于中间接头轴叉型，在连接轴叉和中间轴处做装配记号，如图 3-43 所示。拆下万向节十字轴承，使传动轴与中间轴分离。

图 3-42 在连接凸缘上做装配记号

图 3-43 在连接轴叉和中间轴处做装配记号

（7）安装时更新螺栓和自锁螺母，如图 3-44 所示。

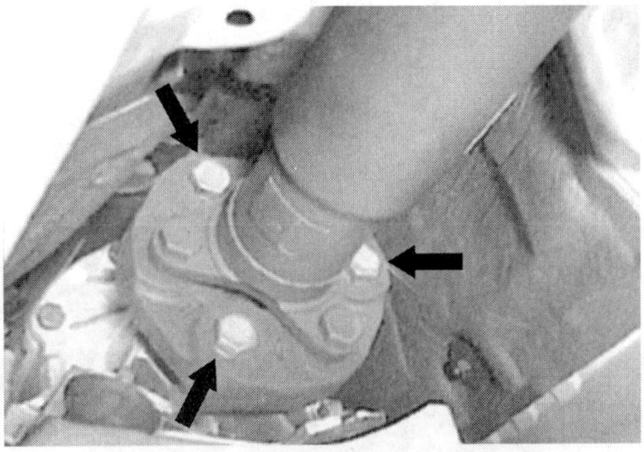

图 3-44　更新螺栓和自锁螺母

041 万向传动装置故障检修

1）明锐 1.8T 自动变速器车型起步等工况异响

（1）故障现象：主要出现在车辆急加速、制动或原地起步时。

（2）故障原因：由于外球笼的花键与轮毂存在配合间隙，车辆急加速、制动或原地起步时，球笼花键齿与轮毂内花键齿瞬间撞击产生异响。目前已经增大外球笼花键的尺寸，减小与轮毂内花键的配合间隙，可以消除异响现象。

2）球笼橡胶护套漏油

（1）故障现象：护套破损漏油，或护套卡箍处漏油（护套本身无损坏）。

（2）故障原因：护套破损导致漏油的原因有两种，包括异物割破护套导致漏油和护套老化龟裂导致漏油。对于异物割破护套导致漏油的情况，护套外观可以看到清晰的裂痕，且裂痕破损处较平整光滑；对于护套老化龟裂导致漏油的情况，可以看到破损断口处有大量毛边，形状不规则，且护套周围表面有龟裂现象。对于护套卡箍处漏油的情况，表现在护套与内球笼或外球笼连接的位置处有少量油脂渗出，通常是卡箍失去紧固作用，此时更换卡箍即可。

3）迈腾 2.0T 轿车左前传动轴异响

（1）故障现象：一辆迈腾 B7L 轿车，平路行驶时左前轮附近时有时无地发出“咔嗒、咔嗒”的异响。

（2）故障检测：正常路面上试车，开始并没有异响出现，但行驶了约 6km 时异响出现，在驾驶室内感觉异响是从左前轮、左前传动轴、变速器、差速器等部件附近传出的。举升车辆，检查两前轮轮胎，无异物；检查底盘，无碰撞痕迹；检查副车架、控制臂等处固定螺栓，无松动；对比检查左、右前轮的车轮轴承间隙和左、右传动轴的间隙，均正常；将自动变速器挂入 N 挡，用手转动左前轮，在反复多次转动左前轮检查的过程中仔细倾听，发现左侧传动轴会发出异响，经过对异响进一步确认，该响声是从传动轴与变速器连接侧的内球笼发出的，传动轴与车轮连接的外球笼无异响；转动右前轮检查，没有发现异响，正常。

拆下左侧传动轴，转动和摇动内、外球笼，外侧球笼正常，内侧球笼内部发出响声，感觉就像球笼内部没有润滑脂一样，但是检查其防尘套，密封良好，无泄漏，如图 3-45 所示。于是只能解体确认故障，拆开传动轴内球笼上盖，如图 3-46 所示，发现内球笼内部确实没有润滑脂。

（3）故障排除：更换左传动轴总成。

图 3-45 内侧球笼无泄漏

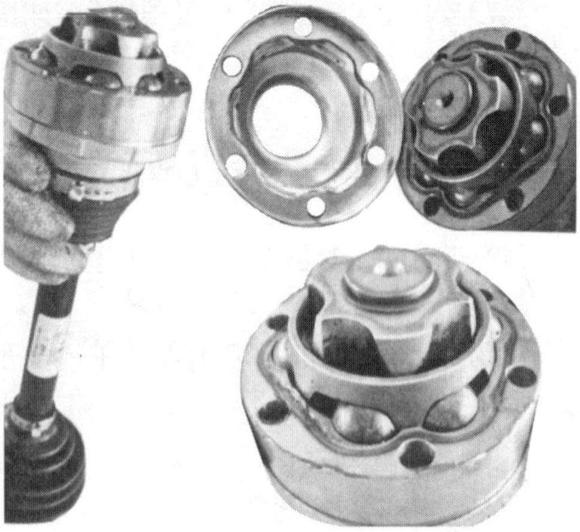

图 3-46 传动轴内球笼中无润滑脂

4）传动系统严重嗡鸣声响故障

（1）故障现象：根据驾驶员自述，车辆在行驶中，当车速达到 60km/h 后，传动系统就出现严重嗡鸣声，其声响特别噪耳。更换传动轴后，声响消失，但行驶里程不长又再次出现同样异响。

① 静态检查，传动系统各部分无松旷现象，前、后传动轴凸缘均在同一平面，用百分表测试，传动轴无明显偏摆。

② 动态检查，顶起后轮启动挂挡运转时，发现其响声部位来自中间过桥轴承，解体传动轴过桥轴承检查，其过桥轴承有严重异常磨损现象。

③ 根据观察，过桥轴承润滑良好，新车同样进行轴承检查，运转正常，无加工及其他明显异常。

④ 对该车传动系统结构进行检查，发现该车传动系统是由两根传动轴及一个中间固定支承所组成的，在传动轴装配时，前面一根传动轴是前低后高，后面一根是前高后低，在第一根传动轴与第二根传动轴之间形成了一个较大的夹角。

（2）故障分析：如图 3-47 所示，过大的夹角会导致过桥支架（中间支承支架）轴承承受一个较大的纵向振力，从而导致过桥支架轴承出现异常磨损现象。

图 3-47 过大的夹角

（3）故障排除：对传动轴过桥支架部分进行改装，在过桥支架吊耳之间加装一块厚约 2cm 的钢板，如图 3-48 所示，用以改变前、后两根传动轴的夹角，消除传动轴对过桥支架轴承的振力。

图 3-48　加装一块厚约 2cm 的钢板

5）宇通客车车厢内产生振动并产生噪声故障

（1）故障现象：一辆宇通客车，行驶里程约为 60000km，驾驶人反映该车行驶速度为 70～90km/h 时，车厢内产生振动现象，并产生噪声。

（2）故障诊断及排除：首先试车，发现车速达到 50km/h 时开始有振动和噪声出现，随着车速的增大噪声也逐渐加大，而且振动和噪声在车辆的中、后部乘客区要强烈一点。车速超过 90km/h 时振动和噪声减弱。

该车已经维修过多次，一直未能解决问题，比较困惑。根据驾驶人的描述和路试时所感受到的情况，对该车的悬架系统、传动系统仔细进行检查。未发现松动、磨损、老化或润滑不到位的现象，发现前、后两段传动轴上都有新焊接的平衡块，是对传动轴做动平衡时焊接的，做完传动轴动平衡后噪声和振动稍好一点，但仍然明显。仔细分析试车时的故障现象，认为噪声和振动确实像某个运动部件失去平衡导致，认为有可能是传动轴损坏。

综合以上分析，决定对该车传动轴重新进行校正，为了保证校正质量，拆下传动轴后送到生产厂家，按出厂检验标准来进行校正。将校正后的传动轴装车进行路试，发现故障依旧，此时故障维修陷入困境。路试中无法对传动轴运转情况进行直接观察，决定将车停在地沟上，用三角木塞住两个前轮，防止车辆测试中移动，用举升设备将两个后轮顶起到离开地面，安排驾驶人模拟车辆正常行驶状态，并将车速控制在噪声和振动产生最大值的范围内。

在车底对传动轴进行观察，发现传动轴达到一定转速时开始抖动，慢慢产生了噪声和振动，说明维修思路和查找到的故障点没有问题。传动轴的本身平衡已经由厂家按出厂标准校正过，再次对传动轴及前、后相关连接部位进行仔细检查，发现后段传动轴的两个十字轴角度偏大。那么传动轴夹角偏大会不会引起噪声和振动呢?查阅相关资料得知，汽车用十字轴刚性万向节类型的传动轴夹角越小运转越平稳。

与同类型车辆进行对比发现，该车传动轴夹角过大，如图 3-49 所示。决定改变传动轴夹角进行试验，将传动轴中间支承的固定螺栓拆下，更换加长的螺栓，在传动轴中间支承与横梁之间加装调整垫片，让中间支承向下移动，减小后传动轴夹角。但注意，此时要考虑前段传动轴十字轴夹角，取一个较合理的位置，可以通过加减垫片后进行试车来决定调整垫片的加减量。当调整垫片加减到厚度为 2cm 时试车，如图 3-50 所示，发现传动轴不再抖动，也无噪声出现。

图 3-49　传动轴

图 3-50　传动轴中间支承与横梁之间加装调整垫片后

Chapter 4

第4章

驱动桥

042 驱动桥的结构

一般汽车的驱动桥如图 4-1、图 4-2 所示，由主减速器、差速器、半轴、桥壳和轮毂等组成。

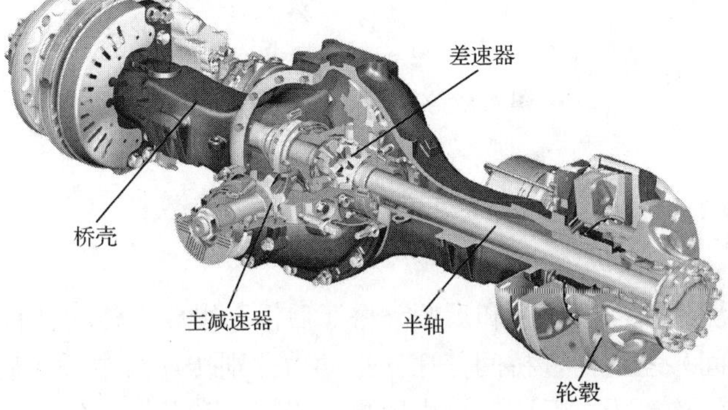

图 4-1　整体式驱动桥结构（1）

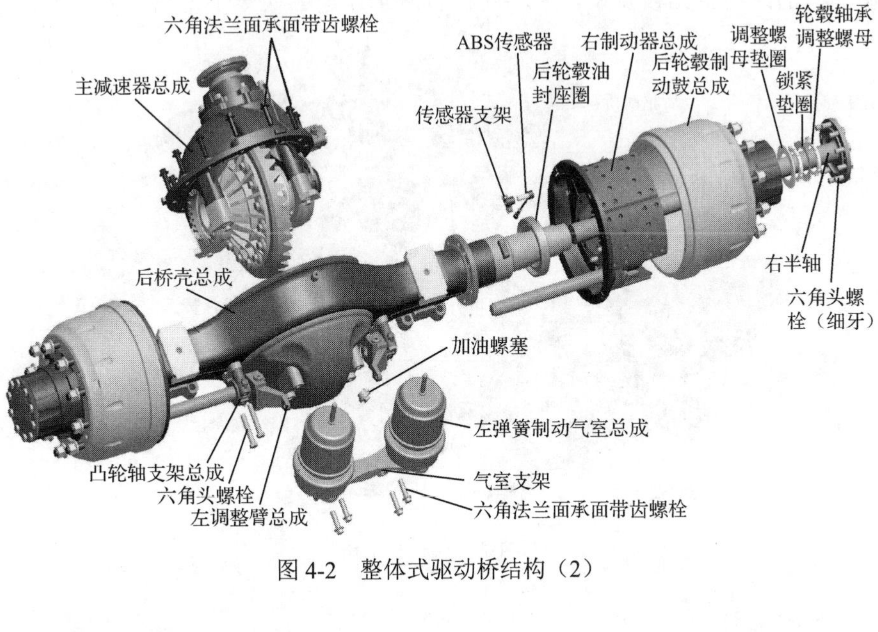

图 4-2　整体式驱动桥结构（2）

按悬架结构不同，驱动桥可分为非断开式驱动桥（又称整体式驱动桥）和断开式驱动桥。非断开式驱动桥通过弹性悬架与车架连接，由于半轴套管与主减速器壳是刚性连成一体的，因而两侧的半轴和驱动轮不可能在横向平面内做相对运动。有些轿车和越野车为了提高行驶平顺性和通过性，车的全部或部分驱动轮采用独立悬架，将两侧的驱动轮分别用弹性悬架与车架相联系，两轮可彼此独立地相对于车架上下跳动。与此相应，主减速器壳固定在车架上，驱动桥壳应制成分段并通过铰链连接，这种驱动桥称为断开式驱动桥，如图 4-3 所示。主减速器与驱动轮之间通过摆臂铰链连接，半轴分段并用万向节连接。

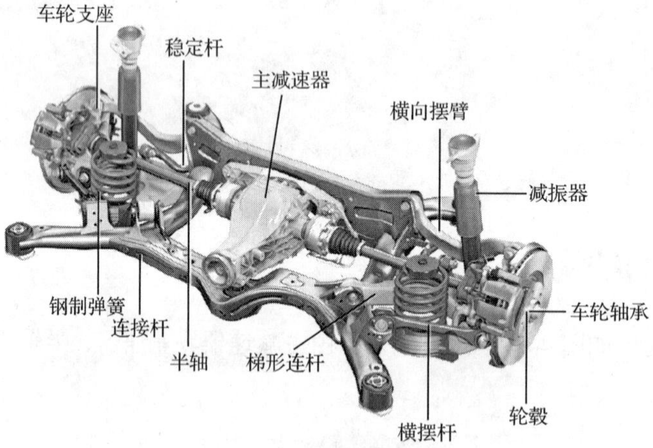

图 4-3　奥迪断开式后驱动桥

043 双联驱动桥的结构

双联驱动桥由中驱动桥（中桥）和后驱动桥（后桥）组成，传动轴将动力输入中桥，中桥设置有桥间（或称轴间）差速器，桥间差速器把动力分别传递给中桥和后桥。

在双联驱动桥的结构当中，后驱动桥由中央一级减速和差速器组成，如图 4-4 所示。相比之下，中驱动桥的结构就比较复杂，中驱动桥有两个差速器，一个是轮间差速器，一个是轴间

图 4-4　双联驱动桥

差速器，如图 4-5（a）、（b）所示，它使汽车在拐弯时左、右车轮自动起差速作用，减少车轮的滑动磨损。另一个是桥间差速器，它使汽车在高低不平路面上行驶时中桥和后桥之间自动起差速作用，汽车在高低不平路面上行驶时，往往需要中桥与后桥的瞬间转速不同，某一瞬间中桥比后桥车轮要多转一点，而另一瞬间中桥比后桥车轮又要少转一点，以适应路面对车轮转动的需要。如果中桥与后桥是一个完全刚性传动的连接，则任何瞬间中桥与后桥车轮转速都是绝对一致的，就会产生憋劲的现象，不仅消耗功率，而且轻则产生磨轮胎的故障，重则会造成机件的损坏。

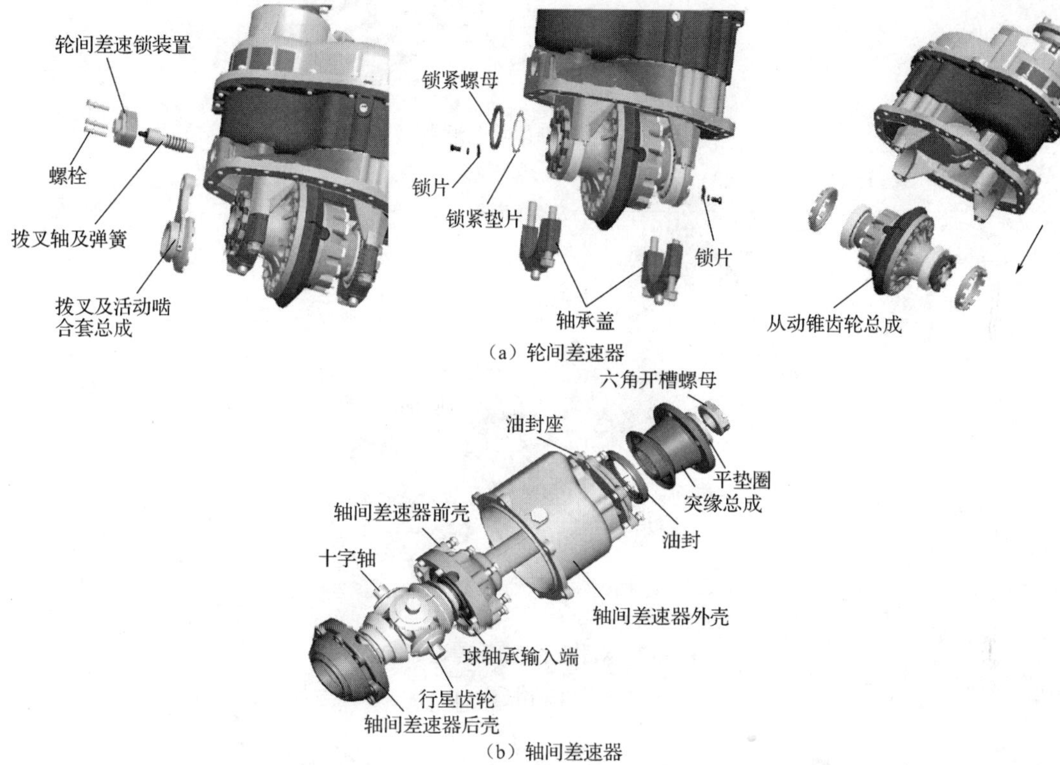

图 4-5　轮间、轴间差速器

044 差速器的结构

1）行星锥齿轮差速器

图 4-6 所示是行星锥齿轮差速器。它由行星锥齿轮、一个十字形行星齿轮轴（简称十字轴）、两个半轴锥齿轮、差速器外壳及垫片等组成。

对称式锥齿轮差速器由十字轴、行星齿轮、后桥从动锥齿轮、半轴齿轮和锥齿轮差速器壳等组成，如图 4-7 所示。

2）贯通式双级主减速器

如图 4-8 所示为贯通式双级主减速器。中桥由减速器总成、桥壳总成、制动器总成、轮毂制动鼓总成组成。与后桥不同的是，中桥不仅有一个输入端，而且有一个输出端——贯通轴总成。中桥主减速器是两级传动，一般是一对圆柱齿轮和一对圆锥齿轮。

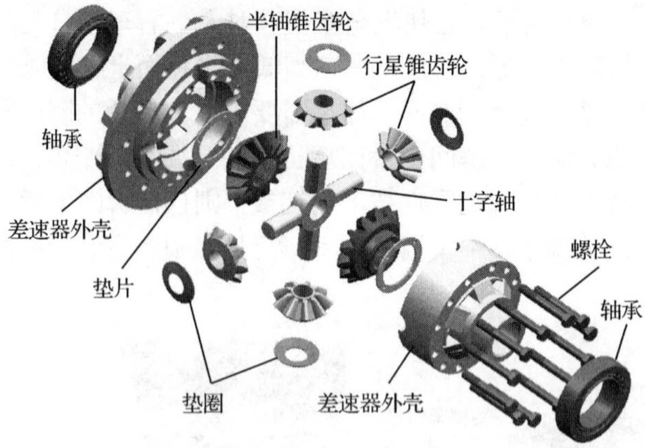

图 4-6　行星锥齿轮差速器

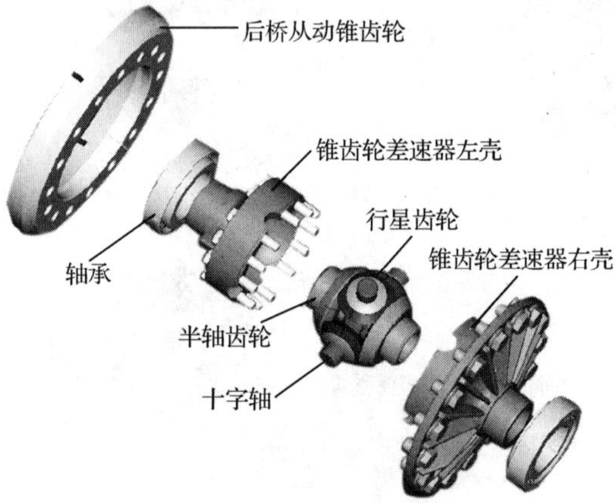

图 4-7　对称式锥齿轮差速器

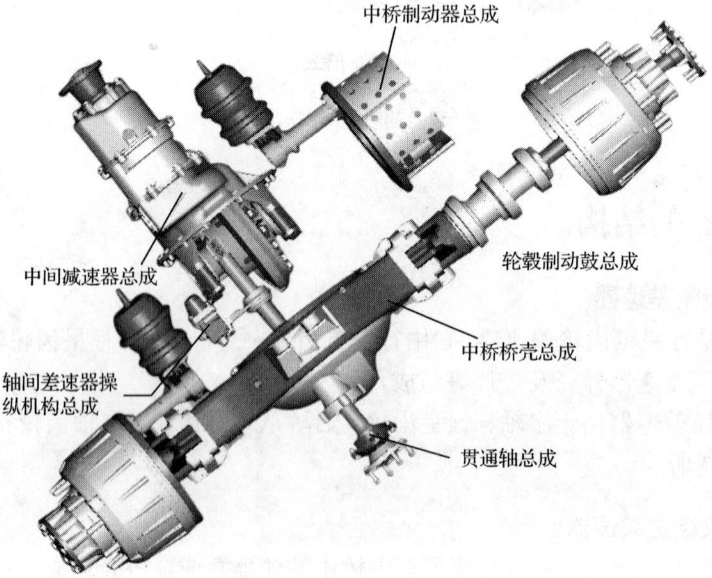

图 4-8　贯通式双级主减速器

3）运动差速器

奥迪 A7 上的运动差速器都由主动齿轮、从动锥齿轮、多片式离合器、离合器活塞等组成，如图 4-9 所示，与普通差速器核心机构相差无几。与普通差速器不同的是，它在两端各加了一组多片式离合器，并由控制单元和液压泵电动机控制两端多片式离合器动作。当需要增加一侧的驱动力时，液压泵电动机工作，向这一侧施加油压使多片式离合器接合，而另一侧多片式离合器则仍分离，这样从传动轴传递来的驱动力就会更多向一侧传递。与 ESP 电子稳定机构相比，运动差速器反应更快，控制最精确。

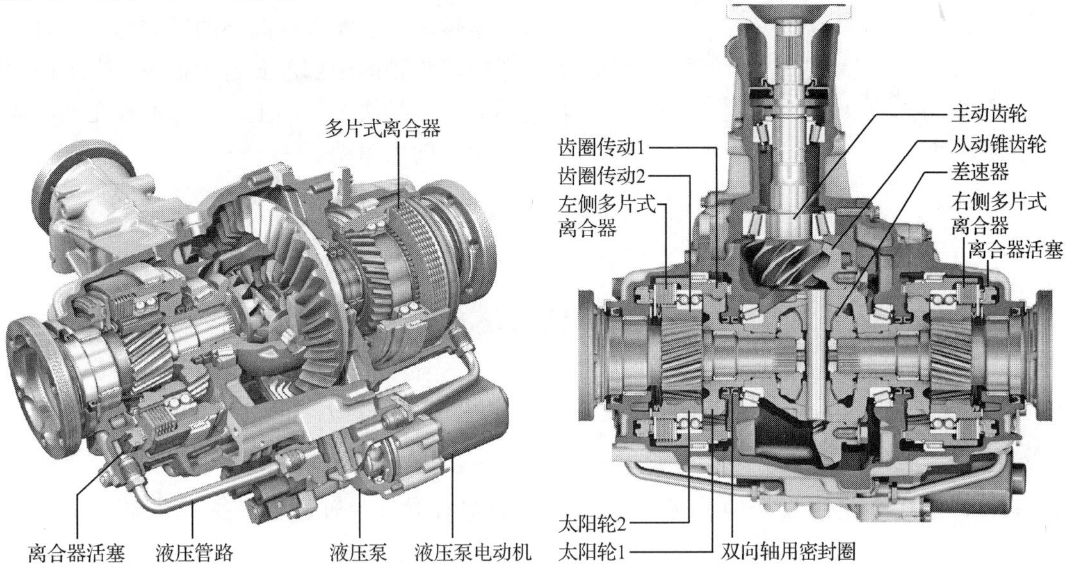

图 4-9　运动差速器

045　半轴、桥壳的结构

1）半轴

半轴是在差速器与驱动轮之间传递动力的实心轴，其内端与差速器的半轴齿轮连接，外端则与驱动轮的轮毂相连，如图 4-10 所示。

全浮式半轴支承和半浮式半轴支承是现代汽车采用的两种基本形式。

全浮式半轴支承广泛应用于各型货车上。半轴外端锻出凸缘，借螺栓和轮毂连接。轮毂通过两个相距较远的圆锥滚子轴承支承在半轴套管上。半轴套与空心梁配成一体，组成驱动桥壳，如图 4-11 所示。

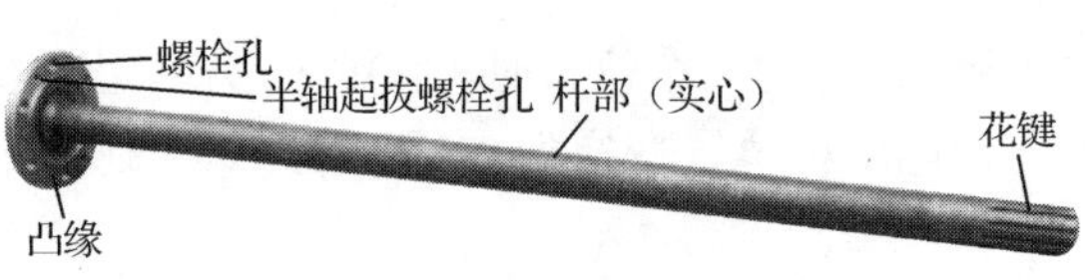

图 4-10　半轴的结构

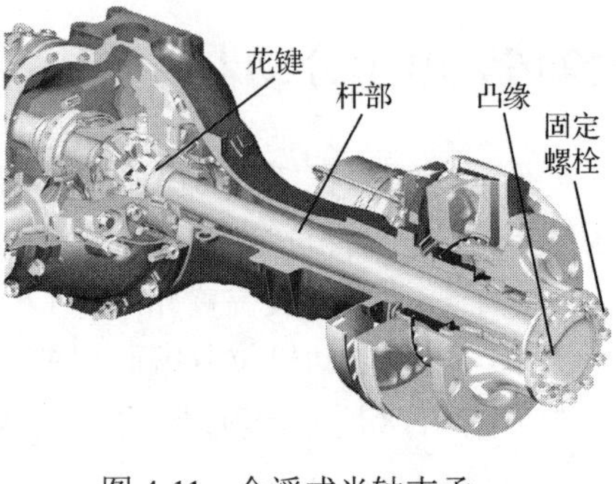

图 4-11　全浮式半轴支承

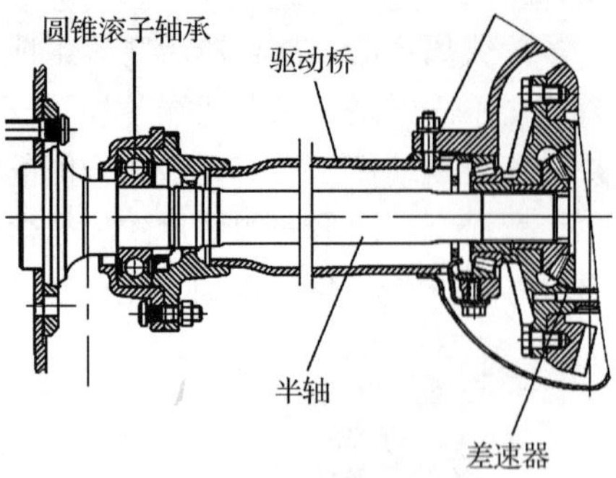

图 4-12 半浮式半轴支承形式

半浮式半轴支承形式的驱动桥如图 4-12、图 4-13 所示。半轴外端的锥形锥面上切有纵向键槽，最外端有螺纹。半轴内端的支承方法与全浮式半轴支承相同，半轴内端不受力及弯矩。轮毂上有相应的锥形孔与半轴配合，用键连接，并用螺母拧紧。一般来讲，半浮式支承中，半轴与桥壳间的轴承只用一个。为使半轴和车轮不致被向外的侧向力拉出，该轴承必须能承受向外的轴向力。另外，在差速器行星轮轴的中部浮套着止推块，半轴内端正好能顶靠在止推块的平面上，因而不致在朝内的侧向力作用下向内窜动。

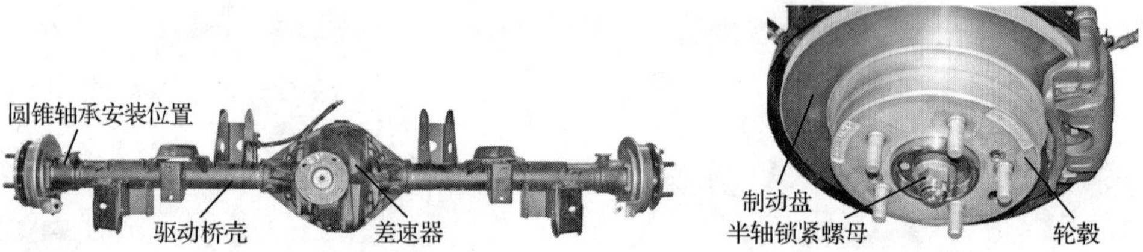

图 4-13 双龙轿车半浮式驱动桥

2）桥壳

车的整体式桥壳如图 4-14 所示。它由中部的空心梁、半轴套管、主减速器壳及后盖等组成。

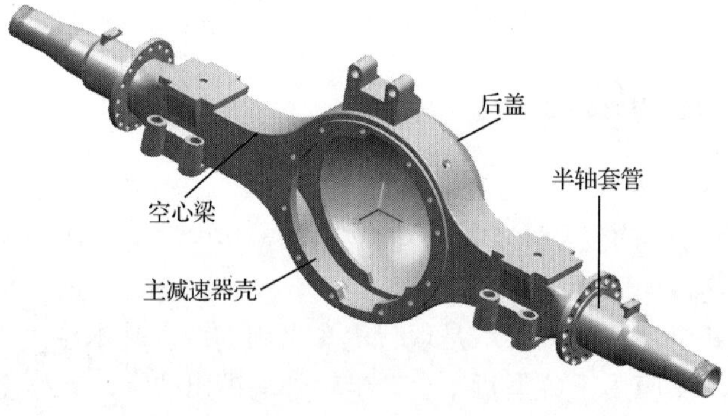

图 4-14 整体式桥壳

046 电子分动器

分动器可以在 2H 模式和 4H 模式之间转换，如图 4-15 所示。分动器由分动器内密封链条、控制单元、分动箱、电动机等部件组成，如图 4-16 所示。

电子分动器安装位置如图 4-17 所示。选择 2H 和 4H 内的一个位置时，TOD 控制单元通过检测来自监测电动机位置编码器的电子信号准确地把电动机位置变换到 2H 和 4H。其控制单元插头如图 4-18 所示，其端子含义如表 4-1 所示。

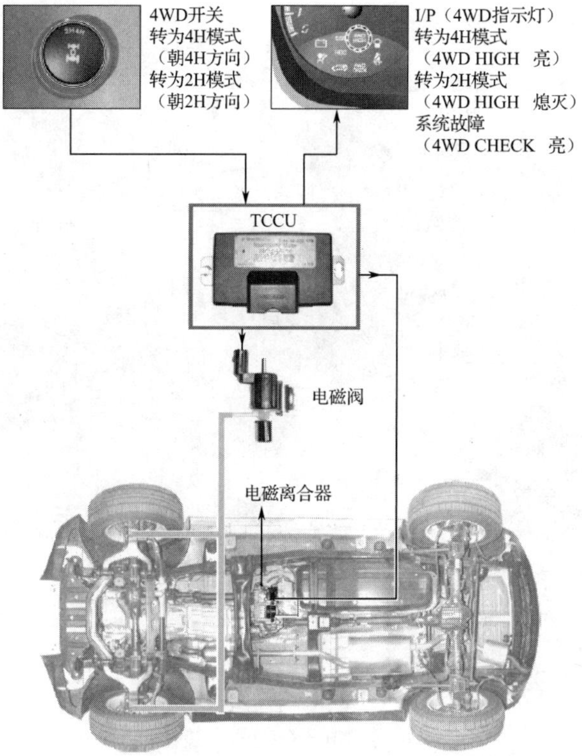

图 4-15　分动器的操作显示

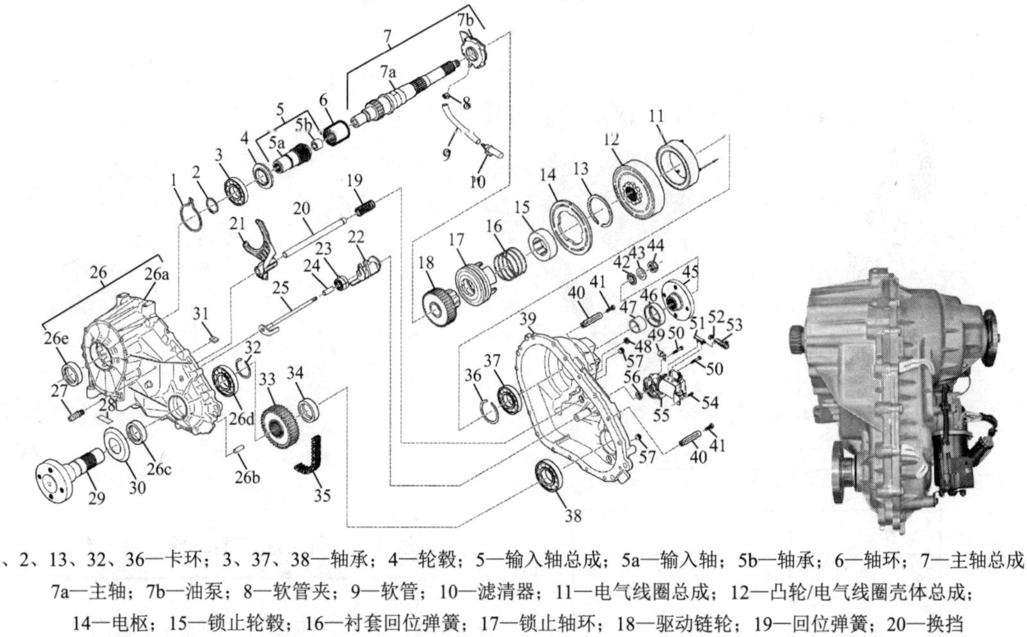

1、2、13、32、36—卡环；3、37、38—轴承；4—轮毂；5—输入轴总成；5a—输入轴；5b—轴承；6—轴环；7—主轴总成；7a—主轴；7b—油泵；8—软管夹；9—软管；10—滤清器；11—电气线圈总成；12—凸轮/电气线圈壳体总成；14—电枢；15—锁止轮毂；16—衬套回位弹簧；17—锁止轴环；18—驱动链轮；19—回位弹簧；20—换挡导轨；21—换挡拨叉；22—电控换挡凸轮；23—扭力弹簧；24、34、47—隔圈；25—换挡轴；26—分动器总成；26a—分动器；26b—盖定位销；26c、42、46、56—油封；26d—滚珠轴承；26e—输入轴油封；27—通气管；28—标签；29—输出轴；30—防尘导流板；31—磁铁；33—下链轮；35—链条；39—盖；40—弯曲夹；41、50、54—螺栓；43—垫圈；44、48—螺母；45—连接凸缘；49—夹子；51—继电器装配支架；52—锁止夹；53—连接器；55—电机总成；57—螺塞

图 4-16　分动器的结构

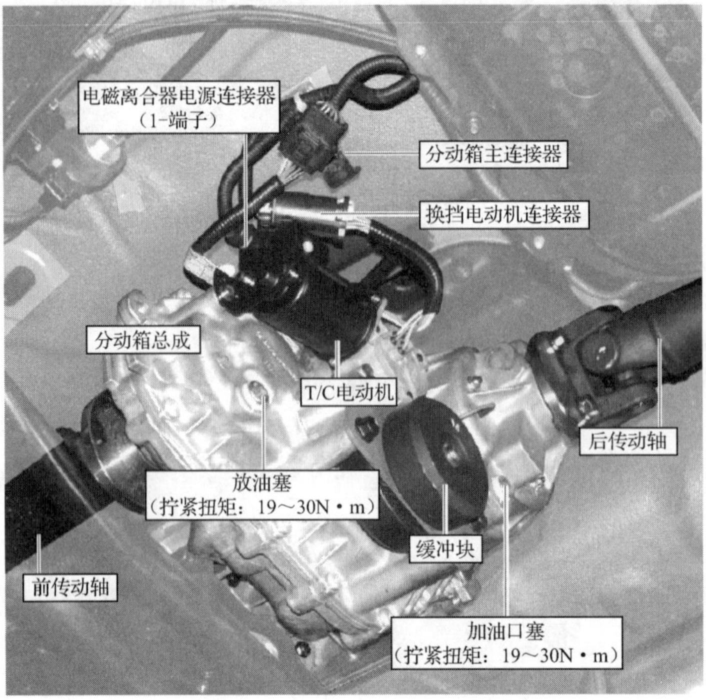

图 4-17 电子分动器安装位置

后转速传感器应用霍尔效应原理，它根据随分动器后输出轴轮齿转动的齿轮的转速产生0～5V 的数字方波。来自后传动轴的速度信号被输入到控制单元，当控制单元确定 4WD HIGH 操作有效时，电流流入离合线圈内。被此电流磁化的线圈牵入锁止轮毂，使其啮合入输出花键，因此，动力被传输到前轮。后转速传感器插头如图 4-19 所示，其端子含义如表 4-2 所示。

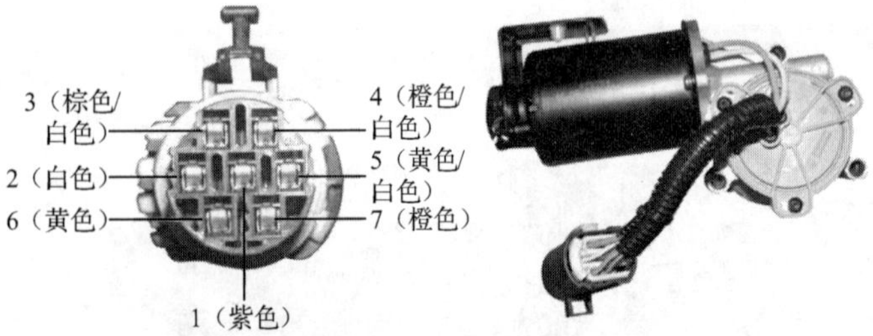

图 4-18 控制单元插头

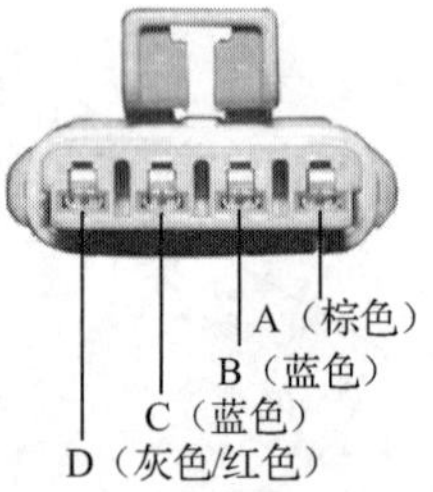

图 4-19 后转速传感器插头

表 4-1 控制单元插头端子含义

端 子	功 能
1	位置 A
2	位置 B
3	位置 C
4	位置 D
5	位置搭铁
6	控制（4H-2H）
7	控制（2H-4H）

表 4-2 后转速传感器插头端子含义

端 子	功 能
A	离合器线圈
B	传感器电源（5V）
C	传感器信号
D	传感器搭铁

047 主减速器与差速器拆装调整

主减速器总成主要结构分解图如图 4-20 所示。主动锥齿轮总成主要结构分解图如图 4-21 所示。差速器总成主要结构如图 4-22、图 4-23 所示。

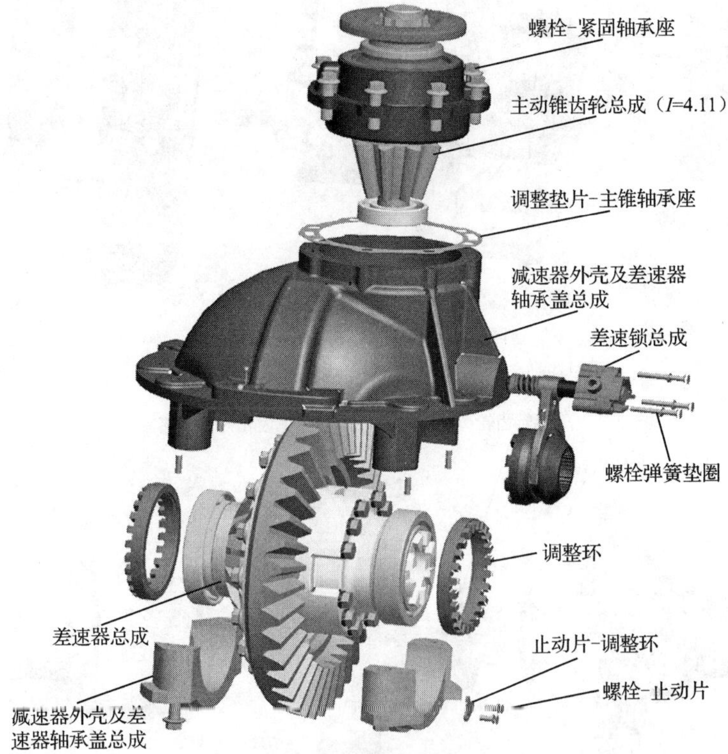

图 4-20　主减速器总成主要结构分解图

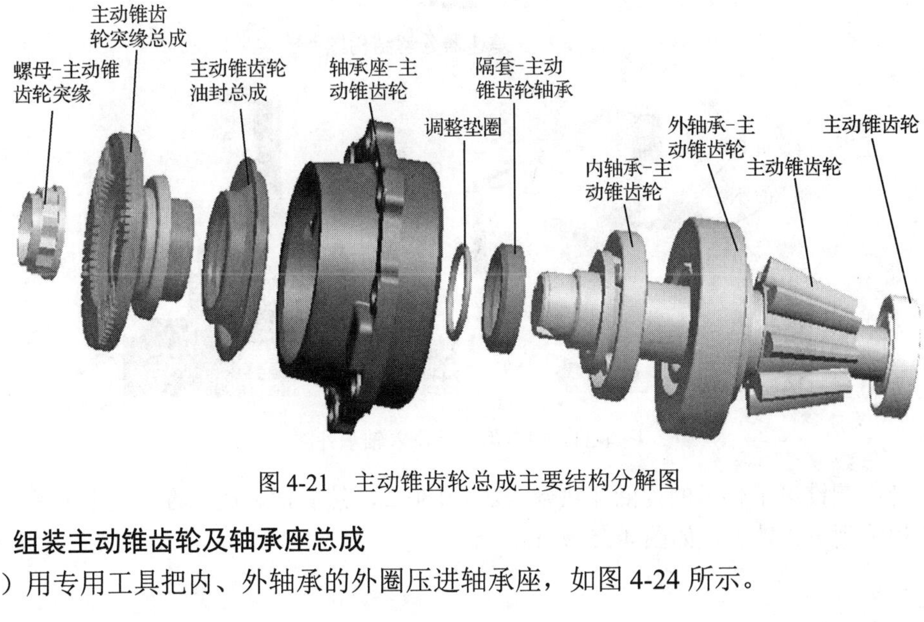

图 4-21　主动锥齿轮总成主要结构分解图

1）组装主动锥齿轮及轴承座总成

（1）用专用工具把内、外轴承的外圈压进轴承座，如图 4-24 所示。

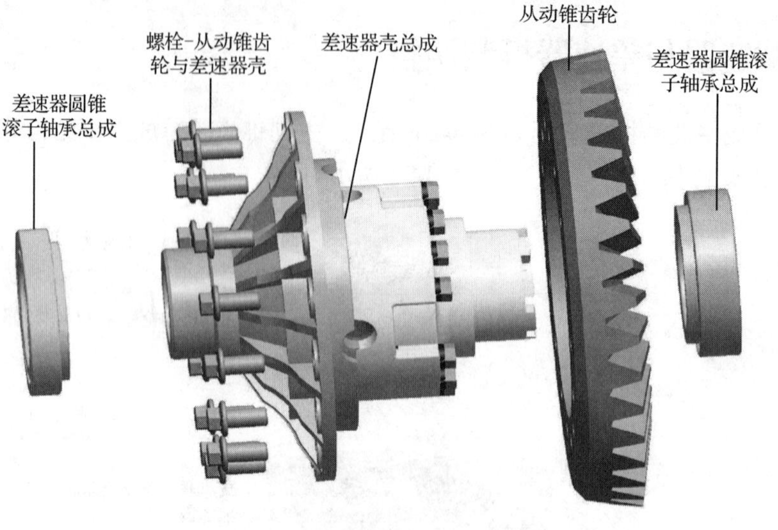

图 4-22 差速器结构分解图

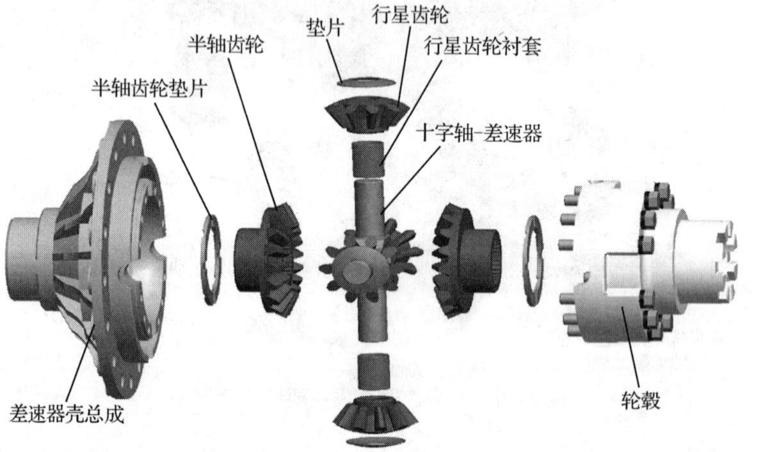

图 4-23 差速器分解结构图

图 4-24 用专用工具压入轴承外圈

（2）把内圆锥滚子轴承的内圈加热到 120～150℃，然后把它放在锥齿轮上，等冷却后，把轴承座扣装到齿轮轴上，如图 4-25 所示。

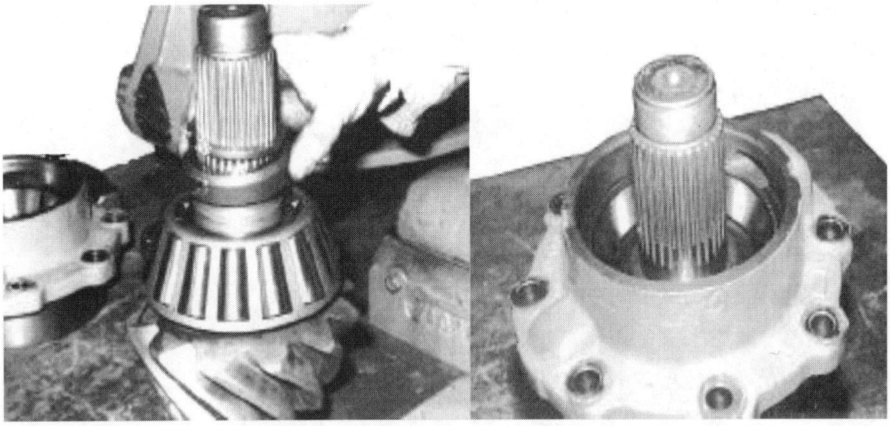

图 4-25　安装内圆锥滚子轴承

（3）把主动锥齿轮调整垫片放入齿轮轴颈部位，一边慢慢转动轴承座，一边给外轴承座涂抹润滑油，把冷却下来的外圆锥滚子轴承内圈推进去，把凸缘和螺母安装在合适位置，调整轴承预紧力，如图 4-26 所示。注意：在装油封之前测摩擦系数。

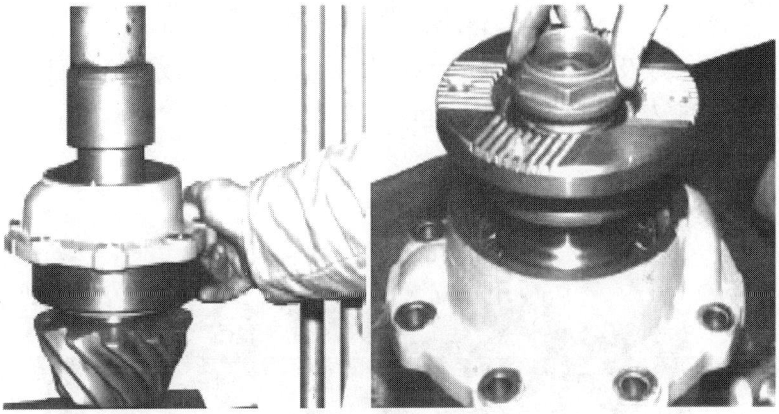

图 4-26　调整轴承预紧力

（4）将轴承座夹紧，如图 4-27 所示。用扭矩扳手在凸缘螺母处测一下摩擦系数。扭矩值为 8～16N・m。

图 4-27　将轴承座夹紧

（5）若摩擦系数达到要求，拆下凸缘螺母和凸缘总成。将油封压入油封座内并在油封空腔内涂抹润滑脂，在油封环外圈上涂抹密封胶，用专用工具将其压入油封座，最后将油封座连同油封压入轴承座，如图 4-28 所示。

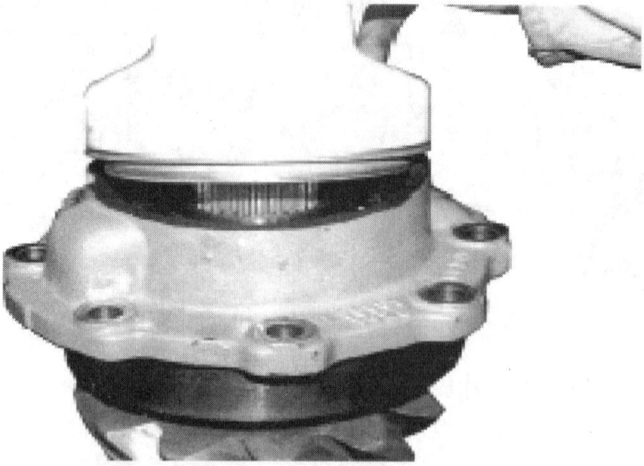

图 4-28 压入油封

（6）装入凸缘总成及凸缘锁紧螺母并锁紧，防止松动，螺纹处涂抹螺纹锁固胶，如图 4-29 所示。凸缘螺母锁紧力矩为 950±100N·m。

图 4-29 装入凸缘总成及凸缘锁紧螺母

2）安装差速器总成

注意：将所需的各零部件清理干净，并检查是否合格，对合格件将进行下面的操作。

（1）把半轴齿轮垫片放在差速器壳体上并将半轴齿轮放入差速器左壳中，右壳中也放入半轴齿轮垫片及半轴齿轮，如图 4-30 所示。注意：差速器壳体球面内腔、安装端面、垫子两面和半轴齿轮需涂抹润滑油。

（2）将行星齿轮和十字轴及行星齿轮垫片一起装入差速器左壳中，调整齿侧间隙为 0.25～0.5mm，如图 4-31 所示。注意：球垫两面、行星齿轮安装面和内孔、十字轴圆柱面需涂抹润滑油。

图 4-30　把半轴齿轮垫片放在差速器壳体上

图 4-31　将行星齿轮和十字轴及行星齿轮垫片装入差速器左壳中

（3）检查行星齿轮是否可以来回转动；然后将差速器右壳合上，用螺栓拧紧，拧紧力矩为250～330N·m；将厚轴承内圈加热到 120～150℃，安装到差速锁侧，放上被动齿轮，拧紧被动齿轮连接螺栓，拧紧力矩为 570±40N·m。另外一侧轴承装配方法一样，如图 4-32 所示。注意：锁紧时各螺栓涂抹螺纹锁固胶；需要检查两端轴承是否安装正确。

3）安装差速器总成

（1）将轴承外圈放在圆锥滚子上，并同差速器一同放入主减速器壳中，如图 4-33 所示。

（2）将调整螺母放入螺纹中，对着轴承用手轻轻地转动，将轴承盖按配对标记装配，如图 4-34 所示。注意：如果轴承盖不能正确装配，则调整螺母的螺纹有可能相交。

（3）放入轴承盖连接螺栓，并预拧紧，但调整螺母仍能转动自如。

4）安装轴承座总成

（1）将垫片放在主减速器壳上，放到位，并涂抹一层密封胶（垫片依据调整间隙加减，最终确认正确调整间隙后再涂抹密封胶）。确保回油口通畅。如有必要，放入一个导向螺栓（取决于个人)，如图 4-35 所示。注意：至少使用 3 个垫片。在两侧使用薄垫片以达到最佳密封效果。

图 4-32　检查行星齿轮是否可以来回转动

图 4-33　将差速器放入主减速器壳中

图 4-34　将轴承盖按配对标记装配

（2）将圆柱滚子轴承内圈装到主动圆锥齿轮上，外圈装到主减速器轴承孔中，如图 4-36 所示。

（3）将轴承座总成放入主减速器壳，确保回油口相对应及圆柱滚子轴承正确对中和接合，如图 4-37 所示。

（4）按规定的拧紧力矩拧紧固定螺栓。注意：在主、从动齿轮的啮合间隙调整正确后，将螺栓涂螺纹锁固胶锁紧，锁紧力矩为 425±50N · m。

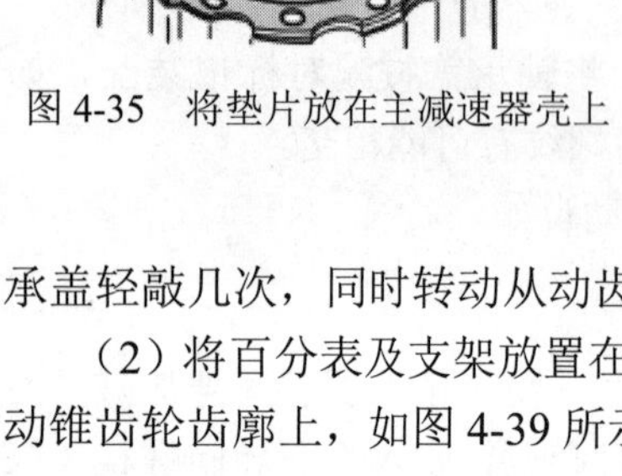

图 4-35　将垫片放在主减速器壳上

5）差速器轴承及主、从动锥齿轮齿侧间隙调整

（1）拧入两个调整螺母直到圆锥滚子轴承轻轻被预紧，如图 4-38 所示。注意：当拧入调整螺母时，用铜棒对着轴承盖轻敲几次，同时转动从动齿轮，这样才能确保轴承定位。

（2）将百分表及支架放置在主减速器壳上，这样百分表的指针才能按正确的角度定位在从动锥齿轮齿廓上，如图 4-39 所示。当均匀和交替地转动调整螺母时（向左侧和右侧），将差速器滑向主动齿轮，直到齿侧间隙达到 0.25～0.35mm。检查圆锥滚子轴承的预紧力，调整螺母的锁紧力矩为 20～50N・m。如果必要，重新调整百分表。测量点=3×120°。齿侧间隙均可以读出。

图 4-36　外圈装到主减速器轴承孔中

图 4-37　将轴承座总成放入主减速器壳

图 4-38　拧入两个调整螺母

（3）啮合印记调整。首先在被动齿轮上用红丹粉均匀涂抹 3～5 个齿，在旋转 90°的情况下再涂抹 3～5 个齿，然后转动齿轮至少旋转两周，观察齿轮啮合的印记，从动轮凸面啮合痕迹在齿的中央附近成椭圆形或矩形，接触印痕占齿长的 40%～60%，占齿高的 60%～80%，凹面啮合区在齿的中部可略偏大端，如图 4-40 所示。如不符合要求，则需重新调整轴承座垫片和齿侧间隙。注意：齿面的啮合印记不能接触到任何齿的外边缘。

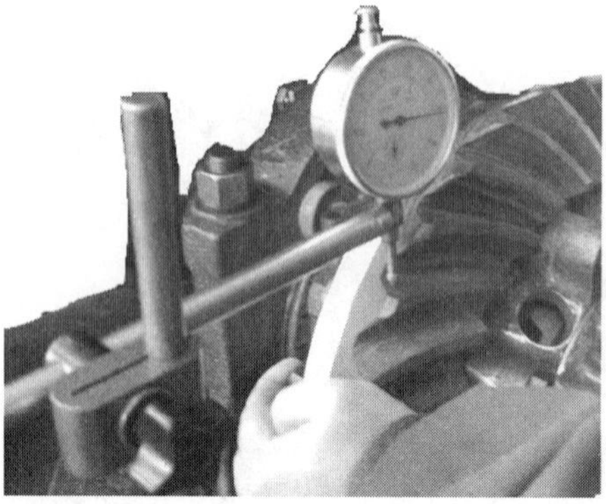

图 4-39 将百分表及支架放置在主减速器壳上

图 4-40 啮合印记调整

（4）齿侧间隙达到要求，齿轮啮合印记符合要求后，就按规定的拧紧力矩拧紧轴承盖螺栓。拧紧力矩为 530±50N・m。

（5）在主减速器轴承盖上装配锁紧丝圈的止动锁片，将六角头螺栓涂抹螺纹锁固胶，拧紧力矩为 22～27N・m。注意：主减速器总成转动力矩为 10～30N・m。

（6）主减速器装配完毕后加注齿轮油。

加油量：后桥主减速器总成加油量 14L，桥总成轮边加油量 1.1L/只。

黏度等级：取决于环境温度。

热带地区、常温地区：85W-140-GB 13895—1992，85W-90-GB 13895—1992。

寒冷地区：80W-90-GB 13895—1992。

高寒地区：75W-GB 13895—1992。

048 驱动桥的常见故障诊断

驱动桥的主减速器、差速器、半轴等，不仅承受很大的径向力和轴向力，而且要承受巨大的扭力，且经常受到剧烈的冲击载荷，加剧其零部件磨损。相对位置发生变化，配合间隙变大，齿轮啮合不良，破坏了原先完好的技术状况，将使其在工作中产生异响及功能性的故障。

1）驱动桥故障的现象和原因

（1）驱动桥漏油。

① 现象。齿轮润滑油从后桥减速器和半轴油封或其他衬垫处向外渗漏。

② 原因。

- 壳盖各部分螺孔螺纹多次拆装，螺纹间隙增大，润滑油从螺纹处渗出。

- 长期使用，尘土、油污、泥水黏附，使通气孔堵塞，空气流通不畅。
- 油封座老化变质、磨损松旷或装配不当。
- 衬垫损坏或紧固螺栓松动，导致接合面不严密。
- 油封配合的轴颈磨损或表面有沟槽。
- 润滑油加注过多，运转中壳体内压增高，润滑油渗出。
- 放油螺栓松动或壳体有裂缝。

2）驱动桥发响

（1）现象。

① 行驶时驱动桥有异响，脱挡滑行时异响减弱或消失。

② 行驶时驱动桥有异响，脱挡滑行时也有异响。

③ 汽车直线行驶时无异响，当汽车转弯时驱动桥处有异响。

④ 汽车上坡或下坡时后桥有异响，或上、下坡时驱动桥都有异响。

⑤ 车轮有运转噪声或沉重的异响。

（2）原因。

① 圆锥和圆柱主、从动齿轮及行星轮、半轴齿轮啮合间隙过大；半轴齿轮花键槽与半轴的配合松旷；主、从动锥齿轮啮合不良；圆锥和圆柱主、从动齿轮啮合间隙不均；齿轮齿面损伤或轮齿折断。

② 主动锥齿轮轴承松旷；主动圆柱齿轮轴承松旷；差速器圆锥滚子轴承松旷；后桥中某个轴承由于预紧力过大，导致间隙过小；主、从动锥齿轮调整不当，间隙过小。

③ 差速器行星轮半轴齿轮不匹配，使其啮合不良；行星轮、半轴齿轮磨损或折断；差速器十字轴轴颈磨损；行星轮支承垫圈磨薄；行星轮与差速器十字轴卡滞或装配不当（如行星轮支承垫圈过厚），使行星轮转动困难；减速器从动齿轮与差速器壳的紧固铆钉松动。

④ 驱动桥某一部位的齿轮啮合间隙过小，导致汽车上坡时发响；后桥某一部位的齿轮啮合间隙过大，导致汽车下坡时发响；后桥某一部位的齿轮啮合印痕不当或齿轮轴支承轴承松旷，导致汽车上、下坡时都发响。

⑤ 车轮轮毂轴承损坏，轴承外圈松动；制动鼓内有异物；车轮轮辋破碎；车轮轮辋轮胎螺栓孔磨损过大，使轮辋固定不牢。

3）驱动桥发热

（1）现象。汽车行驶一定里程后，用手触摸后桥，非常烫手。

（2）原因。

① 驱动桥主、从动齿轮啮合间隙过小。

② 驱动桥轴承装配过紧。

③ 润滑油变质、量少或型号规格不符。

4）差速器异响的故障

（1）故障现象。低速大角度转向，车辆底盘发出“咕咕”的异响。

（2）故障诊断过程。

① 确认故障车辆以 20km/h 的速度转弯时，其前部有异响。

② 把车辆举升后，任意一侧的驱动轮制动，异响仍然存在，排除车轮轴承和制动系统

异响。

③ 更换驱动半轴，异响仍然存在，排除半轴故障可能。因只有车辆转弯时存在异响，故判断为差速器响声。

④ 分解变速器，测量差速器行星齿轮的齿轮间隙和啮合印痕，发现啮合印痕在齿根部位。判断是差速器不正常啮合，产生异响。

（3）故障原因分析。由于差速器球形衬套的不正常磨损，造成差速器的行星齿轮啮合部位达到齿轮根部（正常应为齿轮中部啮合）。因为差速器行星齿轮只在转弯时才发生转动，所以这种异响会在转弯时出现，故障表现为低速转弯时整车的噪声比较小，异响明显。故障部位如图 4-41 所示。

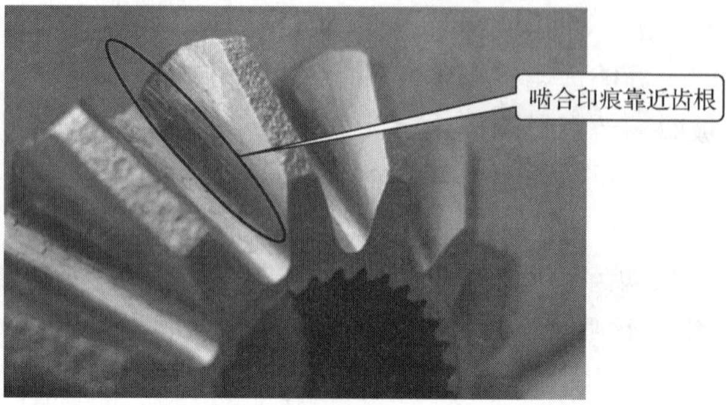

图 4-41　故障部位

（4）故障处理方法。根据最新的信息通报，可以更换手动变速箱油，行使 500km 后再判断是否有减轻的迹象。若故障仍然存在，只能更换球形衬套，再检查啮合印痕和齿隙。对于有异响的差速器，拆下后要检查啮合印痕和齿隙。根据实际测量，新装配的差速器行星齿轮的齿隙在 0.4mm 左右，而发生异响的差速器的实际测量数据在 0.6mm 左右（以上两个数据仅供参考），并且故障差速器啮合印痕所在部位为齿轮根部，如图 4-42 所示。

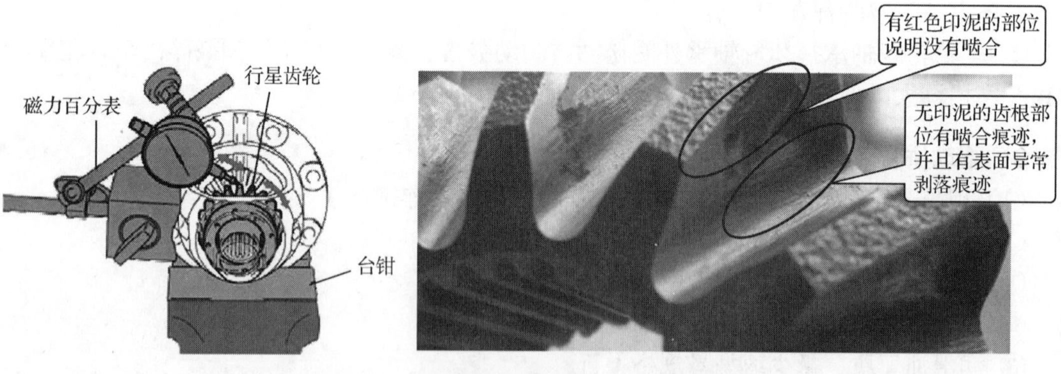

图 4-42　故障差速器啮合印痕所在部位

（5）案例点评及建议。在判断是否为差速器异响的过程中，要求能够大角度（方向盘转角大于 180°）转弯，并且伴随不同的加减速，如果异响能够随着车速改变，一般是差速器故障的概率高。

Chapter 5

第5章

车桥

049 转向桥的结构

汽车的转向桥能使安装在两端的车轮偏转一定的角度，以实现汽车转向的目的；同时也承受车架与车轮之间的作用力及其所产生的弯矩和转矩。

各种类型汽车的转向桥结构基本相同，主要由前轴、转向节、主销和轮毂等几部分组成，如图 5-1 所示。

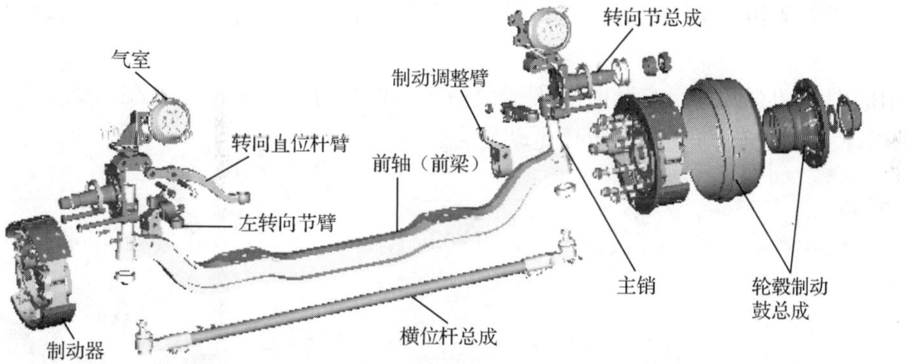

图 5-1　转向桥结构

1）前轴

前轴（前梁）主要起承载作用，锻造成型如图 5-2 所示。中间断面为工字形（因此常称为工字梁），这样可保证其质量最小而在垂向平面内的刚度大、强度高；两头略成方形可提高抗扭强度。中部向下弯曲，可降低发动机位置，从而降低汽车重心，同时还可减小变速箱输出轴与传动轴之间的夹角。

其主要设计参数有板簧中心距、主销中心距、落差、板簧座截面尺寸及主销倾角。

2）转向节

转向节俗称羊角，为锻件，其颈部需经淬火，如图 5-3 所示。它绕主销相对前梁转动，实现转向。轴颈处安装轴承，轮毂绕其转动，实现前进/后退。

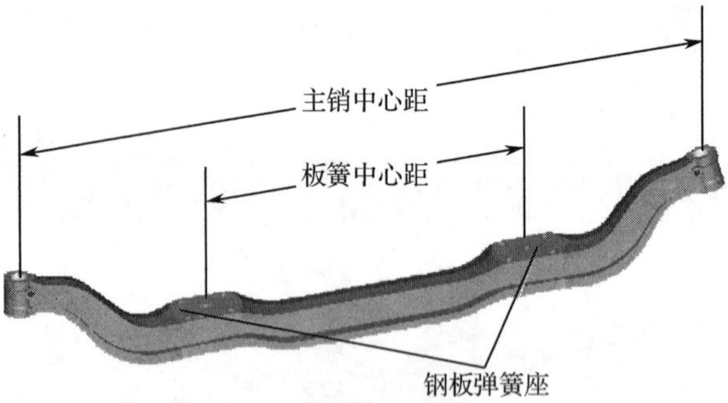

图 5-2 前轴

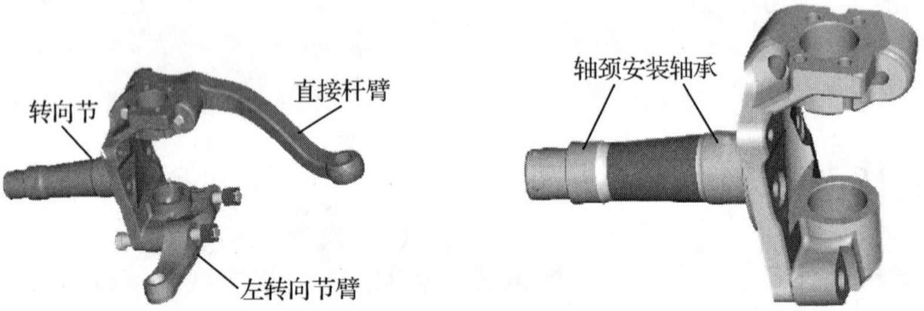

图 5-3 转向节

3）主销

主销将转向节和前梁铰接在一起，以实现车轮的转动。它有实心、空心、圆柱形和阶梯形几种形式。

主销的中部切有凹槽，安装时用楔形锁销与凹槽配合，将主销固定在前梁的拳形孔中，如图 5-4 所示。主销与转向节上的销孔是动配合。

4）轮毂

轮毂通过轮毂轴承支承在转向节上，并在其上转动。通过 10 个螺栓孔同时连接车轮和制动鼓，如图 5-5 所示。

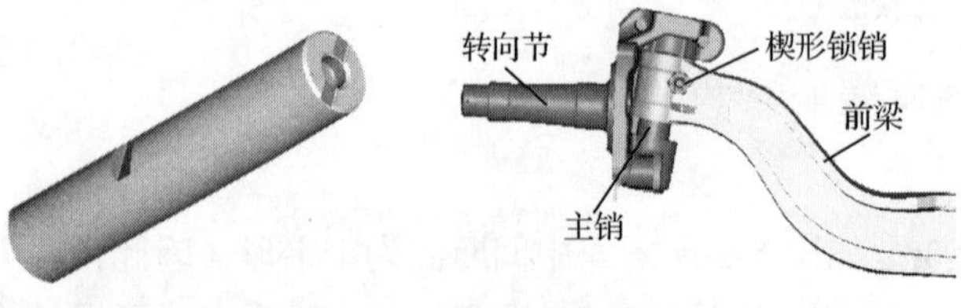

图 5-4 主销

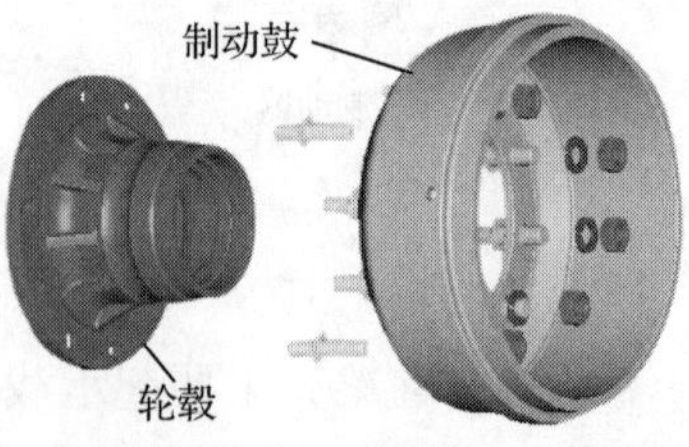

图 5-5 轮毂

050 转向驱动桥的结构

同时实现车轮转向和驱动功能的车桥叫作转向驱动桥，其组成如图 5-6、图 5-7 所示。转向驱动桥广泛地应用于全轴驱动的越野汽车和部分轿车上。转向驱动桥有一般驱动桥所具有的主减速器、差速器，也有一般转向桥所具有的转向节壳体、主销和轮毂等。

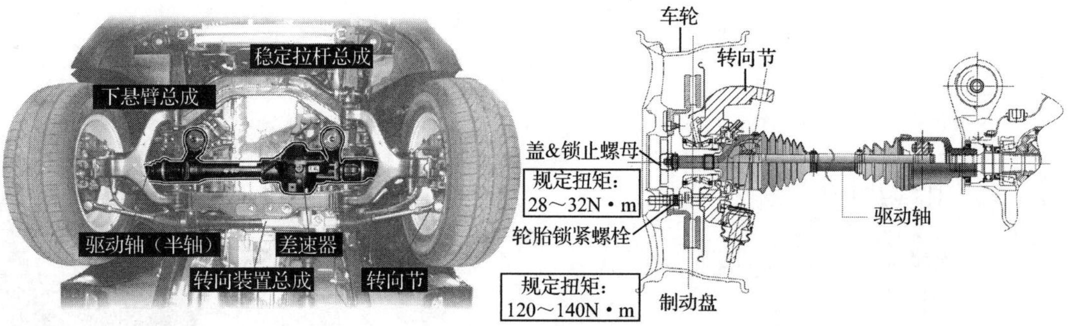

图 5-6　转向驱动桥总成

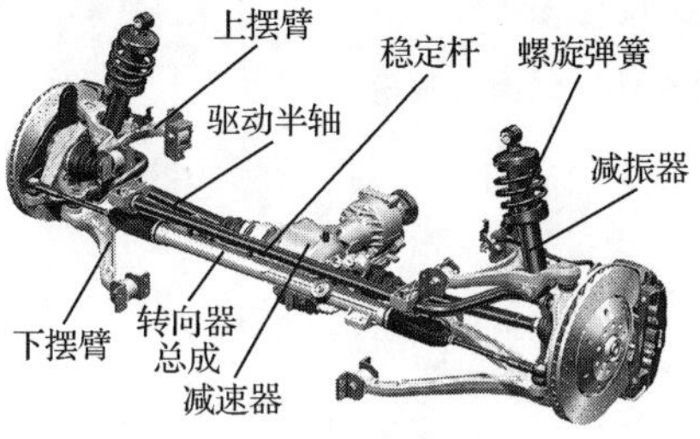

（a）轿车转向驱动桥

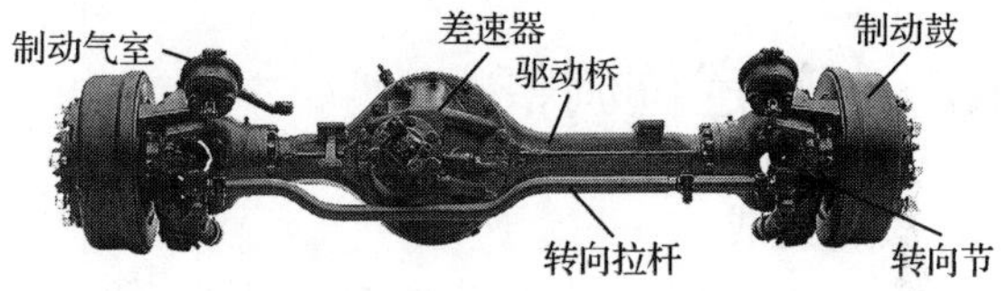

（b）货车转向驱动桥

图 5-7　转向驱动桥示意图

051　车轮定位参数

1）主销内倾角

主销内倾角是指在横向平面内主销上部向内倾斜的一个角度 y，如图 5-8 所示。主销内倾角一般为 5°～8°，它使主销轴线与路面的交点至车轮中心平面的距离 e（即主销偏移距）减小，从而可减小转向时需加在方向盘上的力，使转向轻便；它还使车轮转向时不仅有绕主销的转动，还伴随有车轮轴及前梁向上的移动，当方向盘松开时，所存储的上升位能使转向轮自动回正，保证汽车直线行驶的稳定性。

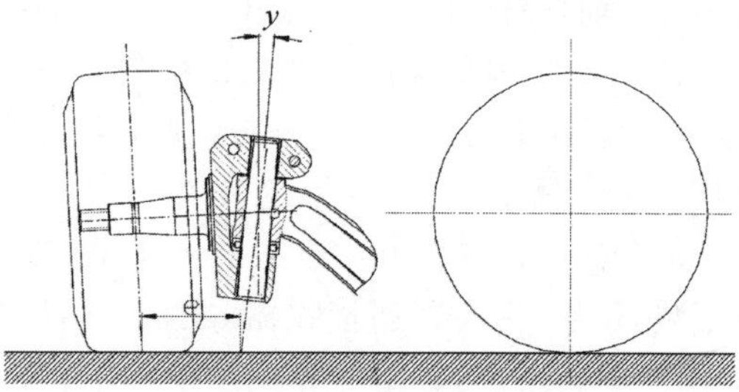

图 5-8　主销内倾角

2）车轮外倾角

车轮外倾角是指车轮在安装时，其轮胎中心不是垂直于水平面，而是向外倾斜一个角度 α，如图 5-9 所示。车轮外倾角通常为 0.5°～1.5°，它可避免汽车重载时车轮产生内倾，同时和拱形路面相适应。

3）主销后倾角

主销后倾角是指在纵向平面内主销上部向后倾斜一个角度 β。主销后倾角通常在 3°以内，它使主销轴线与路面的交点位于轮胎接地中心之前，该距离 K 称为后倾拖距。这时，汽车转向引起的离心力使转轮回正，保证汽车有较好的直线行驶稳定性。

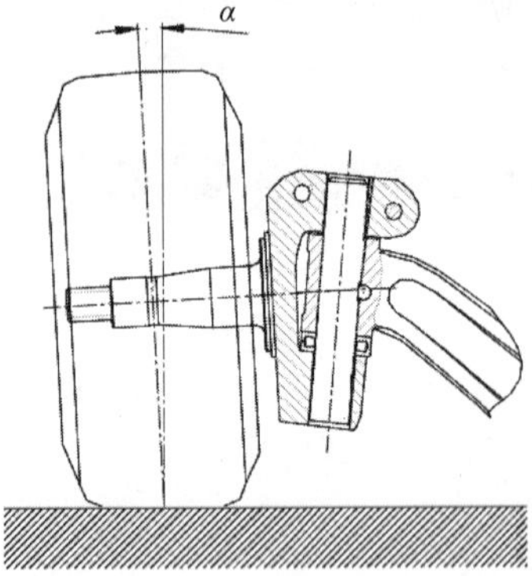

图 5-9 车轮外倾角

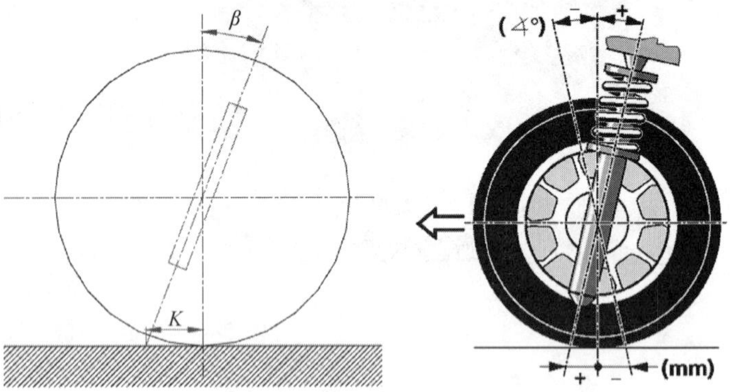

图 5-10 主销后倾角

052 车轮定位调整

1）设备组成

元征 X-631+四轮定位仪由主机、探杆、轮夹、轮夹挂架、转角盘、转向盘固定架及制动踏板固定架等组成，如图 5-11 所示。

图 5-11 元征 X-631+四轮定位仪

（1）主机。

X-631+四轮定位仪主机是用户的一个操作控制平台，由机柜、计算机、接口电路和电源等部分构成。

（2）探杆。

X-631+四轮定位仪配有 4 个探杆，如图 5-12 所示，分别为左前探杆 FL、左后探杆 RL、右前探杆 FR 和右后探杆 RR。前后探杆可以交叉互换，也可以更换探杆。如果需要更换任意一个探杆，则只需标定该探杆，而其他 3 个探杆无须重新标定。

每个探杆的端部和中部各装一个 CCD 传感器，中部装有一个射频发射接收器。CCD 传感器把获取的光点坐标无线传输给计算机系统，由计算机系统进行处理。每个探杆的中部有一操作面板，如图 5-13 所示，它分为 LCD 显示区域和按键操作区域。

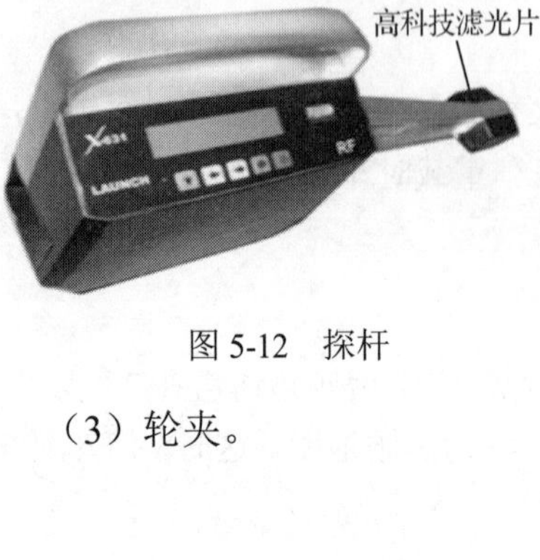

图 5-12 探杆

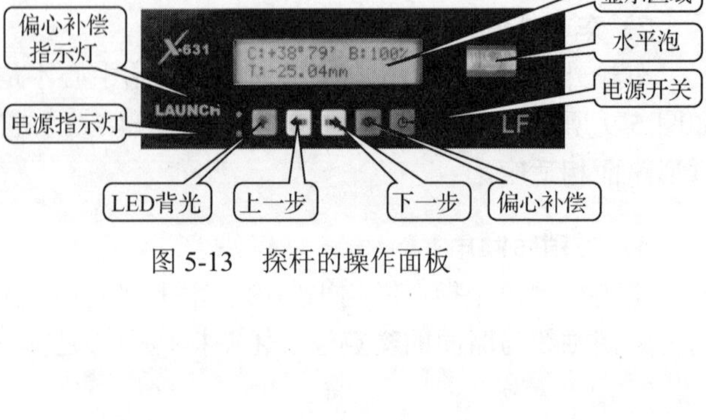

图 5-13 探杆的操作面板

（3）轮夹。

X-631+四轮定位仪配有 4 个轮夹。使用时，首先需通过调节旋钮将轮爪的间距调整合适，再与汽车轮辋相连，如图 5-14 所示。通过调节旋钮使轮夹与汽车轮辋紧密相连，为了安全起见，必须采用轮夹绑带把轮夹与轮辋连接起来。

图 5-14　安装轮夹

（4）轮夹挂架。

X-631+四轮定位仪配有 4 个轮夹挂架，这 4 个轮夹挂架安装在机柜的左右两侧面板上，如图 5-15 所示。

（5）转角盘。

X-631+四轮定位仪配有两个机械转角盘，如图 5-16 所示。转角盘放置于举升机的汽车前轮位置处。在测试中，要尽量使车辆前轮处于转角盘中心位置。

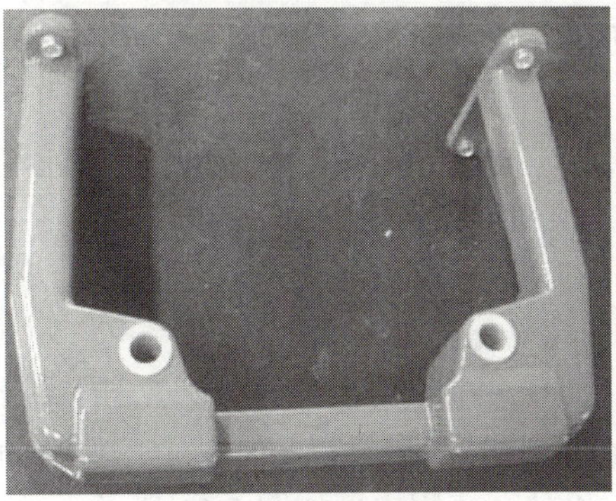

图 5-15　轮夹挂架

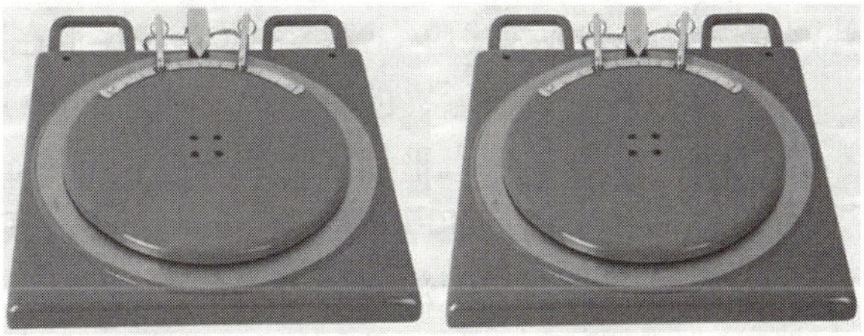

图 5-16　转角盘

（6）转向盘固定架。

X-631+四轮定位仪配有一个转向盘固定架，如图 5-17 所示。在测试中，需根据提示放置转向盘固定架，以保证测试过程中车轮方向不会发生变化。

（7）制动踏板固定架。

X-631+四轮定位仪配有一个制动踏板固定架，用于固定制动踏板，使车辆在测试中不会发生前后移动。

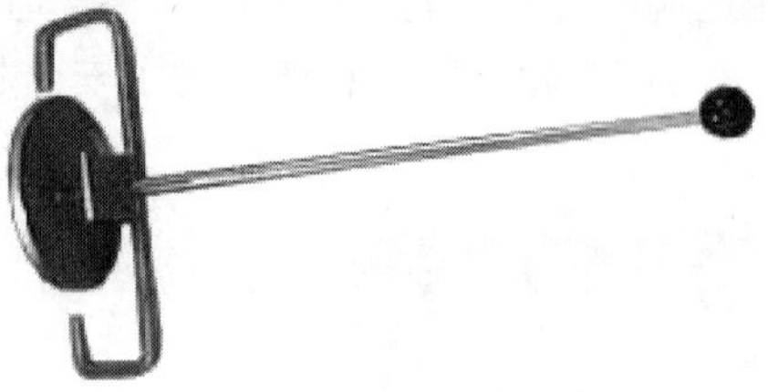

图 5-17 转向盘固定架

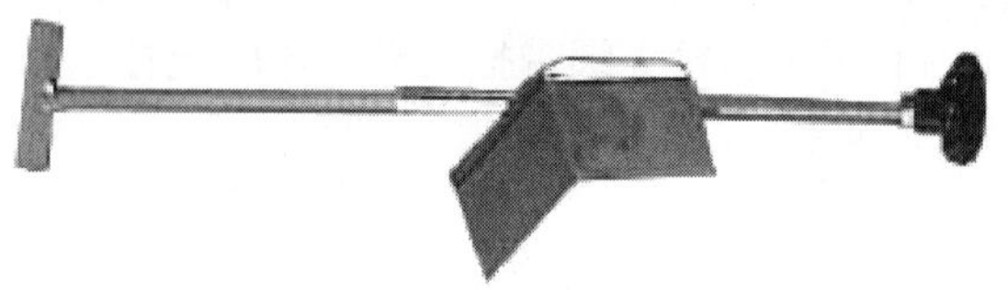

图 5-18 制动踏板固定架

（8）标定架与标定架转接套（选配）用于 X-631+探杆系统的标定，如图 5-19 所示。

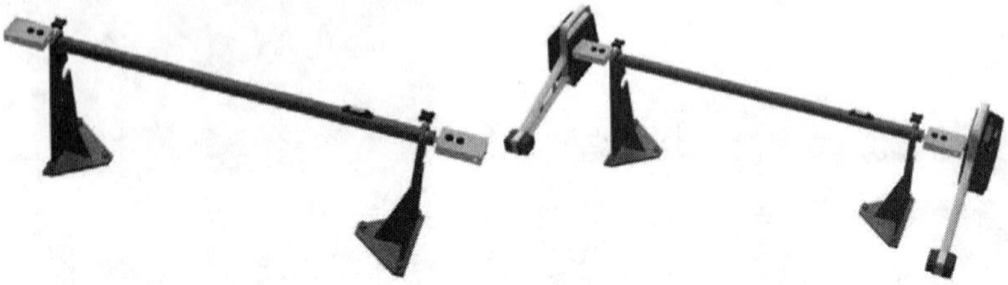

图 5-19 标定架

2）设备测试

（1）测试前准备工作。

① 将车辆行驶到举升机上，使前轮正好位于转角盘中心。车辆停稳后，拉紧驻车制动以确保车辆不移动。车辆驶入前，用锁紧销将转角盘锁紧，防止其转动；车辆驶入后，松开锁紧销。

② 了解有关被测车辆行驶方面的问题和出现的现象，过去四轮定位的检测情况（实际工作中通过询问车主获得信息），并了解车辆的产地、生产厂家、车型及出厂年代等有关信息。

③ 检查底盘各零部件，包括胶套、轴承、摆臂、三脚架球头、减振器、拉杆球头和转向盘是否有松动及磨损，检查轮胎气压和轮胎规格以及两前轮花纹是否相同，两后轮花纹深浅是否一致。

④ 将轮夹安装在 4 个车轮上，并旋转手柄以锁紧轮夹。根据实际情况将卡爪固定在轮辋外圈或内圈，卡爪深浅应一致，并尽量避免卡在变形比较大的区域。

⑤ 将探杆安装在轮夹的轴套内，如图 5-20 所示。

⑥ 调节探杆，使水平仪气泡处于中间位置，以保证传感器探杆处于水平状态。

⑦ 将四轮定位仪的电源插头插入标准的三相电源插座中，并打开机柜电源，启动计算机。

⑧ 将转向盘固定架放在驾驶员侧座椅上，压下手柄使之顶住转向盘以将其锁定。将制动踏板固定架下端顶在制动踏板上，上端卡在座椅上撑紧，以使车辆固定，如图 5-21 所示。

（2）程序操作流程。

① 启动计算机后，直接进入测量程序主界面。主界面显示 8 项功能：常规检测、快速检测、附加检测、系统管理、报表打印、3D 界面和 2D 界面、帮助系统和退出系统，如图 5-22 所示。

② 常规检测包括车型选择、特殊测量、偏心补偿、推车补偿、主销测量、后轴测量、前轴测量和报表打印几个步骤。一般情况下，常规检测的过程按照系统的默认顺序（即车型选择→偏心补偿→主销测量→后轴测量→前轴测量→报表打印）进行操作，而通过“导航栏”按键，

可不按照系统的默认顺序进行操作，直接进入要测试的项目。

图 5-20　探杆

图 5-21　锁定转角盘和制动踏板

3D 界面　　　　2D 界面

图 5-22　测量程序主界面

（3）车型选择。

在“常用数据列表”内选择与被测车型相符的车型条目，然后单击“下一步”按钮开始按默认顺序进行操作。如果标准数据库中没有需要测试的车型，可在“系统管理”中标准数据管理界面内手工添加车型数据，如图 5-23 所示。

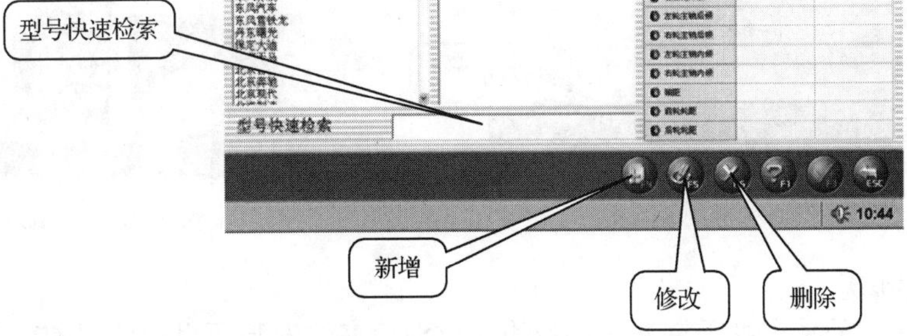

图 5-23　标准数据管理界面

（4）特殊测量。

根据选择车型数据的不同，可能会出现一些特殊的测量方法及操作步骤，如下所示。

① 本系统针对部分奔驰车型的检测，提供使用坡度计来测量标准数据的操作。当选择数据为某些奔驰车型时，系统会弹出对话框，如图 5-24 所示

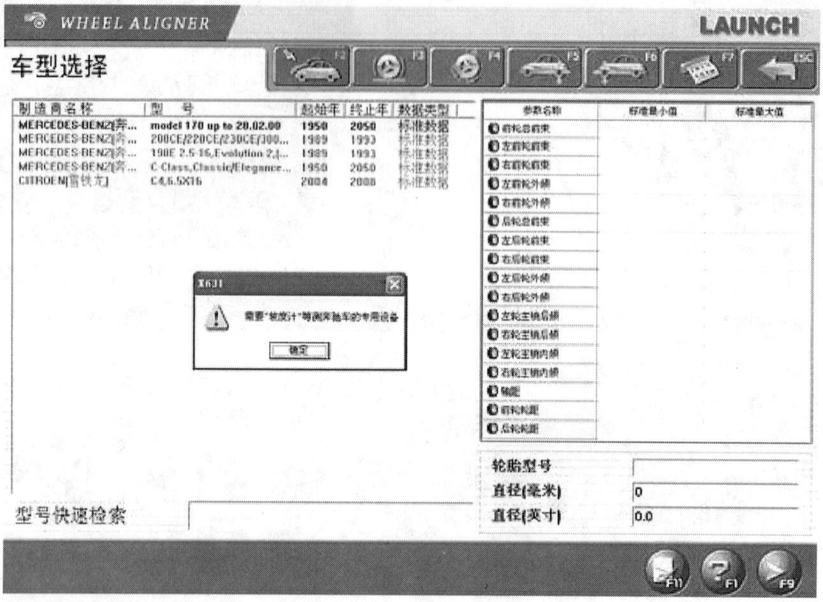

图 5-24　选择奔驰车型时的对话框

② 出现车辆水平测量界面，如图 5-25 所示。

③ 使用选配的专用测量仪器“坡度计”，获取四轮水平值，显示在编辑框中。也可以参考编辑框上方所示范围，手工测量，输入到对应的编辑框。

④ 调车帮助：提供了当前型号奔驰的坡度计使用方法，操作员可参考帮助界面内的操作方法进行汽车调测，如图 5-26 所示。

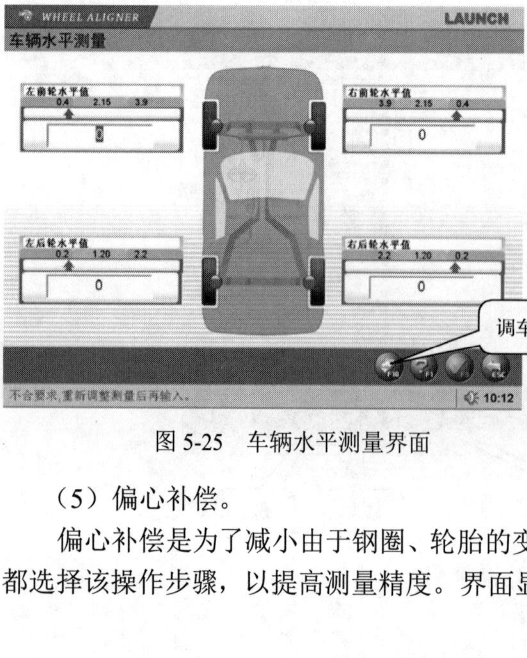

图 5-25　车辆水平测量界面

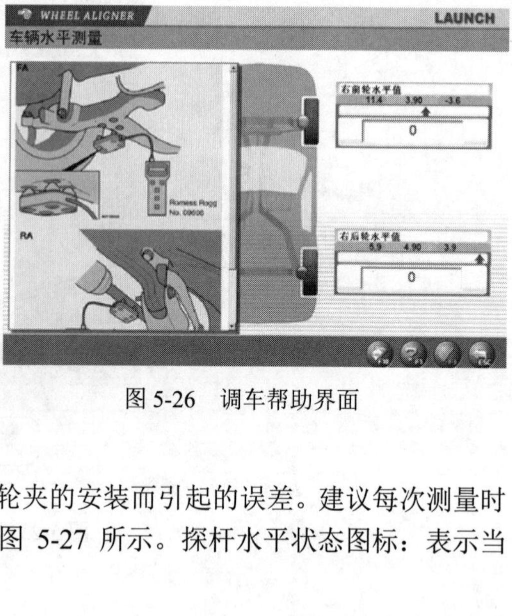

图 5-26　调车帮助界面

（5）偏心补偿。

偏心补偿是为了减小由于钢圈、轮胎的变形和轮夹的安装而引起的误差。建议每次测量时都选择该操作步骤，以提高测量精度。界面显示如图 5-27 所示。探杆水平状态图标：表示当

前探杆的水平状态，绿色代表水平，红色代表不水平。单击“上一步”按钮，返回上一步操作。

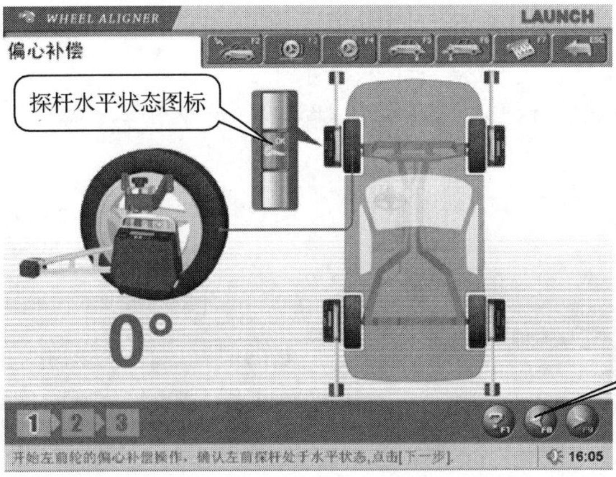

图 5-27　偏心补偿界面

操作步骤：

① 转动方向盘，使车轮平直，用方向盘固定架固定方向盘，取下刹车板固定架，然后用举升机举起车身，使车轮悬空并可以自由旋转。

② 分别安装 4 个轮夹及探杆，并调整各个探杆水平。

③ 根据屏幕提示，开始左前轮的偏心补偿操作，调整左前探杆水平，完成后单击“下一步”按钮。

④ 根据屏幕提示，将左前车轮旋转 180°，调整左前探杆水平，完成后单击“下一步”按钮。

⑤ 根据屏幕提示，将左前车轮旋转 360°，调整左前探杆水平，完成后单击“下一步”按钮。

⑥ 根据屏幕提示，分别完成右前、右后、左后车轮的偏心补偿。

⑦ 放下车身，使四轮着地，晃动车身，使车轮紧贴地面，偏心补偿操作完毕（界面显示偏心补偿数值）。

（6）推车补偿。

推车补偿是为了减小由于钢圈、轮胎的变形和轮夹的安装而引起的误差，直接采用车轮运动轴线进行定位的操作方式。轮夹安装欠佳时建议选择该操作方式，以克服装夹方面带来的测量误差。界面如图 5-28 所示。

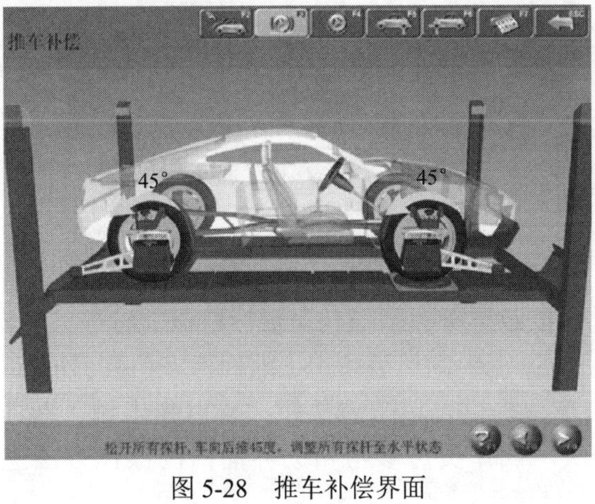

图 5-28　推车补偿界面

操作步骤：

① 转动方向盘，使车轮平直，用方向盘固定架固定方向盘，取下刹车板固定架。

② 分别安装 4 个轮夹及探杆，并调整各个探杆水平。

③ 松开所有探杆，车向后推 45°，调整所有探杆至水平状态，完成后单击“下一步”按钮。

图 5-29 主销测量界面

④ 推回原位置，调整所有探杆至水平状态，完成后单击“下一步”按钮。

（7）主销测量。

主销测量是针对前轮而言的，包括主销内倾角及主销后倾角。主销内倾角可使车重平均分布在轴承之上，保护轴承不易受损，并使转向力平均，转向轻盈。主销后倾角的存在可使转向轴线与路面的交会点在轮胎接地点的前方，可利用路面对轮胎的阻力让汽车保持直进，界面如图 5-29 所示。

操作步骤：

① 方向盘调整至正前打直状态，即两前轮分前束相等的时候，操作界面上的圆形小球会移动到中间位置并且由红色变成绿色，此时调整所有探杆水平。

② 选择向左或向右偏转方向盘，到达指定位置后，小球由红色变成绿色，表示此侧已完成采样。

③ 回正方向盘，并向反方向转动方向盘，到达指定位置后，新生的红色小球再次变成绿色，采样工作完毕。

④ 检测完毕，回正方向盘，系统自动弹出测量结果，界面如图 5-30 所示。

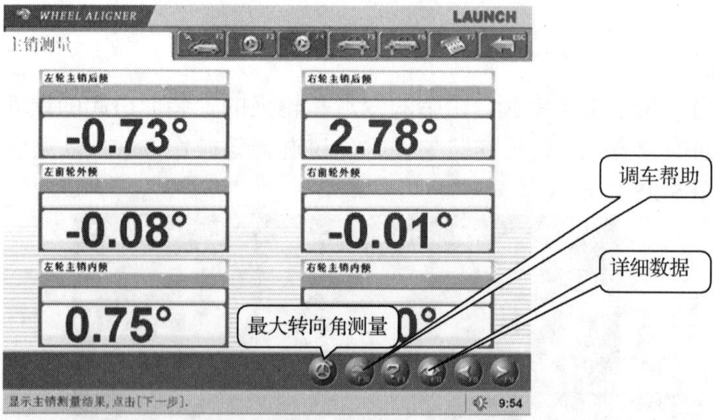

图 5-30 测量结果界面

⑤ 最大转向角测量：按照屏幕提示在转角盘读取左前轮最大转向角及右前轮最大转向角数据，并分别输入到对应数据框中，然后单击“返回”按钮。界面如图 5-31 所示。

⑥ 调车帮助：部分车型提供，单击此按钮，可以弹出调车帮助界面，该界面内罗列了各种车型的主销调节方法，操作员可参考帮助界面内的操作方法进行汽车主销调整，界面

如图 5-32 所示。

图 5-31　最大转向角测量

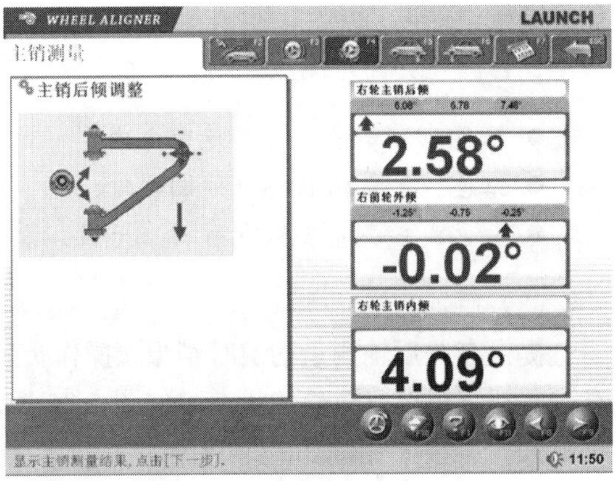

图 5-32　汽车主销调整界面

⑦ 详细数据：此界面提供整个检测操作的结果输出，包括前后轮各个参数的测量值，如图 5-33 所示。

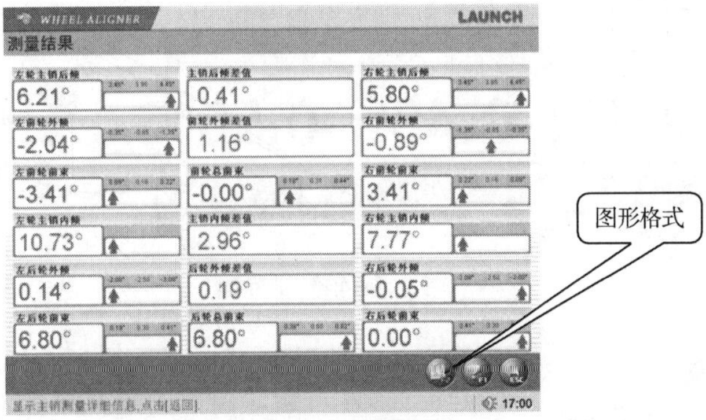

图 5-33　参数测量值

⑧ 图形格式：系统新增了图形格式的数据显示方式，单击“文字格式”按钮，可以将数据显示在传统的文字格式和新增的图形格式之间切换，如图 5-34 所示。

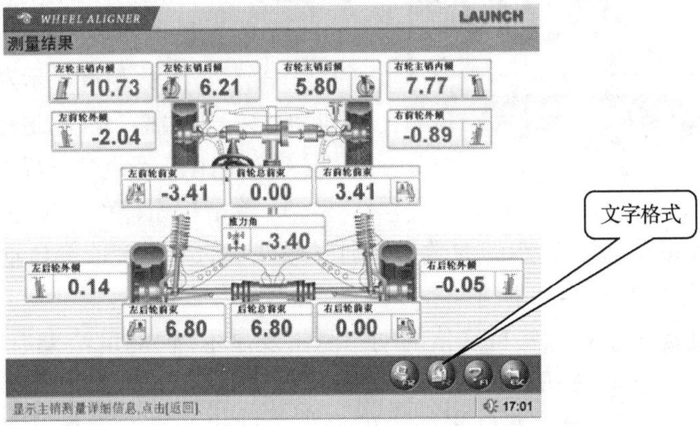

图 5-34　图形格式的数据显示

注意事项：

做主销测量前，请先安装刹车板固定架，拉手刹，以确保车轮不会发生滚动，并去掉方向盘固定架。

在各测量界面，测量值用不同种类的颜色来表示。

- 绿色：测量值在标准范围之内；
- 红色：测量值在标准范围之外；
- 蓝色：该测量参数没有标准范围。

（8）后轴测量。

提供有关后轴测量的实时结果，操作员可一边进行调整，一边将测量结果与参考数据进行对比，把汽车调整至最佳状态，如图 5-35 所示。

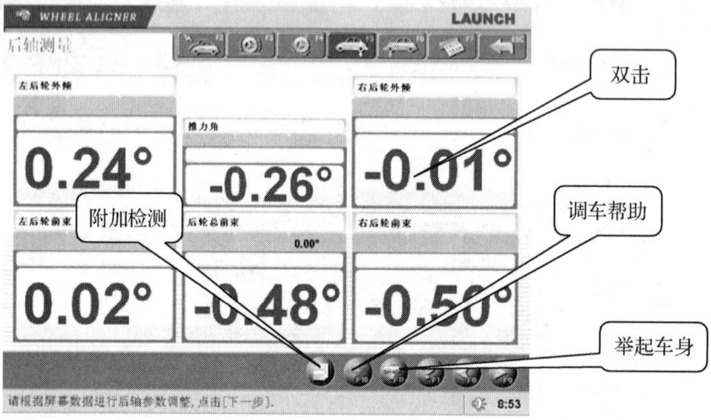

图 5-35　后轴测量界面

图 5-36　放大显示界面

① 双击：用鼠标左键双击左右后轮外倾和左右后轮前束的数据显示表格，相应的数据项将放大显示，便于远距离查看，所显示的内容由当前的测试内容决定。用鼠标左键双击数据显示表格，或按“返回”键，将返回至正常工作界面，放大显示界面如图 5-36 所示。

② 附加检测：此界面提供了一个特殊测量的操作平台，能够测量显示左轮横向偏移、右轮横向偏移、轴偏移、前轮退缩角、后轮退缩角、轮距差、轴距差等角度，界面如图 5-37 所示。

③ 单击按钮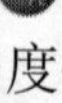可以选择标准车型参数，如果标准数据里含有轴距、前后轮距的参数值，则屏幕显示的各角度值会自动转换成以 mm 为单位的长度值，显示界面如图 5-38 所示。

注意：系统只是提供了对这些特殊值的动态测量及显示，但测量结果不会保存到数据库里。

④ 调车帮助：单击此按钮，可以弹出调车帮助界面，该界面内罗列了各种车型的前束及外倾调节方法，操作员可参考帮助界面内的操作方法进行汽车前束及外倾调整，如图 5-39 所示。

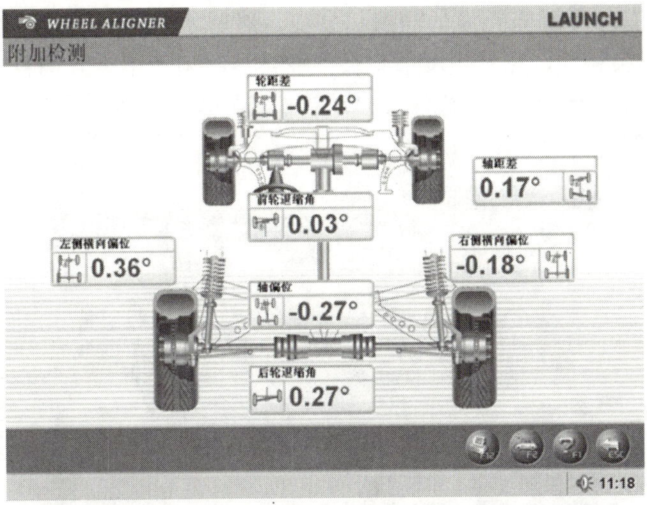

图 5-37　附加检测界面

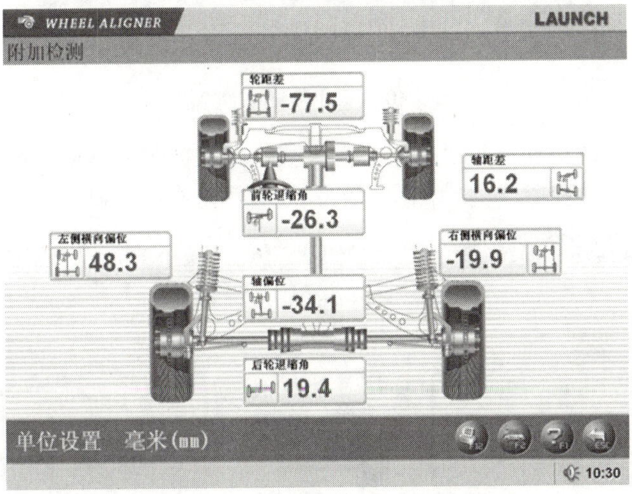

图 5-38　轴距、前后轮距的参数

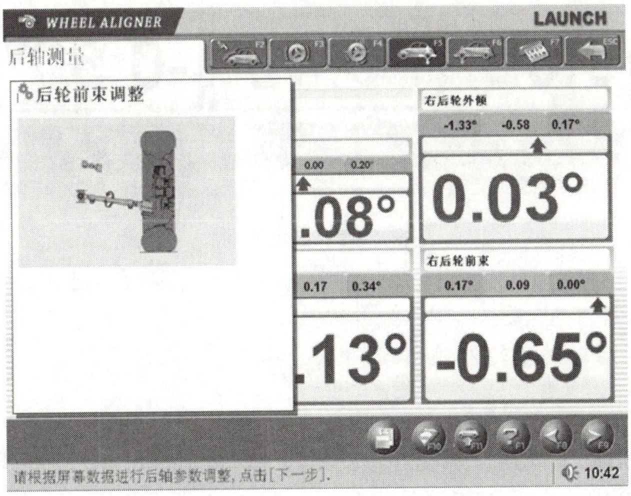

图 5-39　各种车型的前束及外倾调节方法

⑤ 举起车身：有时可能需要将车辆抬起悬空，然后才能方便对前后外倾角进行调整。在抬起车轮时，传感器会移动，测量角度值也会改变，这时请使用举升调整功能，单击“举起车身”按钮并按照屏幕提示举起车身，软件会自动补偿传感器的偏移，以实现准确调整，如图 5-40 所示。

图 5-40 举升调整功能界面

注意：调整完后，请记得单击“放下车身”按钮，并按照屏幕提示放下车身。后轴举升测量时如果不降举升机，选择除“前轴测量”的其他界面时会有限制。显示界面如图 5-41 所示。

图 5-41 显示界面

例如：

● 大众奥迪调整后轴的车轮外倾角

操作步骤：

① 拧下副车架/后部下横摆臂螺栓连接的螺母 1，将新螺母拧入到贴紧。

② 通过转动调节螺栓 2 调整车轮外倾角，如图 5-42 所示。

③ 也可以通过螺栓头上的六角头转动调节螺栓。

提示：从中间位置开始向左或向右最大的调整范围是 135°。当达到调节螺栓的极限位置时，不可继续转动，否则会损坏部件。为了显示得更清楚，未将后车轮画出。

④ 拧紧螺母，然后再次检查车轮外倾值。

● 大众奥迪调整后轴的前束

① 拧出转向横拉杆/副车架螺栓连接的螺母 1，将新螺母拧入到贴紧为止。

② 通过扭转偏心螺栓 2 来调整前束，如图 5-43 所示。

③ 也可以通过螺栓头上的六角头转动偏心螺栓。

提示：从中间位置开始向左或向右最大的调整范围是 90°。前束值变化时，行驶车轴的几何形状也会自动改变。

④ 拧紧螺母，然后再次检查轮距值。

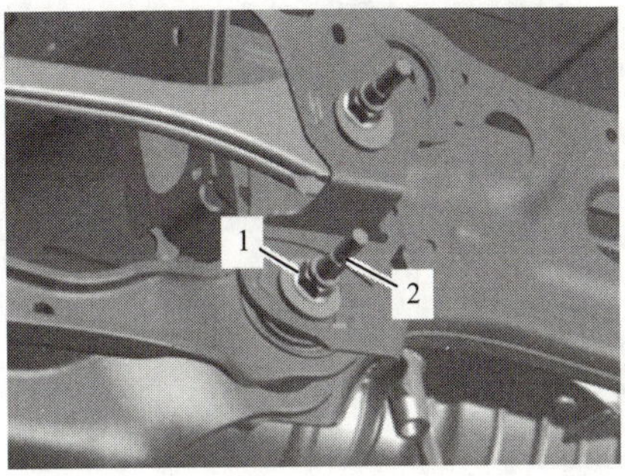

1—螺母；2—调节螺栓

图 5-42　大众奥迪调整后轴的车轮外倾角

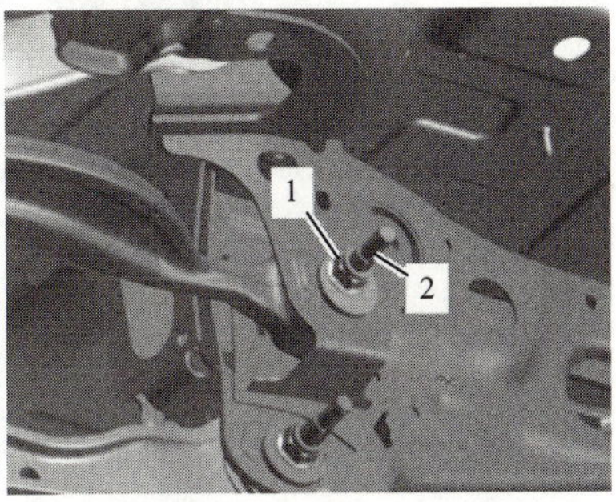

1—螺母；2—偏心螺栓

图 5-43　大众奥迪调整后轴的前束

（9）前轴测量。

提供有关前轴测量的实时结果，操作员可一边进行调整，一边将测量结果与参考数据进行对比，把汽车调整至最佳状态，如图 5-44 所示。

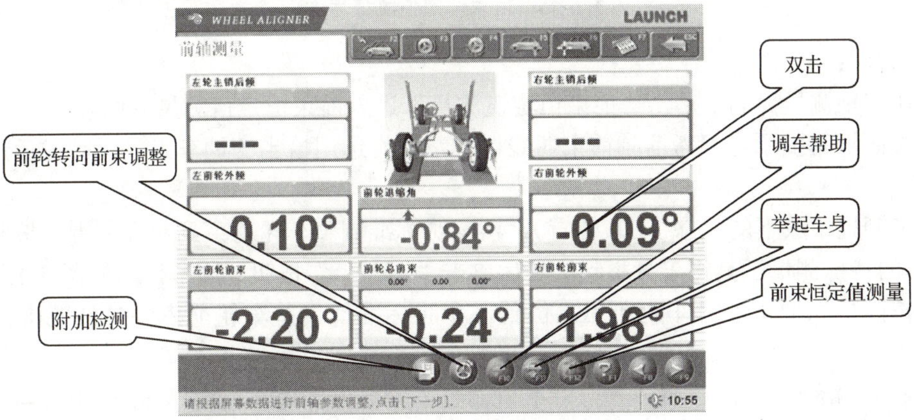

图 5-44　前轴测量界面

① 双击：用鼠标双击左右前轮外倾和左右前轮前束的数据显示表格，相应的数据项将放大显示。

② 附加检测：此界面提供了一个特殊测量的操作平台，能够测量显示左轮横向偏移、右轮横向偏移、轴偏移、前轮退缩角、后轮退缩角、轮距差、轴距差等角度。

③ 前轮转向前束调整：单击按钮可以进行前轮转向前束调整，单击按钮回正方向盘（注：当使用两个探杆测量时，只显示总前束，不显示分前束）。

④ 调车帮助：单击此按钮，可以弹出调车帮助界面，该界面内罗列了各种车型的不同调节方法，操作员可参考帮助界面内的操作方法进行汽车调整。

⑤ 举起车身：有时可能需要将车辆抬起悬空，然后才能方便对前后外倾角和后倾角进行调整。在抬起车轮时，传感器会移动，测量角度值也会改变，这时请使用举升调整功能，软件会自动补偿传感器的偏移，以实现准确调整。

注意：调整完后，单击“放下车身”按钮，并按照屏幕提示放下车身。

⑥ 前束恒定值测量：提供了有关帕萨特、奥迪等车型的特殊测量方法，操作员必须先将此类车辆的前束恒定值调到标准范围内，然后才能正常地进行车辆的前轴测量。在“前束恒定值测量”被激活时，单击进入界面，如图 5-45 所示。

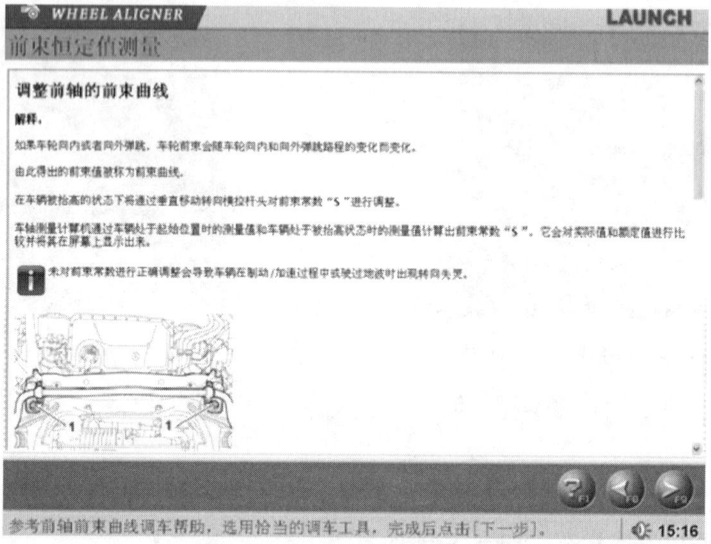

图 5-45 前束恒定值测量界面

操作方法：

a．在前轴测量界面下单击“前束恒定值测量”进入前束恒定值测量界面。

b．按照屏幕提示，参考前轴前束曲线调车帮助，选用恰当的调车工具，完成后进行下一步操作。

c．车辆处于放下的状态（B1 位置），请参照标准调整车轮前束到允许范围。按照屏幕提示用配套的特殊测量工具将车身举起，然后单击“下一步”按钮，屏幕显示如图 5-46 所示。

d．按照厂家要求举升车辆到 B2 位置，参照标准值调整车轮前束到允许范围，界面如图 5-47 所示。

e．把车辆落回到 B1 位置，参照标准值调整车轮前束到允许范围，界面如图 5-48 所示。

f．操作人员可参考帮助界面内的操作方法进行调整，如图 5-49 所示。注：测量转向横拉杆头和左、右转向横拉杆之间的尺寸 *a*，并记录该数值。调整后，尺寸 *a* 应在左、右两侧相同，如图 5-50 所示。

g．放下车身，单击“下一步”按钮，返回“前轴测量”界面。

注意：调整完后，请记得单击“放下车身”按钮，并按照屏幕提示放下车身。前轴举升测量时如果不降举升机，则选择除“后轴测量”的其他界面时会有限制。调整完后界面如图 5-51 所示。

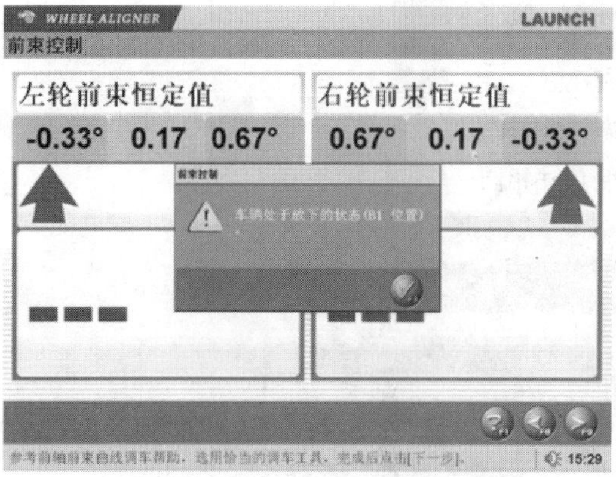

图 5-46　调整车轮前束允许范围界面

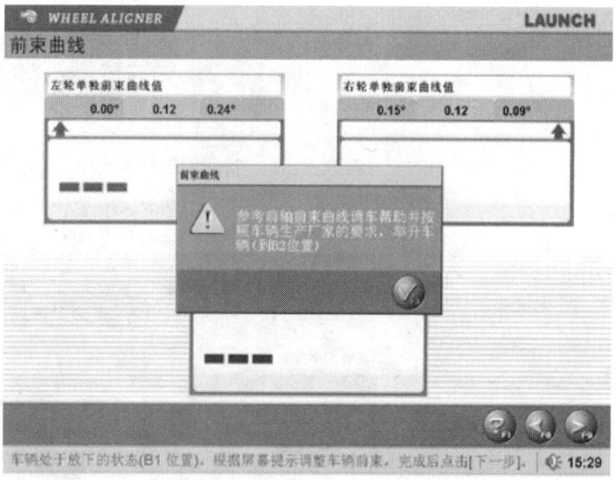

图 5-47　按照厂家要求举升车辆到 B2 位置

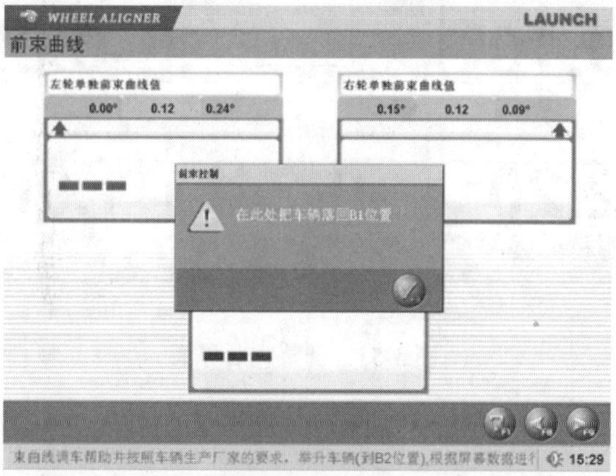

图 5-48　把车辆落回到 B1 位置

图 5-49　前束调整

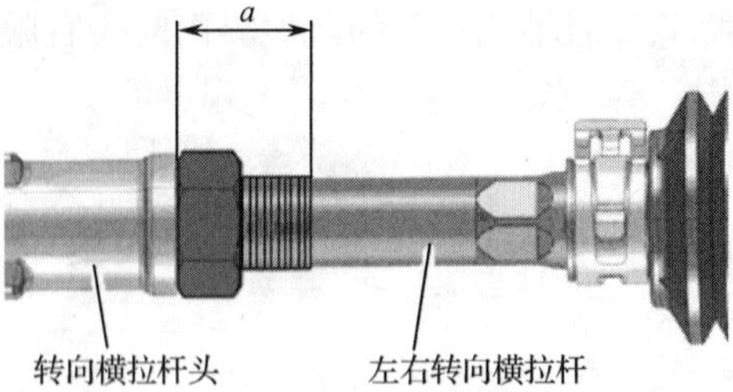

图 5-50　左、右两侧尺寸相同

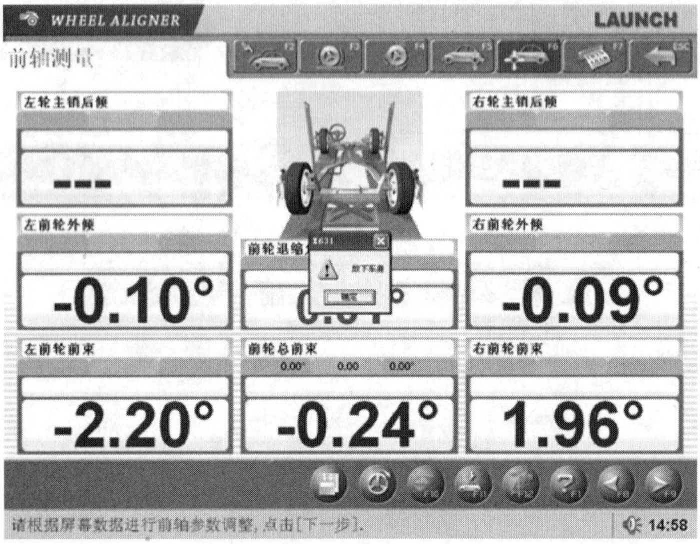

图 5-51　调整完后界面

例如，大众奥迪调整前轴的车轮外倾。

a．拆卸隔音垫。

b．拆卸左、右侧车轮扰流板。

c．在左侧和右侧依次拧出并更换副车架的螺栓和箭头处所示螺栓，如图 5-52 所示。

d．用手将新螺栓拧入至贴紧。

提示：当移动副车架时（车轮外倾），必须利用举升轴通过升降平台支撑点抬高车辆前部。

e．用带有塑料涂层的装配杆将副车架移动至相应的位置（箭头所示处），如图 5-53 所示。

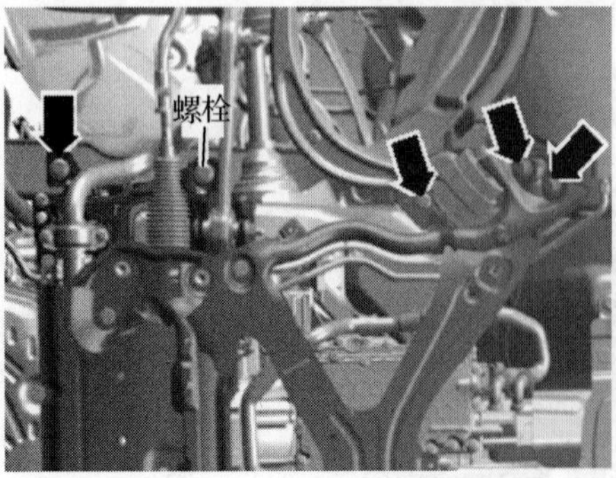

图 5-52　拧出并更换副车架的螺栓

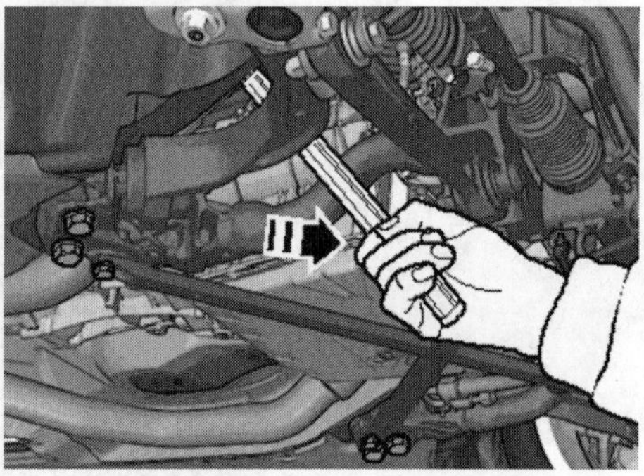

图 5-53　将副车架移动至相应的位置

f. 为此，需将装配杆安装到副车架中间、支撑臂附近、副车架和车身纵梁之间。

提示：如果没有带塑料涂层的装配杆可供使用，则在常规装配杆上缠绕胶带。

g. 检查车轮外倾值前，车辆必须在前轴上反复弹跳。

h. 在左侧和右侧以交叉方式分步拧紧副车架的螺栓，然后再次检查车轮外倾值。

053 货车前束的检查与调整

（1）用千斤顶将前桥升起，并用支架支承起来，确保轮胎离开地面。

（2）沿每个轮胎圆周胎面中心画上箭头，这样每个轮胎的胎面上都画出了中心线。

（3）使两前轮处于直线行驶位置。

（4）在前轮的前方，将前束量具与前桥平行放置（分别指向左右前轮）。

（5）将前束量具的指针顶放在与转向节轴头轴线相同的高度位置，如图5-54所示。

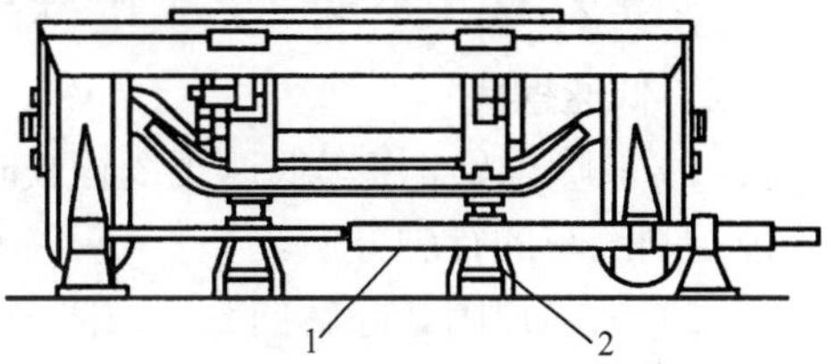

1—前束工具；2—支撑架

图5-54 测量前束值

（6）分别把指针对准左右每个车轮轮胎的中心线，记下量具的读数“*A*”（*A*指向前方）。

（7）转动车轮180°，将量具移至前轴后方，使指针对准轮胎中心线前一次测量点，记下量具的读数“*B*”，用“*B*”减去“*A*”得到前束值，如图5-55所示。注：前束1～5mm。

若测出的前束值不符合要求，拧松横拉杆接头夹紧螺栓后再转动横拉杆，直到前束值符合要求，拧紧夹紧螺栓。

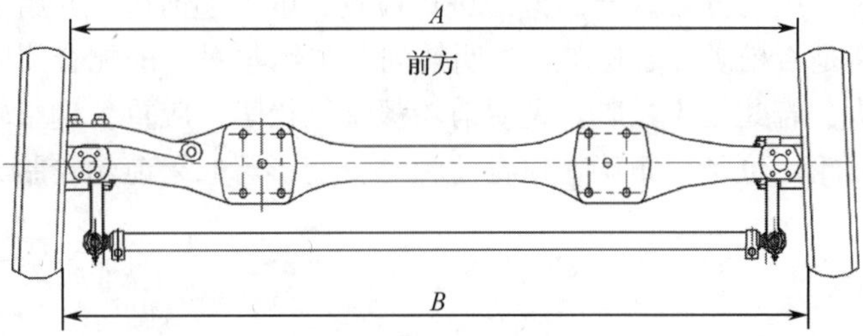

图5-55 前束值

054 车桥常见故障诊断与排除

转向桥和转向驱动桥的故障现象往往和转向系统联系在一起，常见的故障有转向沉重、低速摆头、行驶跑偏、高速摆振、轮胎不正常磨损等。

1）转向沉重

（1）故障现象。

① 汽车转弯时，转动转向盘感到沉重费力。

② 无回正感。

（2）故障原因。除了转向器等故障外，转向桥部分的故障原因有：

① 转向节臂变形。

② 转向节推力轴承缺油或损坏。

③ 转向节主销与衬套间隙过小或缺油。

④ 前轴或车架变形引起前轮定位失准。

⑤ 轮胎气压不足。

（3）故障诊断与排除。由于导致转向沉重的故障因素很多，诊断时应首先判明故障所在部位，然后再进一步确定故障出在哪一个部件。

诊断时先支起前桥，用手转动转向盘，若感到转向很容易，不再有转动困难的感觉，说明故障部位在前桥与车轮。因为支起前桥后，转向时已不存在车轮与路面的摩擦阻力，而只取决于转向器等的工作状况。此时应仔细检查前轮胎气压是否过低，前轴有无变形；同时也要考虑检查前钢板弹簧是否良好，车架有无变形。必要时，检查车轮定位角度是否正确。

2）低速摆头

（1）故障现象。汽车低速直线行驶时前轮摇摆，感到方向不稳。转弯时大幅度转动转向盘，才能控制汽车的行驶方向。

（2）故障原因。除转向系统故障外，还有：

① 转向节臂装置松动。

② 转向节主销与衬套磨损松旷，配合间隙增大。

③ 轮毂轴承间隙过大。

④ 前束过大。

⑤ 轮毂螺栓松动或数量不全。

（3）故障诊断与排除。前轮低速摆头和转向盘自由空程大，一般是各部分间隙过大或有连接松动现象，诊断时应采用分段区分的方法进行检查。可支起前桥，并用手沿转向节轴轴向推拉前轮，凭感觉判断是否松旷。若松旷，说明转向节主销与衬套的配合间隙过大或前轴主销孔与主销配合间隙过大。若此处不松旷，说明前轮毂轴承松旷，应重新调整轴承的预紧度。若非上述原因，应检查前轮定位是否正确，检查前轴是否变形。如果前轮轮胎异常磨损，则应检查前束是否正确。

3）高速摆振

（1）故障现象。高速摆振有两种情况：一种是随着车速的提高，摆振逐渐增大；一种是在某一较高车速范围内出现摆振，出现行驶不稳，甚至还会造成转向盘抖动。

（2）故障原因。高速摆振可能由以下原因引起：

① 轮毂轴承松旷，使车轮歪斜，在运行时摇摆。

② 轮盘不正或制动鼓磨损过度失圆，歪斜失正。

③ 使用翻新轮胎。

④ 转向节主销或推力轴承磨损松旷。

⑤ 横、直拉杆弯曲。

⑥ 前轮定位值调整不当。前束失调，两前轮主销后倾角或内倾角不一致等，汽车向前行驶时，前轮摇摆晃动。

⑦ 轮胎钢圈偏摇，前轮胎螺栓数量不等引起车轮动不平衡。

⑧ 转向节弯曲。

⑨ 前钢板弹簧刚度不一致。

（3）故障诊断与排除。

① 在进行高速摆振故障的诊断时，应先检查前桥、转向器及转向传动机构连接是否松动，悬架弹簧是否固定可靠。

② 支起驱动桥，用楔块固定非驱动轮，启动发动机并逐步换入高速挡，使驱动轮达到产生摆振的转速。若这时转向盘出现抖动，说明是传动轴动不平衡引起的，应拆下传动轴进行检查；若此时不出现明显抖动，则说明摆振原因在汽车转向桥部分。

③ 怀疑摆振的原因在前桥部分时，应架起前桥试转车轮，检查车轮是否晃动，车轮静平衡是否良好，以及车轮钢圈是否偏摆过大。

④ 检查车架是否变形，铆钉有无松动及前轴是否变形。另外，还需检查前钢板弹簧的刚度。

⑤ 检查前轮定位是否正确。

⑥ 检查高速摆振的故障，有时还需借助一定的测试仪具。当缺少必要的测试仪具时，也可以采用替换法。例如，在怀疑某车轮有动不平衡时，可以另换一车轮试验，或者将可能引起的高速摆振的车轮拆装到不发生摆振的车辆上进行对比试验。

4）行驶跑偏

（1）故障现象。汽车在直线行驶时，必须紧握转向盘，方能保持直线行驶。若稍放松转向盘，汽车会自动偏向一边行驶。

（2）故障原因。

① 前轮定位值不正确，前束调整不当，过大或过小。

② 左、右前轮主销后倾角或车轮外倾角不相等。

③ 制动鼓与制动蹄摩擦片间隙调整不均匀，一边过紧，一边过松。

④ 钢板弹簧一边折断，造成两边弹力不等。

⑤ 转向节或转向节臂弯曲变形。

⑥ 前轴或车架弯曲或扭转。

⑦ 左、右两边轮胎气压不相等，一边偏高，一边偏低。

⑧ 车架变形或左、右轴距不相等。

⑨ 前轮毂轴承调整不当，左、右轮毂轴承松紧度不一致。

（3）故障诊断与排除。

① 检查左、右前轮轮胎气压是否一致：如果是在换上新轮胎后出现跑偏现象，则应检查左、右轮胎规格及轮胎花纹是否一致。

② 用手触摸一下跑偏一侧的制动鼓和轮毂轴承部位是否发热。若发热，说明制动拖滞或车轮轮毂轴承调整过紧，造成一边紧一边松的现象。

③ 测量左、右轴距是否相等。

④ 检查前钢板弹簧有无折断，前轴是否变形。

⑤ 若以上均属正常，应对前轮定位进行检查调整。

5）轮胎不正常磨损

（1）轮胎磨损特征。轮胎在使用中出现磨损速度加快，胎面形状异常磨损，如图 5-56 所示。

① 胎肩处磨损如图 5-56（a）所示，主要是由于气压不足、载重过大使两侧胎肩的抓地压

力变高及高速急转弯。

② 胎面中央磨损如图 5-56（b）所示，主要是由于气压过高，胎面的中部抓地压力变高。

③ 胎面单侧磨损如图 5-56（c）所示，主要是定位错误（主要是外倾角不当）和轮胎的位置交换不合理。

④ 胎面呈羽状磨损斜面如图 5-56（d）所示，前束过大。

⑤ 环状槽形磨损通常发生于横沟型及块状型花纹的轮胎，胎面的一侧磨损较快。横沟型轮胎呈现锯齿状，如图 5-56（e）所示，主要是气压不足及载重过大、轮胎的位置交换不合理。

⑥ 轮胎撕裂（沟部的开裂）如图 5-56（f）所示，主要是气压不足、载重过大及过度的高速行驶、在路沿石上行驶等造成负荷极端集中，使轮胎扭曲过大，嵌入石子及其他损伤。

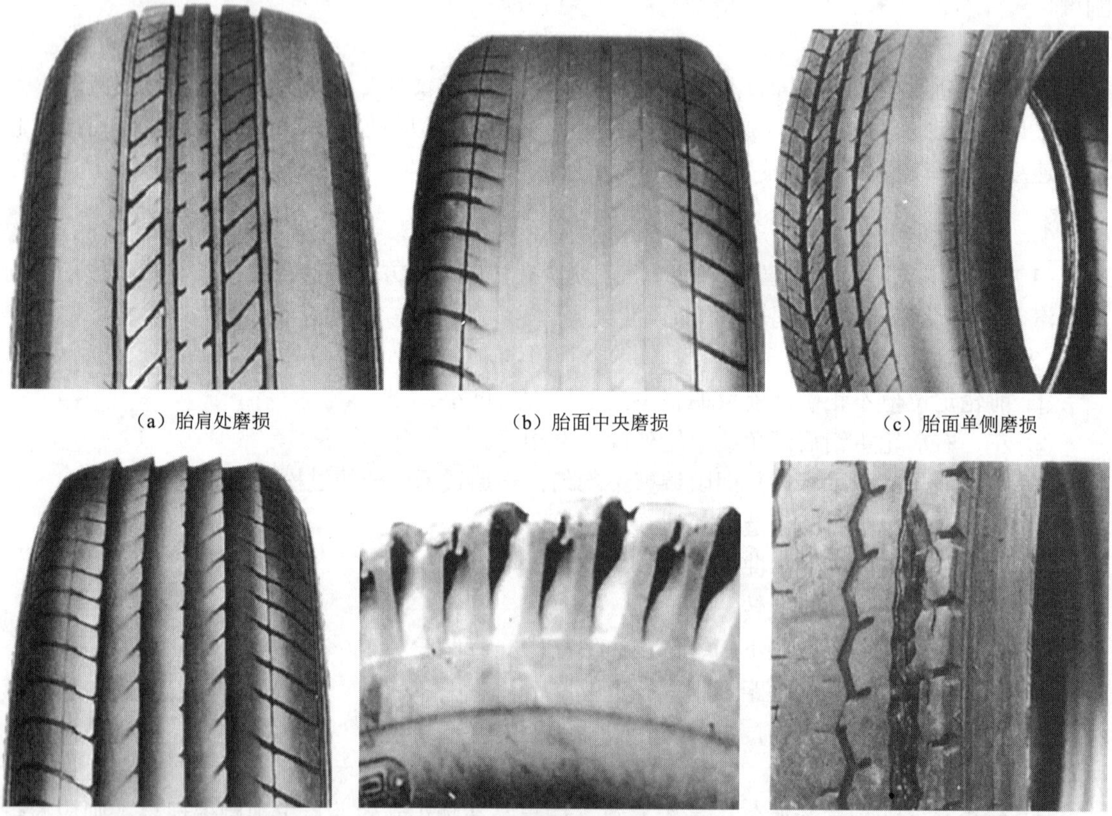

（a）胎肩处磨损　（b）胎面中央磨损　（c）胎面单侧磨损

（d）胎面呈羽状磨损斜面　（e）环状槽形磨损　（f）撕裂（沟部的开裂）

图 5-56　轮胎胎面异常磨损

（2）故障原因。轮胎不正常磨损与转向桥部分有关的故障原因有：

① 前轮定位调整不正确，或其他零件有故障所造成的影响。

② 前轮轮毂轴承调整不当，过松或过紧。

③ 转向节主销与前轴主销孔磨损，推力轴承磨损，推力轴承座孔不平整。

④ 车轮盘的损伤或制动鼓磨损不均。

⑤ 制动鼓与制动蹄摩擦片调整不当，接合不紧密。

⑥ 转向节臂弯曲变形。

⑦ 转向节弯曲变形。

⑧ 轮胎气压不足，或左、右两胎气压不相等。由上可知，影响汽车操纵和行驶性能的故

障因素很多与车桥有关，分析判断故障时，必须明确汽车操纵的稳定性主要取决于前轮定位的准确程度。前轮定位调整不准确，前桥各配合部位松旷，非独立悬架前轴的变形，独立悬架支撑架、摆臂、稳定杆与支撑架的变形，以及车架的变形，都会破坏前轮定位的准确性，产生一系列故障，影响汽车操纵的稳定性和轻便性。

6）途观跑偏故障

（1）故障现象。一辆上海大众途观车，行驶里程约为 50000km，因行驶时方向向右跑偏而进厂检修。

（2）故障诊断。试车验证故障，确实存在向右跑偏的故障现象。本着由简到繁的故障诊断原则，首先对车辆进行常规检查。检查各车轮的轮胎压力，正常；检查各轮胎的花纹及磨损情况，未见异常；对车辆进行四轮定位，发现前后轮的前束值均存在一定偏差，调整前束后试车，故障依旧。

连接故障检测仪，对转向角度传感器进行基本设定后试车，发现当车辆保持直线行驶时，转向盘始终向右侧偏转一定角度。于是将车辆开回修理厂将转向盘向左转动约 6° 后，再次对转向角度传感器进行基本设定，试图纠正车辆向右跑偏的情况。设定完成后试车，发现车辆仍然向右跑偏。正常情况下，如果将转向盘向左侧转动一定角度再对转向角度传感器进行基本设定，车辆行驶时应该向左跑偏，但该车不但没有向左跑偏，就连向右跑偏的情况都没有任何改善。用举升机举升车辆，检查悬架及胶套，未见明显异常，只是感觉右前侧三角臂胶套有松旷现象，应该也不至于造成车辆跑偏。为谨慎起见，还是将其更换后试车，故障依旧。至此故障排除陷入僵局。最后怀疑是电子转向机构损坏，记录了错误的转向修正角度。

（3）故障排除。更换电子转向机构总成，调整四轮定位，并设置好转向角度传感器后，对车辆进行路试，故障排除。

7）车辆轻微向右跑偏故障

（1）故障现象。客户抱怨车辆跑偏，而且一会儿向左跑，一会儿向右跑，行驶 3245km，已经维修 7 次，更换过前轮的左右悬挂系统和转向器，故障没有任何好转。在试车过程中发现，车辆轻微向右跑偏，但并不严重。匀速行驶 100m，车辆一般不会跑出车道，但是驾驶过程中转向盘手感不好，向左打方向轻，向右打方向重。

客户提到加速时车辆很容易跑偏，这一点不应该定义为故障，因为加速瞬间车辆会需要地面产生很大的摩擦力，如果此时地面不平，车辆就会跑偏。用迈腾、速腾等不同的车辆试车，加速时都会产生跑偏现象，所以加速跑偏属正常现象。

（2）故障诊断过程。

① 检查发动机无故障码，动力良好，底盘无磕碰现象。

② 检查轮胎型号，四轮轮胎为同一米其林型号。

③ 检查胎压，同轴胎压基本一致。

④ 试车，在一段平路上来回试车，观察跑偏方向是否随行驶方向的变化而变化。

⑤ 在试乘试驾车上换上四个轮胎后在平路上行驶，看跑偏现象是否有所好转。

⑥ 给 G85 做设定，试车、观察跑偏程度是否减轻。

⑦ 检查轮胎磨损。

⑧ 检查转向器是否有间隙，转向横拉杆球头是否旷动。

⑨ 检查副车架和转向节胶套是否磨损、旷动。

图 5-57 左后轮轮胎磨损异常

注意：检查跑偏时请注意重点检查以下项目。

- 轮胎是否有异常磨损；
- 后轴数据（后轴的前束值是决定跑偏的最重要因素之一）。

检查发现左后轮轮胎存在异常磨损情况，具体状况如图 5-57 所示。

轮胎的左、右磨损面位置不一致，整个轮胎的磨损面严重向右偏移，且磨损程度严重，说明车辆的定位有问题。

咨询服务站车辆的定位情况，服务站反映也怀疑过定位有问题，所以在本站做过定位，在隔壁上海大众站做过定位，在外面专业的定位店中也做过定位，并有打印结果数据。3 次定位数据差距极大，其中在外面专业定位店里做的那份数据连标准数据都是错的，所以这 3 次定位都不具备可信度。在为四轮定位（百斯巴特定位仪）及举升机标定后，按照标准操作给车辆定位，定位过程中发现后轮前束值和外倾角均有较大偏差。定位结束后检查了“附加检测值”查看车身是否有变形，如图 5-58 所示，结果附加检测值反映车身良好，无变形。出去试车，故障消除。

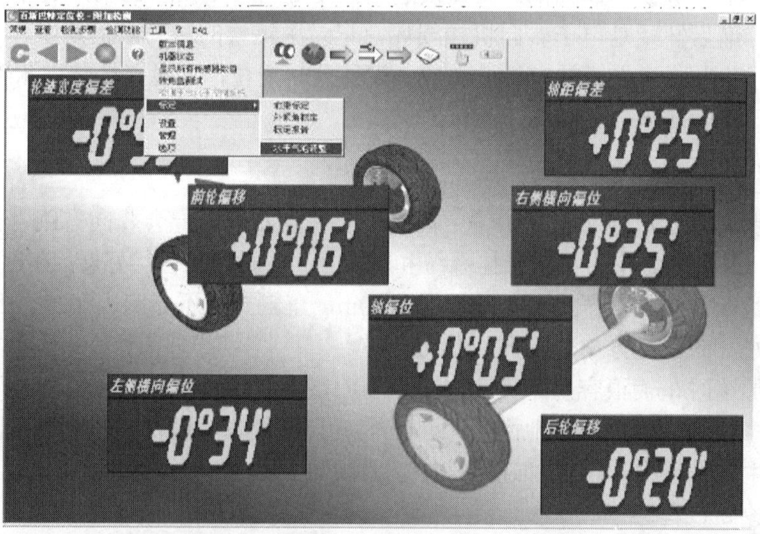

图 5-58 用百斯巴特定位仪进行附加检测

注意：上述附加检测值不能作为标准数值，应以正常车辆数据作为标准值参考。在查看附加检测值时，请注意把车辆方向打正。车主不接受，说定位数据每一次都不一样，不能保证定位的准确性，要求路试几十千米后重做定位并检查数据。为了让客户信服，在试车 30km 后，重做定位，在没有调整的情况下和上次数据基本一致，误差极小。客户接受维修结果。

（3）故障原因及处理方法。服务站技术人员不能准确判断故障原因，定位设备不准，操作不规范，胡乱换件（该车之前换过前轮的整套悬挂系统、转向器并做过多次定位）造成客户抱怨。可采用四轮定位仪对车辆进行调整。

Chapter 6

第6章

车轮与轮胎

055 车轮总成的结构

车轮总成一般由轮毂和轮辋等组成，如图 6-1 所示。

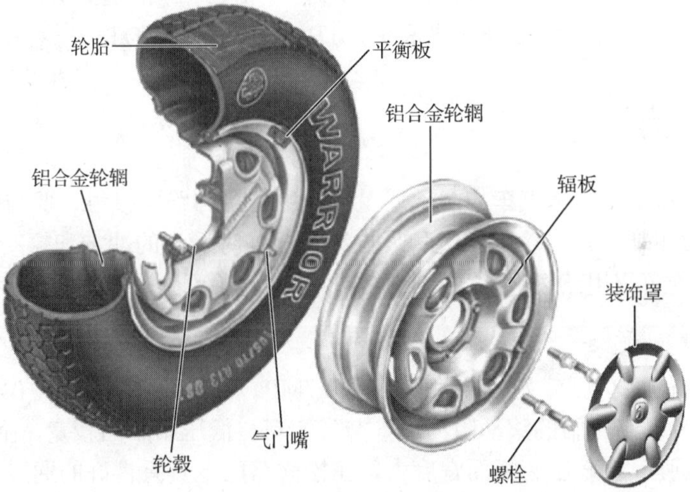

图 6-1　车轮总成

056 车轮的结构形式

按轮盘的结构形式，车轮可分为辐板式和辐条式两种。目前，普通轿车和轻、中型载货汽车广泛采用辐板式车轮，如图 6-1 所示。辐条式车轮是用辐条把轮辋与轮毂连接成一体的。辐条有铸造辐条和钢丝辐条。铸造辐条多用于重型载货汽车；辐条车轮仅用于赛车和一些高级轿车，如图 6-2 所示。

轮辋用来安装和固定轮胎。国产轮辋规格用一组数字、符号和字母表示，具体含义如图 6-3 所示。

图 6-2 辐条车轮

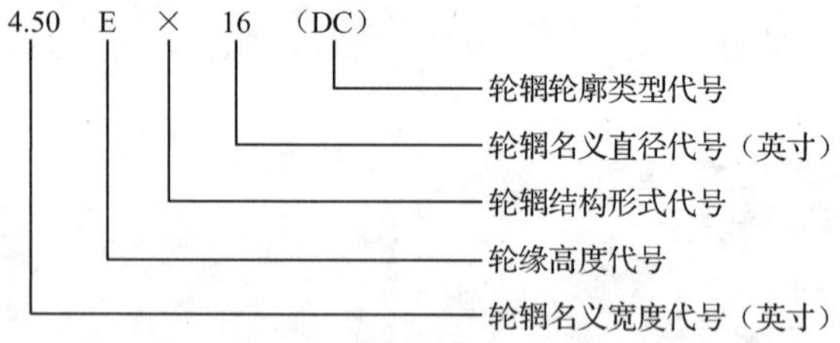

图 6-3 国产轮辋规格表示

（1）轮辋名义宽度代号和轮辋名义直径代号。它们的单位为英寸，一般取两位小数（当用毫米表示时，轮胎与轮辋单位应一致）。

（2）轮缘高度代号。用一个或几个拉丁字母表示，如 C、D、E、F、JJ、JK、L、V 等。

（3）轮辋结构形式代号。表示轮辋主要由几个零件组成，符号“×”表示一件式轮辋，符号“—”表示多件式轮辋。

（4）轮辋轮廓类型代号。用字母表示轮廓类型：DC——深槽、WDC——深槽宽、SDC——半深槽、FB——平底、WFB——平底宽、TB——全斜底、DT——对开式。

057 轮胎结构

轮胎安装在轮辋上，支承汽车的全部质量；轮胎直接与路面接触，要与路面附着良好，以产生足够的驱动力和制动力；轮胎可缓和吸收汽车行驶时受到的冲击和振动。

现代汽车几乎全部采用充气轮胎。按结构不同，充气轮胎可分为有内胎轮胎和无内胎轮胎两种。

1）充气轮胎

根据工作气压的大小可分为高压胎（0.5～0.7MPa）、低压胎（0.15～0.45MPa）和超低压胎（0.15MPa）三种。高压胎的滚动阻力小，节省燃料。低压胎胎面较宽，附着力大且弹性好，吸收振动的能力较强。超低压胎断面宽度大，在松软路面上具有良好的通过性，多应用在越野车上。目前汽车广泛应用的是低压胎。

有内胎轮胎由外胎、内胎和垫带组成，如图 6-4 所示。内胎是一个环形的橡胶管，上面装有气门嘴，以便充气或排气。为在充气状态下内胎不产生折皱，其尺寸应稍小于外胎内壁尺寸。

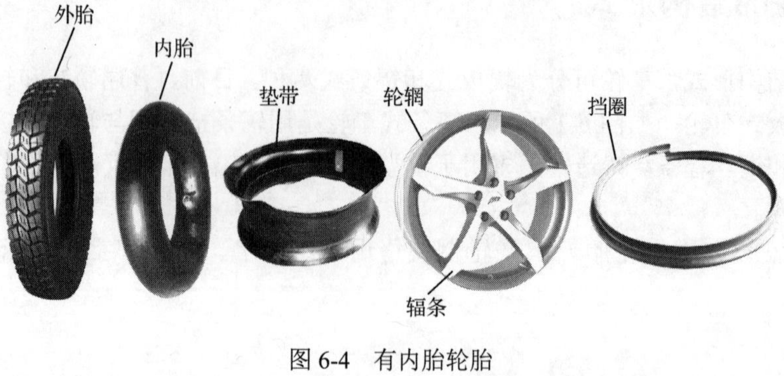

图 6-4 有内胎轮胎

垫带是一个环形的橡胶带，它垫在内胎与轮辋之间，保护内胎不被轮辋和胎圈擦伤，还可防止尘土及水汽侵入胎内。

2）无内胎轮胎

无内胎轮胎在外观上与普通轮胎相近似，但是没有内胎及垫带。它的气门嘴用橡胶垫圈和螺母直接固定在轮辋上，空气直接充入外胎中，其密封性由外胎和轮辋来保证，如图 6-5 所示。注：无内胎轮胎必须配用深式轮辋，目前在轿车上应用较多。

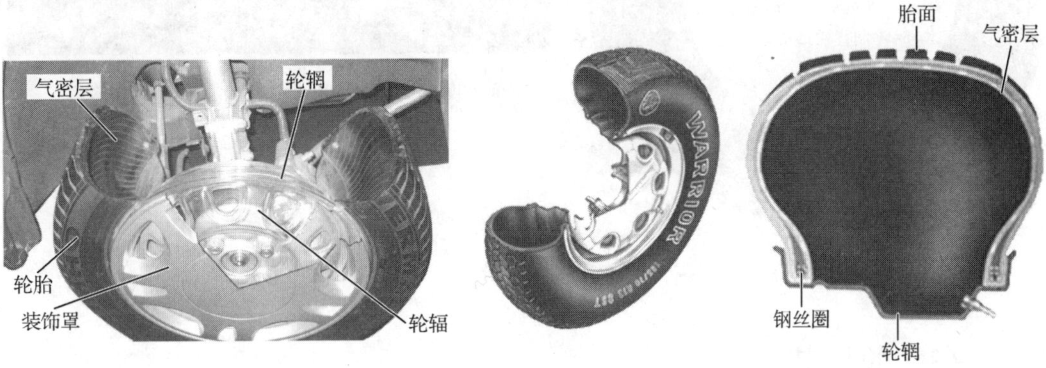

图 6-5 无内胎轮胎

3）普通斜线胎

普通斜线胎的外胎由钢圈、带束层、胎冠和胎体等组成，如图 6-6 所示。

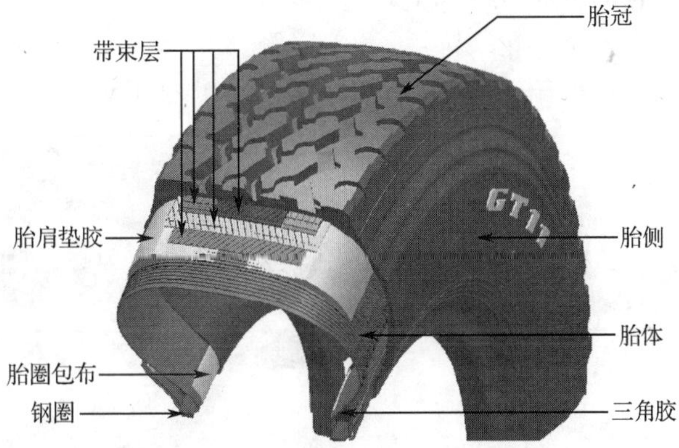

图 6-6 普通斜线胎的外胎结构

058 轮胎规格

轮胎规格的表示方法如图 6-7 所示。

胎壁标识：轮胎生产商将每一款轮胎的信息都写在了胎壁上，如图 6-8 所示。

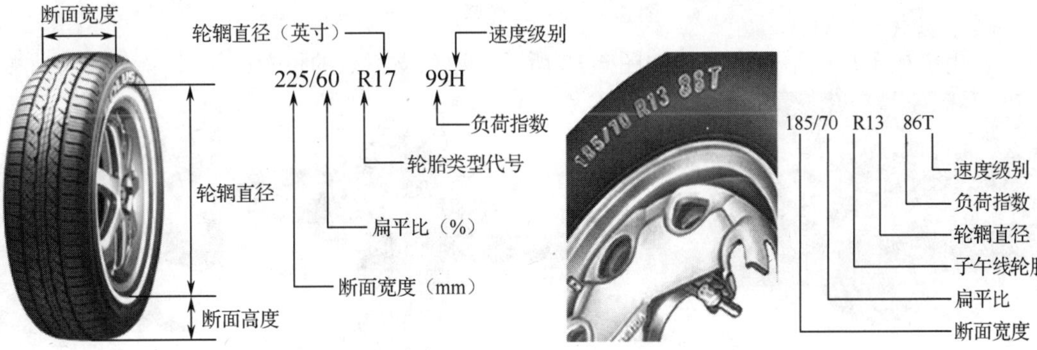

$$扁平比=\frac{断面高度}{断面宽度}\times 100\%$$

图 6-7 轮胎规格的表示方法

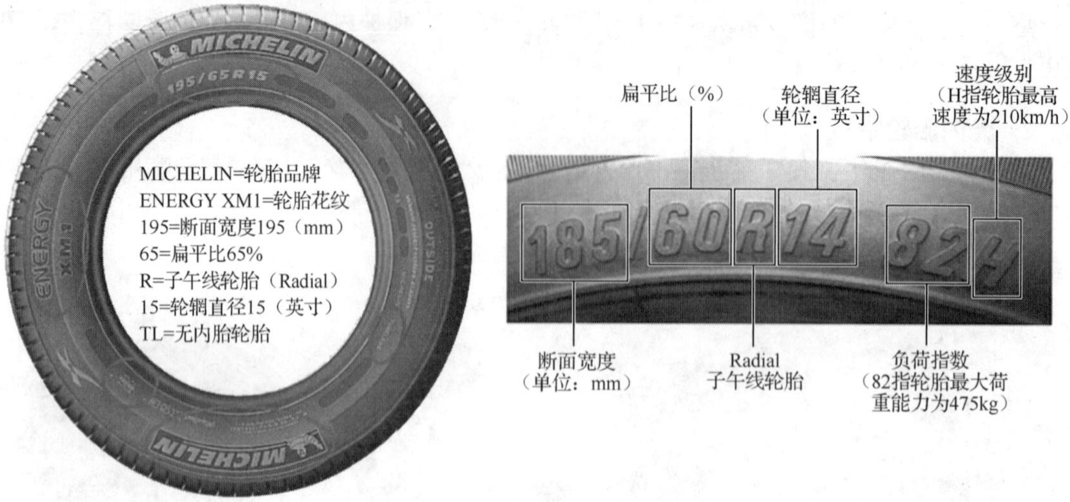

图 6-8　胎壁标识

059 车轮的拆装

车轮的拆装步骤如下。

（1）取下车轮装饰罩。

（2）旋松车轮紧固螺母，力矩为 80～110N·m，如图 6-9 所示。

图 6-9　旋松车轮紧固螺母

（3）用机械千斤顶举起汽车，如图 6-10 所示。注意支撑点的位置。

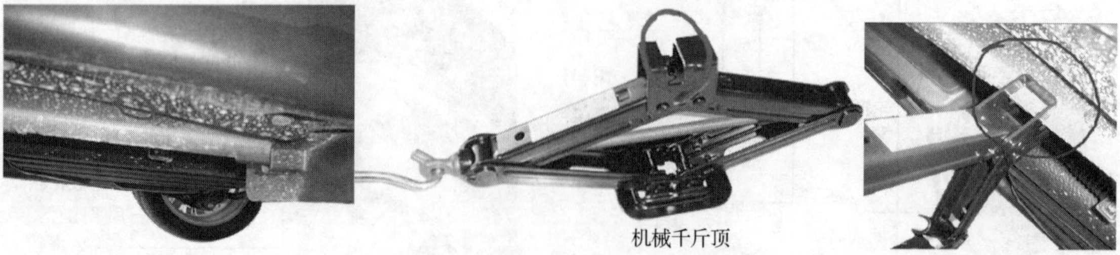

图 6-10　用机械千斤顶举起汽车

（4）用机械千斤顶支起所要换轮的部位车身，注意一定要按标记找到受力点，保证可靠稳固。待轮胎离地后，松掉所有的螺钉，向内轻推上沿，方便轮胎取下，如图 6-11 所示。

（5）取下轮胎后，换上新胎。

（6）安装时，将轮胎对准螺丝孔后装上，将螺钉全部拧紧至轮胎不能前后晃动，将千斤顶放下，用专用轮胎工具继续拧紧螺钉，一般车辆紧固 8～11kgf 左右。

（7）顺时针拧上螺钉（对角），放下千斤顶，拧紧螺钉（对角），如图 6-12 所示。

轮胎的换位方法如下。

一般每行驶 8000～10000km 左右应对汽车进行轮胎换位，可延长 20%的轮胎使用寿命。轮胎的换位如图 6-13 所示。

图 6-11　向内轻推轮胎

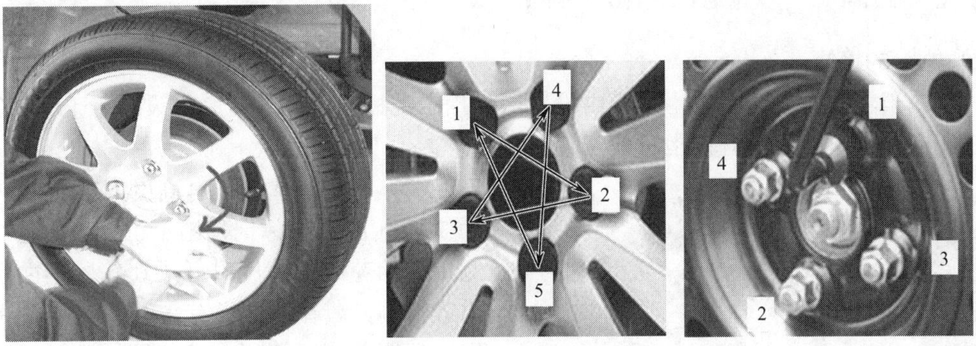

图 6-12　拧紧螺钉

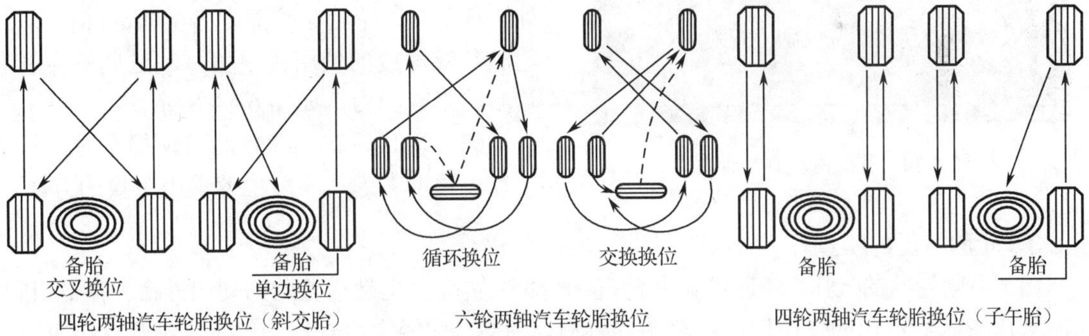

图 6-13　轮胎的换位

060　轮胎的检修

1）内胎的检修

（1）内胎的常见损伤。内胎的常见损伤有穿孔、破裂、气门嘴损坏、漏气等，其表现均为泄漏。

（2）内胎漏气的检查。把具有一定气压的内胎放到水中，观察气泡的出处，以确定损伤部位。

（3）内胎的修补方法。一般分为火补法、冷补法和生胶修补法（适合于外胎有较大破损的情况）3 种。

火补法是将内胎钉眼处磨出均匀的粗糙面，除去屑末，揭下火补胶表面的一层漆布，将火补胶正对损伤孔中心，装上补胎夹的活动爪，对正火补胶，并拧紧压紧螺杆。点燃火补胶上的加热剂，待 10～15min 冷却后，松开补胎夹，取下火补胶壳，然后再冷却 5～10min，待黏结严密即可。

冷补法是将内胎损伤处周围 20～30mm 范围内锉粗糙，除去屑末，然后将胶水均匀地涂在粗糙面上，待胶水干后用预先经过硫化且符合标准的修补胶片粘贴在一起，并用滚子向一个方向滚动压紧。

生胶修补法（适合于外胎有较大破损的情况）是将破损处锉粗糙，剪一块与破损处相适应的内胎面同样锉粗糙后填上，在锉粗糙处涂上生胶水，将一块面积比破损处略大的生胶用汽油将表面拭净后黏附在已风干的破损处，生胶不宜过厚，以 2～3mm 为宜，对生胶加热使其硫化，将温度控制在 140℃，保温时间为 10～20min。

2）外胎的检修

（1）轿车轮胎通常在胎冠主纹槽内设置磨损指示条标记，同时在胎侧设有若干个“TWI”或“△”标记，用以表明磨损指示条位置。

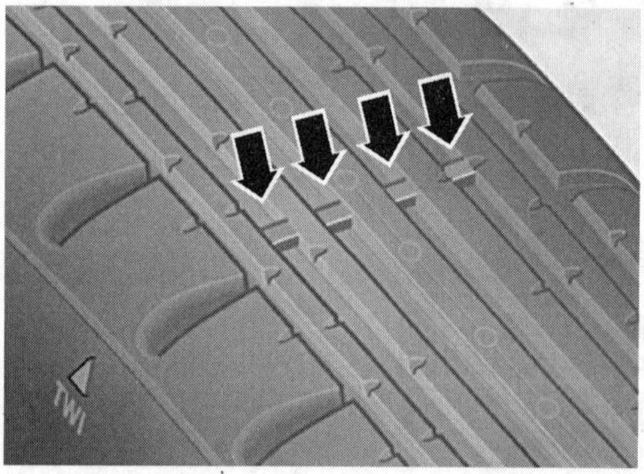

图 6-14　花纹深度磨损部位

（2）在主纹槽内设有高度为 1.6mm、宽度为 12mm 的磨损标记，用于识别胎面主纹槽。测定轮胎花纹的深度时必须在轮胎胎面主纹槽内进行测量。在胎侧设有 6 个“TWI”标记，用以标明磨损标记所在的位置。测量轮胎磨损时，不应将磨损标记包括在内，应从花纹最深处进行测量，轮胎花纹深度磨至 2mm 时，即为轮胎花纹深度的使用极限值，超过此值会影响轮胎的附着能力，如图 6-14 所示。

（3）现代轿车高速轮胎出现损伤时，从安全行车角度考虑，一般推荐采用更换的方法。

3）轮胎气压的检查

（1）不同轮胎的气压、轮胎的承载情况和效率（实际上也是指轮胎的使用寿命）各不相同，轮胎气压影响着汽车的使用性能和轮胎的寿命。因此，应经常检查轮胎气压，轮胎气压应符合规定要求，必要时应进行补气和调整。

（2）轮胎气压通常标注在轮胎的侧壁上。一般注有国际单位压强 kPa（千帕）、工程大气压强 kgf/cm^2（千克力/平方厘米）及英制压强 bf/in^2（磅/平方英寸）。各种单位的互换关系为

$$1kgf/cm^2=98kPa，1bf/in^2=6.89kPa$$

（3）检查完轮胎气压后，将唾液涂在气嘴上，查看是否漏气。

（4）目前，货车、轿车几乎都采用低压胎。例如，桑塔纳轿车前轮胎：空载 180kPa，满载 190kPa；后轮胎：满载 240kPa，空载 180kPa；备胎：250kPa。检查轮胎气压应在常温下进行，冬季轮胎气压应增高 20kPa。

061 轮胎的拆装

1）设备组成

轮胎拆装机主要由箱体及工作台、中间立柱及拆装头（鸟头）、压胎铲、辅助臂和操作踏板组成，如图 6-15、图 6-16 所示。

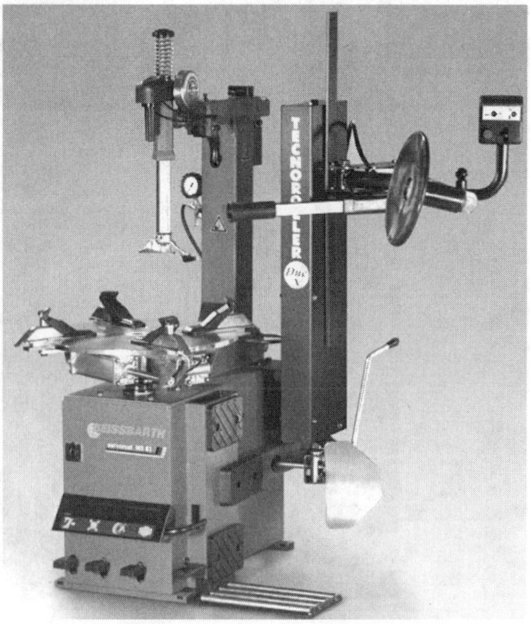

图 6-15　轮胎拆装机结构

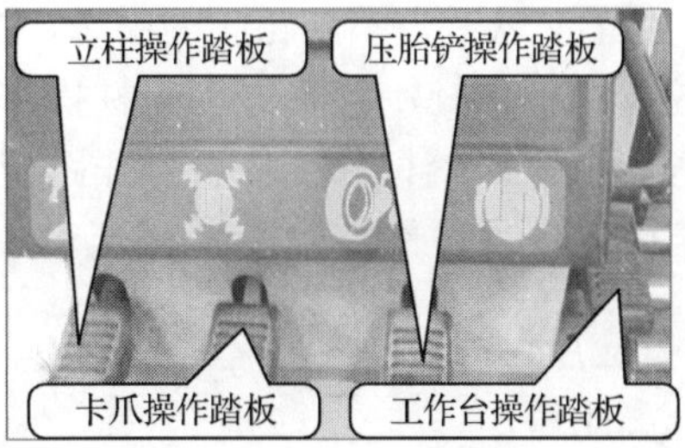

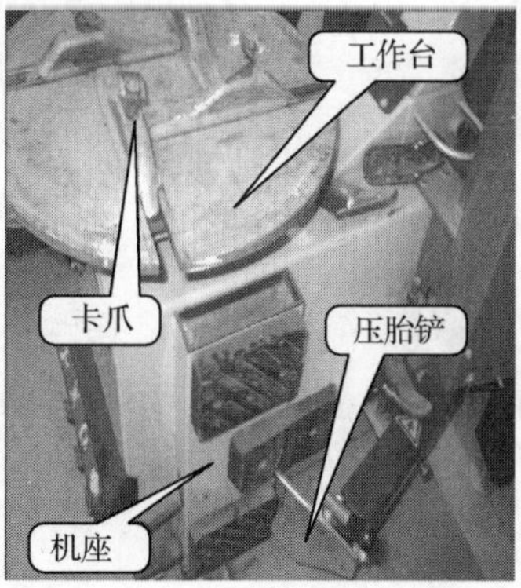

图 6-16　博世轮胎拆装机

（1）工作台。工作台通过卡爪将轮胎固定，并带动轮胎旋转，配合完成轮胎的拆装。MS63 采用大尺寸工作台，卡爪的伸缩范围也更大，使得设备所支持的轮胎尺寸也更宽泛，如图 6-17 所示。

（2）中间立柱及拆装头。可通过踏板控制中间立柱在竖直和后仰的位置间切换，从而方便地将轮胎从工作台上装卸。拆装头的内侧设置有防划滑轮，如图 6-18 所示，以避免在拆装轮胎过程中划伤轮辋。

（3）压胎铲。压胎铲用于将轮胎的胎唇与轮辋分离。采用高强度可调整式压胎铲，能满足不同扁平比轮胎的压胎需求，借助设备的强劲动力，快速进行压胎操作，如图 6-19 所示。

图 6-17　卡爪

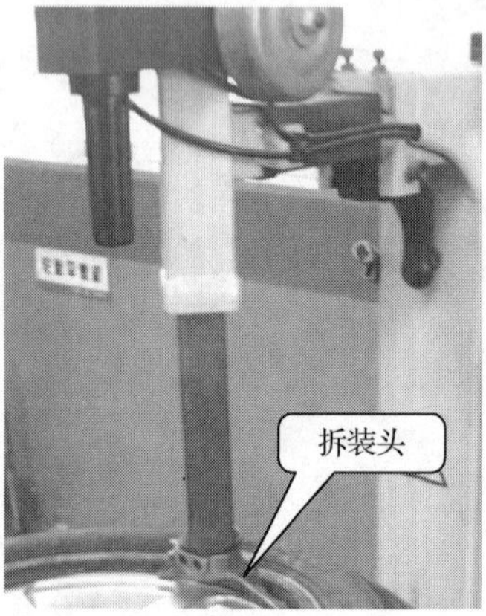

图 6-18　拆装头

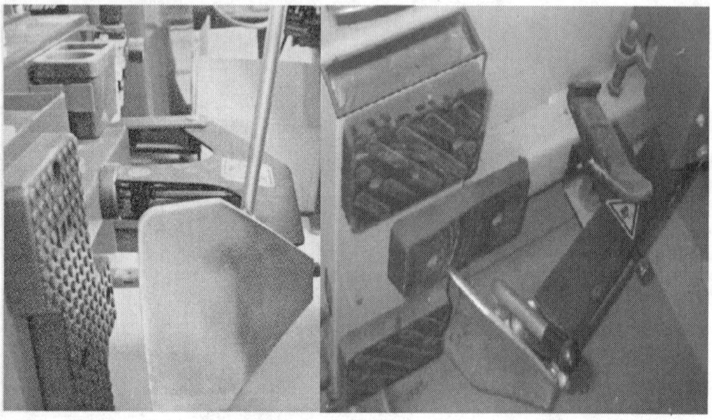

图 6-19　压胎铲

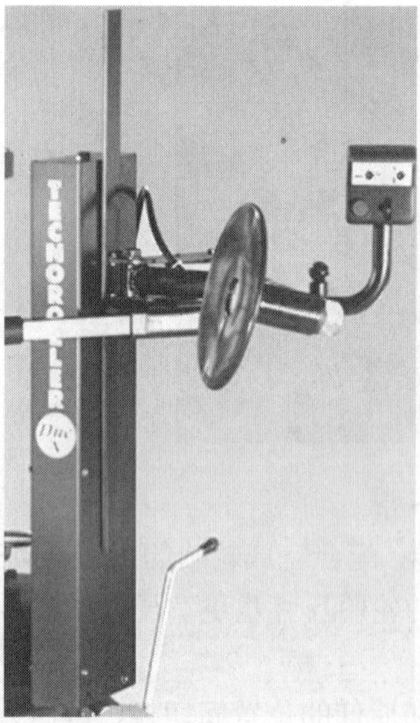

图 6-20　辅助臂

（4）辅助臂。辅助臂用于协助操作者拆装轮胎。根据不同的轮胎类型及尺寸，辅助臂上有相应的压胎装置与之匹配。辅助臂上有一个控制手柄，用于在不同方向上调整压胎装置的位置，以适合不同轮胎的需求，如图 6-20 所示。

（5）控制踏板。控制踏板分为立柱操作踏板、卡爪操作踏板、压胎铲操作踏板和工作台操作踏板，分别控制轮胎拆装中相应的各项操作，如图 6-21 所示。

2）设备应用

（1）分离胎唇。

首先放尽轮胎内的气体，然后将车轮靠在轮胎拆装机压胎铲一侧箱体的橡胶垫上。接着调整好压胎铲的位置，将压胎铲的顶端边缘顶在轮胎的胎唇上（距离轮辋表面 10mm 以上）。踩下压胎铲操作踏板，操作压胎铲向内挤压轮胎的胎唇，使胎唇与轮辋脱离，如图 6-22 所示。将轮胎旋转 180° 再次重复压胎操作。一侧压胎完成后，翻转轮胎，在另一侧重复上述操作，直至整个轮胎两侧的胎唇完全与轮辋分离。分离胎唇的操作过程中，压胎铲定位准确，操作者感觉压胎时力量很足，很快便完成了胎唇的分离。

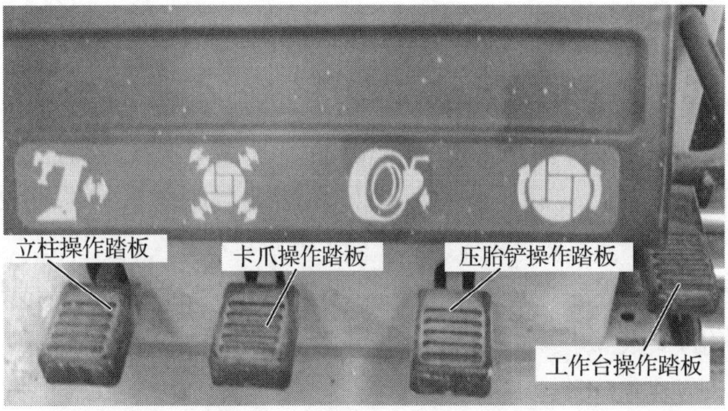

图6-21　控制踏板

图6-22　分离胎唇

（2）拆下轮胎。

① 将轮辋固定在工作台上（注意轮辋正面朝上），如图6-23所示。选择合适的辅助臂压胎装置压至轮胎表面，即轮辋边缘下方，并在轮胎表面涂上润滑剂，然后踩下踏板使工作台转动。

图6-23　将轮辋固定在工作台上

② 操纵压胎臂控制手柄使压胎装置下压，压松轮胎，如图6-24所示，然后升起压胎装置。

③ 将拆装头调整至靠近轮辋外边缘处，保持与轮辋外表面2～3mm的间隙，然后固定拆装头。

④ 把撬杆插进拆装头与轮胎边缘之间，将轮胎上部胎唇撬至拆装头外侧，如图6-25所示，然后操纵踏板转动工作台，用拆装头将轮胎上层胎唇从轮辋上拆下。

图6-24　压松轮胎

图6-25　将轮胎上部胎唇撬至拆装头外侧

⑤ 用上述同样的操作方法将轮胎下层胎唇从轮辋上拆下，从而拆下整个轮胎，如图6-26所示。

（3）安装轮胎。

① 在轮胎与轮辋边缘处的表面涂上润滑剂，以免装胎时摩擦伤胎。将轮胎下缘一部分套装在轮辋上，踩下立柱操作踏板后按下升降杆，使升降杆靠近轮辋边缘，用手按住轮胎，踩下

图 6-26　拆下整个轮胎

工作台旋转踏板，转动轮胎，使轮胎下缘安装在轮辋上，如图 6-27 所示。

② 调整拆装头高度，使轮胎下层胎唇处在拆装头尾部上方和拆装头头部下方，并转动工作台，装好轮胎下层胎唇。

③ 用辅助臂的压胎装置配合拆装头将轮胎边缘压到拆装头下方位置，转动工作台，装好轮胎上层胎唇，如图 6-28 所示。

④ 使用设备的充气装置给轮胎充入规定的气压，完成整个轮胎的安装操作。

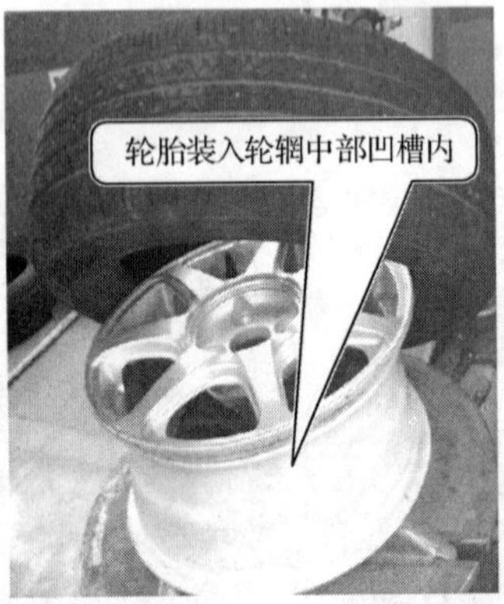

图 6-27　将轮胎下缘一部分套装在轮辋上

图 6-28　配合辅助臂安装轮胎上层胎唇

062 车轮动平衡检测

1）动平衡机使用前的检查

（1）机器应水平稳固安装。

（2）查看附件是否齐全（锥体、快速螺母、卡尺）。

（3）查看显示面板是否正常（不出现 error 或其他字符）。

2）对轮胎的清洁

（1）清除轮胎上的杂物，检查胎压。

（2）旧的平衡块需要拆开，如图 6-29 所示。

图 6-29　拆开旧的平衡块并清除轮胎上的杂物

3）轮胎数值读取与输入

（1）开机，旋转开关，机器面板显示数字，表示开机成功，如图 6-30 所示。

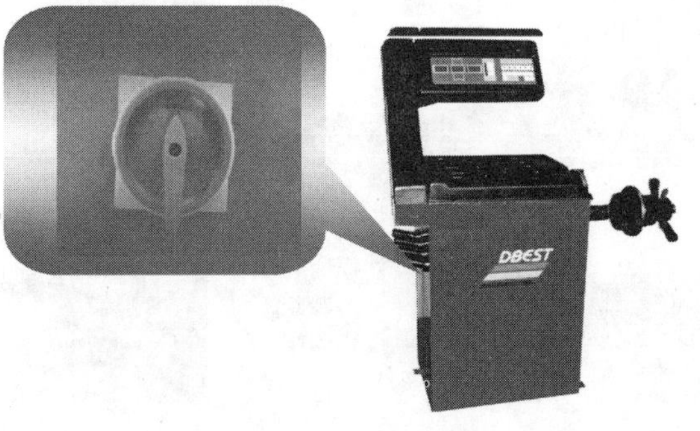

图 6-30　开机

（2）装上车轮，选择适合的锥体，注意锥体的方向，如图 6-31 所示。

图 6-31　选择适合的锥体

（3）装上快速螺母并旋紧，注意力度不能过大，如图 6-32 所示。

图 6-32　装上快速螺母并旋紧

（4）从机上拖出尺，测量轮辋边缘至机箱的距离 *a*，如图 6-33 所示。

（5）通过机器面板输入相应数值，如图 6-34 所示。

（6）用卡尺卡住轮辋两侧并读取数值 *b*，如图 6-35 所示。

（7）通过机器面板输入轮辋宽度数值 *b*，如图 6-36 所示。

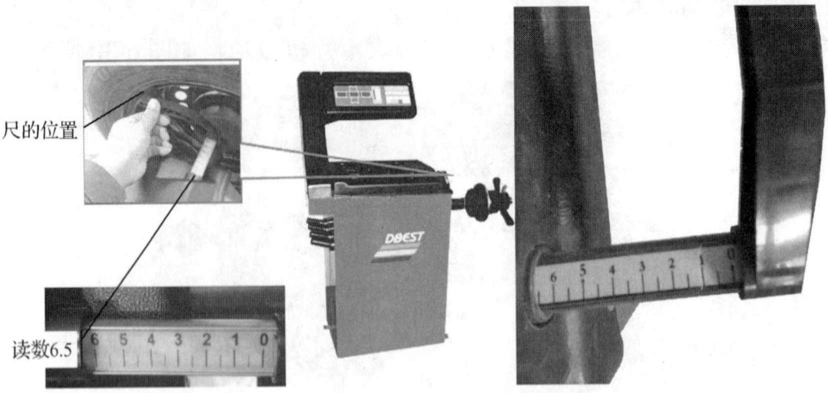

图 6-33　测量轮辋边缘至机箱的距离

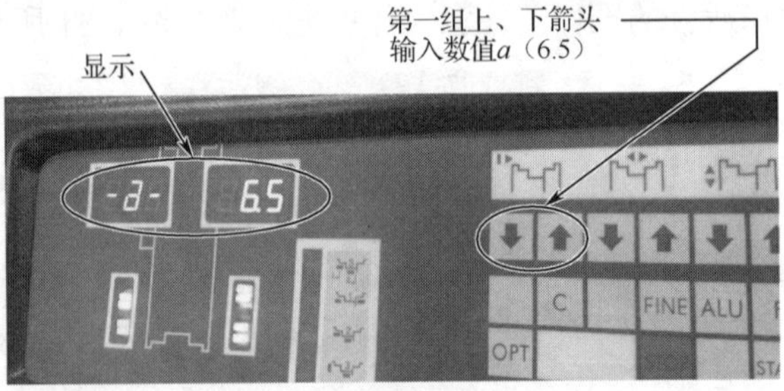

图 6-34　通过机器面板输入相应数值

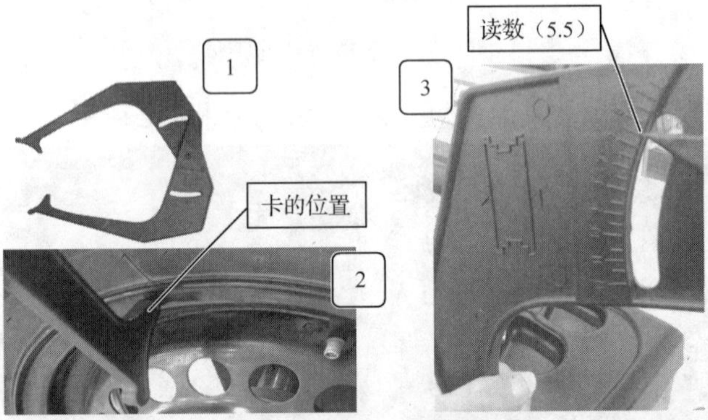

图 6-35　用卡尺卡住轮辋两侧测量数值

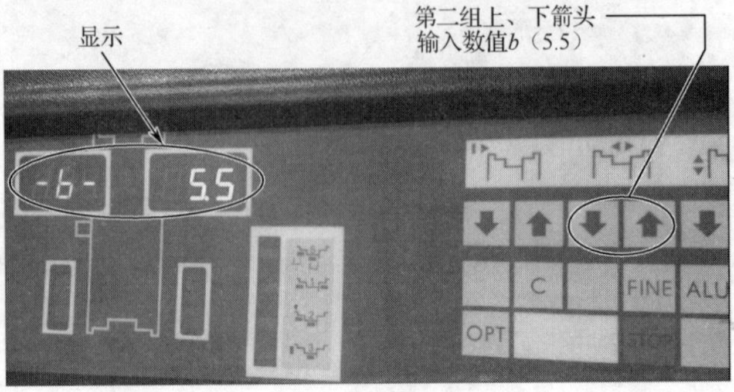

图 6-36　输入轮辋宽度数值

（8）在轮胎边缘找出轮胎规格读数 195/65R15，字母 R 后面是轮辋直径 *d*(15)，如图 6-37 所示。

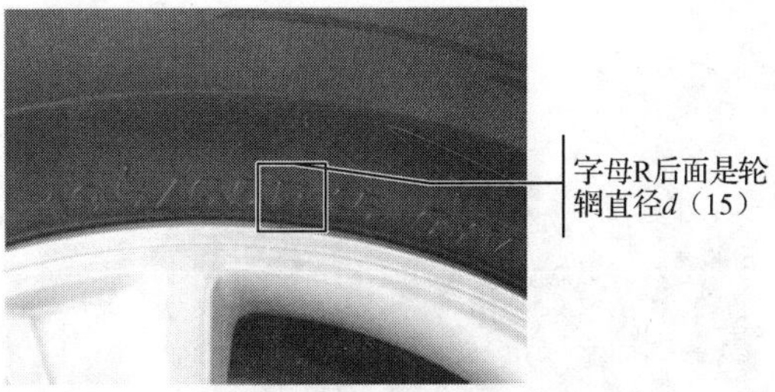

图 6-37　找出轮胎规格读数

（9）通过机器面板输入轮辋直径数值 *d*，如图 6-38 所示。（按键说明：FINE——显示小于 5g 实际不平衡值按键；ALU——平衡方式选择按键；C——重算不平衡/自校准按键；OPT——不平衡最佳化按键；F——静平衡或动平衡选择按键；STOP——转轴急停按键；START——转轴启动按键。）

注：通过功能转换组合键进行功能转换后，关机仍保持该功能。

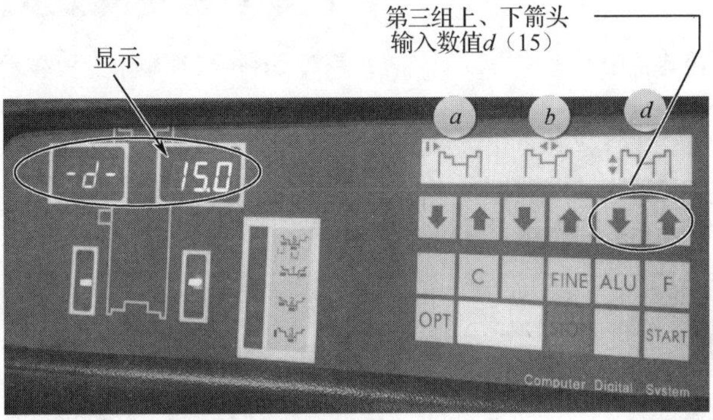

图 6-38　输入轮辋直径数值

4）开始动平衡测验

（1）先推动车轮再按 START 键，如图 6-39 所示。

图 6-39　开始动平衡测验

（2）在车轮旋转时，机器进行数值的收集与计算，这时不能有外力加在平衡机上，如图 6-40 所示。

5）打平衡块

显示面板上左边显示的是车轮内侧信号，右边显示的是车轮外侧信号，如图 6-41 所示。转动车轮，当指示灯全亮时停止，在轮辋的外侧上部（12 点位置）内、外侧要分别打平衡块，平衡块装卡要牢固，如图 6-42、图 6-43 所示。

6）对车轮再次做平衡试验

图 6-40　车轮旋转中

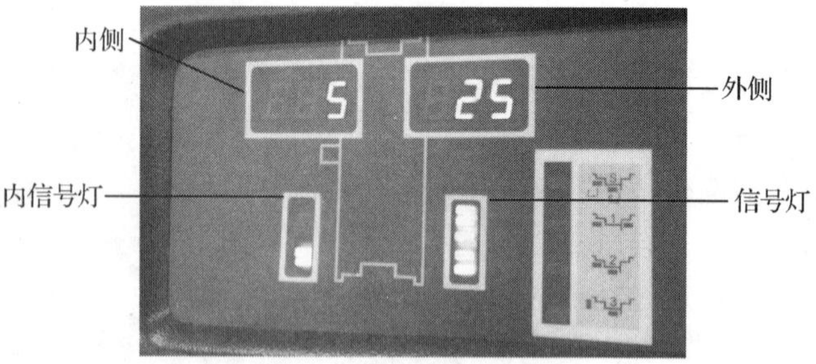

图 6-41　显示面板显示信号

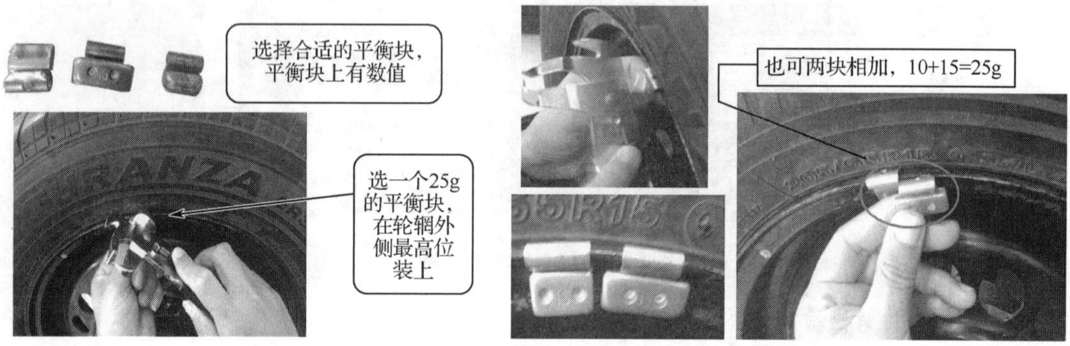

图 6-42　在外侧打平衡块

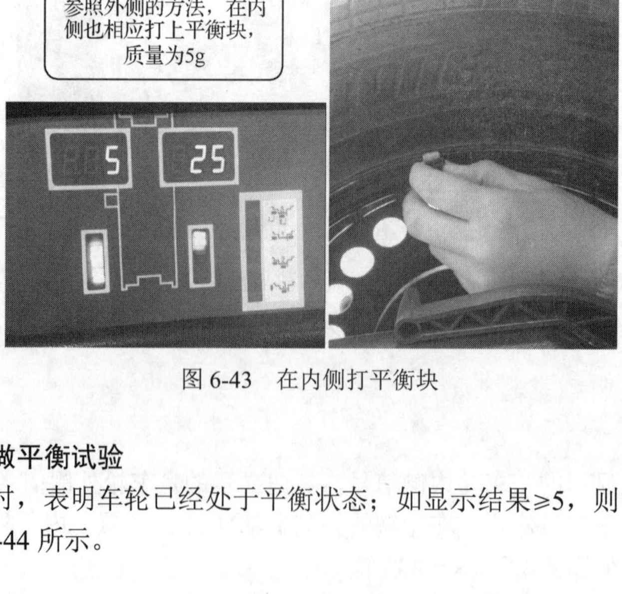

图 6-43　在内侧打平衡块

当面板数值≤5 时，表明车轮已经处于平衡状态；如显示结果≥5，则需再打平衡块直到数值合格为止，如图 6-44 所示。

图 6-44　显示结果

Chapter 7

第7章 悬架

063 悬架基本组成

现代汽车的悬架虽有不同的结构形式，但一般都由弹性组件、减振器和导向机构三部分组成。

前悬架由前上横臂总成、转向节、减振器带螺旋弹簧总成、转向横拉杆、下承载臂总成、横向稳定杆等组成。前悬架通过转向横拉杆推动左右车轮进行向左向右的转动，如图 7-1 所示。

后悬架由后上横臂总成、后下横臂总成、后拉杆总成、横向稳定杆、后纵臂总成、减振器带螺旋弹簧总成及转向节等组成，如图 7-2 所示。后悬架限制了后轮不能像前轮那样转向，但后悬架在车高速转向时具有“随动转向”功能。

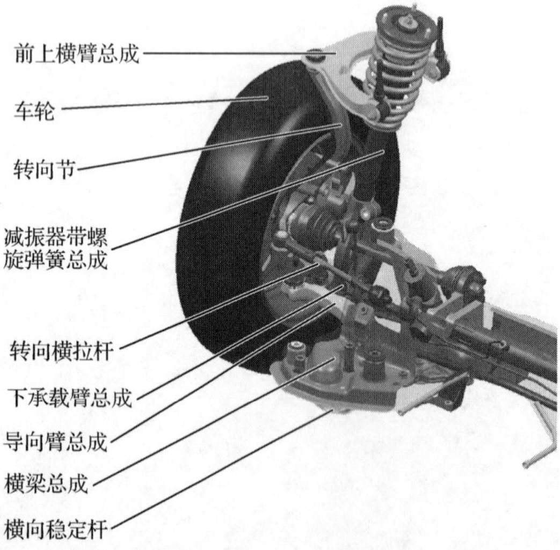

图 7-1 前悬架

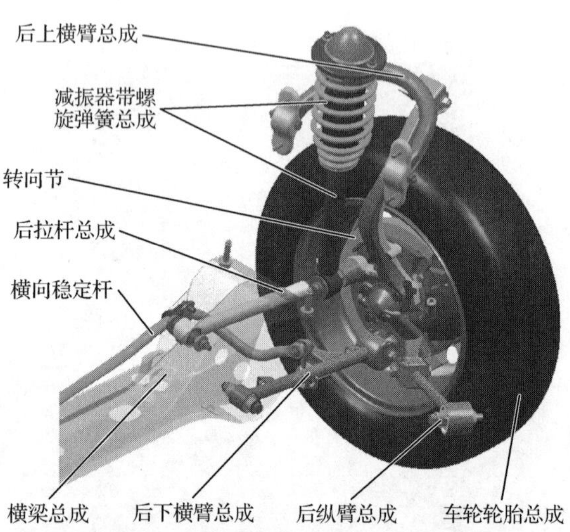

图 7-2 后悬架

064 多连杆悬架结构

这里所说的多连杆悬架就是指悬架的连杆比一般悬架的连杆要多，如图 7-3～图 7-9 所示。

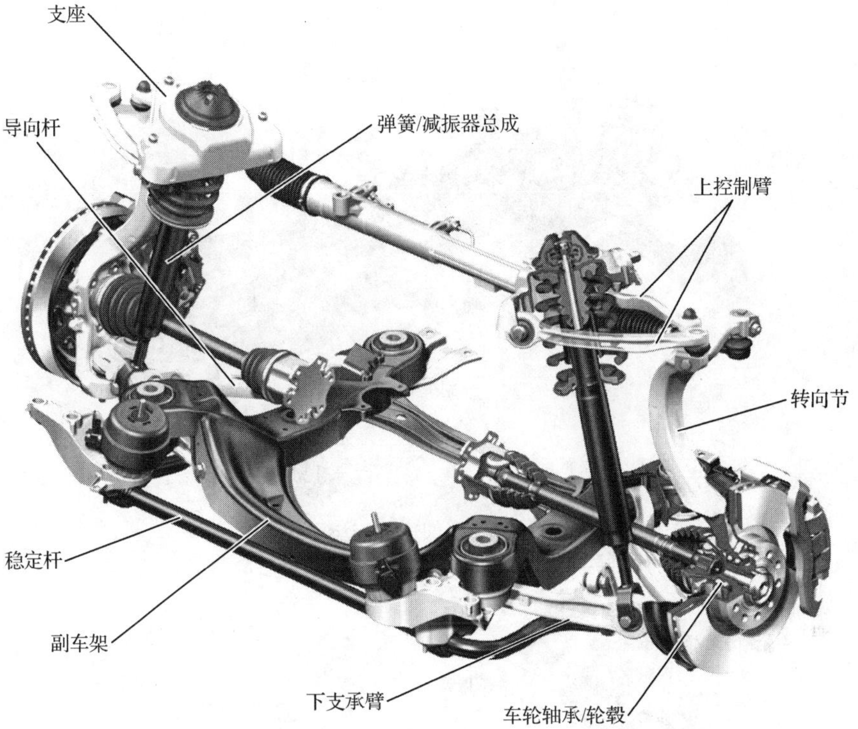

图 7-3　四连杆前悬架

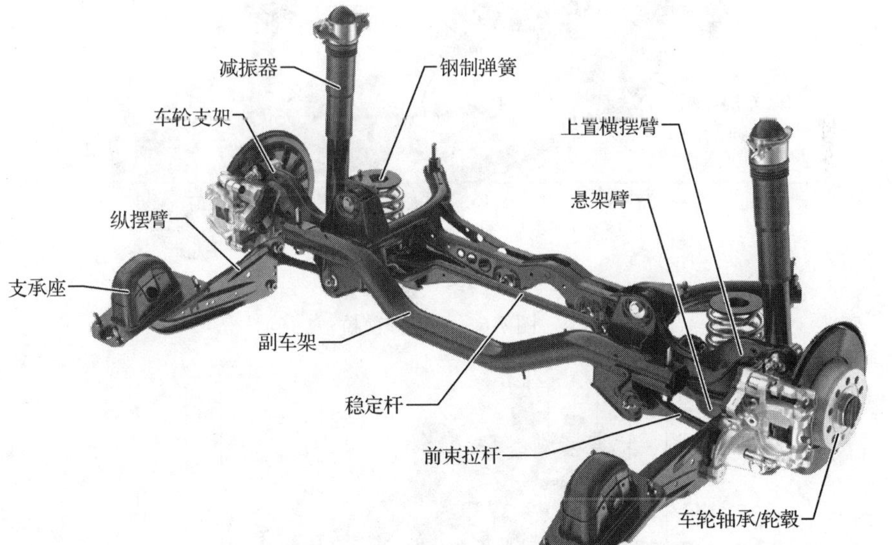

图 7-4　四连杆前桥

多连杆悬架的优点：可以自由独立地确定主销偏移距，减小因径向载荷引起的干扰力和力矩；很好地控制了在制动和加速期间车的纵向点头运动；有利于控制车轮的前束、外倾和轮距宽度变化，因此具有良好的操纵稳定性；可有效地降低轮胎的磨损，延长其使用寿命；从弹性运动学角度来看，在侧向力和纵向力条件下前束角的改变及行驶舒适性都能得到精确的控制；车轮受力点分散，因此连杆可以做得较细小，减小了质量。

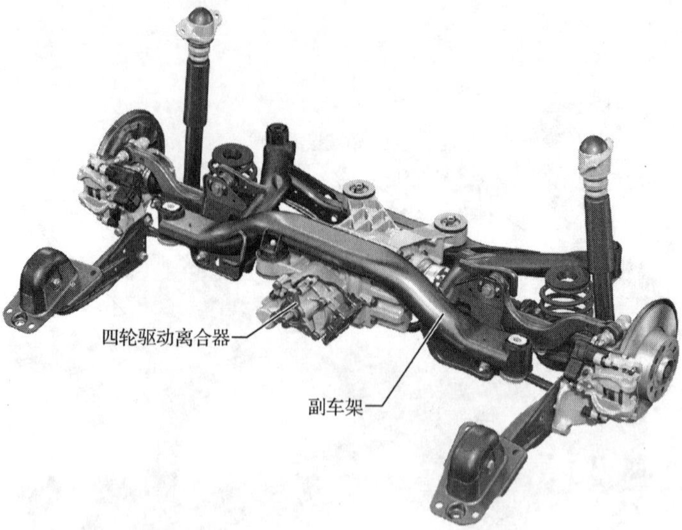

图 7-5　四连杆后桥

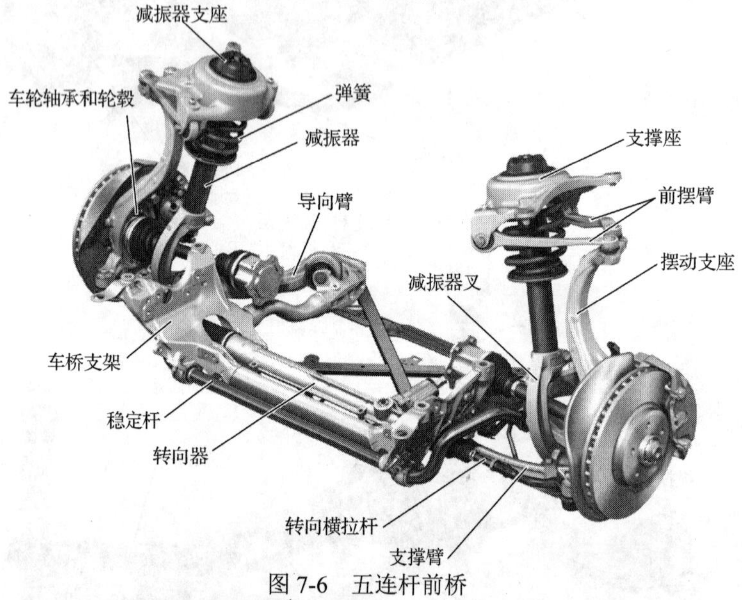

图 7-6　五连杆前桥

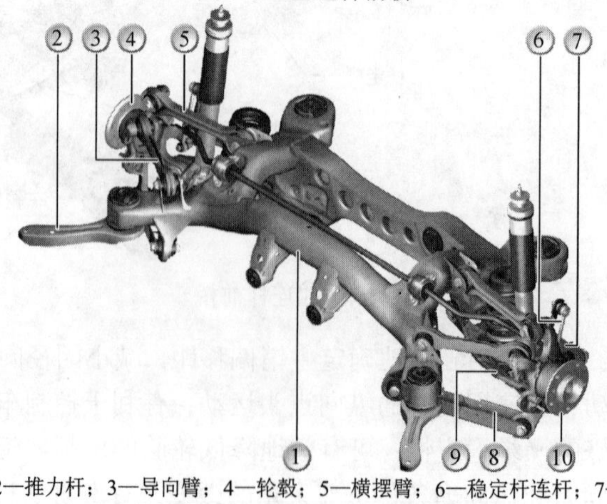

1—后桥托架；2—推力杆；3—导向臂；4—轮毂；5—横摆臂；6—稳定杆连杆；7—前束控制臂；
8—纵摆臂；9—外倾控制臂；10—车轮托架

图 7-7　五连杆后桥

图 7-8 后桥，从左后侧（上方）看

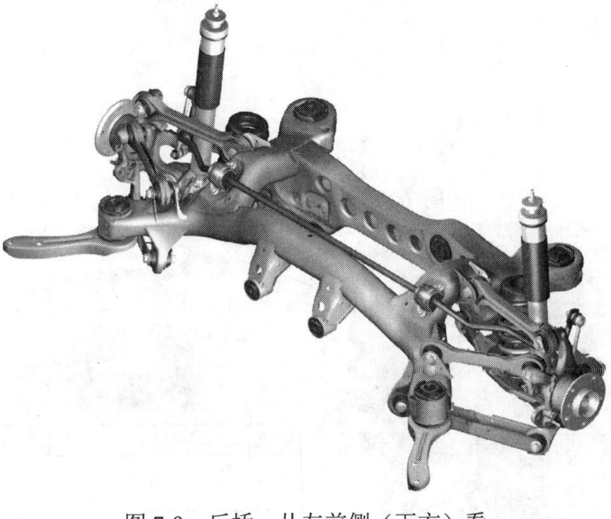

图 7-9 后桥，从左前侧（下方）看

065 减振器的结构

大多数汽车的悬架系统中都有与弹性组件并联安装的减振器，如图 7-10 所示。减振器总成如图 7-11 所示。

066 弹性元件的结构

1）钢板弹簧

钢板弹簧是汽车悬架中应用最广泛的弹性组件，它是由若干片不等长但等宽（厚度可以相同，也可不同）的合金弹簧片组合而成的一根近似等强度的弹性梁。图 7-12 所示为钢板弹簧的一般构造。钢板弹簧中最长的一片称为主片，其两端弯成卷耳，内装衬套，以便用弹簧销与固定在车架上的支架或吊耳做铰链连接。

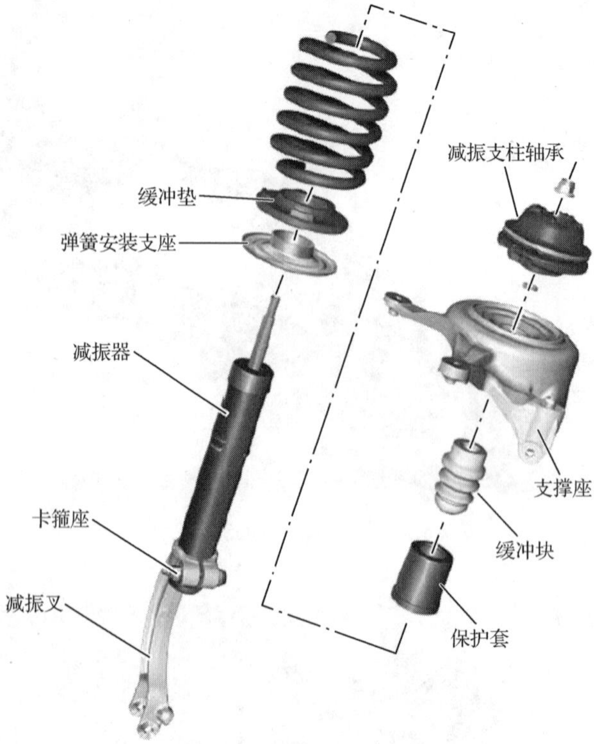

图 7-10 减振器和弹性组件

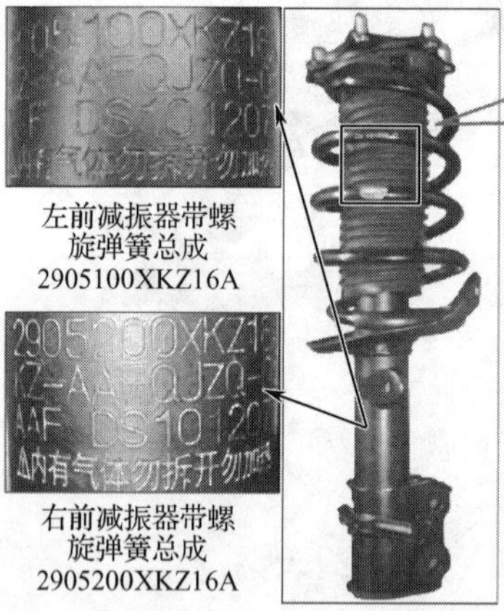

颜色	负荷范围	位置	配件标识
红色	2825～2941N	距小端第三圈	距小端第二圈喷涂：ZH+批次+L或R
黄色	2942～3057N		
白色	3058～3175N		

图 7-11 减振器总成

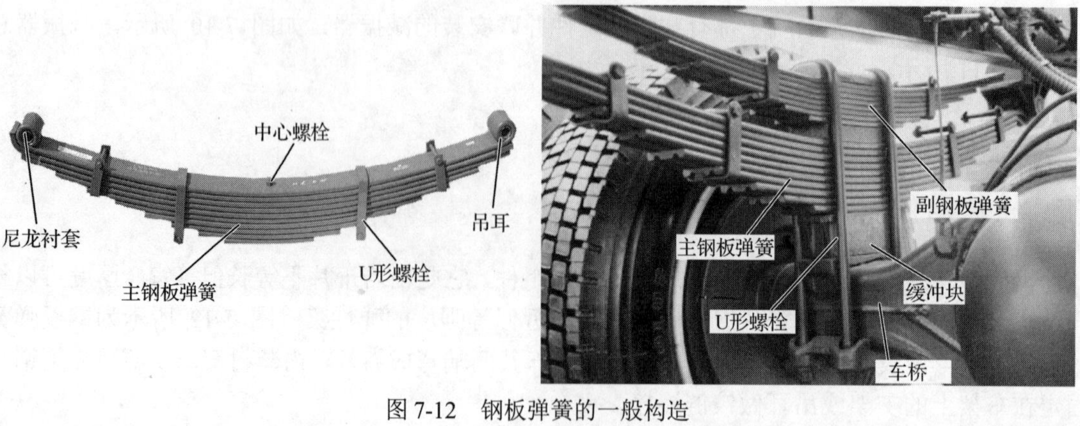

图 7-12 钢板弹簧的一般构造

2）扭杆弹簧

扭杆弹簧本身是一根由弹簧钢制成的杆，如图 7-13 所示。扭杆断面通常为圆形，少数为矩形或管形。其两端形状可以做成花键方形、六角形及带平面的圆柱形等，以便一端固定在车架上，另一端固定在悬架的摆臂上。摆臂则与车轮相连，当车轮跳动时，摆臂使扭杆绕着轴线而摆动，使扭杆产生扭转弹性变形，借以保证车轮与车架的弹性联系。有的扭杆由一些矩形断面的薄条（扭片）组合而成，这样，弹簧更为柔软。

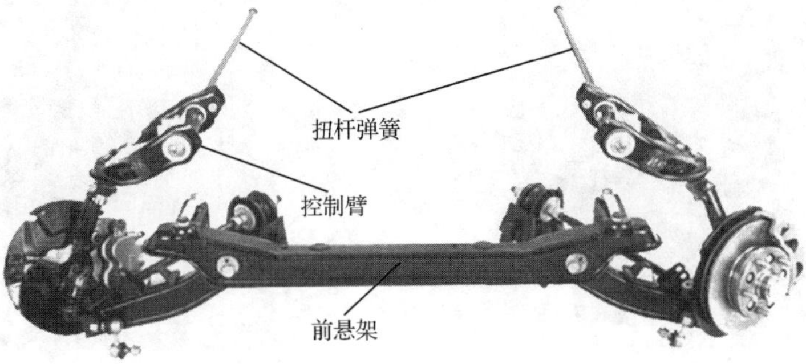

图 7-13　扭杆弹簧

067 后减振器拆装

多连杆车桥如图 7-14 所示。

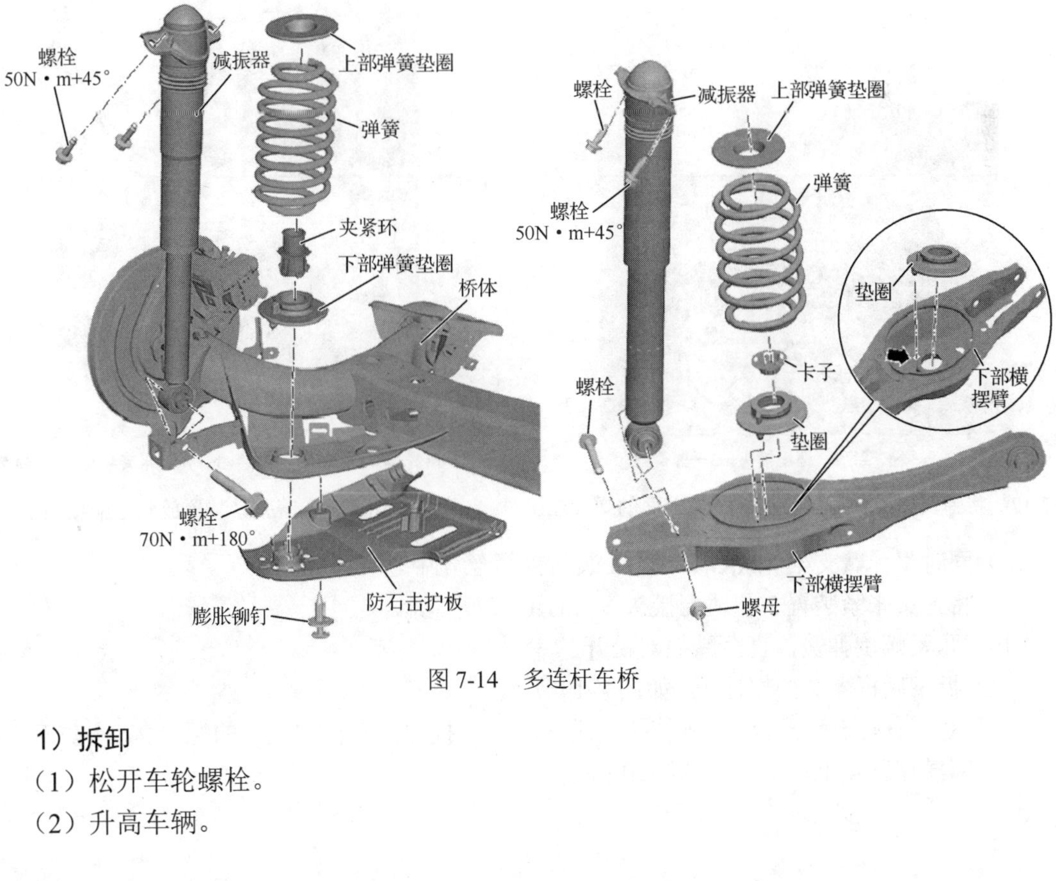

图 7-14　多连杆车桥

1）拆卸

（1）松开车轮螺栓。

（2）升高车辆。

（3）拆卸车轮。

（4）对带有车辆高度传感器的车辆拧出螺栓 1，取下左后车辆高度传感器支架 2，如图 7-15 所示。

（5）对带自适应底盘调节系统 DCC 的车辆将插头 1 从减振器 2 上脱开，将导线 3 从减振器 2 上拔下，如图 7-16 所示。

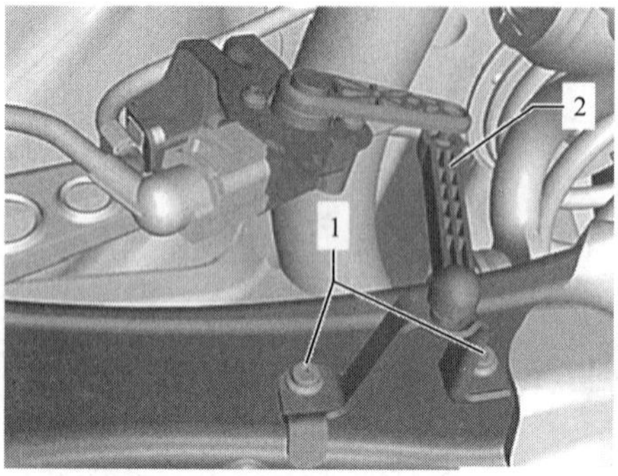

1—螺栓；2—支架

图 7-15 拧出螺栓取下支架

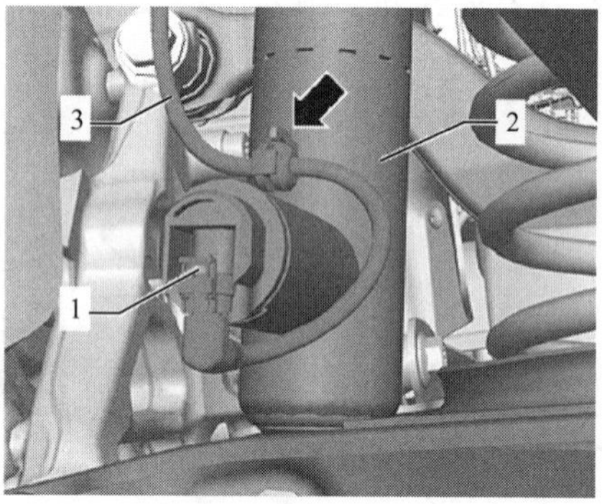

1—插头；2—减振器；3—导线

图 7-16 拔下插头和导线

（6）将弹簧支架 V.A.G 1752/3A 和适配接头 V.A.G 1752/9 放在最上面的弹簧丝 3 上，如图 7-17 所示。

（7）将弹簧张紧装置 3 放到适配接头 V.A.G 1752/9 上，如图 7-18 所示。

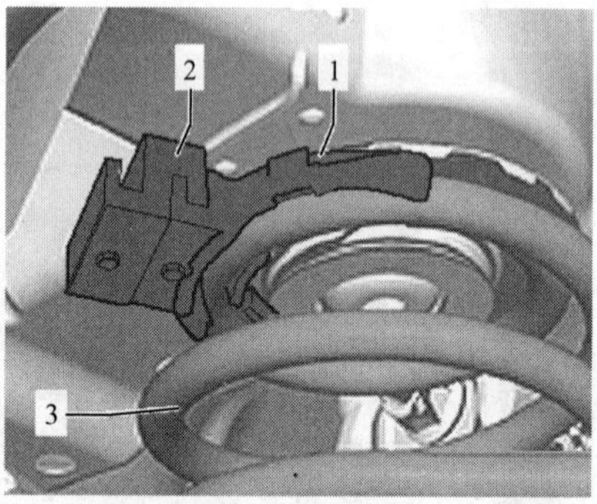

1—弹簧支架；2—适配接头；3—弹簧丝

图 7-17 将弹簧支架和适配接头放在最上面的弹簧丝上

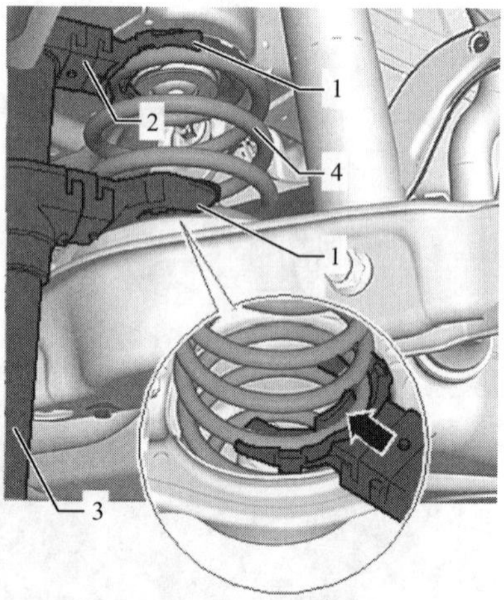

1—弹簧支架；2—适配接头；3—弹簧张紧装置；4—弹簧丝

图 7-18 将弹簧张紧装置放到适配接头上

（8）同时将弹簧支架 V.A.G 1752/3A 装入弹簧丝 4 中。

（9）将弹簧张紧装置 3 和适配接头 V.A.G 1752/9 拧紧。

（10）张紧螺旋弹簧，直至减振器松开。

（11）拆下减振器 2 的螺栓 1，如图 7-19 所示。

（12）对带有防石击护板的车辆拆卸膨胀铆钉 1，拧出防石击护板 3 的螺栓 2，将防石击护板 3 从下部横摆臂 4 上取下，如图 7-20 所示。

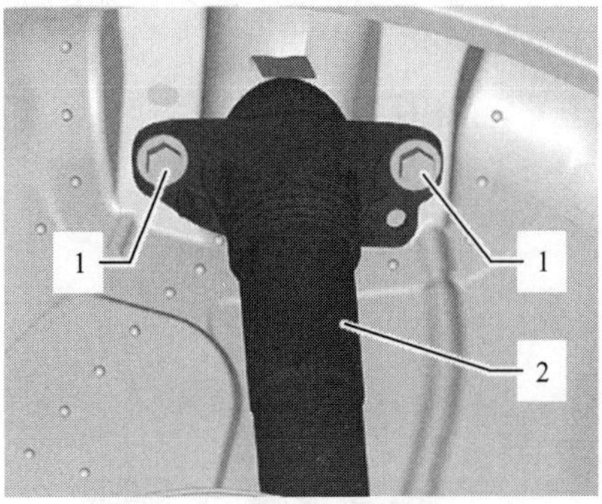

1—螺栓；2—减振器

图 7-19　拆下减振器的螺栓

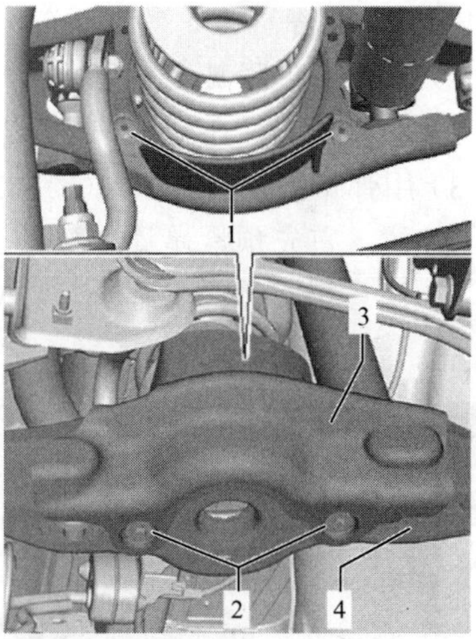

1—膨胀铆钉；2—螺栓；3—防石击护板；4—下部横摆臂

图 7-20　将防石击护板拆下

（13）拧下螺母 1 并取下螺栓 2，如图 7-21 所示。

（14）取出减振器。

2）安装

安装以倒序进行。安装时应注意下列事项：在带有车辆高度传感器的车辆上，为车轮减振电子装置进行基本设置。

1 —螺母；2—螺栓

图 7-21　拧下螺母并取下螺栓

068 减振器分解

减振器分解如图 7-22 所示。

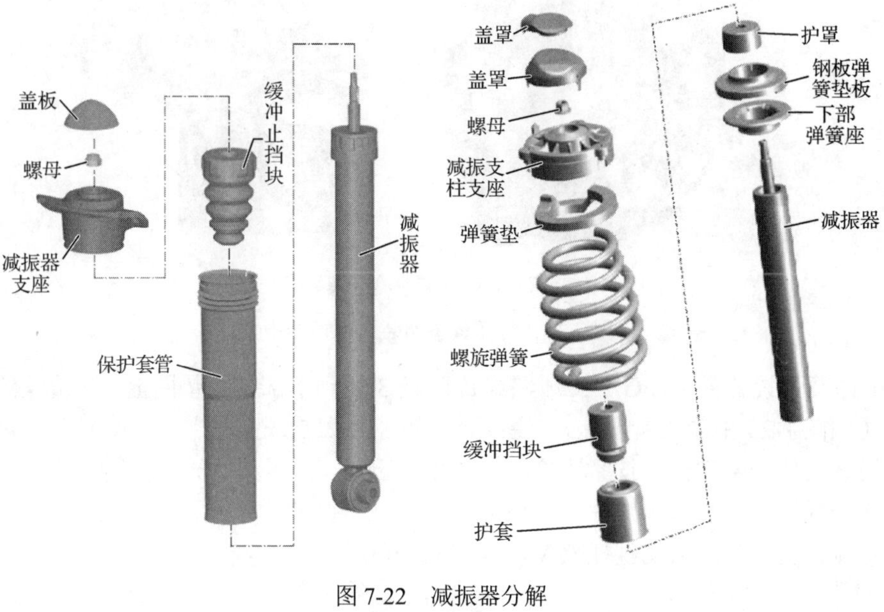

图 7-22　减振器分解

1）拆下弹簧

（1）用虎钳夹紧减振支柱托架 V.A.G 1752/20。

（2）将减振支柱在减振支柱托架 V.A.G 1752/20 中夹紧。

（3）用弹簧张紧装置 V.A.G 1752/1 将螺旋弹簧预紧，直至露出推力球轴承上方，如图 7-23 所示。注意：首先预紧弹簧，直至上部弹簧座没有负载为止。

（4）注意螺旋弹簧在弹簧支架 V.A.G 1752/4 中的正确位置，如图 7-24 所示。

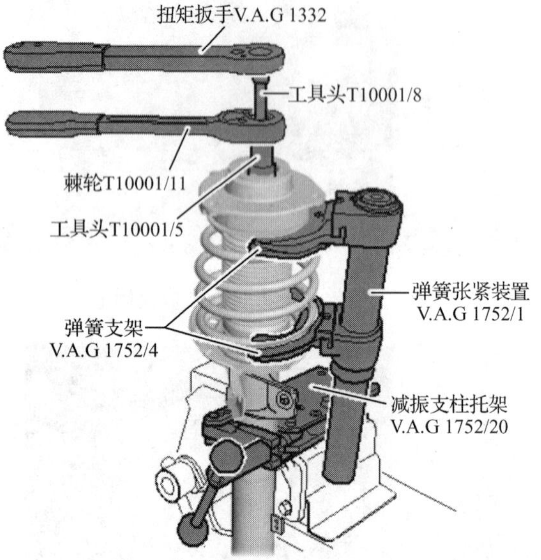

图 7-23　将螺旋弹簧预紧

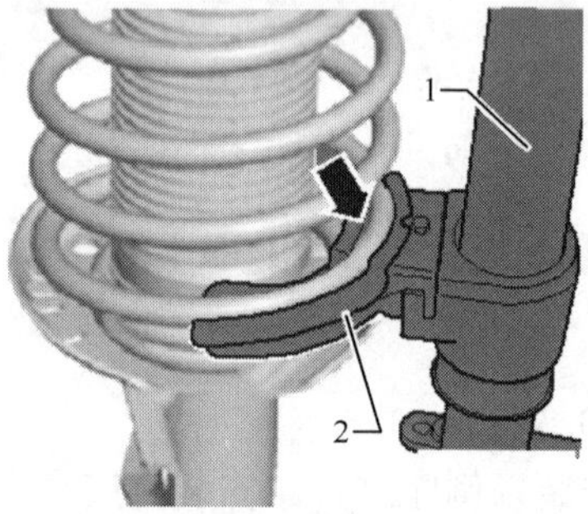

1—弹簧张紧装置；2—弹簧支架

图 7-24　螺旋弹簧在弹簧支架中的正确位置

2）安装弹簧

（1）将弹簧垫圈 1 装入减振器 2 中，如图 7-25 所示。

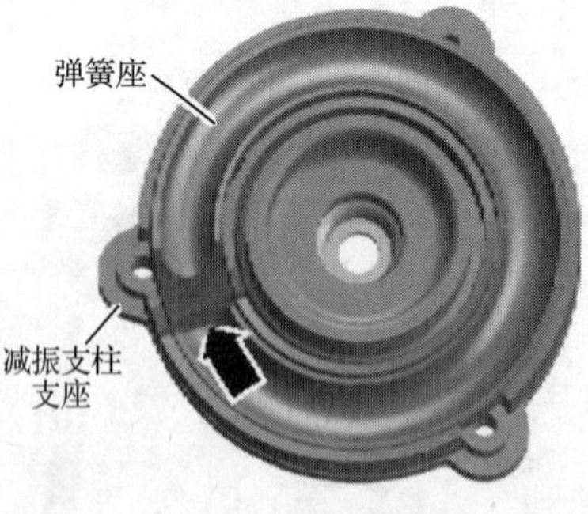

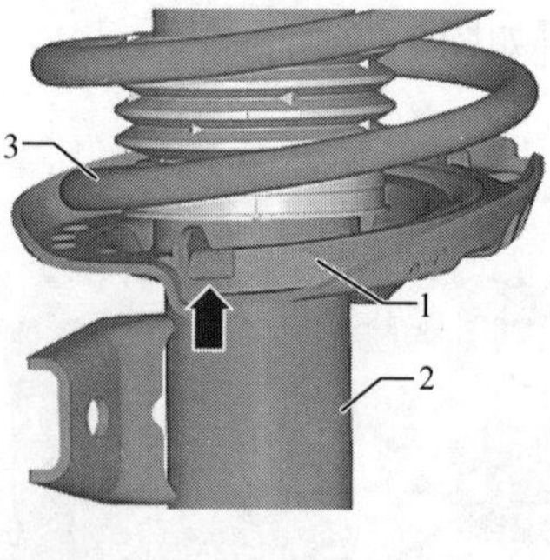

1—弹簧垫圈；2—减振器；3—螺旋弹簧

图 7-25　将弹簧垫圈装入减振器中

（2）用弹簧张紧装置 V.A.G 1752/1 将螺旋弹簧 3 装到下部弹簧垫圈上。弹簧丝的端部必须贴紧挡块（如图 7-25 中箭头所示处）。注：允许间隙最大 2mm。

（3）组装其他全部部件并拧紧连接杆上的新螺母。

（4）松开弹簧张紧装置 V.A.G 1752/1 并将其从螺旋弹簧中取出。

（5）将减振支柱从减振支柱托架 V.A.G 1752/20 中取出。

069 拆卸和安装前减振支柱

1）拆卸

（1）拆下前车轮，拆卸连接杆。

（2）脱开减振器叉形件的螺栓 1、2，如图 7-26 所示。

（3）将扩展器 3424 插入减振器叉形件的槽口（图中箭头处所示）内，如图 7-27 所示。

1、2—螺栓

图 7-26　脱开减振器叉形件的螺栓

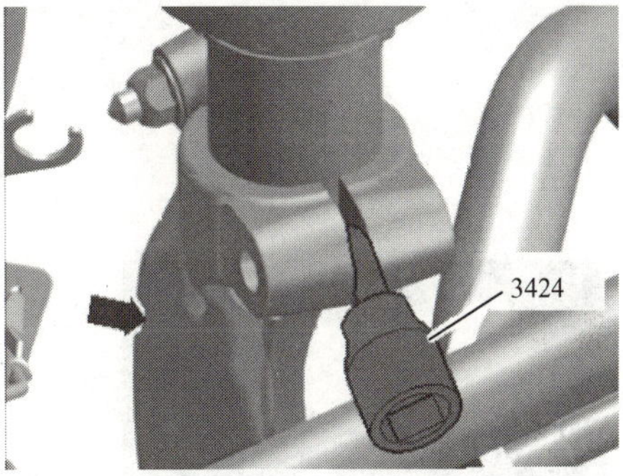

图 7-27　将扩展器插入减振器叉形件的槽口

（4）将减振器叉形件向下从减振器管上拔下并取出，同时要小心地将车轮轴承壳体向下压。

（5）如图 7-28 所示，拧出螺栓（图中箭头处所示），取下减振支柱，这时不得损坏转向系统和万向轴上的万向节保护套及橡胶防尘套。

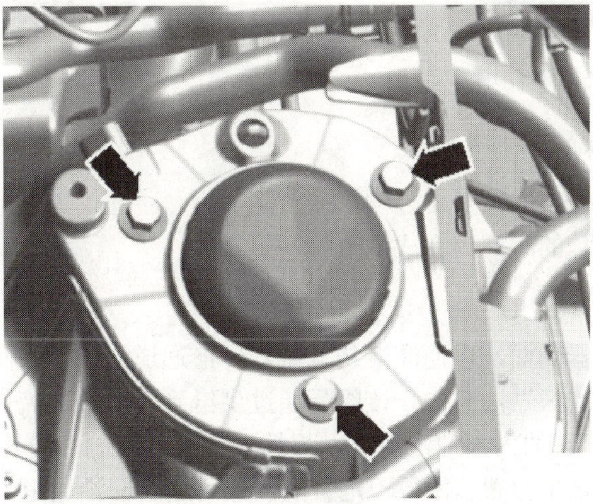

图 7-28　拧出螺栓

2）安装

安装以倒序进行，同时要注意下列事项：如图 7-29 所示，减振支柱支座的定位销 1 必须卡入减振支柱罩 2 的孔中（图中箭头处所示）。

070 双管自调式减振器

双管自调式减振器是应用于 DCC 自适应底盘控制系统的可调式减振器，采用双管结构，如图 7-30 所示。活塞在油腔 1 内工作，在油腔 2 内有一个附加气垫。

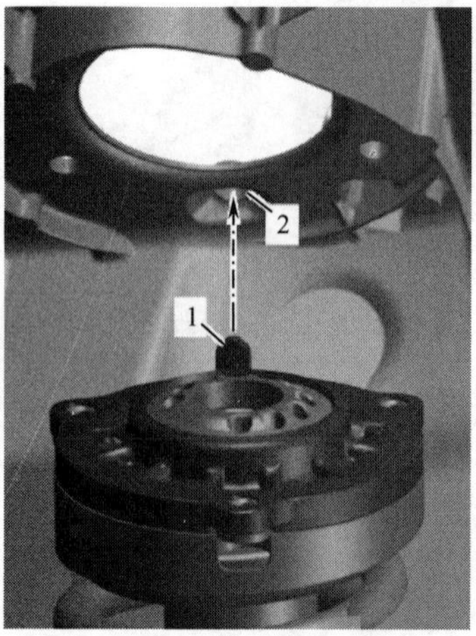

1—定位销；2—减振支柱罩

图 7-29 定位销卡入减振支柱罩的孔中

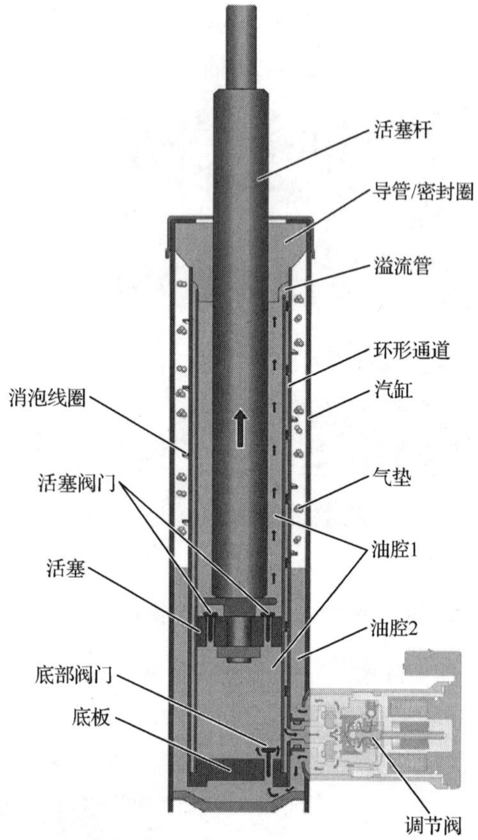

图 7-30 双管自调式减振器结构

电子控制的调节阀安装在减振器外侧以调节阻尼力。通过改变电流，减振器设置的阻尼力可以通过调节阀在数毫秒的时间内完成调节。

1）调节阀

调节阀安装于减振器侧面，以便油液从减振器环形通道流向调节阀，如图 7-31 所示。调节阀供给的油液输送到减振器油腔 2。该阀是通过供给到线圈的电流来调节的（0.24A 至最大 2.0A），并以此改变调节阀的内部油液流量。根据调节阀的控制盘位置，自减振器中流出的油液将主活塞推到相应的水平位置，使得一定量的油液可通过回油通道流回减振器中。主活塞的位置是通过设置内部控制容积的油压差来实现的（与减振器中流出油液的压力相比较）。而油压差是通过预紧压头与控制盘之间的通道横截面设置的。如果预紧力过大，油液流过主活塞的中心孔，随后经过环形通道和控制通道的油量减少，内部控制容积的压力增大，从而使主活塞只能向右略微移动。此类变化使减振特性趋“硬”。如果预紧趋小，则系统以相反情况运行，使减振特性趋“软”。

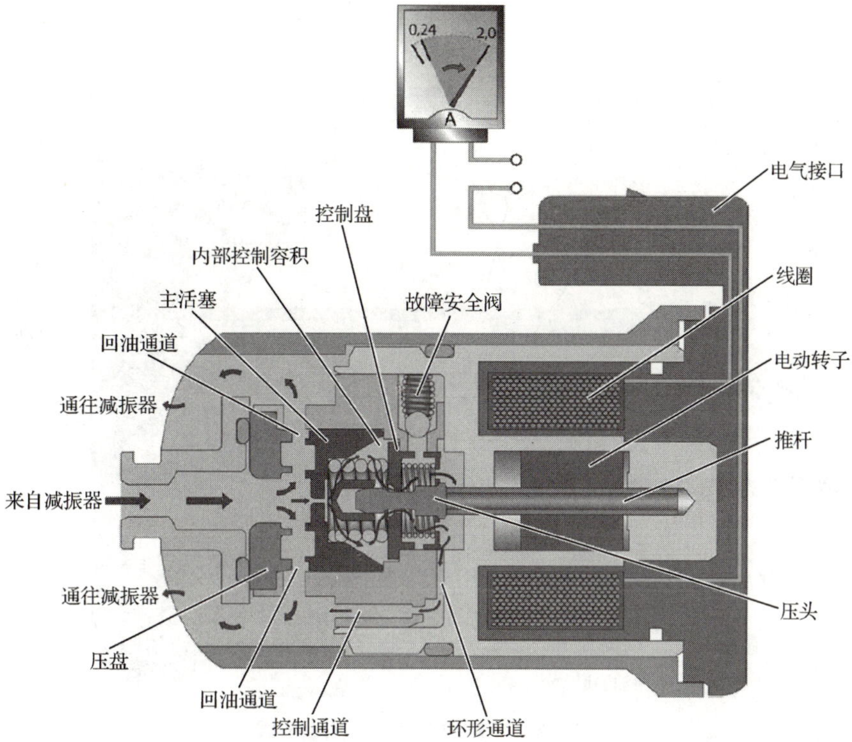

图 7-31　减振器调节阀

（1）“普通”模式下的调节阀。在“普通”模式下，供给到线圈的电流处于 0.24～2.0A 的中间区域。电动转子与推杆和压头一起移动，压头被略微预紧。从减振器中流出的油液将主活塞压至水平中心位置，使中等数量的油液可通过回油通道再次流回减振器中。这是通过在压头与控制盘之间设置一个中度预紧力来完成的。油压差则根据内部控制容积设置，主活塞也设置在水平中心位置上，因此，减振特性介于“软”与“硬”模式之间，如图 7-32 所示。

（2）“硬”模式下的调节阀。在“硬”模式下，供给到线圈的电流最大可达 2.0A。电动转子连同推杆和压头被推向左边，并产生最大的预紧力。因此，与“普通”模式相比，在控制盘和压头之间存在较小的通道横截面。由于内部控制容积油压差的增大，主活塞位于水平位置，使通过回油通道回流到减振器的油量少于“普通”模式下的回油量，由此，减振特性趋向“硬”模式。这是调节阀在明显动态调节时的典型状态，如图 7-33 所示。

（3）“软”模式下的调节阀。在“软”模式下，例如，供给到线圈的电流为 0.24A，推杆和压头具有更小的预紧力。而压头则以相同的力将控制活塞向左推移，从而使环形通道横截面仅稍微缩小了一点。油液经过此通道，随后经控制通道回到减振器。控制盘和压头之间的通道横截面会随着压头预紧力的减小而增大，内部控制容积内的油压差由此降低。所以，主活塞会置于水平位置，从而使油液通过回油通道流回的量大于“硬”模式下的回油量。这样，减振特性趋向“软”模式。这是调节阀在明显动态调节时的典型状态，如图 7-34 所示。

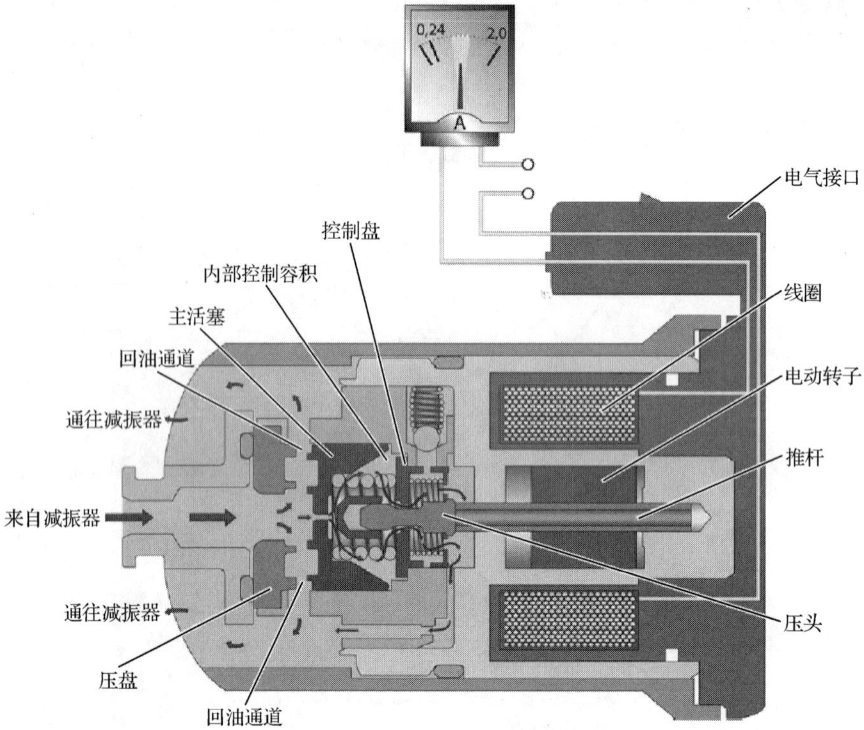

图 7-32 “普通”模式下的调节阀

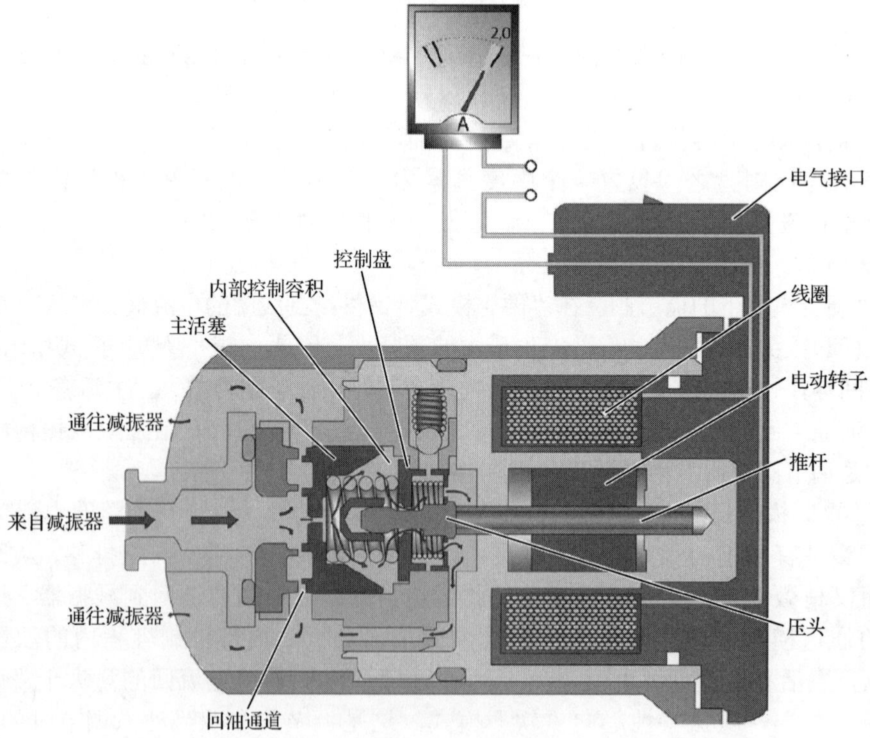

图 7-33 “硬”模式下的调节阀

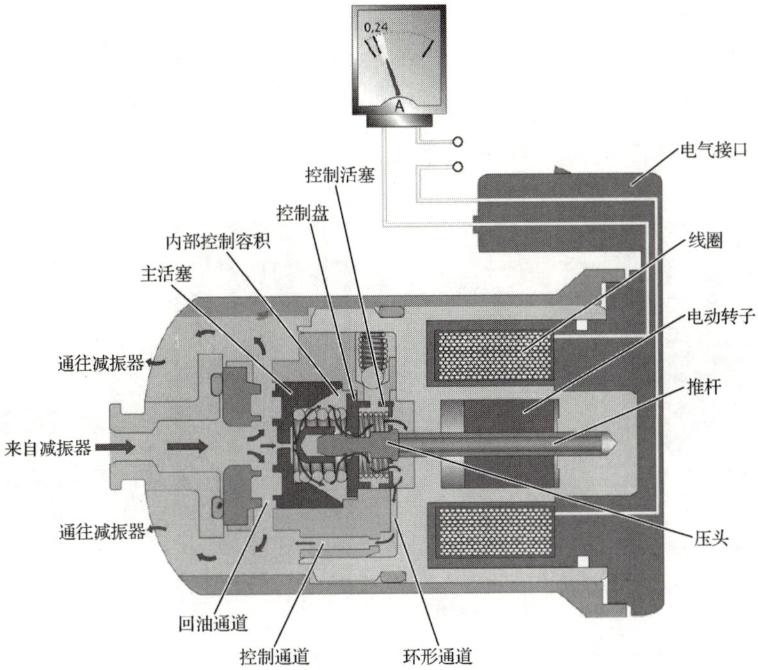

图 7-34　“软”模式下的调节阀

（4）“故障安全”模式下的调节阀。如果一个减振器至少有两个传感器或者电控减振控制单元 J250 发生故障，“故障安全”模式就会被激活。在“故障安全”模式下，供给到减振器的电流会被切断，从而使车辆的运行状态如同装备了传统减振器。而电动转子连同推杆及压头一起向右移动，直至顶靠着阀门壳体。控制活塞也会移动，并将至环形通道的直接入口关闭。此时油液将故障安全阀打开，并经由控制通道流回减振器，如图 7-35 所示。

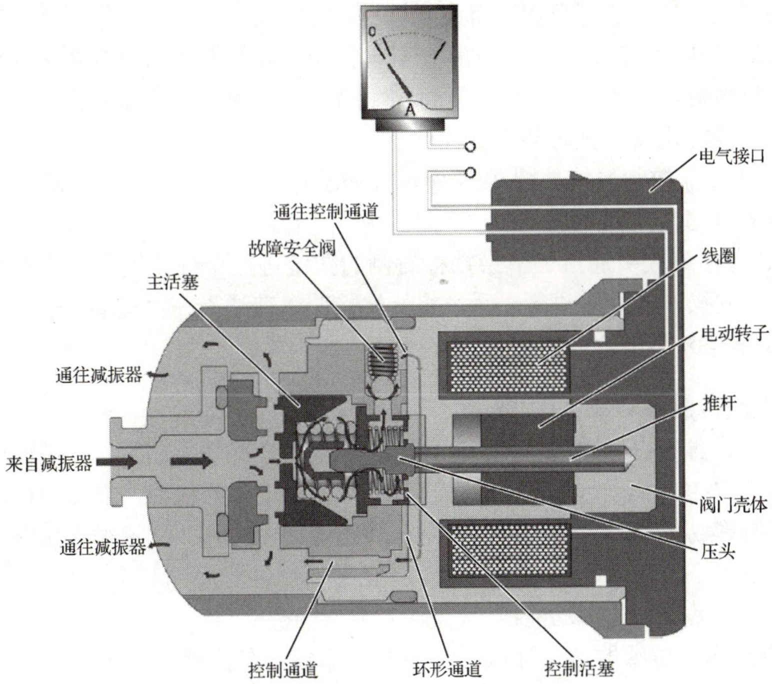

图 7-35　“故障安全”模式下的调节阀

2）伸张行程与压缩行程的功能

伸张行程与压缩行程如图 7-36 所示，可以看到活塞和底板的调节阀促使油液按指定方向流动。在伸张行程与压缩行程中，油液通过环形通道供给调节阀，并以相同方向流动（单向流动）。油液从调节阀流回油腔 2，调节阀控制油腔 2 的压力及阻尼力。

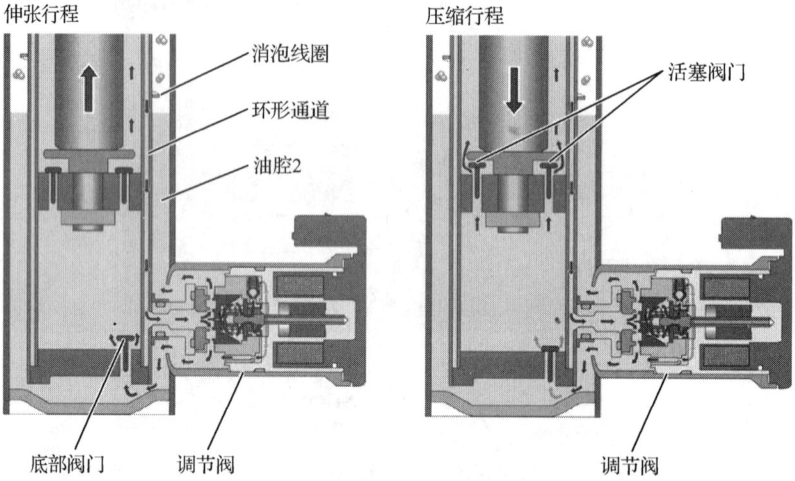

图 7-36 伸张行程与压缩行程

汽缸包含油腔 2，油腔内仅部分注油，注油口上有一个带消泡线圈的气垫，油腔 2 用于补偿油量的变化。油液流动由位于活塞、油腔基座和调节阀上的减振阀单元控制。减振阀单元由弹簧垫片、螺旋弹簧及带油道的阀体构成。

3）DCC 自适应底盘控制系统

双管自调式减振器通过一个控制单元来调节，此单元则根据大众集团所研发的控制运算法则来调节阻尼。依据不同的输入信号，整个双管自调式减振器的特性场可被使用。此控制运算法则也能够通过按键在“普通”、“运动”和 “舒适”3 个模式间自由切换，从而满足用户的需求。此系统在车辆静止或行驶时都能进行调节。

DCC 自适应底盘控制系统如图 7-37 所示，它总是处于工作状态。DCC 自适应底盘控制系统是一个智能的自动化控制系统。

DCC 模式可由驾驶员通过调节换挡杆右侧的按键进行个性化设置，多次按键直至获得所需的设置模式。此操作可重复进行。系统将始终按照“普通”—“运动”—“舒适”这一顺序进行切换，如图 7-38 所示。

4）车身高度传感器 G76、G289

车身高度传感器又称为转动角度传感器，它们安装在减振器附近，并通过连接杆与横摆臂灵活连接，如图 7-39 所示。由前后车桥的横摆臂及连接杆的移动，得出的车轮弹跳行程被传至传感器，被换算成转动角。转动角传感器在静态磁场中工作，并遵循霍尔法则。信号输出为减振器控制提供了一个与角度成比例的 PWM 信号（脉冲宽度调制信号）。

车身高度传感器的结构与功能：

如图 7-40 所示，传感器被设计成一种双腔室系统。在传感器一边（腔室 1）装备了转子，而在另一边（腔室 2）则装备了带定子的电路板。转子和定子是分别安装的，因此它们可独立密封。转子包含一根黏合了稀土磁铁的无磁性的不锈钢轴。稀土磁铁用于强磁场且要求磁铁尺寸极小的场合。

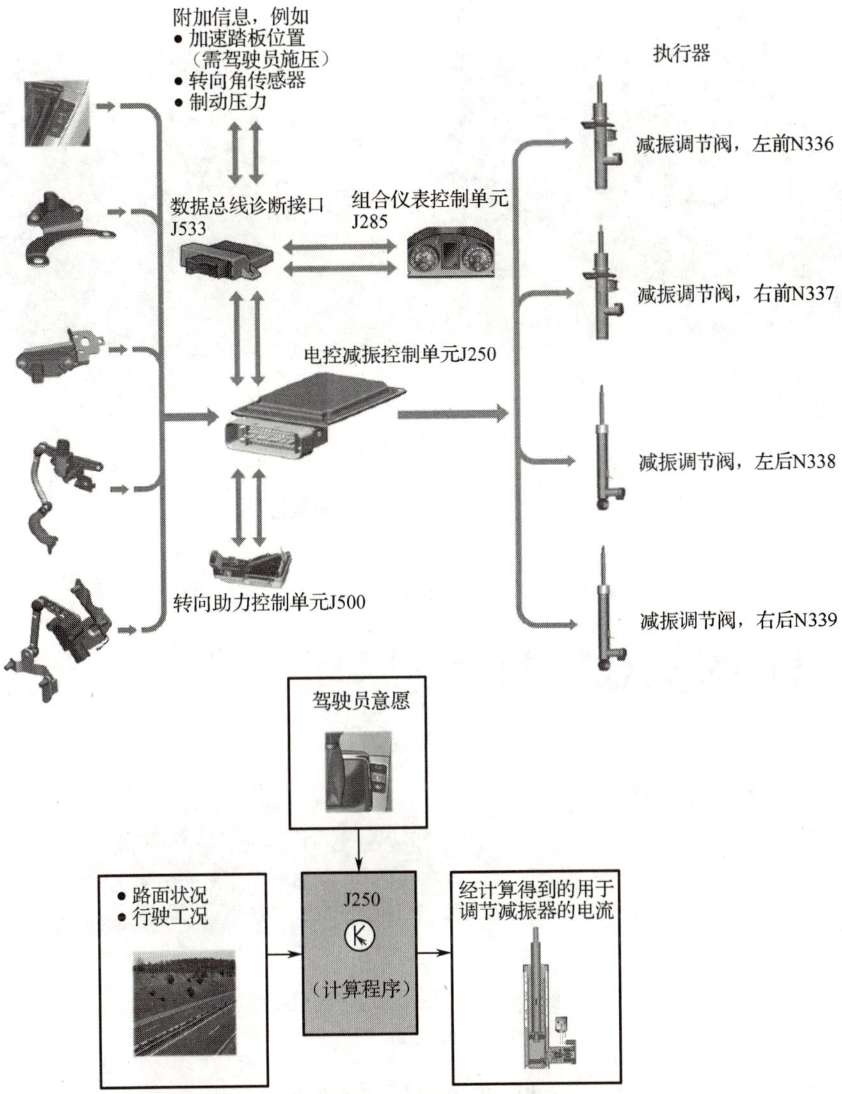

图 7-37　DCC 自适应底盘控制系统

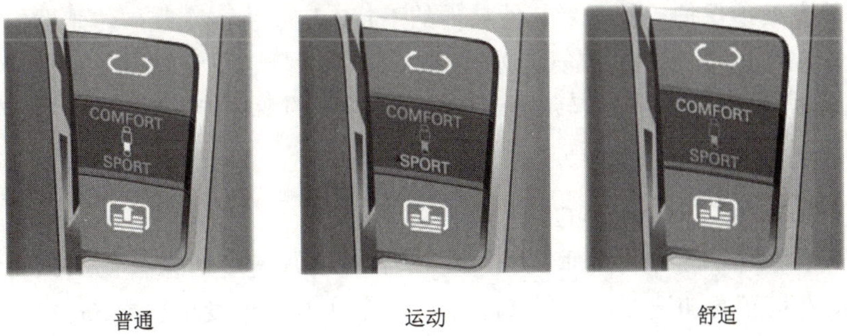

图 7-38　可选择的 DCC 模式

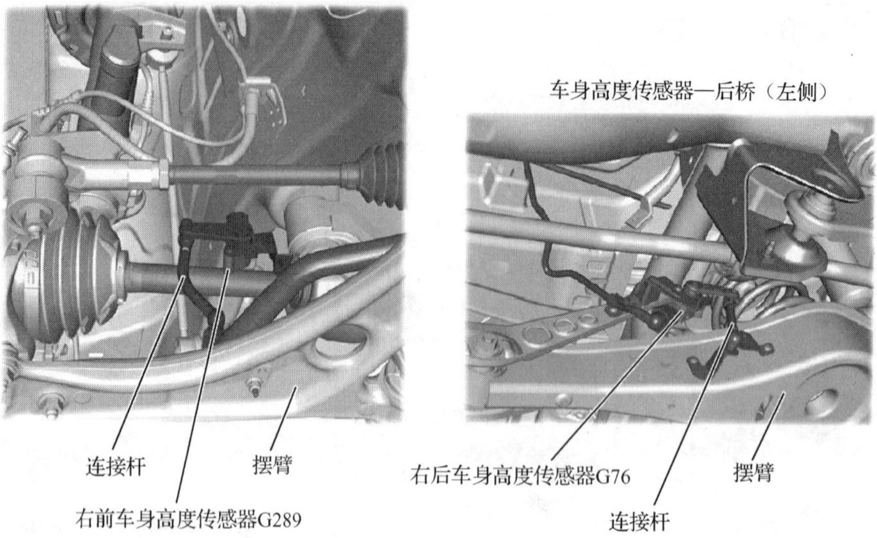

图 7-39　车身高度传感器安装位置

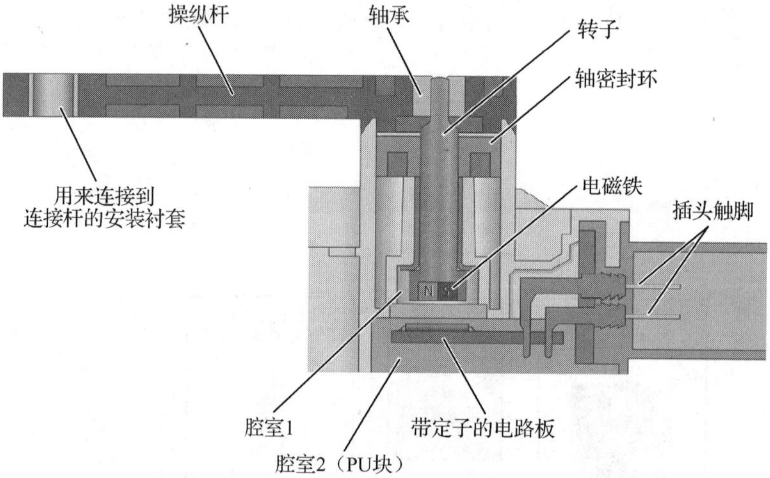

图 7-40　车身高度传感器的结构

转子通过操纵杆连接到连接杆上，操纵杆也用来驱动转子。转子安装在操纵杆内的轴密封环里面，这样能有效地保护机件不受其他零件的干扰。定子由一个霍尔传感器组成，并被安装在电路板上。电路板由 PU 块（聚氨酯）制成，这样能保护其不受外部的干扰。

信号在电路板的集成电路中被转化，使得车身高度的变化能够被电控减振控制单元 J250 所识别，如图 7-41 所示。

5）车身加速度传感器 G341～G343

车身加速度传感器测定车身的垂直加速度。后部车身加速度传感器 G343 安装在左后减振器顶部的旁边，左前车身加速度传感器 G341 和右前车身加速度传感器 G342 安装在车身上，靠近减振器的顶部，如图 7-42 所示。

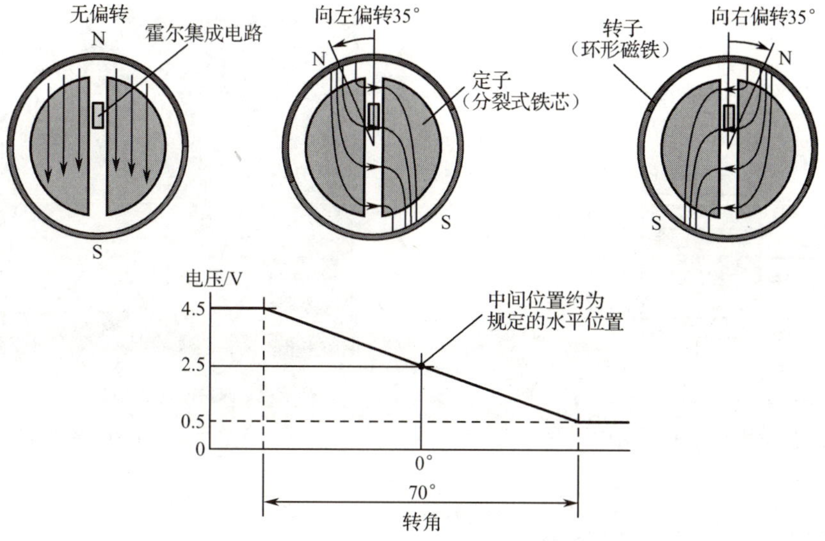

图 7-41　电路信号图

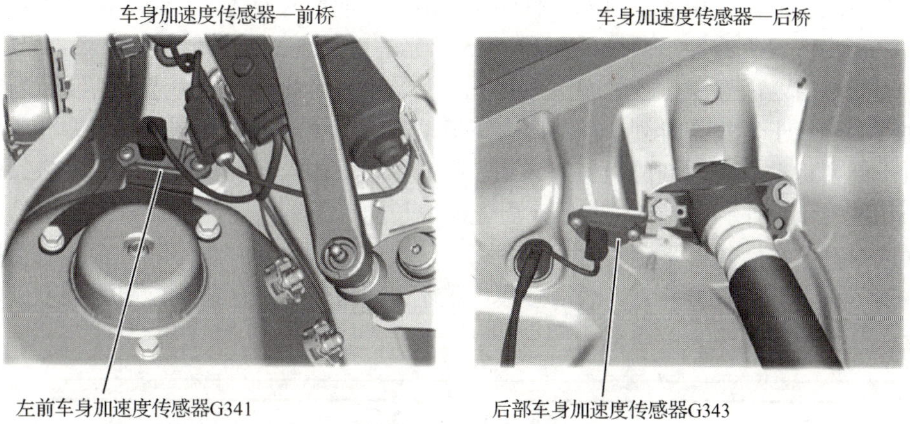

图 7-42　车身加速度传感器安装位置

车身加速度传感器的结构与功能：

车身加速度传感器是根据电容测定法则来工作的。弹性模块 m 作为一个中间电极在电容器两极板间振动，使 C_1 和 C_2 电容器的电容量相应变化，变化的节奏与振动的节奏相反。当一个电容器的极板间距 d_1 增大一定量时，另一个电容器的极板间距 d_2 也相应地减小了这个量，从而改变了各电容器的电容量。加速度传感器的结构如图 7-43 所示。

传感器的测定范围是$\pm1.6g$，$1g = 9.81\text{m/s}^2$。

6）电控减振控制单元 J250

电控减振控制单元 J250 位于行李箱内右侧的饰板后侧，如图 7-44 所示。它通过评估车身高度传感器 G76、G289 及车身加速度传感器 G341～G343 传来的信号，并考虑路面状况、行驶工况及驾驶员的要求，从而分别计算出 4 个减振器的最佳电流。在数毫秒内，电控减振控制单元 J250 通过一个受控的电流（0.24～2.0A）对减振器进行调节。

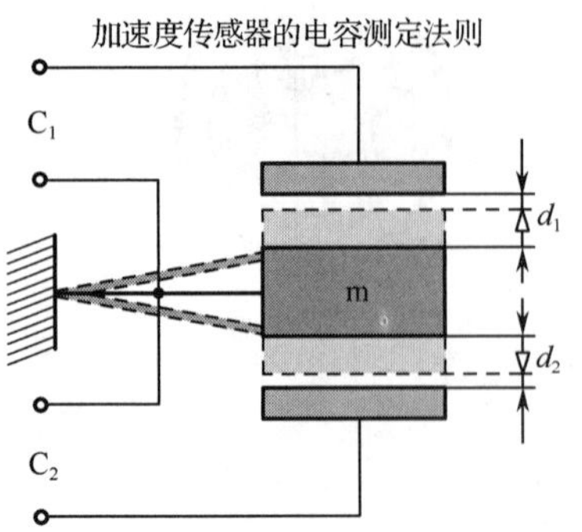

图 7-43 加速度传感器的结构

图 7-44 J250 安装位置

071 磁流变液减振器结构

磁流变液减振器在减振器中填充一种叫作“磁流变液”的液体，它是可磁化的软铁颗粒悬浮在碳氢化合物溶液中的悬浮液体，如图 7-45 所示。磁流变液减振器结构如图 7-46、图 7-47 所示，磁流变液由合成碳氢化合物及 3～10μm 大小的磁性颗粒组成。当磁性线圈未通电时，减振器油液的磁离子无规则排列。在活塞上下运动时，单个离子被强制通过活塞孔，含有微粒的油液对于活塞运动具有较低的阻值，结果，阻尼力较小。当磁性线圈通电时，磁离子沿磁力线排列，如图 7-48 所示。因此，在活塞周边形成长的离子链条。在油液进入活塞孔前，这些离子链横向排列。在活塞上下运动时，单个离子从离子链脱离，并被迫随油液通过活塞孔。为打破这些离子链，必须施加外力。活塞必须克服比未通电时要大的阻力，阻力依赖于电流和磁场的强度，从而实现了更大的阻尼力。

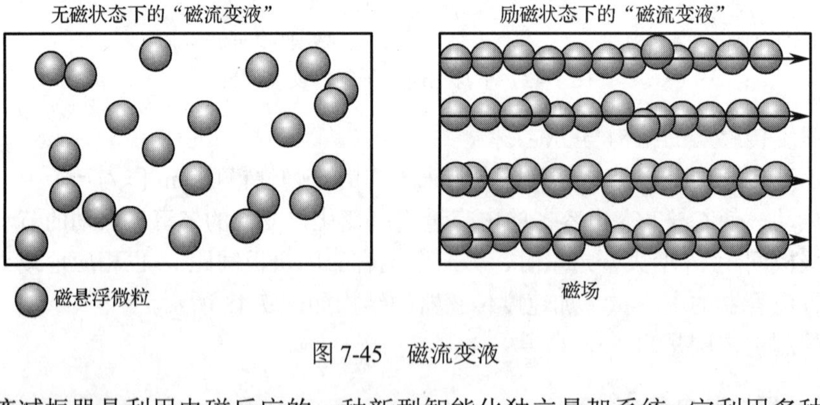

图 7-45 磁流变液

磁流变液减振器是利用电磁反应的一种新型智能化独立悬架系统。它利用多种传感器检测路面状况和各种行驶工况，传输给电子控制器 ECU，控制电磁减振器瞬间做出反应，抑制振动，保持车身稳定，特别是在车速很高、突遇障碍物时更能显出它的优势。电磁减振器的反应速度高达 1000Hz，比传统减振器快 5 倍，彻底解决了传统减振器存在的舒适性和稳定性不能兼顾的问题，并能适应变化的行驶工况和任意道路激励，即使是在最颠簸的路面，电磁减振器也能保证车辆平稳行驶，代表了减振器发展的方向。

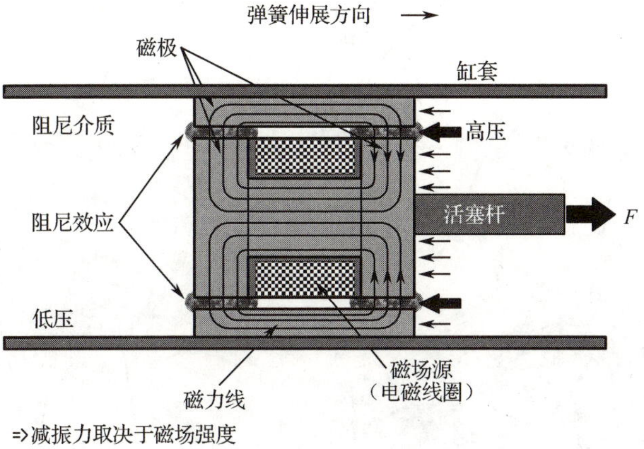

图 7-46　减振器内部结构

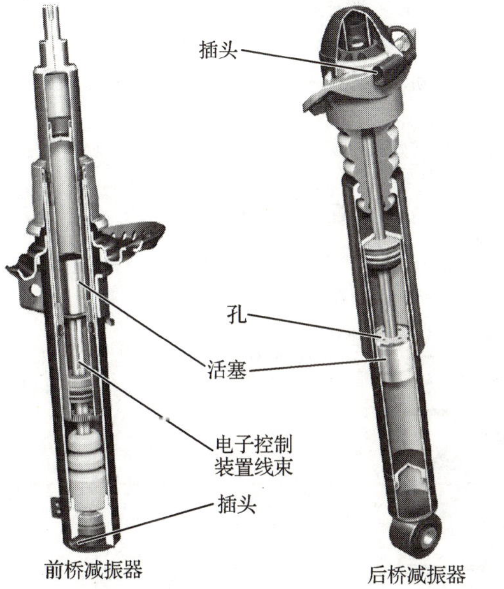

图 7-47　前后减振器结构

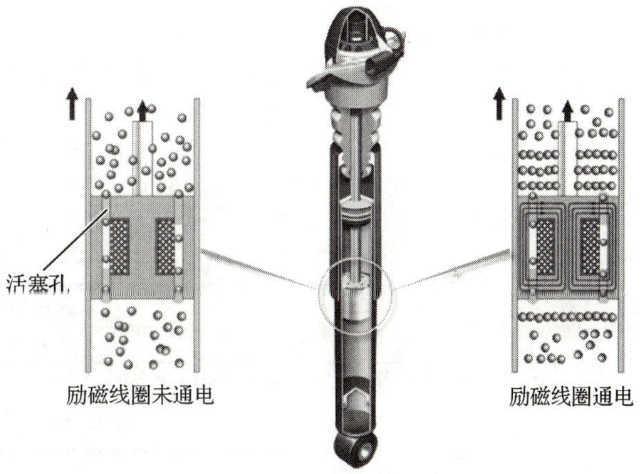

图 7-48　电控电磁线圈通电及未通电的大磁流变化

072　奥迪轿车四级空气悬架结构

奥迪轿车四级空气悬架主要由空气弹簧支柱、蓄压器、控制单元、电动-气动管线、PDC 减振器和操纵单元等组成，其元件安装位置如图 7-49 所示。四级空气悬架是一种全支撑式水平调节机构，它在前桥使用了传统的减振器，而后桥使用了与载荷有关的减振器。共有 4 个水平传感器，它们分别用于获知每个车桥上车身的水平状况。每个空气弹簧悬架都配有一个所谓的空气弹簧阀（横向截止阀），这样每个车桥就可以单独来进行调节了。该系统共有 4 个水平高度等级，最小离地间隙在这 4 个水平高度等级中可变化 66mm，可手动或自动调节。其中，第一级（低（TN））最小离地间隙为 142mm；第二级（正常（NN））最小离地间隙为 167mm；第三级（高 1（HN1））最小离地间隙为 192mm；第四级（高 2（HN2））最小离地间隙为 208mm，如图 7-50 所示。

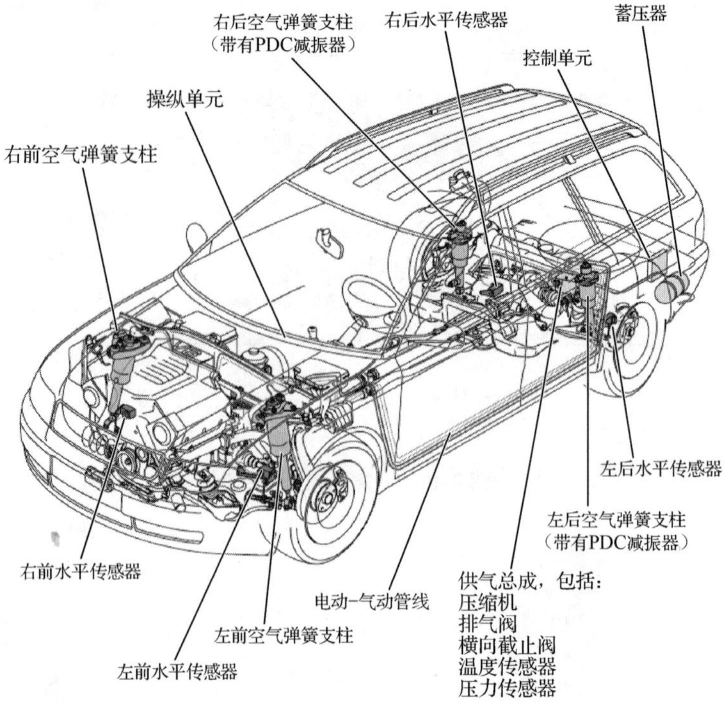

图 7-49　奥迪轿车四级空气悬架元件安装位置

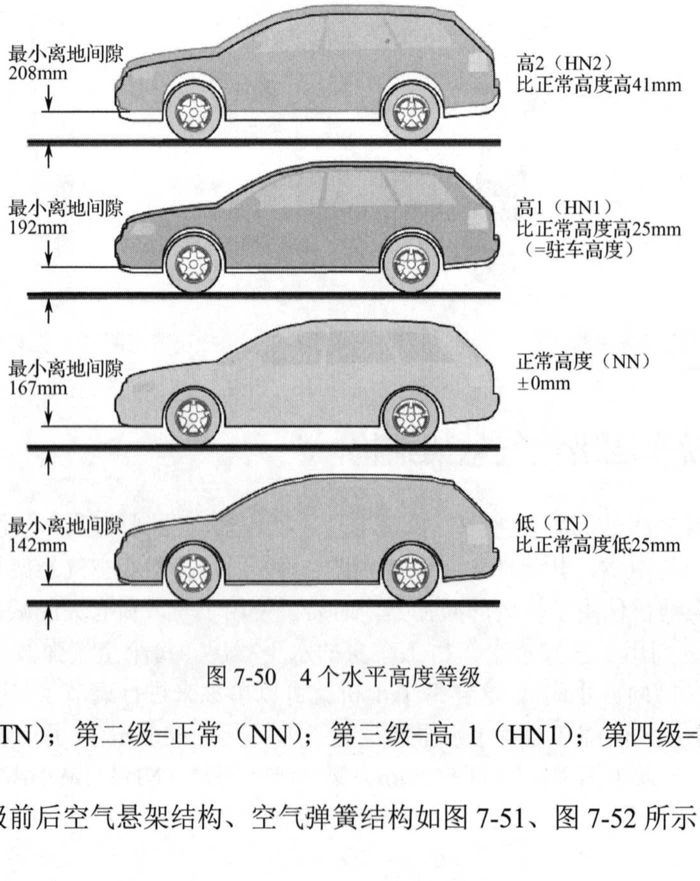

图 7-50　4 个水平高度等级

第一级=低（TN）；第二级=正常（NN）；第三级=高 1（HN1）；第四级=高 2（HN2）；驻车级 PN=高 1。

奥迪轿车四级前后空气悬架结构、空气弹簧结构如图 7-51、图 7-52 所示。

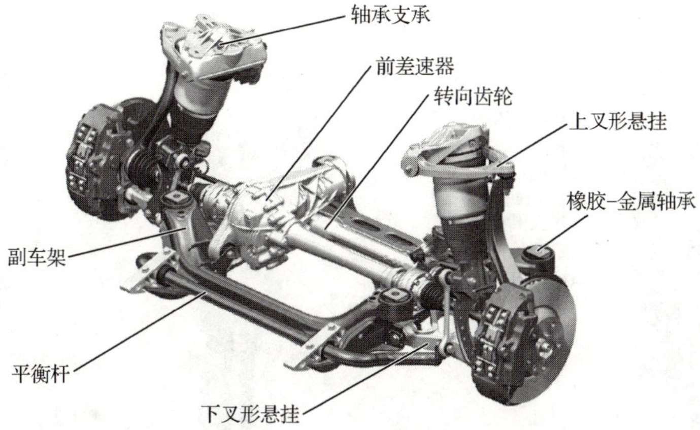

（a）前空气悬架

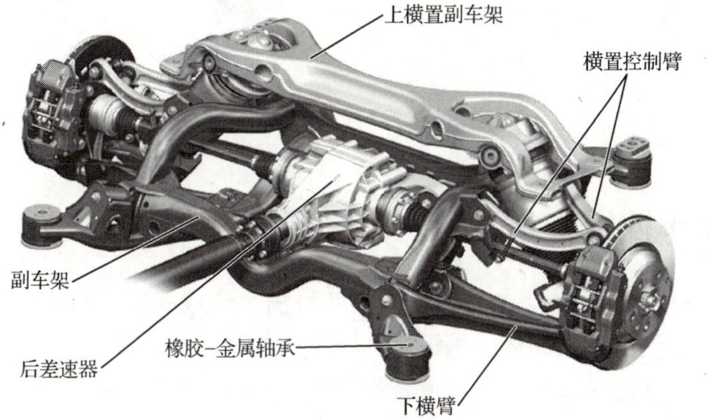

（b）后空气悬架

图 7-51　前后空气悬架结构

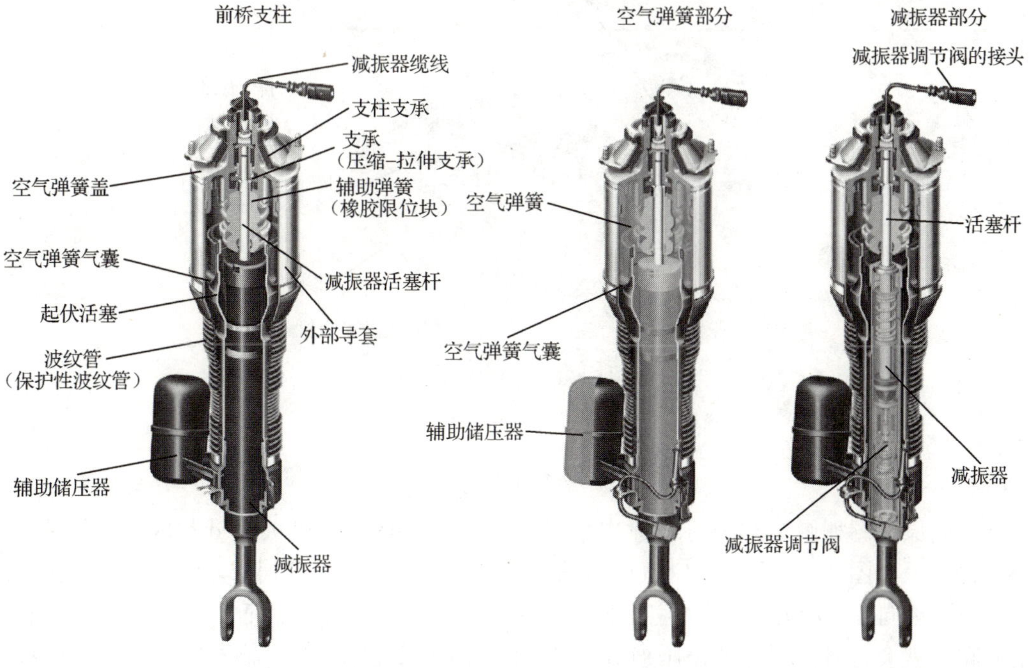

图 7-52　空气弹簧结构

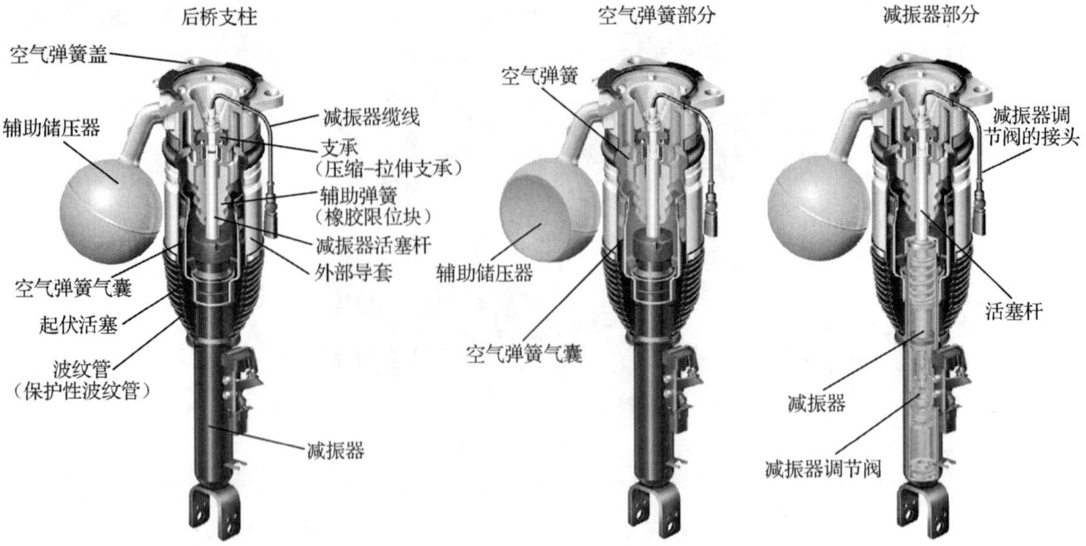

图 7-52　空气弹簧结构（续）

073 奥迪轿车四级空气悬架工作原理

压缩机供气通过消音器/滤清器吸入、清洁并排出。集成式压缩机温度传感器用于防止压缩机过热。供气组件包括电磁阀体、压缩机、空气干燥器、进气/排气管路、消音器/滤清器、集成式压缩机温度传感器（过热保护温度传感器）、具有压力保持功能和最大压力限制功能的气动排放阀和电磁阀体等，如图 7-53 所示。

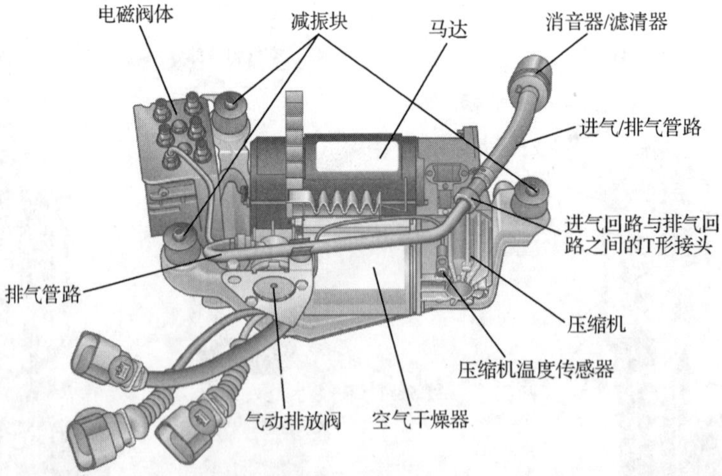

图 7-53　供气组件

系统气动原理图如图 7-54 所示。建立系统压力时，阀 9a、9b 和 9c、9d 是成对进行控制的（前桥和后桥），如图 7-55 所示。空气由压缩机经空气滤清器和辅助消音器吸入。压缩空气经空气干燥器、单向阀 3a 和阀 9 进入空气弹簧。如果空气弹簧由蓄压器充气，那么阀 10 和相应车桥上的阀 9 就会打开。蓄压器由压缩机经打开的阀 10 来充气，在车辆发生侧滑时，阀 9a～

9d 也可单独来调节。

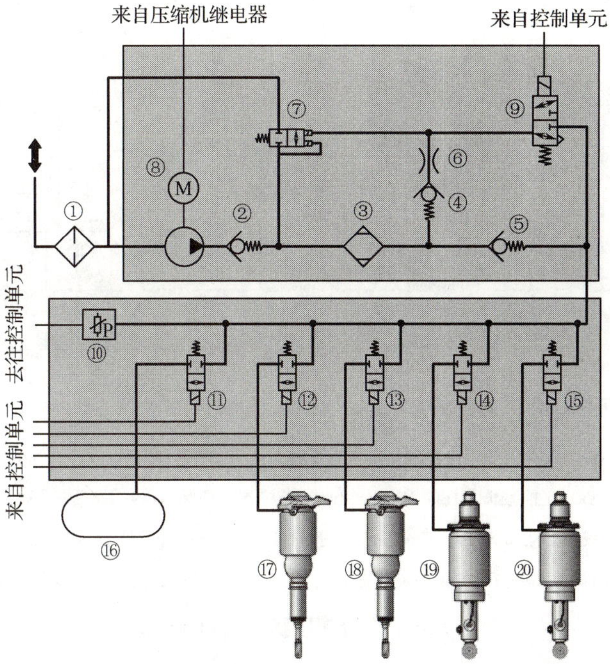

1—气动排放阀；2—电动排放阀 N111；3—消音器/滤清器；4—压缩机 V66；5—止回阀 1；6—空气干燥器；7—排气节流阀；8—止回阀 3；9—止回阀 2；10—压力传感器 G291；11—蓄压器阀 N311；12—减振支柱阀，左后 N150；13—减振支柱阀，右后 N151；14—减振支柱阀，左前 N148；15—减振支柱阀，右前 N149；16—蓄压器；17—支柱，左后；18—支柱，右后；19—支柱，左前；20—支柱，右前

图 7-54 系统气动原理图

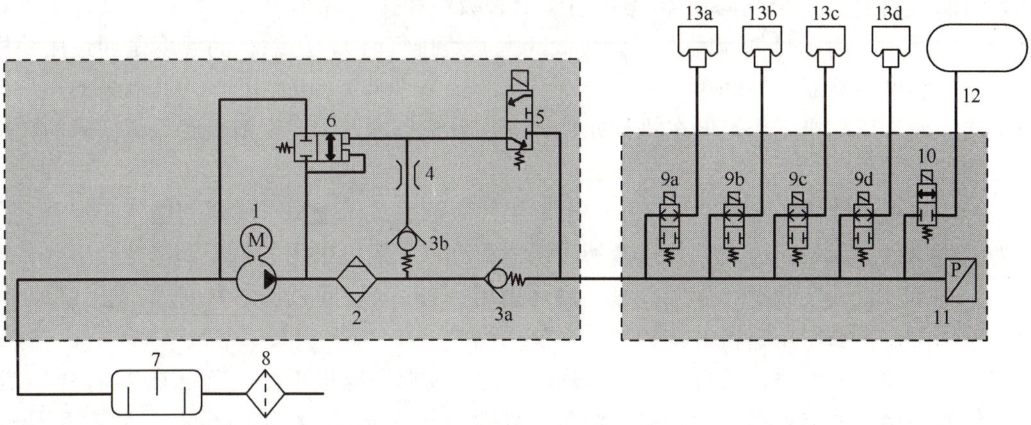

1—压缩机；2—空气干燥器；3a、3b—单向阀；4—排气节流阀；5—电控排气阀 N111；6—气动排气阀；7—辅助消音器；8—空气滤清器；9a— 左前减振支柱阀 N148；9b—右前减振支柱阀 N149；9c—左后减振支柱阀 N150；9d—右后减振支柱阀 N151；10—蓄压器阀 N311；11—压力传感器 G291；12—蓄压器；13a—左前减振支柱；13b—右前减振支柱；13c—左后减振支柱；13d—右后减振支柱

图 7-55 建立系统压力

系统卸压时相应的阀 9a、9b 和 9c、9d 及电控排气阀 5 打开，气流流经排气阀 5 并打开气

动排气阀 6。气流经气动排气阀 6、辅助消音器 7 和空气滤清器 8 离开系统。当气流流经空气干燥器 2 时，干燥剂就被还原了。系统卸压状态气动控制图如图 7-56 所示。

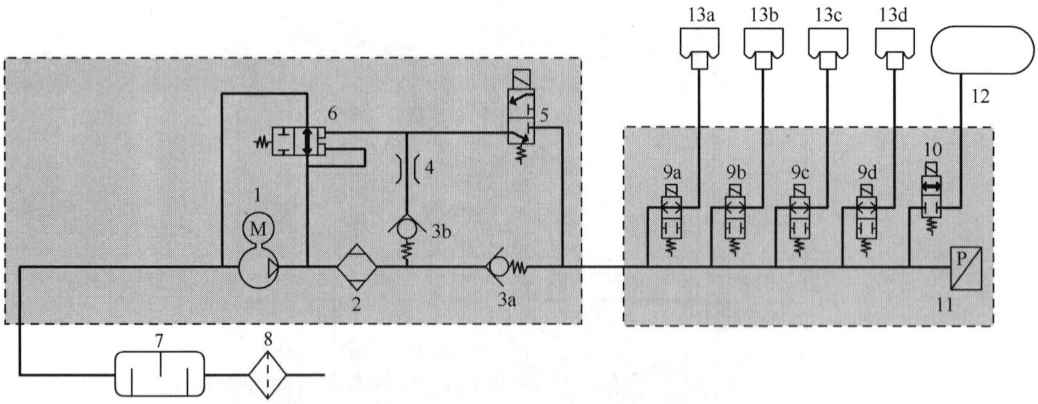

1—压缩机；2—空气干燥器；3a、3b—单向阀；4—排气节流阀；5—电控排气阀 N111；6—气动排气阀；7—辅助消音器；8—空气滤清器；9a—左前减振支柱阀 N148；9b—右前减振支柱阀 N149；9c—左后减振支柱阀 N150；9d—右后减振支柱阀 N151；10—蓄压器阀 N311；11—压力传感器 G291；12—蓄压器；13a—左前减振支柱；13b—右前减振支柱；13c—左后减振支柱；13d—右后减振支柱

图 7-56　系统卸压状态气动控制图

074 奥迪轿车四级空气悬架压缩机安装位置、结构及工作原理

（1）四级空气悬架压缩机安装在车外，且无隔音板（在备胎坑前部），如图 7-57 所示。因压力存储系统的原因，压缩机工作压力升至 160MPa，由于压缩机转速低，因而噪声小。压缩机通过备胎坑内的一个空气滤清器/噪声消除器来吸气和排气（车内），吸气-排气管中还有一个噪声消除器，它用于将气流噪声降至最低（尤其是排气时）。压缩机的温度是通过压缩机缸盖上的一个温度传感器和控制单元内的一个计算公式来进行监控的。正常工作状态时，只有发动机运转才允许压缩机工作，但在执行元件诊断、系统基本设定、识别出底盘极低时的预运行时，压缩机不工作。

（2）压缩机的结构。压缩空气是由一个单级往复活塞式压缩机（集成有空气干燥器）产生的。为了避免机油污染膜片式折叠气囊和干燥器管壳，压缩机采用的是无润滑式（干式）压缩机。由于轴承一直处在润滑过程中，且活塞环采用 PTFE（聚四氟乙烯）制成，这就保证了压缩机的使用寿命很长，压缩机的结构如图 7-58 所示。

（3）吸气和压缩过程。当需要升高车辆车身时，需要压缩机工作，当压缩机活塞向上运动时，空气经烧结过滤器被吸入曲轴箱，活塞上部的空气被压缩，经单向阀 1 进入空气干燥器。压缩并干燥后的空气经单向阀 2 流向压力接口，这个接口通往横向截止阀，控制单元必须同时启动压缩机继电器和横向截止阀，压缩机的吸气和压缩过程如图 7-59 所示。

（4）溢流。当活塞向下运动时，已经吸入曲轴的空气经隔膜阀进入汽缸，如图 7-60 所示。

（5）排气下降过程。在排气过程中，空气弹簧阀 N150 和 N151 及电动排气阀 N111 都打开。空气弹簧压力传至气动排气阀，在此处经空气干燥器和压力限制阀进入大气，此时压缩机和干燥器内的空气流向如图 7-61 所示。排气过程气动控制原理如图 7-62 所示。

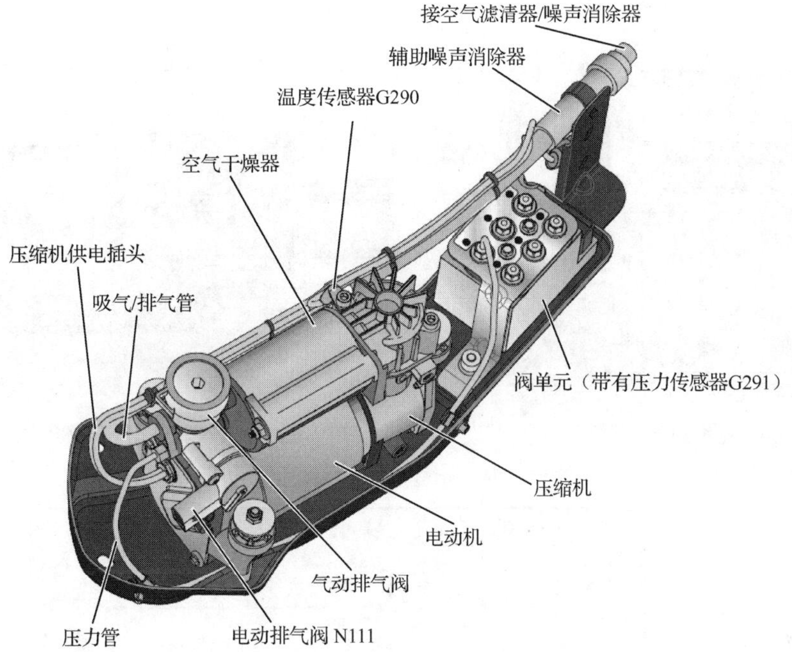

图 7-57　四级空气悬架压缩机安装位置

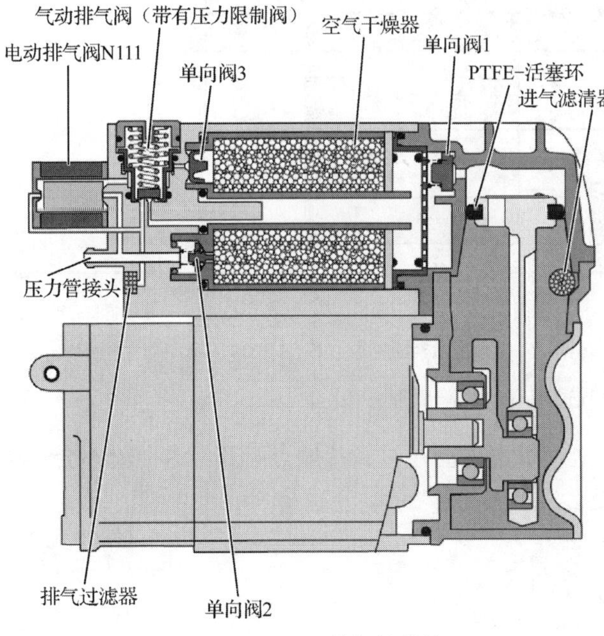

图 7-58　压缩机的结构

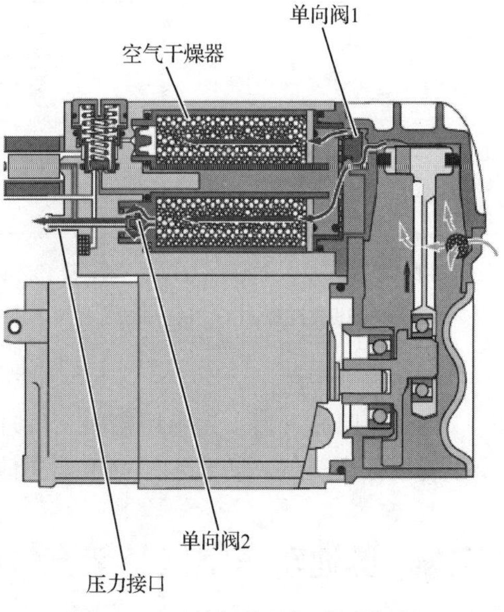

图 7-59　压缩机的吸气和压缩过程

（6）为了防止压缩机过热，在温度过高时应关闭压缩机。控制单元内集成有温度模块，用于监控温度，可计算出压缩机的温度。根据压缩机的工作时间和冷却时间来计算出温度，工作时间最长限制为 120s（超过的话在控制单元内会有故障记录）。每冷却 6min 可允许压缩机工作 15s，冷却 48min 后压缩机可工作 120s（最长工作时间）。

（7）蓄电池保护。为了保护蓄电池，在点火开关关闭后，压缩机最长工作时间被限制为 60s，之后系统关闭，只有再次接通点火开关才能激活系统。

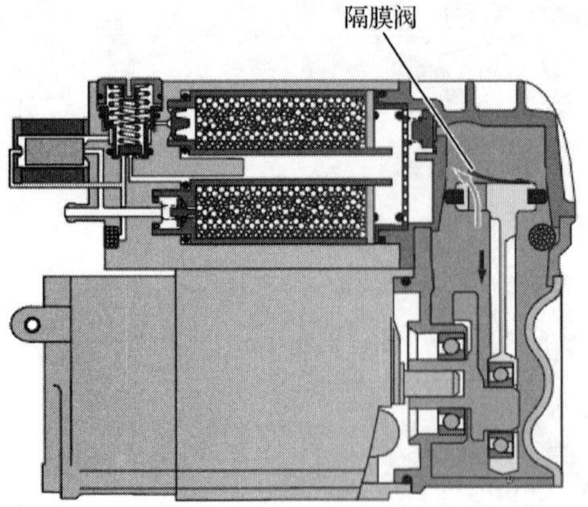

图 7-60 压缩机溢流过程

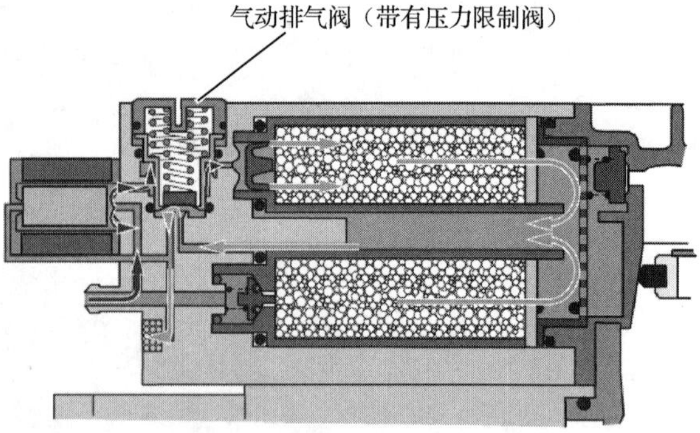

图 7-61 压缩机和干燥器内的空气流向

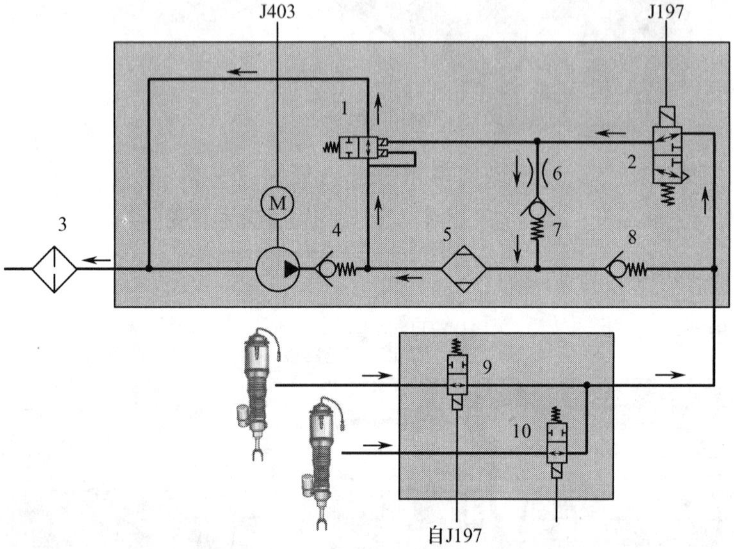

1—气动排气阀；2—电动排气阀 N111；3—消音器/滤清器；4—止回阀 1；5—空气干燥器；6—排放节流阀；7—止回阀 3；8—止回阀 2；9—减振支柱阀 N148；10—减振支柱阀 N149；J403—水平高度调节系统压缩机继电器；J197—水平调节控制单元

图 7-62 排气过程气动控制原理

（8）轮胎充气口。为备用轮胎充气时，压缩机电磁阀通过簧片触点断开。这样就不会从整个系统中抽出空气，防止水平高度发生改变。

075 奥迪轿车空气悬架充气与放气

在拆卸/更换电磁阀和蓄压器时，必须预先给系统排气，随后再充气。具体操作步骤如下。

（1）连接故障诊断仪器 VAS6051，打开点火开关。

（2）选择“故障导航”中的“功能-/部件选择”。

（3）选择“功能检测”中的“底盘”。

（4）选择“01 有自诊断功能的系统”，进入“J197 水平调节控制单元”。

（5）选择“J197 系统排气或充气”，然后按下列通道充气、放气：

①基本设定 20：给蓄压器排气；②基本设定 21：给前桥排气；③基本设定 22：给后桥

排气；④基本设定 23：给蓄压器充气；⑤基本设定 24：给前桥充气；⑥基本设定 25：给后桥充气。

076 奥迪 A8 轿车空气悬架特殊维修模式设定方法

在利用千斤顶对装备了自适应空气悬架的奥迪 A8 轿车进行维修作业的过程中，如果不熟悉该系统的工作特点，就经常容易发生空气悬架异常动作的情况，并且有可能导致该系统损坏。该车空气悬架特殊维修模式设定可以通过 VAS6150 等专用设备进行，也可以通过 MMI 进行设置，因为空气悬架的模式设置操作已经全部移植到中央信息显示系统中了。下面介绍通过 MMI 进行空气悬架特殊维修模式设定的步骤。

（1）接通点火开关，按住 MMI 的功能按钮“CAR”。

（2）保持按住该按钮，MMI 屏幕出现主菜单“ADAPTIVE AIR SUSPENSION”（自适应空气悬架）。

（3）继续按 MMI 的功能按钮“SETUP”，MMI 屏幕出现功能菜单“ADAPTIVE AIR SUSPENSION”。

（4）通过旋转/按压操作按钮将菜单调整到所需要的操作模式，即“CAR JACK MODE”（汽车千斤顶模式）。

（5）接通点火开关，设置完成，然后即可利用千斤顶对车辆进行举升操作。

077 奥迪 A8 轿车自适应空气悬架系统初始化

对于配置了自适应空气悬架系统的奥迪 A8 轿车，对该系统初始化也就是校准车身高度传感器。当更换任何一个车身高度传感器或自适应空气悬架系统控制单元时，都必须进行系统初始化。具体步骤如下。

（1）使用 VAS6150 来完成系统的初始化（地址码为 34-自适应空气悬架）。

（2）测量每个车轮从车轮中心到轮罩下边缘的高度值。

（3）在 VAS505x 上选择功能 10-自适应。

（4）将测得的数值逐个输入控制单元内。由于规定值已经存储在控制单元内，对比测量值和规定值便可以确定出校正系数。

078 奥迪 A6L、A8L、辉腾、途锐轿车空气悬架匹配

① 选择 34 自调平悬架；②选择 16 授权登录；③输入登录密码 31564；④选择 10 通道调整匹配；⑤选择通道号 01（左前），输入高度值；⑥选择通道号 02（右前），输入高度值；⑦选择通道号 03（左后），输入高度值；⑧选择通道号 04（右后），输入高度值；⑨选择通道号 05，输入值 1；⑩确认完成。

常见车型高度值如下。

① 途锐（7L）标准型：前 497mm，后 411mm；②途锐（7L）越野型：前 488mm，后 498mm；③辉腾（3D）ROW 非美款：前 407mm，后 401mm；④辉腾（3D）NAR 美款：前 417mm，后 411mm；⑤奥迪 Q7（4L）：前 449mm，后 465mm；⑥奥迪 A8（4E），标准型（PR 代码为

1BK)：前 416mm，后 398mm；⑦奥迪 A8、SS（4E），运动型（PR 代码为 2MA、2MB）：前 396mm，后 378mm；⑧奥迪 A6（4F，PR 代码为 1BK）：前 386mm，后 384mm；⑨奥迪 A6（4F，PR 代码为 1BY）：前 388mm，后 380mm。

079 瑞麒 G6 CDC 减振器工作原理

CDC 减振器与常规减振器的区别在于，在上腔和补偿腔间增加了一个中间腔和 CDC 电磁阀，配合流通阀、拉伸阀及压缩阀，使一部分油液可以通过中间腔从上腔流向补偿腔，通过控制 CDC 电磁阀的工作电流改变节流通道的大小，达到对拉伸和压缩时的阻尼进行连续调节。CDC 悬架控制系统减振器的工作原理如图 7-63 所示。CDC 减振器的工作过程分为拉伸行程和压缩行程，具体工作原理如下。

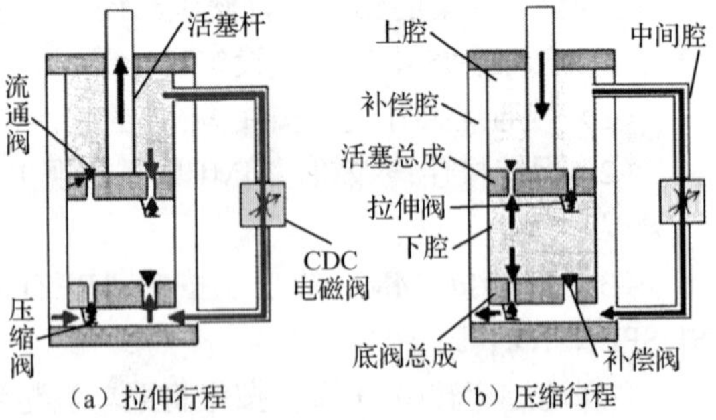

图 7-63　CDC 悬架控制系统减振器的工作原理

（1）拉伸行程。活塞杆相对腔体向上运动，上腔体积减小，上腔和中间腔油压增大。油液流动路径分 3 路：上腔油液推开活塞总成上的拉伸阀流入下腔；由于活塞杆占有一定空间，自上腔流入的油液不足以充满下腔容积的增加，因此补偿腔油液推开底阀总成上的补偿阀流入下腔；中间腔的油液通过 CDC 电磁阀控制的节流通道流入补偿腔。当活塞杆与腔体的相对速度较小时，油压不足以克服拉伸阀弹簧预紧力，拉伸阀关闭；当油压升高到足够克服拉伸阀弹簧预紧力时，拉伸阀开启。

（2）压缩行程。活塞杆相对腔体向下运动，下腔体积减小，下腔油压增大。由于流通阀开启压力小，仅起到单向阀的作用，因此下腔与上腔压力相差不大。油液流动路径分 3 路：下腔油液通过活塞总成上的流通阀流入上腔；下腔油液通过底阀总成上的压缩阀流入补偿腔；中间腔的油液通过 CDC 电磁阀控制的节流通道流入补偿腔。当活塞杆与腔体的相对速度较小时，油压不足以克服压缩阀弹簧预紧力，压缩阀关闭；当压力升高到足够克服压缩阀弹簧预紧力时，压缩阀开启。

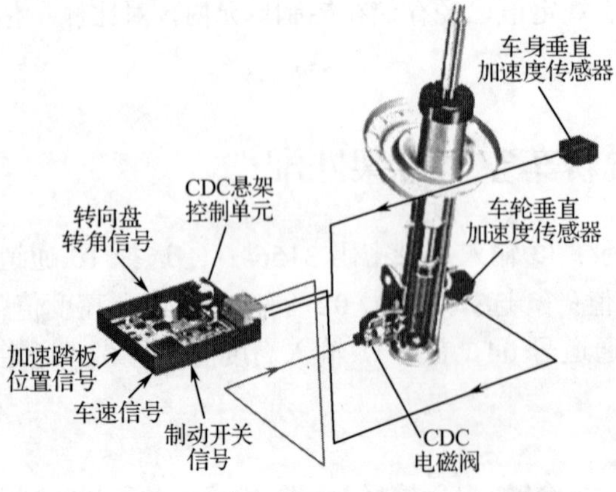

图 7-64　CDC 悬架控制系统的电控原理

CDC 悬架控制单元对 CDC 减振器的控制兼顾了车辆的操作安全性和乘坐舒适性，CDC 悬架控制系统的电控原理如图 7-64 所示。CDC 悬架控制单元根据 3 个车身垂直加速度传感器信号和两个车轮垂直加速度传感器信号来评估车身振动情况及 CDC 减振器工作情况，从而确定每一个 CDC 电磁阀的工作电流，对不同的车身动作进行调整，同时 CDC 悬架控制单元根据转向盘转角、车速、加速踏板位置和制动开关信号来判断驾驶人意图，从而在极端工况下（高速转弯、急加速、紧急制动等）限制 CDC 电磁阀的最大工作电流，以确保安全。车身垂直加速度传感器和车轮垂直加速度传感器均为 3 根导线，分别为 5V 参考电源线、信号线和搭铁线。

车身垂直加速度传感器和车轮垂直加速度传感器的信号范围均为0.5～4.5V。

CDC悬架控制单元通过占空比信号控制CDC电磁阀的工作电流，并通过检测CDC电磁阀的实际工作电流实现闭环控制。CDC电磁阀的电流范围为0～1.6A。CDC电磁阀的工作电流越大，对应的阻尼越小；CDC电磁阀的工作电流越小，对应的阻尼越大。CDC电磁阀可在几毫秒内回应CDC悬架控制单元的指令。

CDC悬架控制系统有普通、舒适和运动3种工作模式，可以通过模式开关进行模式选择。普通模式时，阻尼在最大阻尼范围调节；舒适模式时，要求缓慢衰减车身振动，阻尼在低阻尼范围调节；运动模式时，要求迅速衰减车身振动，阻尼在高阻尼范围调节。当CDC悬架控制系统失效时，阻尼处于最高状态，以保证车辆行驶时的安全性。

080 悬架系统常见故障与诊断

1）前悬架的检修

从路面传来的冲击力及转向盘的转矩容易引起球铰接头及各连接处的磨损，杆类零件的变形、损伤等。这些故障会导致车轮定位不良、转向盘操纵性能变坏、轮胎异常磨损等。

（1）减振器的检修。汽车行驶过程中，若减振器发出异常响声，说明减振器已损坏，需要检修。首先检查减振器渗油情况，若减振器渗油较少，则不必更换，查找渗油部位进行修复；若减振器渗油较多，则应更换，漏油的减振器不能继续使用。

检查或更换减振器时必须把它拆卸下来。

（2）前悬架支撑柱的检修。检查减振器是否损坏，若确认无问题，可不拆卸减振器。拆卸前悬架支撑柱的步骤如下。

① 拆卸制动盘，卸掉挡泥板。

② 压出轮毂。

③ 拆下两边弹簧挡圈，压出车轮轴承。

④ 拉出轴承内座圈。

零件拆卸下来后，进行全面清洗测量、检查，若发现下列情况，必须更换新件：

- 挡泥板严重变形、扭曲；
- 制动盘工作面严重磨损或工作面出现裂纹（包括小裂纹）；
- 轮毂花键严重磨损或有较大裂纹；
- 弹簧挡圈变形、失效；
- 轴承损坏（轴承只能成套调换）；
- 前悬架支撑焊接件的任何一条焊缝及其他各处出现裂纹或严重变形（焊接件在修理时不可进行焊接或校正）。

2）后悬架的检修

（1）检查后轮轴承。检查后轮轴承磨损情况，若有损坏或转动不灵活，则予以更换。更换轴承时，必须使用专用工具。取出制动鼓内的密封圈和内轴承，用铜冲头敲出内外轴承外圈，清洗并检查其损坏或磨损情况。若原轴承可用或更换新轴承，则用专用工具压入新的内外轴承外圈，然后在内轴承上涂上适量的锂基润滑脂，装入制动鼓内。

但千万不能使制动鼓表面沾上油脂，一旦沾上油脂，必须擦净。随即放上油封，用橡皮锤将油封均匀地敲入，并测量油封凸出高度（凸出高度为 1.1～1.6mm）。制动鼓制动表面若磨损严重（180 型制动鼓直径超过 181mm 或端面圆跳动超过 0.2mm 时），应更换制动鼓。

（2）检修后轮支承短轴。后轮支承短轴根部易发生裂纹，若继续使用，遇到较大冲击载荷时可能折断，造成严重事故。检查后轮支承短轴，需拆下制动器。测量短轴轴径，圆周方向至少测量 3 次，将读数的最大值与最小值相减，若该值超过 0.25mm，则说明磨损不均匀，应更换支承短轴。安装短轴和制动器时，一定要装上压力垫圈。4 个紧固螺栓应分批按一定次序拧紧，拧紧力矩为 60N・m。

（3）减振器的检修。人工检查后减振器，查看支承处有无裂纹，筒体外有无渗漏油迹，若存在上述现象，则必须更换新件。使用减振器测试仪检查减振器的功能，可根据需要测量其衰减性能。也可人工估测：拆下后减振器用手压动活塞杆判定其性能是否良好。检查压缩和复原时的阻尼，与有关标准对照，判定其好坏。同时还应检查橡胶件、弹簧件等，看其有无损伤、龟裂、老化、衰损等，不同情况分别对待。

拆卸后减振器时应使车辆停稳，停在硬实地面上或用千斤顶支撑住后桥。向上掀起车厢内减振器上方配有的一条断边的三角区域底搁板，从车上拆下弹簧支柱，慢慢从车轮与轮罩之间拆卸并移出支架。拆卸时要小心，以免碰坏车身及油漆，且不应同时拆卸两边的弹簧支柱，否则会使轴体上的轴衬受压过大。

通常损坏的减振器在行驶过程中会发出异响。减振器损坏多出现漏油现象，漏油的减振器必须整体更换。安装弹簧支架时，弹簧支架自锁螺母的拧紧力矩为 35N・m，后桥减振器支承上螺母的拧紧力矩为 60～70N・m。安装完毕后，可将后搁板两边用胶带封住。

3）悬架的常见故障及其排除

（1）悬架异响。

① 现象。行驶中，前、后悬架发出异常噪声或敲击声。

② 故障原因。

- 减振器损坏；
- 横向稳定杆或减振器固定不良，轮毂轴承松动；
- 减振弹簧断裂。

③ 故障排除。

- 更换减振器；
- 重新紧固松动部分；
- 更换减振器弹簧。

（2）减振性能下降。

① 现象。行驶中，车辆颠簸严重。

② 故障原因。

- 减振器失效；
- 减振器弹簧断裂。

③ 故障排除。

- 更换减振器;
- 更换减振器弹簧。

4）奥迪轿车前部悬架无法升起故障及其排除

（1）故障现象。前部空气悬架无法升起。

（2）故障诊断。用诊断仪检查自适应空气悬架控气单元的故障码为 40320 C10C800。前部空气弹簧减振器不能升起，后部正常。检查空气压缩机可以正常工作，判断为前部空气悬挂系统漏气，当压缩机工作时能听到漏气声。拆下左、右前部空气弹簧减振器用气枪打气测漏，发现左前空气弹簧减振器漏气，如图 7-65 所示。

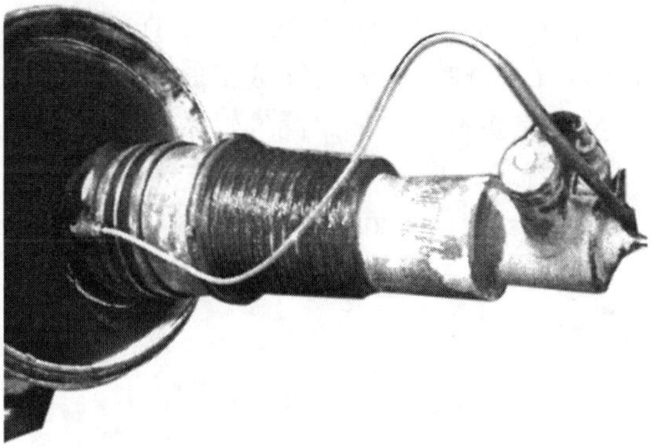

图 7-65　左前空气弹簧减振器漏气

（3）故障排除。更换左前空气悬挂系统，消除系统故障码。空气悬挂系统可以正常升降，反复验证确认故障排除。

（4）故障原因分析。由于空气悬挂系统漏气严重，导致空气压缩机由于过热而关闭。

5）奥迪 A6L 轿车空气悬架黄灯报警故障及其排除

（1）故障现象。空气悬架黄灯报警，关闭发动机再着车，黄灯熄灭。更换了分配阀和控制器，但是维修后黄灯多次报警，最后建议更换继电器。

（2）故障诊断。用 VAS6150 检查空气悬架高度各水平调节控制单元中是否有高度传感器机械故障。导致这个故障码的可能原因有：①某一个水平高度传感器失效；②水平高度传感器调节不当；③控制单元内部判断错误。

（3）故障排除。检查传感器有无明显损坏。根据导航检查传感器连接杆和支架有无变形，没有发现明显变形和损坏。最后读取数据流，4 个高度传感器，两个后面的相差不到 2mm，而两个前面的相差 14mm，说明右前高度传感器输入到控制单元的值误差太大，按要求最大不能超过 15mm。分析原因，有可能是速度快时，车身往下降过程中出现较大误差。试探性把右前高度传感器支架调整到左右高度一样的位置，读取数据流左右相差不到 2mm，试车故障消失。

（4）故障原因分析。右前水平高度传感器由于拆装后安装位置不合理导致本故障发生，在修车时一定要充分试车尽量发现一些潜在故障。

6）空气悬挂系统漏气原因及特点

（1）故障现象。故障表现为车辆停放一段时间后，出现车身倾斜或是前空气悬挂系统或后空气悬挂系统落到最低状态；如果空气悬挂系统突然间漏气过大，则会导致空气悬挂系统无法调节（由于空气压缩机温度过高而关闭）。

（2）常见空气悬挂系统漏气原因。①空气管路漏气，尤其是空气管路在分配阀体和空气悬挂系统的接口处容易漏气。②空气弹簧漏气，主要是橡胶活塞开裂或减振器密封不良。③分配阀体自身漏气，主要是气管接口或阀体内部密封不严。

（3）空气悬挂系统漏气特点。①在温度较低时停放时间较长，容易产生漏气的一般是空气弹簧，其自身因热胀冷缩而导致密封不良漏气。②空气悬挂系统管路漏气。一般车身是两前或两后降到相同高度，如两侧都降到低位，但一侧相对更低一些，则表明该侧空气弹簧漏气。因为每个空气弹簧上都有一个机械式剩余压力保持阀，可以保证空气悬挂系统内至少有 350kPa 的压力（部分车型是 300kPa），在这种情况下空气悬挂系统是不会完全降到最低的。③分配阀体漏气，可以使用肥皂水来检查是否漏气。如果漏气轻微，可以采用备件替换法来排除（分配阀体在空气悬挂系统中的成本较低）。也可以使用压缩空气向浸在水中的空气弹簧总成进行打压测试，一般车间压缩空气的压力不超过 800kPa 时不会对空气弹簧本身造成损伤。

Chapter 8

第8章

转向系统

081 奥迪滚珠丝杠电动助力转向系统的结构及原理

奥迪电动助力转向系统的结构及原理如图 8-1～图 8-5 所示。滚珠丝杠能够将电动机的旋转运动转换成齿条的直线运动。滚珠丝杠的工作原理类似于螺栓螺母系统。螺距变成了沟道，螺栓（螺杆）和螺母（球循环螺母）之间的连接是通过沟道中的球来实现的。这些球的滚动就像轴承内的滚子元件一样，在一个封闭的循环回路中运动。要想实现这种运动，球循环螺母内要有一个循环通道，将球循环螺母的沟道“起点”和“终点”连接在一起。

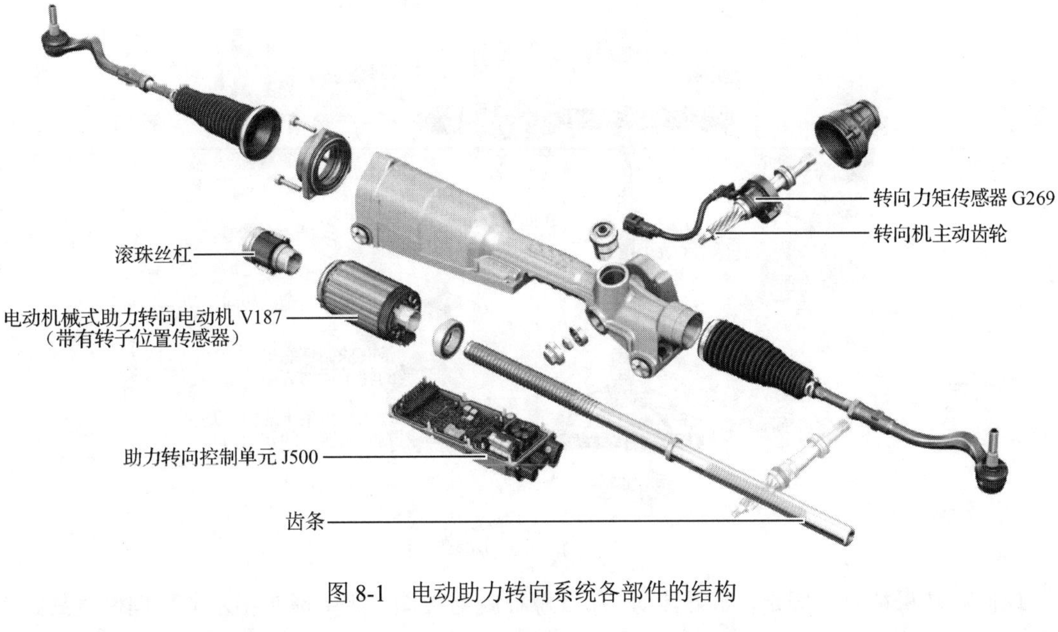

图 8-1 电动助力转向系统各部件的结构

随着球循环螺母的反向转动及球滚动方向的逆转，螺杆的运动方向也会跟着改变。滚珠丝杠在将旋转运动转换成直线运动时，因为摩擦减小了（球与沟道是点接触的），所以功率的消耗只有普通螺杆传动的三分之一。整个结构具有磨损小、定位精度高（安装间隙很小）的特点。

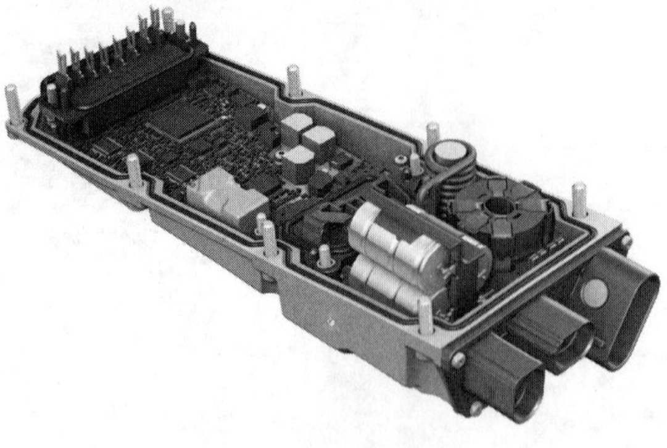

图 8-2 控制单元

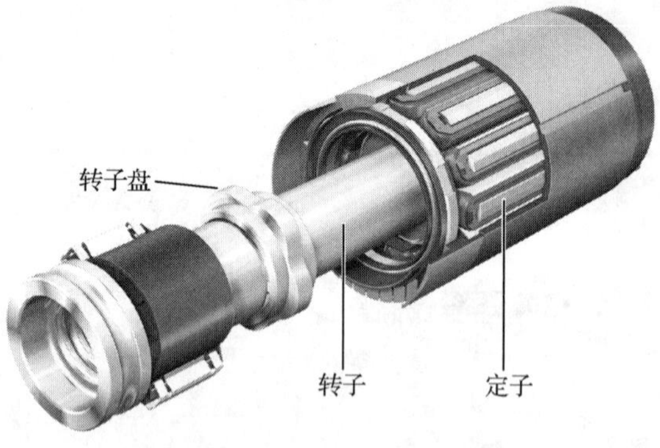

图 8-3 电动机械式助力转向电动机

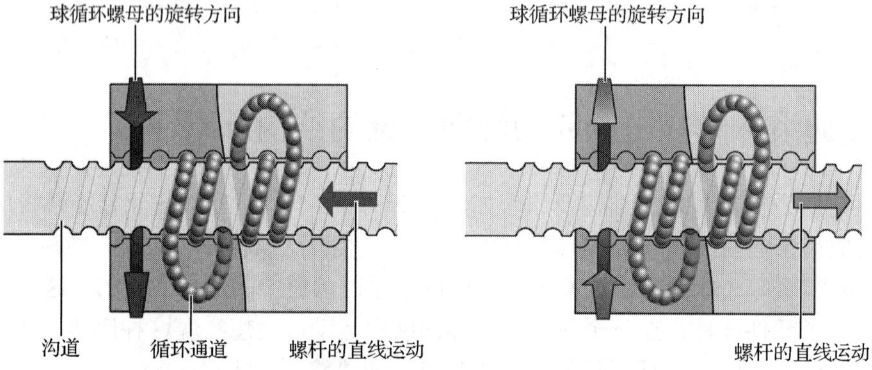

图 8-4 滚珠丝杠的结构与原理

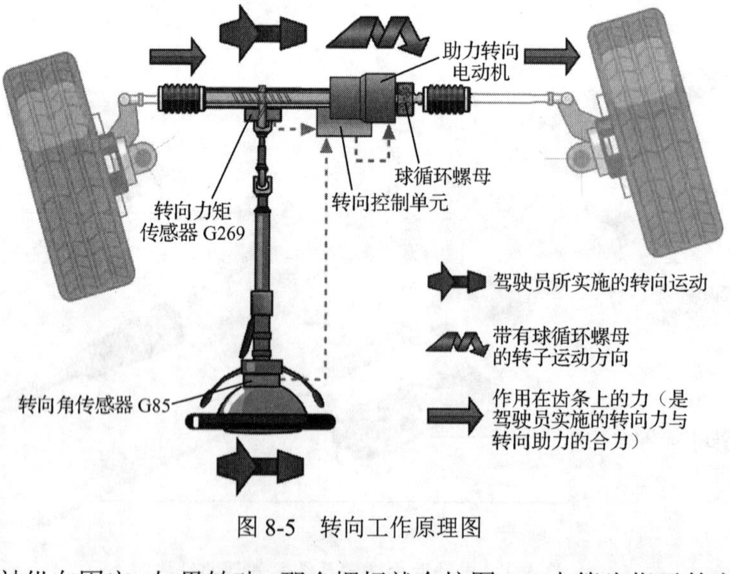

图 8-5 转向工作原理图

球循环螺母被纵向固定，如果转动，那么螺杆就会按图 8-4 中箭头指示的方向做直线运动。为了减少这些球之间的接触，循环通道越短越好，因此，在球循环螺母内采用两条彼此分开的循环通道。

在奥迪 A7 Sportback 上，球循环螺母与转子空心轴是连在一起的，齿条的一端被设计成螺杆形。电动机被启动时，转子空心轴连同球循环螺母开始转动，齿条也就开始直线运动了。电动机转动产生的力可为方向盘左转、右转提供助力。电动机电流的大小决定转向助力力矩的大小。

082 电动助力转向系统的基本组成

电动助力转向系统没有转向助力油，减少了对环境的污染。“双齿轮”式电子机械助力转向系统由两个能够向转向拉杆提供足够转向力的齿轮组成（转向小齿轮和驱动小齿轮），根据驾驶员转向意愿要求，调节电动机工作，帮助转向。系统通过“主动回正”功能帮助转向轮回到中心位置，使得在各种驾驶情况下都能够获得良好的平衡感觉及精确的直线行驶稳定性。

由于有了直线行驶稳定功能，当车辆受到侧向风力的作用和行驶在上下颠簸的路面时，驾驶员更容易控制车辆在直线上行驶。

电动助力转向系统的基本组成如图 8-6 所示，随着电动机械助力转向器的使用，液压式助力转向系统可以被取消了。由于不再使用液压油，所以该转向系统在环境保护方面做出了重大贡献。

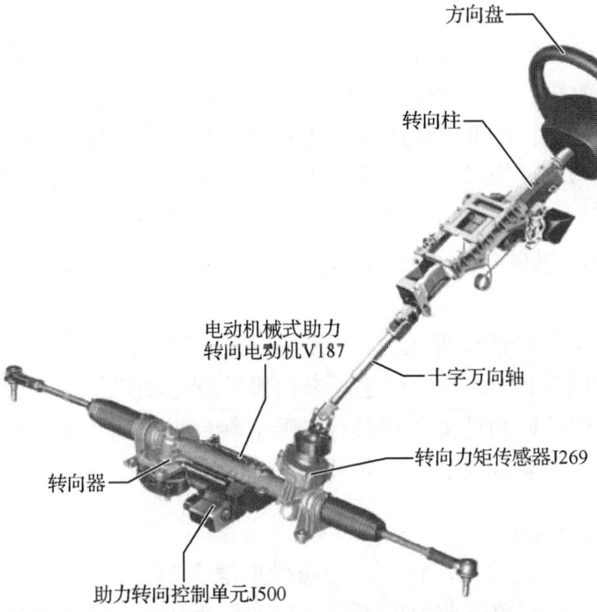

图 8-6　电动助力转向系统的基本组成

所使用的电动机械助力转向器是一种双小齿轮，它以两只小齿轮（转向齿轮和驱动齿轮）命名，在它们的帮助下，需要的转向力被传导到齿条上。

083 大众电动助力转向系统主要部件

1）电动机械式助力转向电动机 V187

电动机安装在一个铝质壳罩中，如图 8-7 所示。转子轴在输出侧呈蜗杆状。蜗轮驱动小齿轮用于转向助力支持。驱动轮与小齿轮之间的摇摆减振器可以保证活动自如。

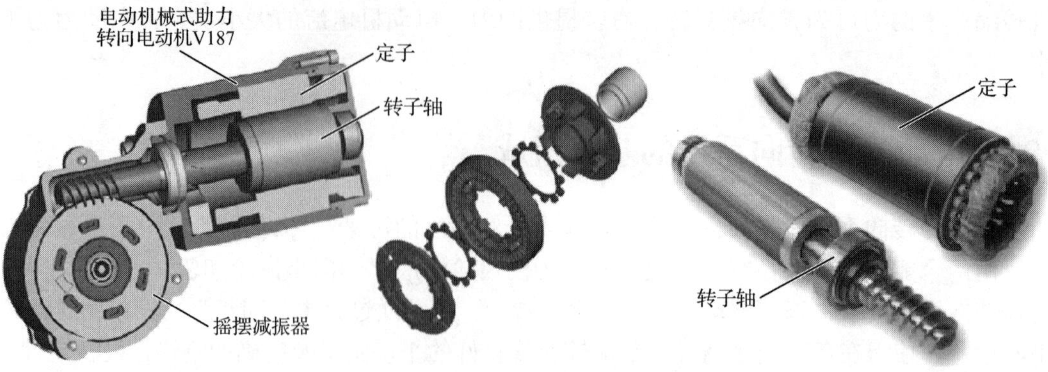

图 8-7　电动机结构

V187 是一个异步电动机。异步电动机在结构上很简单（无刷），因此运行非常稳定。其响应时间很短暂，因此适合极快的转向运动。其最大助动力矩为 4.4N • m，即便在无转动的情况下，也会产生扭矩。

2）转子转速传感器

V187 转子的位置（扭转角度）通过一个传感器获得。该传感器的工作基于磁电阻式效果（这里应用到了一种物理效果，即一条导线轨的电阻在横向和纵向上随作用的磁场方向而改变）。传感器是电动机的一个组成部分并且不可从外部进行操作。传感器提供一个正弦和一个余弦信号作为角度输出信号。两个信号被输出，以便可以通过控制单元进行合理性检验（功能监控）。助力转向控制单元 J500 需要位置数据说明以用来计算所必需的转向助力。

转子转速传感器是电动机械式助力转向电动机 V187 的一个组成部件，从外部无法接触到它。

转子转速传感器根据磁阻功能原理工作，在结构上与转向力矩传感器 G269 相同。它探测电动机械式助力转向电动机 V187 的转子转速，来精确控制电动机。

当传感器失灵时，将把转向角速度用作替代信号。转向助力将安全地缓慢降低，从而避免由于传感器的失灵而突然关闭转向助力。故障将通过指示灯 K161 亮起红灯来显示。

3）助力转向控制单元 J500

控制单元固定连接有一个电动机，它们是按照微型混合动力装置工艺搭建的，如图 8-8 所示。在输入信号的基础上，控制单元获得所需要的当前辅力扭矩。励磁电流的电流强度将被计算，并且电动机 V187 将被触发。在控制单元中安装有一个温度传感器，它测量输出级的温度。如果温度过高，功率输出及转向助力将减小。在出现故障时转向助力装置将被“软”关闭。作为替代信号，将由转向角信号形成一个转向速度信号。

4）转向力矩传感器 G269

传感器按照磁电阻式传感器的功能原理工作，磁环通过一个转向转轴与扭杆的上部分固定连接在一起，如图 8-9 所示。传感器位于与扭杆的上半部分固定连接在一起的小齿轮轴上。

触点接通信号通过复位环完成。根据对方向盘作用力的不同，扭杆完成一圈定义的旋转，由此在磁环和传感器之间产生一个相对运动。由磁电阻式效果而产生的电阻变化通过控制单元计算出来。

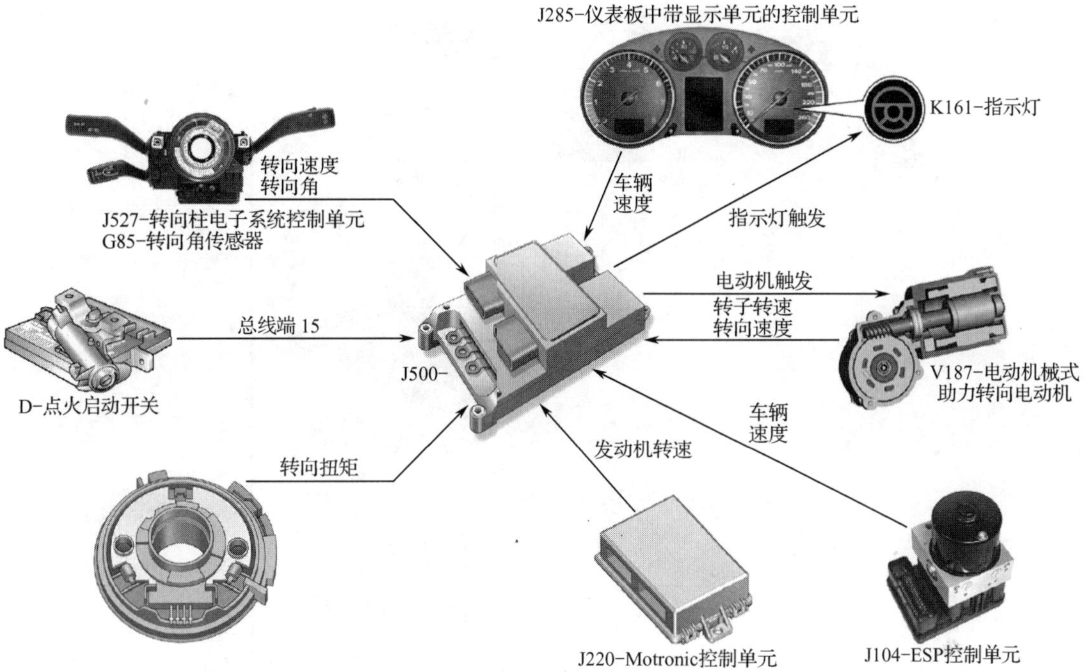

图 8-8　助力转向控制单元 J500 输入和输出信号

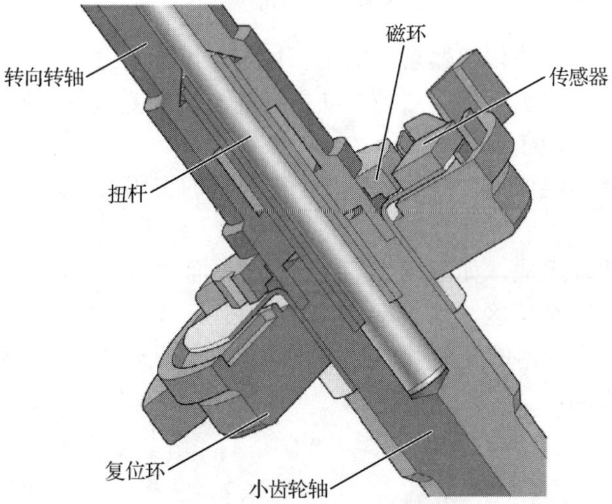

图 8-9　转向力矩传感器

如果识别了一个故障，助力转向系统将被关闭。关闭不是立即断电，而是缓慢进行的。对于被控制的缓慢关闭而言，控制单元将由转向角及电动机转子转速构成一个转向力矩替代信号。

5）转向角传感器 G85

转向角传感器在复位环的后面，与安全气囊滑环安装在一起，它位于组合开关和转向盘之间的转向柱上，如图 8-10 所示。

它通过 CAN 数据总线向转向柱电子系统控制单元 J527 提供信号测算转向角，转向柱电子系统控制单元中有电子系统分析信号，向带有 EDL/TCS/ESP 的 ABS 控制单元传递转向盘转角信号。

失效影响：系统将不能识别车辆的预期行驶方向（驾驶员意愿），导致 ESP 不起作用。

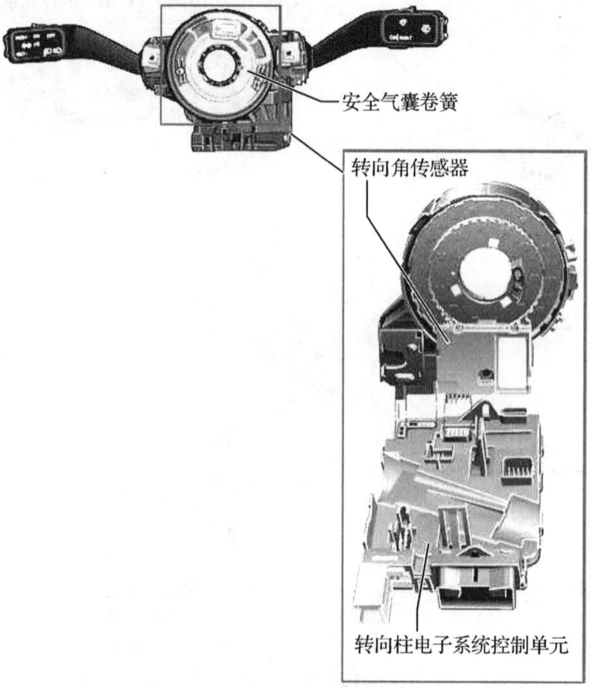

图 8-10 转向角传感器

自诊断：更换控制单元或传感器后，需重新标定零点。

当传感器失灵时，紧急运行程序启动。缺损的信号被设置成替代值，完全保持转向助力。该故障将通过指示灯 K161 的点亮来显示。

转向角传感器的基本组成部件：①带有两个密码环的密码盘；②各有一个光源和一只光学传感器的光栅对。

密码盘由两个密码环组成，如图 8-11 所示，在外面的一个叫作绝对环，里面的一个叫作增量环。增量环被分为 5 个扇区，每个扇区 72°，它由一对光栅对读取，如图 8-12 所示。该环在扇区有开口，同一扇区内的开口顺序是相同的，但不同扇区之间的开口顺序则不同，从而实现了各扇区之间的设码。

图 8-11 密码盘组成

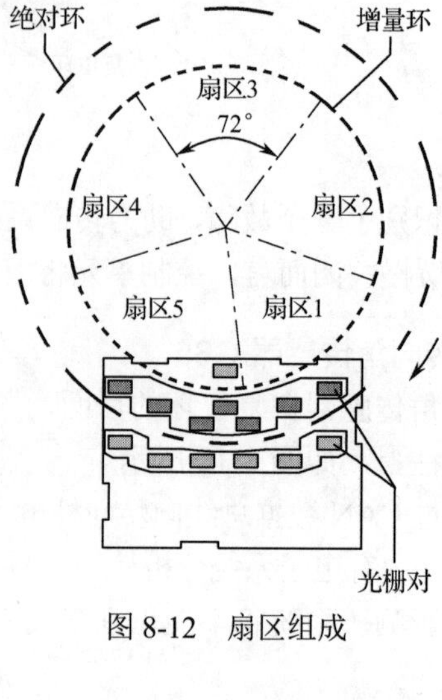

图 8-12 扇区组成

转向角传感器可以识别 1044° 的转向角，它对角度进行累加。由此当超出 360° 标记时，能够识别转向盘完全转动了一圈。转向器的这种设计结构可以使方向盘转动 2.76 圈。

若出于简化考虑仅观察增量环，那么每个扇区环的一侧是光源，另一侧是光学传感器，如图 8-13 所示。

当光线穿过缝隙落到传感器上时，就产生了信号电压；当光源被遮盖时，电压又重新断开，如图 8-14 所示。

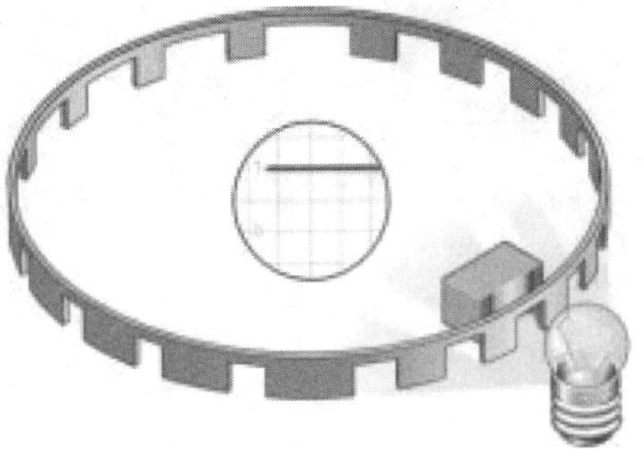

图 8-13　扇区环

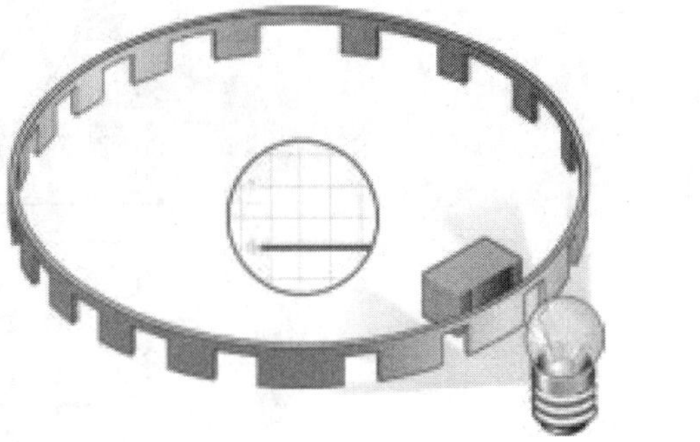

图 8-14　信号电压的产生与断开

如果现在移动增量环，则产生信号电压的顺序如图 8-15 所示。

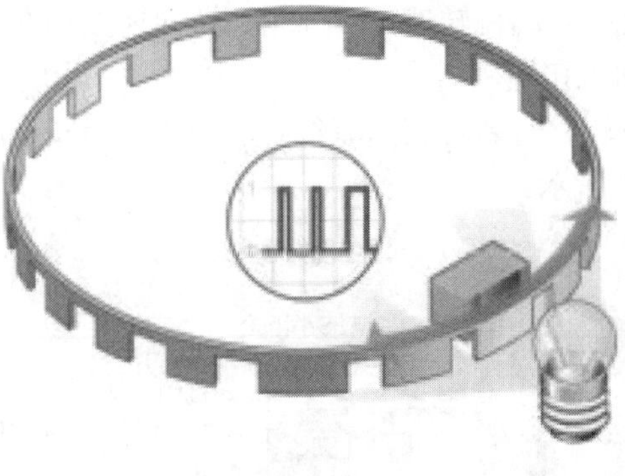

图 8-15　移动增量环产生信号电压

084 大众汽车电动助力转向系统工作过程

驾驶员开始转向，通过作用在方向盘上的扭矩来扭转扭杆。转向力矩传感器 G269 捕捉扭转并向转向助力控制单元 J500 报告所获得的转向力矩，转向角传感器 G85 报告当前的转向角及转向速度。

控制单元由转向力矩、车辆速度、发动机转速、转向角、转向速度及在控制单元中存储的特征曲线获得触发电动机的额定力矩。作用在方向盘上的扭矩和助力力矩的和即为推动齿条作用在转向器上的有效力矩，如图 8-16 所示。

如果驾驶员不再施加作用力在方向盘上或松开方向盘，扭杆将释放压力，转向力矩将降为零。

由于车桥的几何形状，在安装好的车轮上将产生复位力。由于转向系统的摩擦，复位力一般都很小，以至于车轮将再次在直线行驶位置上转动。

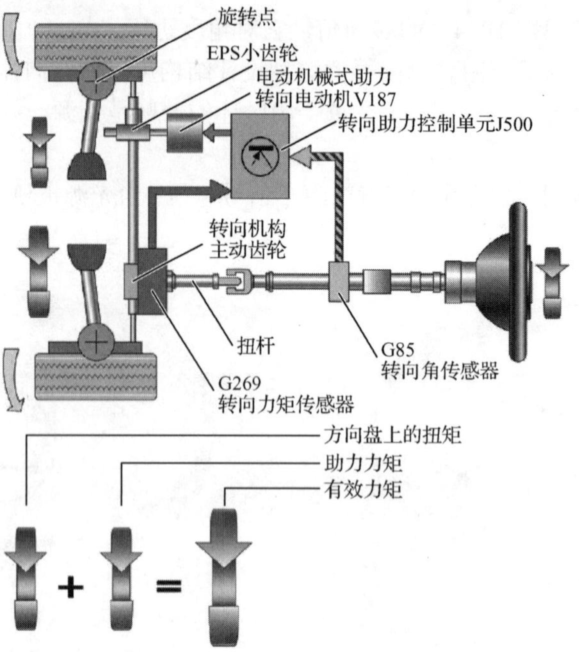

图 8-16 开始转向过程

转向助力控制单元 J500 通过转向角传感器 G85 的转向角值对此进行识别。控制单元通过计算出转向力矩、车辆速度、发动机转速、转向角、转向速度和在控制单元中保存的特征曲线来计算出复位所需要的电动机扭矩。

电动机被触发，并且车轮将重新转回到直线行驶位置，齿条上的主动复位最大助力力矩被限制为 25N・m，如图 8-17 所示。

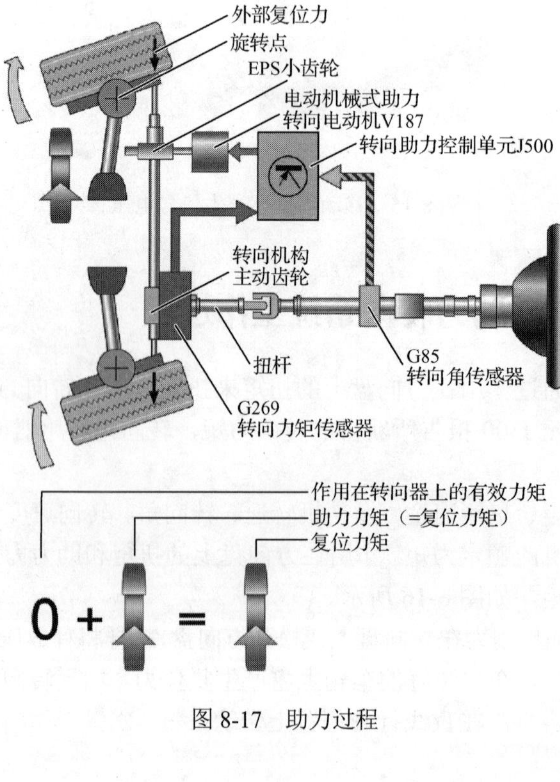

图 8-17 助力过程

在蓄电池断开连接或失灵的情况下，通过车载电网控制单元（如图 8-18 所示）可以确保在发动机运行的情况下有足够的电流供电动助力转向系统使用，如图 8-19 所示。

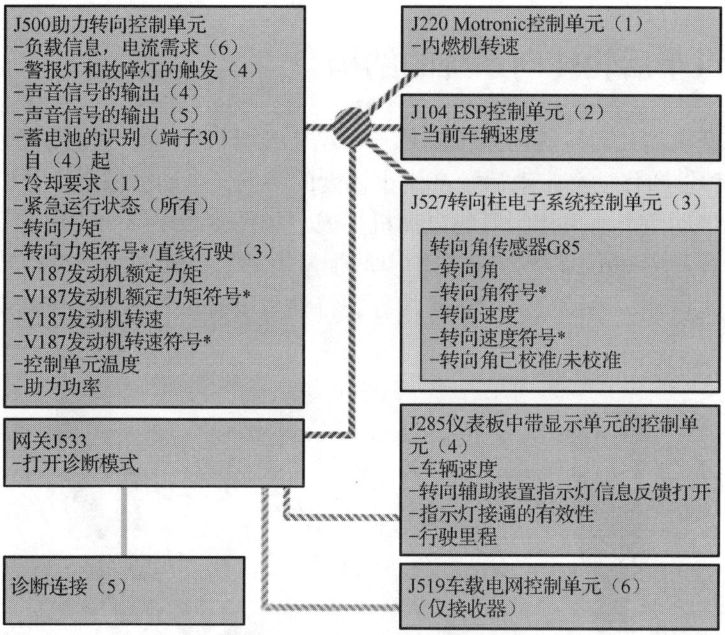

图 8-18　车载电网控制单元

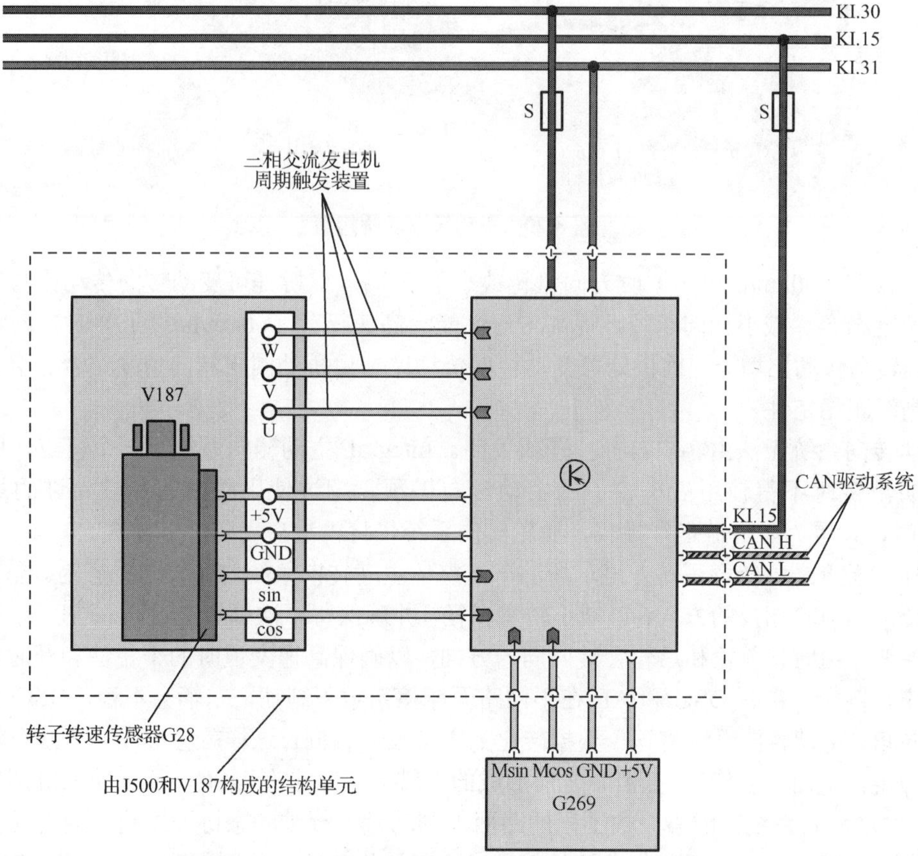

图 8-19　电路控制图

必要时，低优先级别的某些用电设备将被关闭。如果系统因为系统故障完全被关闭，法律要求仍然有效，汽车应可不受限制地转向。

085 宝马汽车后轮转向系统的结构

宝马汽车这套主动式后轮转向系统就是一套丝杠螺母机构，由电动机驱动螺母带动丝杠产生轴向移动。这种轴向移动会带动后轮产生小幅度的转向。电动机械式执行机构主要由一个通过螺杆传动机构带动两个前束控制臂的电动机构成，如图 8-20、图 8-21 所示。执行机构往复运动的最大设计行程为±8mm，相当于在轮上产生最大±3° 的转向角。后轮转向系统的螺杆传动机构采用自锁式设计，系统失灵后车辆的行驶特性与没有后轮转向系统的车辆相同。

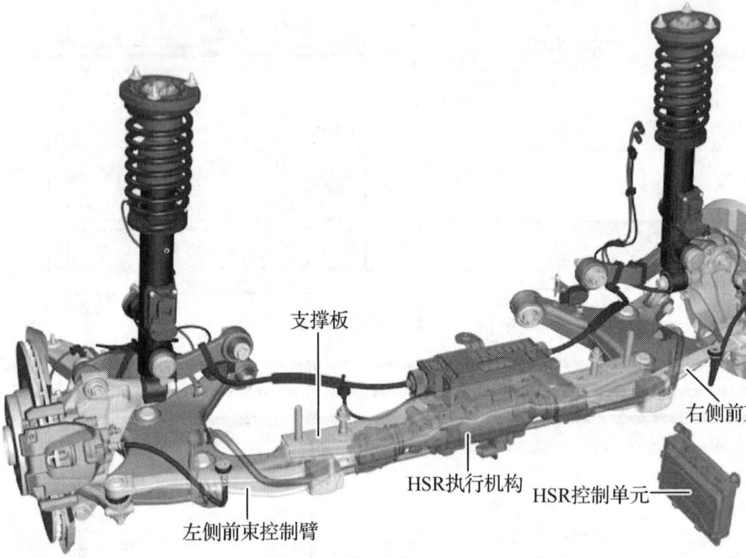

图 8-20　主动转向后桥构造

低速行车（60km/h 以下）时方向盘转数小于 2 圈，前桥处可变动转向传动比与后桥处反向转向角度结合，减小转向半径，提高转弯性能。高速行车（60km/h 以上）时方向盘转数大于 2 圈，转向传动比增大，前桥处可变动转向传动比与后桥处同向转向角度结合，增大转向半径，提高汽车稳定性。

主动转向系统无法由客户自行打开或关闭。Integral 主动转向系统有一个特点，即后桥上安装了防滑链时不得使用后车轮上的主动转向干预。超过使用防滑链行驶允许的最高车速 50km/h 时，设置为防滑链运行模式，后轮转向系统仍将再次启用防滑链模式。

这样，无论是急转弯还是在停车场泊车，整体主动转向系统均使转向更容易。低速行驶，后轮可转向与前轮相反的方向，以减小转弯半径，并确保每一次都精准过弯。当以高于 80km/h 的速度改变车道时，前轮和后轮会转向同一方向，以确保高速变道时的平稳性和及时、有效的转向响应。例如，带有 DSC 和 AL 在不同路面摩擦系数下制动，车辆会不稳，DSC 就会计算前轮转向角，主动转向系统将这一数据转化为主动反向转向。这样就会形成一个绕车辆垂直轴的反向力矩，从而“补偿”（抵消）之前形成的偏转力矩。带有 DSC、行驶动态协调控制器和 Integral 主动转向系统在附着系数不同的路面上制动时，行驶动态协调控制器通过前桥和后桥上的反向转向干预调节用于稳定车辆的偏转力矩。这将补偿因单侧制动力而造成的车辆跑偏，因此可以为实现较短的制动距离提供最大的制动力。

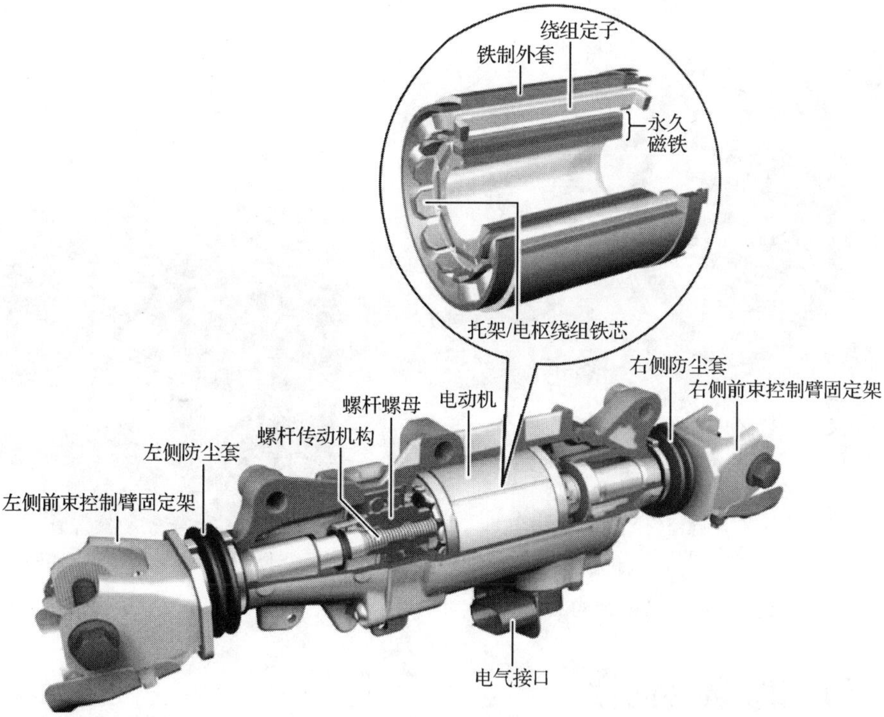

图 8-21　后桥 HSR 执行机构

086 拆卸和安装四辐方向盘

大众奥迪汽车方向盘装配结构图如图 8-22 所示。

1）拆卸

（1）使车轮处于正前打直位置。

（2）使用转向柱调整装置的整个调整范围，尽量把方向盘向后放低。

（3）关闭点火开关。

（4）拆卸安全气囊单元。

（5）旋出螺栓 2，如图 8-23 所示。

（6）标记方向盘 1 至转向柱 3 的安装位置（如图 8-23 中箭头处所示），用于重新安装。

（7）从转向柱上拔下方向盘。

2）安装

安装以倒序进行，同时要注意下列事项：

（1）前轮处于正前打直位置。

（2）重新使用时，注意转向柱/方向盘上的标记。

（3）安装安全气囊单元。

（4）试车。

（5）如果方向盘倾斜，则重新拆下方向盘，然后在转向柱的啮合齿上换位。

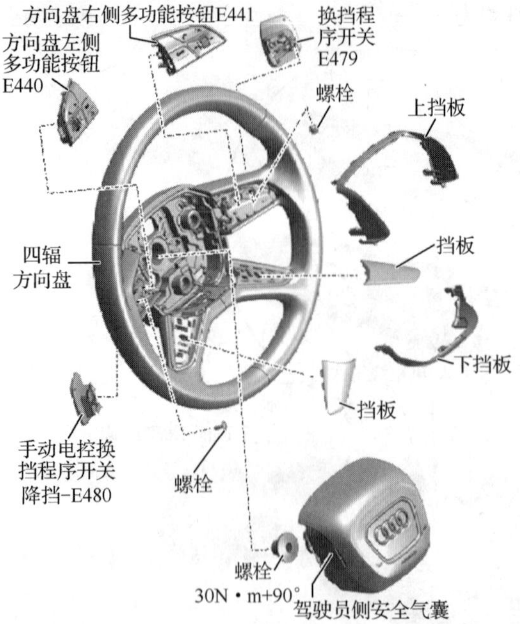

图 8-22 方向盘装配结构图

1—方向盘；2—螺栓；3—转向柱

图 8-23 旋出螺栓

087 拆卸和安装转向柱

大众奥迪汽车转向柱装配结构图如图 8-24 所示。

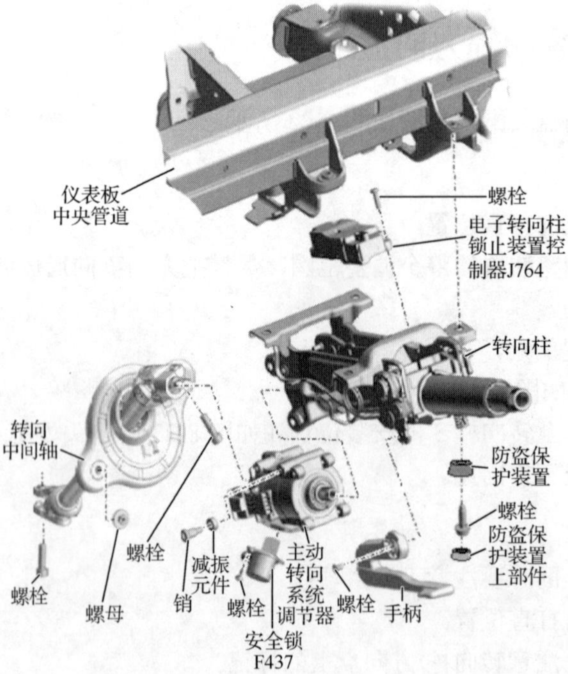

图 8-24 转向柱装配结构图

1）转向柱拆卸

（1）拆卸驾驶员侧脚部空间盖板前部件。

（2）拆卸驾驶员侧脚部空间出风口。

（3）拆卸转向柱开关模块。

（4）拧出螺栓 2，然后将转向中间轴的万向接头 1 从转向柱上拔出，如图 8-25 所示。

（5）对带主动转向系统的装备，脱开电插头（如图 8-25 中箭头处所示）并露出电导线，为此要拆下导线支架。

2）机械式防盗保护装置拆卸

（1）插入保护板套件 VAS 871 009。

（2）安放钻模 T40338，然后用螺栓 1 固定在机械式防盗保护装置 2 上，如图 8-26 所示。

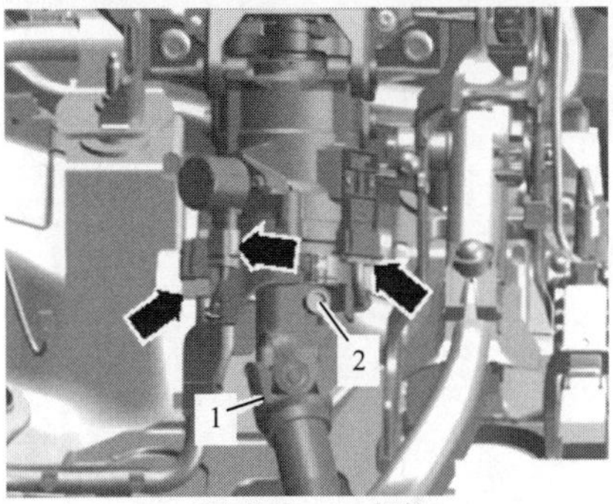

1—万向接头；2—螺栓

图 8-25　将转向中间轴的万向接头从转向柱上拔出

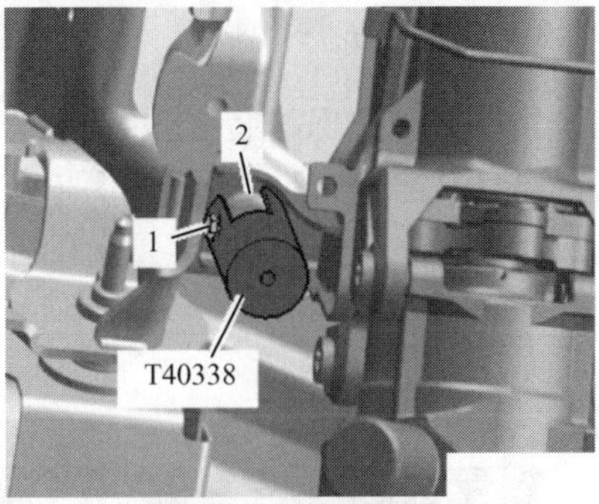

1—螺栓；2—机械式防盗保护装置

图 8-26　安放钻模

（3）用维修套件中的钻头钻透机械式防盗保护装置上部件，同时通过反复从钻模中拉出以清洁钻头。

（4）拆下钻模。

（5）将螺栓 2 通过机械式防盗保护装置上部件 1 中的钻孔（如图 8-27 中箭头处所示），用一个直径 4mm 的钻头钻约 8mm 深的孔，如图 8-27 所示。

（6）用螺丝刀套件 VAS 5514 中的 3 号螺丝刀拧出螺栓和防盗保护装置。

（7）吸出钻屑。

以下适用于所有车辆：

① 按照 4～1 的顺序拧出螺栓，同时从下方用手支撑住转向柱（如图 8-28 中箭头处所示）。

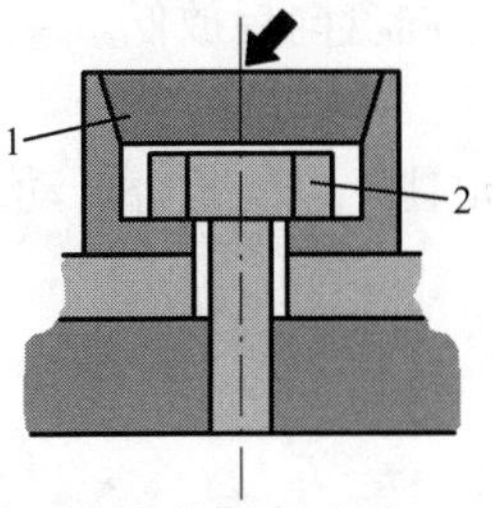

1—机械式防盗保护装置上部件；2—螺栓

图 8-27　防盗保护装置上部件中的钻孔

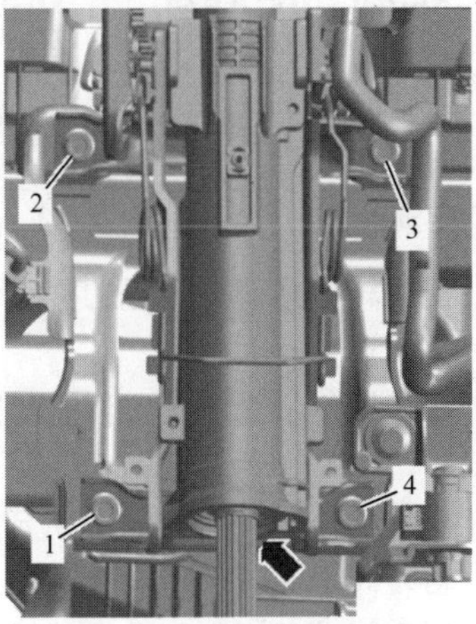

1～4—螺栓

图 8-28　拧出螺栓

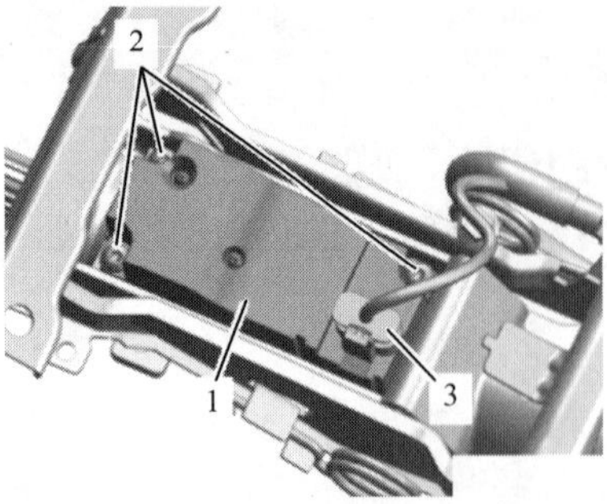

1—控制器 J764；2—螺栓；3—电插头

图 8-29 控制器 J764 的电插头

② 将转向柱向后脱开并略微降低。

③ 脱开并露出电子转向柱锁止装置控制器 J764 的电插头 3，如图 8-29 所示。提示：无须理会螺栓 2。

④ 取下转向柱。

⑤ 将转向柱从主动转向系统的调节器上脱开。

3）转向柱安装

安装以倒序进行，同时要注意下列事项：

将转向柱置于安装位置，为此将装配钩 1 挂到中央管 2 上，如图 8-30 所示。

4）机械式防盗保护装置安装

（1）将螺栓 2 与机械式防盗保护装置下部件 1 置于安装位置，如图 8-31 所示。

（2）将机械式防盗保护装置上部件 3 用一把塑料锤齐平地敲入下部件中。

（3）安装转向中间轴。

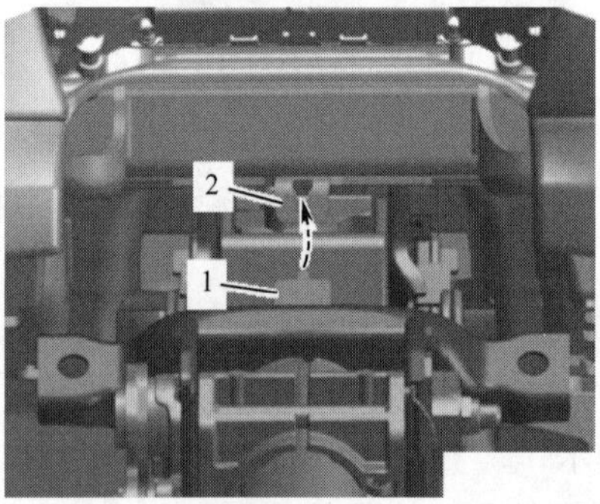

1—装配钩；2—中央管

图 8-30 将转向柱置于安装位置

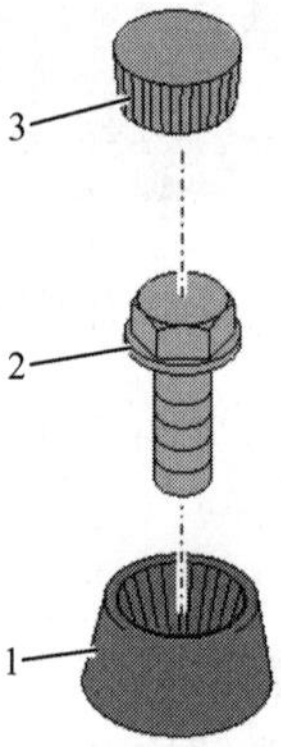

1—机械式防盗保护装置的下部件；2—螺栓；
3—机械式防盗保护装置的上部件

图 8-31 将零部件置于安装位置

088 拆卸和安装转向中间轴

1）拆卸

（1）使车轮处于正前打直位置。

（2）将驾驶员座椅向后调整到极限位置。

（3）使用转向柱调整装置的整个调整范围，尽量把方向盘向后放低。

（4）关闭点火开关。

（5）在车轮位于正前打直位置时把方向盘用胶带固定住，以防意外转动，如图 8-32 中箭头处所示。

（6）旋出螺栓 2，如图 8-33 所示。

（7）将转向中间轴的万向接头 1 从转向器 3 上拔出。

（8）拆卸驾驶员侧脚部空间盖板前部件。

（9）拆卸踏脚板。

图 8-32　把方向盘用胶带固定住

1—万向接头；2—螺栓；3—转向器

图 8-33　旋出螺栓

（10）将地板垫略微向后按压。

（11）拧出螺母 1、4，取下转向中间轴 3 与密封唇 2，如图 8-34 所示。

（12）拧出螺栓（如图 8-35 中箭头处所示），并从转向柱 2 上拔出转向中间轴的万向接头 1。

（13）取下转向中间轴。

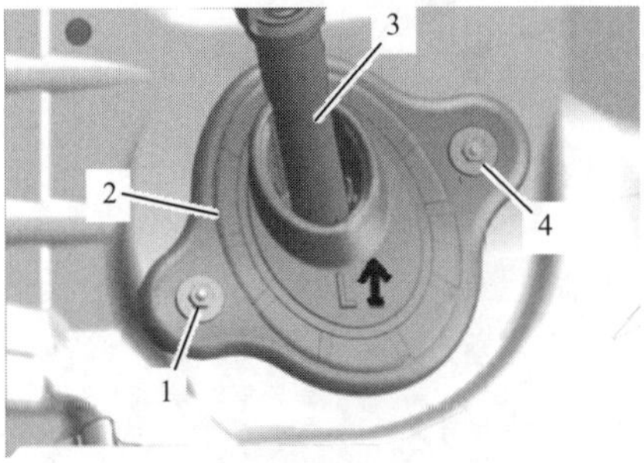

1、4—螺母；2—密封唇；3—转向中间轴

图 8-34　拧出螺母

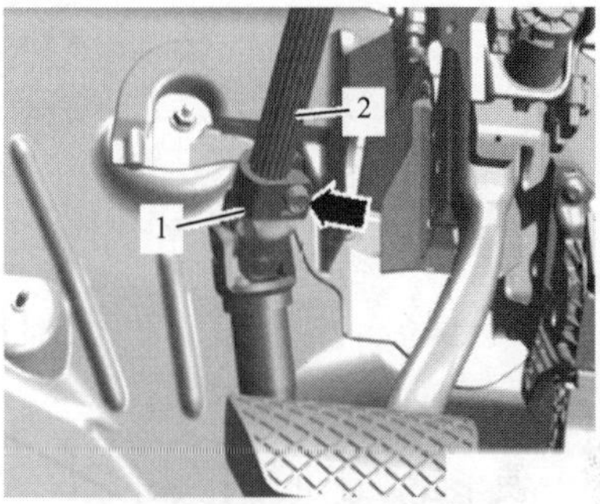

1—万向接头；2—转向柱

图 8-35　拧出螺栓

2）安装

安装以倒序进行，同时要注意下列事项：

提示：拆卸后更换螺栓。清洁万向接头上螺栓的螺纹孔，如用丝锥。

（1）将转向中间轴置于安装位置，如图 8-36 所示，同时密封唇必须在隔热层上。

（2）图中箭头所示处指向上方。

（3）拧紧螺母。

（4）将转向中间轴的万向接头 4 套到转向柱 2 或转向器的限位位置（如图中箭头 B 处所示）。转向柱或转向器的凹槽 3 必须如图 8-36 所示，精确对准万向接头上用于安装螺栓 1 的孔（如图中箭头 A 处所示）。

（5）用手将新螺栓拧入至限位位置。

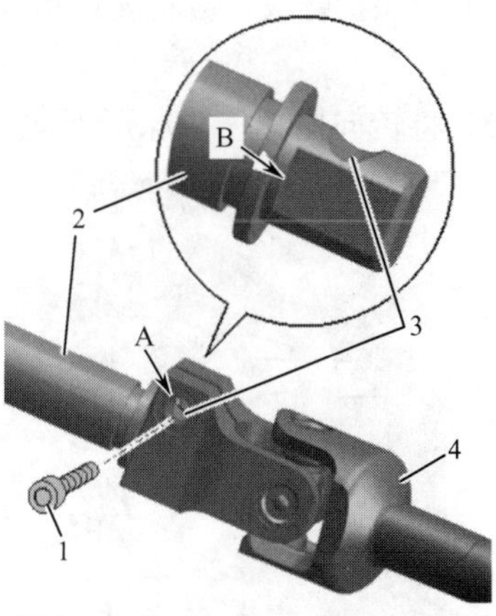

1—螺栓；2—转向柱；3—凹槽；4—万向接头

图 8-36　将转向中间轴的万向接头套到转向柱上

（6）通过尝试拔出，检查转向中间轴安装是否正确，然后拧紧螺栓。

（7）对连接至转向器的下部万向接头重复该过程。

089 拆卸和安装转向器

大众奥迪汽车转向器安装结构图如图 8-37 所示。

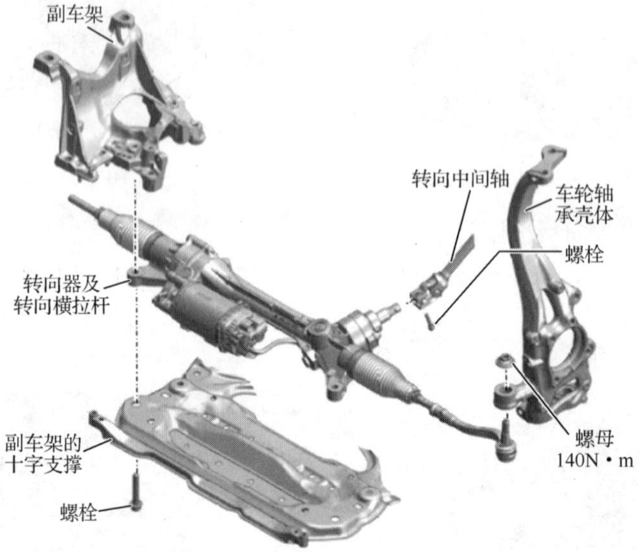

图 8-37　转向器安装结构图

1）拆卸

（1）使车轮处于正前打直位置。

（2）关闭点火开关。

（3）在车轮位于正前打直位置时把方向盘用胶带固定住，如图 8-38 中箭头处所示，以防意外转动。

（4）拆下前车轮。

（5）为保护螺纹，应将转向横拉杆头万向节销上的螺母拧出，直到它与万向节销的螺纹齐平为止。

（6）将转向横拉杆头球形万向节 VAS 251805 从车轮轴承壳体中顶出，如图 8-39 所示。

图 8-38　把方向盘用胶带固定住

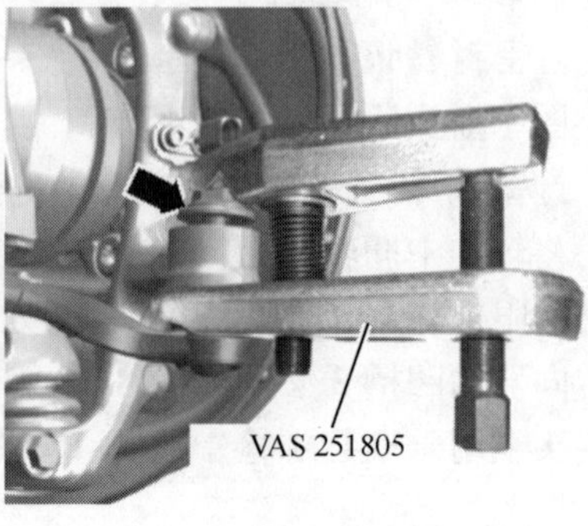

图 8-39　将转向横拉杆头球形万向节顶出

（7）拧出螺母，为此，必要时用内六角套筒扳手 SW 6 顶住万向节销。

（8）在对面一侧重复上述工作步骤。

（9）旋出螺栓 2。

（10）将转向中间轴的万向接头 1 从转向器 3 上拔出，如图 8-40 所示。

（11）降低副车架十字支撑，同时不要将导向臂万向节销从锥形座中顶出。

（12）将电插头 3、4 从助力转向控制单元 J500 上断开，为此需松开防松件，并将解锁装置向下压，如图 8-41 所示。

1—万向接头；2—螺栓；3—转向器

图 8-40　将转向中间轴的万向接头从转向器上拔出

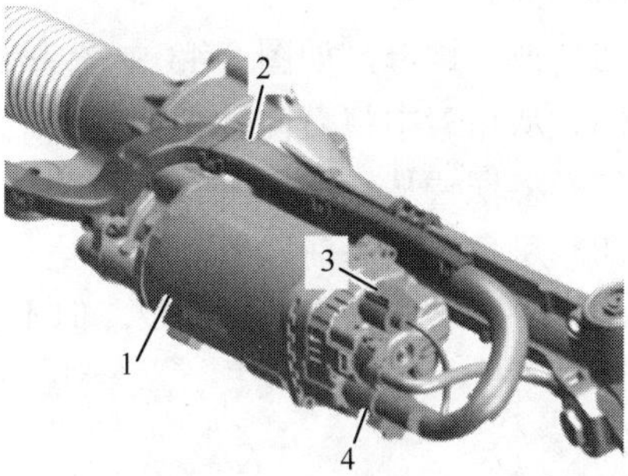

1—转向器；2—导线槽；3、4—电插头

图 8-41　将电插头断开

（13）露出转向器 1 上用于安装电导线的导线槽 2。

（14）将支撑杆 T40335 左侧和右侧插入副车架中。如有必要，通过滚花手槽调整支撑杆。

（15）将支撑杆左侧和右侧用开口销锁定，如图 8-42 中箭头处所示。

（16）拧出固定销 T40334，取下转向器。

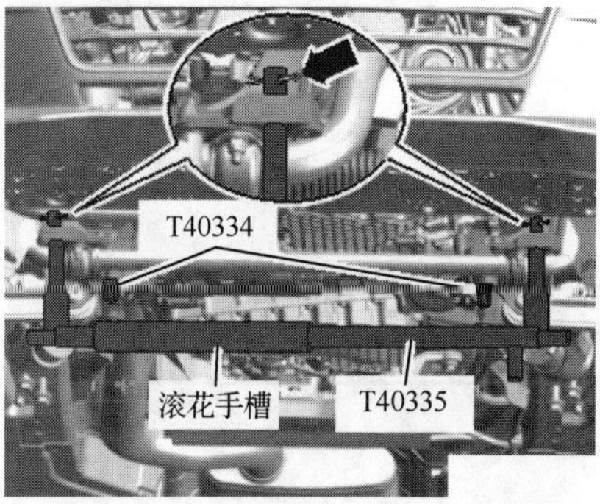

图 8-42　将支撑杆左侧和右侧用开口销锁定

2）安装

安装以倒序进行，同时注意下列事项：

（1）安装副车架的十字支撑。

（2）安装转向中间轴。

在安装了带助力转向控制单元 J500 的新转向器后，应激活控制器。

（1）连接车辆诊断测试仪。

（2）打开点火开关。

（3）选择运行模式诊断并启动。

（4）选择选项检测。

（5）选择自检按钮并依次选择以下树形结构：底盘转向系统→01-具有自诊断功能的系统→44-助力转向控制单元 J500→44-助力转向控制器功能→44-更新控制器。

（6）启动选择的程序并根据车辆诊断测试仪显示屏上的说明进行操作。

（7）进行四轮定位。

090 拆卸和安装转向节主销

1）拆卸

（1）松开轮毂上的万向轴螺栓。

（2）松开车轮螺栓。

（3）升高车辆。

（4）拆卸车轮。

（5）拧下螺母，如图 8-43 中箭头处所示。

（6）从轮毂中将万向轴稍微拉出。

（7）将摆臂从转向节主销中拉出。

（8）尽量向下弯曲摆臂。

（9）松开转向节主销螺母 2，但不要拧下，如图 8-44 所示。

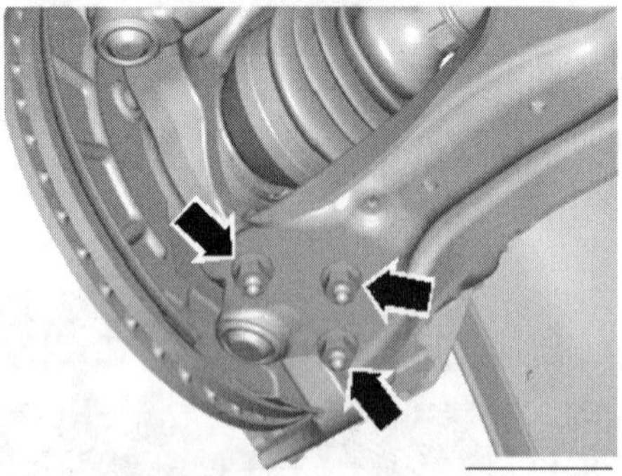

图 8-43 拧下螺母

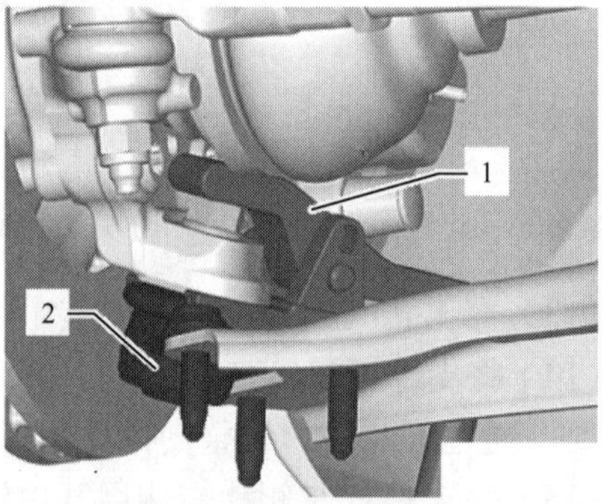

1—球形万向节顶出器；2—转向节主销螺母

图 8-44 松开转向节主销螺母

图 8-45 拧紧螺母

（10）将转向节主销从车轮轴承罩上压出，拧出螺母并取出转向节主销。

2）安装

安装以倒序进行，同时注意下列事项：

（1）将转向节主销装入车轮轴承罩中。

（2）把万向轴装入轮毂内。

（3）拧上新的自锁螺母，同时卡住内星形处。

（4）拧紧螺母，如图 8-45 所示，力矩为 60N·m。

091 检查主销

（1）检查轴向间隙。如图 8-46 所示，沿箭头方向用力将摆臂向下拉，并重新向上压。

（2）检查径向间隙。如图 8-47 所示，沿箭头方向向内和向外用力按压车轮下部。

提示：在进行两项检测时，不允许有明显的、能够看到的间隙存在。检测时观察主销。注意可能存在的车轮轴承间隙或减振支柱支座上部的间隙。检查橡胶防尘罩是否损坏，如有必要，更换主销。

图 8-46　检查轴向间隙

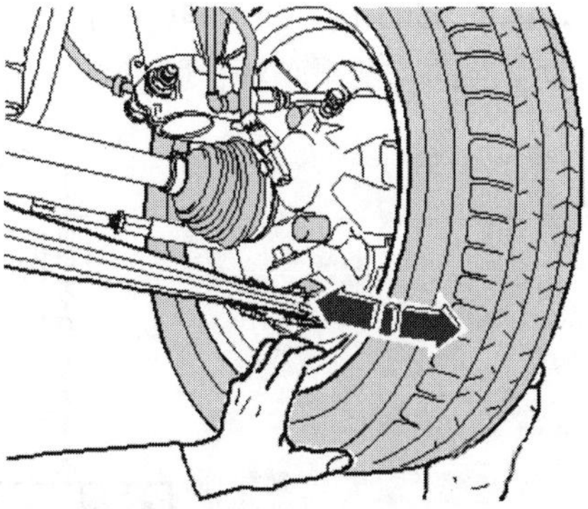

图 8-47　检查径向间隙

092 上海大众轿车行驶跑偏

1）故障案例 1

（1）故障现象：一辆上海大众 1.6L 轿车，搭载 CDF 发动机，累计行驶里程为 50000km。据驾驶人反映，该车在行驶时始终向右侧跑偏，且助力转向指示灯会偶尔点亮（红色），做了四轮定位，但故障依旧。

（2）故障排除：连接 VAS6150B，读取故障代码为 00573，如图 8-48 所示。助力转向系统有故障且助力转向指示灯点亮（红色），在不清除故障代码的情况下，助力转向系统在应急模式下运行，转向助力依然存在；在断电清除故障代码后，如果助力转向系统存在元件方面的故障，如转向扭矩传感器 G269、转向角传感器 G85 或助力转向控制单元 J500 有故障，那么转向助力将完全消失且无法恢复，只能更换转向机总成。

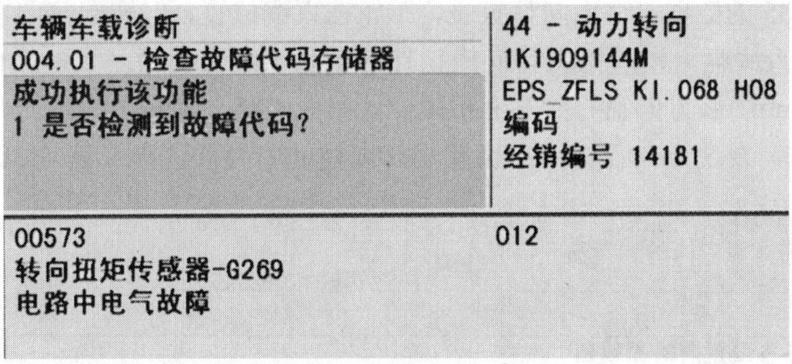

图 8-48　读取的故障代码

分析故障代码，决定先检查 G269。G269 集成在 J500 内，如图 8-49 所示，依据助力转向控制电路，用万用表检测端子 T2p/4 的 30a 供电线、端子 T5e/4 的 15a 供电线和端子 T2p/1 的搭铁线，检测结果表明 J500 的供电和搭铁均正常。测量端子 T5e/1 和端子 T5e/2 之间的电压，工作时电压为 2.5～3.5V，睡眠模式下的电压为 0V，说明 CAN 总线通信正常。测量端子 T5g/2 和端子 T5g/3 之间的电压，为 0V，正常电压应在 5V 左右，说明 G269 供电电路有故障。拔下导线侧连接器，直接测量导线侧连接器端子 T5g/2 和端子 T5g/3 之间的电压，为 4.5V 左右，正常；再插上导线侧连接器测量，又无电压，这说明导线侧连接器内部线束存在断路现象。对该导线侧连接器进行处理后，故障代码变为偶发，助力转向指示灯熄灭，但经试车发现车辆依旧跑偏。拆下 J500 的 15a 供电线的熔丝，让助力转向系统停止工作，查看跑偏是否是由四轮定位参数引起的，结果车辆行驶良好，由此确定还是助力转向系统有故障。

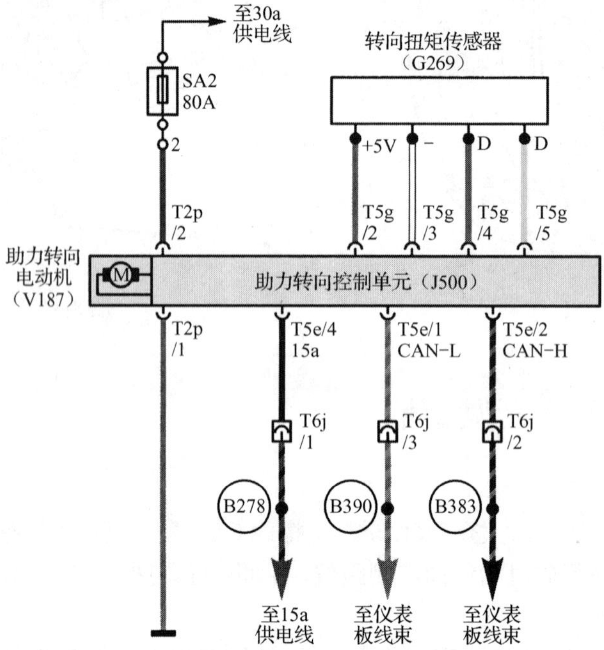

图 8-49 助力转向控制电路图

重新整理维修思路，考虑到该车助力转向系统有主动回正功能，即当车辆直线行驶时，如果 G85 检测到方向盘不在中心位置（方向盘转角为 0°），则 J500 会根据 G85 的信号控制助力转向电动机 V187 工作，从而给方向盘提供一个回正扭矩，使方向盘回到中心位置。连接 VAS6150B 观察 G85 的数据，将方向盘打正，车轮在直线位置，但转向角向左偏差约 30°，如图 8-50 所示。检查底盘，发现两侧转向横拉杆的调整螺纹长度相差太多，标准是两侧螺纹长度相差不得超过 3mm。将方向盘打到左右极限位置读取 G85 的数据，发现转向角偏差均在 34° 左右。拆下方向盘，发现方向盘的中心位置与转向柱的中心位置向左偏差 30° 左右。

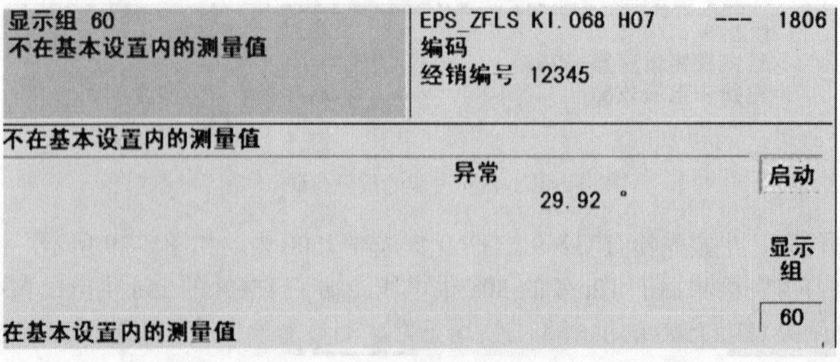

图 8-50 转向角传感器的数据

（3）故障排除：将方向盘和转向柱的中心位置对正安装，然后做四轮定位，最后用 VAS6150B 对 G85 做零点基本设置。经试车，车辆行驶恢复正常，故障彻底排除。

（4）故障分析：当方向盘和转向柱的中心位置出现错位安装时，即使车辆四轮定位参数正常，但在直线行驶过程中（方向盘打正），G85 测量的转向角会向左偏差约 30°，此时 J500 根据 G85 的信号控制 V187 提供向右的回正扭矩，所以车辆始终向右跑偏。

2）故障案例 2

（1）故障现象：一辆上海大众途观轿车，行驶里程约为 50000km，因行驶时方向向右跑偏而进厂检修。

（2）故障诊断：试车验证故障，确实存在向右跑偏的故障现象。本着由简及繁的故障诊断原则，首先对车辆进行常规检查。检查各车轮的轮胎压力，正常；检查各轮胎的花纹及磨损情况，未见异常；对车辆进行四轮定位，发现前后轮的前束值均存在一定偏差，调整前束后试车，故障依旧。

连接故障检测仪，对转向角度传感器进行基本设定后试车，发现当车辆保持直线行驶时，方向盘始终向右侧偏转一定角度。于是将车辆开回修理厂将方向盘向左转动约 6° 后，再次对转向角度传感器进行基本设定，试图纠正车辆向右跑偏的情况。设定完成后试车，发现车辆仍然向右跑偏。正常情况下，如果将方向盘向左侧转动一定角度再对转向角度传感器进行基本设定，车辆行驶时应该向左跑偏，但该车不但没有向左跑偏，就连向右跑偏的情况都没有任何改善。用举升机将车辆举升起来，检查悬架及胶套，未见明显异常，只是感觉右前侧三角臂胶套有松旷现象，应该也不至于造成车辆跑偏。谨慎起见，还是将其更换后试车，但故障依旧。至此故障排除陷入僵局。最后怀疑是电子转向机构损坏，记录了错误的转向修正角度。

（3）故障排除：更换电子转向机构总成，调整四轮定位，并设置好转向角度传感器后，对车辆进行路试，故障排除。

093 新帕萨特轿车仪表盘上的黄色转向故障灯报警

（1）故障现象：一辆 2017 款新帕萨特轿车仪表盘中的黄色转向故障灯点亮，并且显示“转向盘锁止系统异常”。

（2）故障诊断：接车后，确认故障现象属实，用故障检测仪读取转向柱控制单元的故障代码，存储有故障代码 P305300，含义是“启动机启动，端子 50 返回信息对搭铁短路/断路主动/静态”。新帕萨特高配车上装备了电子转向柱锁 ELV，在线路端子输出、转向柱锁等控制上与以往传统的机械点火方式有很大差别。如图 8-51 所示，ELV 控制单元（J764）导线连接器 T16s 各端子的性质如表 8-1 所示，除去供电、搭铁与 CAN 端子，在表中重点对 J764 的信号端子 3、4、7、8、12、13、14 进行了分析。检查 J682 至 J764 的线路、端子，均无异常。按照表 8-1 的分析和故障代码 P305300 的提示，检查 ELV 控制单元（J764）导线连接器 T16s 的输出信号，端子信号输出时没有 12V 电压，因此判定 J764 损坏。

（3）故障排除：更换 J764 后使用 VAS6150B 进行防盗匹配（引导新功能→防盗器→ELV 匹配），匹配完成后试车，车辆一切正常，故障排除。

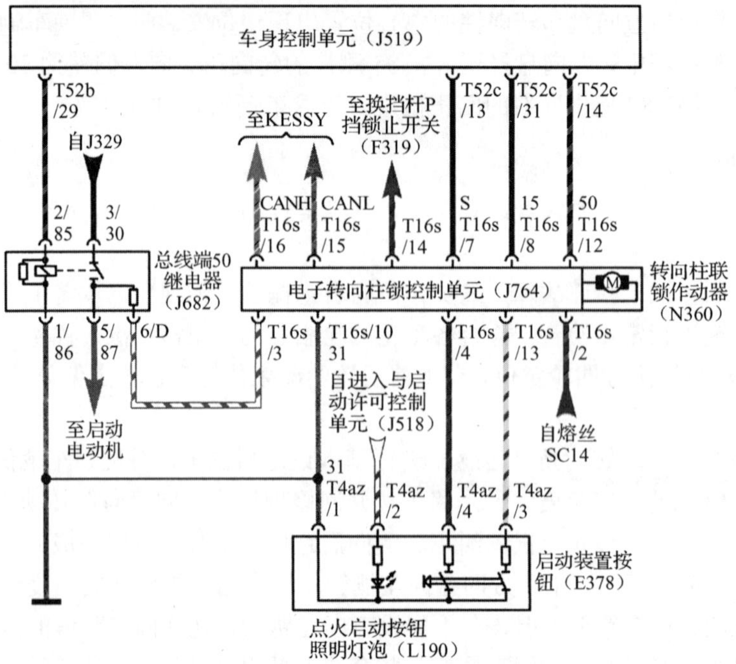

图 8-51 新帕萨特轿车电子转向柱锁 ELV 控制电路

表 8-1 新帕萨特轿车电子转向柱锁 ELV 控制单元（J764）导线连接器 T16s 各端子的性质

端子号	定义	端子性质	信号来源/输出对象	工作电压性质	故障测试（短路或断路）		测量数据块
					故障现象	故障代码	
1	未占用	—	—	—	—	—	—
2	30 号供电	输入	B_+→SA4→SC14	—	—	—	—
3	50 号继电器信号	输入	J682（6/D）	J682 接通：12V J682 断开：0V	无	P3053 50 端返回信号对搭铁短路/断路	端子 50 倒拖电缆返回信号：ON/OFF
4	点火开关信号	输入	E378（T4az/4）	按下点火开关：0V 不按下点火开关：10.75V 发动机启动后：蓄电池电压	端子 T16s/4 和 T16s/13 若有一根线发生故障，可接通 KL15，但发动机无法启动。端子 T16s/4 和 T16s/13 两根线必须同时接通发动机才能启动。如果启动后端子 T16s/4 和 T16s/13 有一根线出现故障，发动机便熄火	无	开关触点 2（T16s/4）：未启动/启动
5	未占用	—	—	—	—	—	—
6	未占用	—	—	—	—	—	—

续表

端子号	定义	端子性质	信号来源/输出对象	工作电压性质	故障测试（短路或断路）		测量数据块
					故障现象	故障代码	
7	接线柱 S 端 端子信号	输出	J519 （T52c/13）	端子信号输出：12V 端子信号截止：0V	无法启动，可接通 KL15	P3053 50 端返回信号对搭铁短路/断路	端子 S 线路状态转向柱锁规定值：开/关 端子 S 线路状态转向柱锁实际值：开/关 端子 S 线路状态电子中央电气装置实际值：开/关
8	接线柱 15# 端子信号	输出	J519 （T52c/31）	端子信号输出：12V 端子信号截止：0V	发动机无法启动，仪表无反应，若此时接通点火开关再断开，则方向盘无法锁止	无	端子 15 线路状态转向柱锁规定值：开/关 端子 15 线路状态转向柱锁实际值：开/关 端子 15 线路状态电子中央电气装置实际值：开/关
9	未占用	—	—	—	—	—	—
10	搭铁	输出	搭铁点 44，左侧 A 柱下部	—	—	—	—
11	未占用	—	—	—	—	—	—
12	接线柱 50# 端子信号	输出	J519 （T52c/14）	端子信号输出：12V 端子信号截止：0V	无法启动，可接通 KL15	无	端子 50 线路状态转向柱锁规定值：开/关 端子 50 线路状态转向柱锁实际值：开/关 端子 50 线路状态电子中央电气装置实际值：开/关
13	点火开关 信号	输入	E378 （T4az/3）	按下点火开关：0V 不按下点火开关：10.75V 发动机启动后：蓄电池电压	端子 T16s/4 和 T16s/13 若有一根线发生故障，可接通 KL15，但发动机无法启动。端子 T16s/4 和 T16s/13 两根线必须同时接通发动机才能启动。如果启动后端子 T16s/4 和 T16s/13 有一根线出现故障，发动机便熄火	无	开关解点 1（T16s/13）：未启动/启动
14	P 挡锁止 开关信号	输入	F319 （T10p/2）	P 挡：蓄电池电压 其他挡：0V	不挂 P 挡也能锁车	无	停车选挡杆位置：P 挡显示已接合和已锁止 其余挡显示未接合和未锁止

续表

端子号	定义	端子性质	信号来源/输出对象	工作电压性质	故障测试（短路或断路）		测量数据块
					故障现象	故障代码	
15	CAN 总线-低位	输入/输出	舒适/便利 CAN 总线	—	—	—	—
16	CAN 总线-高位	输入/输出	舒适/便利 CAN 总线	—	—	—	—

094 大众轿车转向角设置

（1）连接 VAS6150，进入“44-助力转向系统”，单击“015-访问认可”，如图 8-52 所示，进入“015.02-安全访问（自动）”，如图 8-53 所示，单击“下一步”按钮，输入访问权限代码“40168”，单击“Q”进行确认，如图 8-54 所示，系统会显示“成功执行该功能”，如图 8-55 所示，退出上述界面。

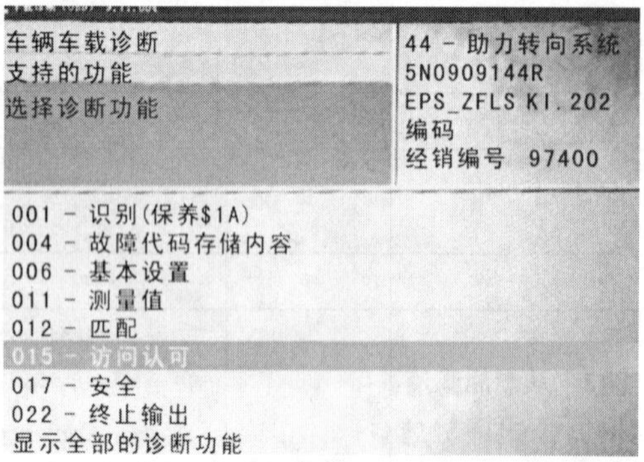

图 8-52 单击“015-访问认可”

图 8-53 进入“015.02-安全访问（自动）”

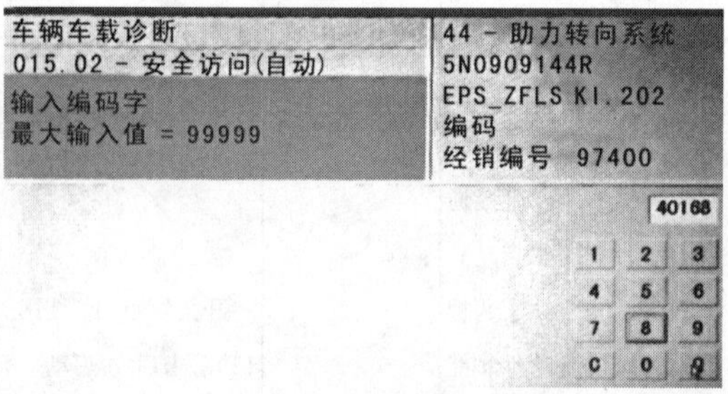

图 8-54 输入访问权限代码“40168”

图 8-55 系统提示“成功执行该功能”

（2）进入“44-助力转向系统”，单击“006-基本设置”，如图 8-56 所示，进入下一步，输入编码“60”，单击“Q”进行确认，如图 8-57 所示。

（3）系统会显示转向角度（左右的最大转向角度不能超过 15°），将转向角度调整合适后，单击“激活”，如图 8-58 所示，仪表上的转向助力警告灯会亮黄灯，在车辆行驶一段距离后会自动熄灭。

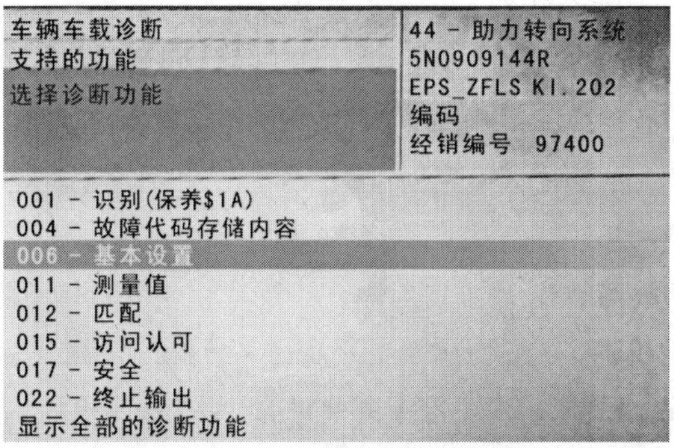

图 8-56　单击“006-基本设置”

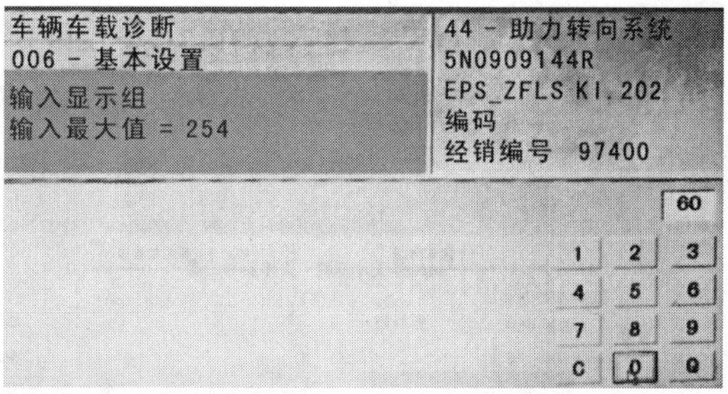

图 8-57　输入编码“60”

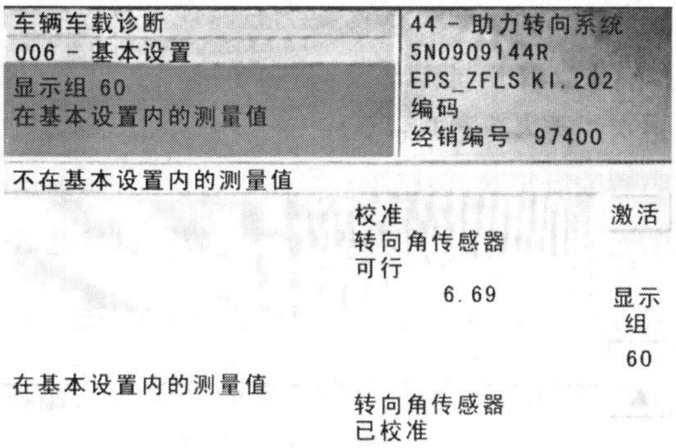

图 8-58　调整转向角度后单击“激活”

095 大众轿车动力转向匹配设置

（1）在大众轿车 ODIS 诊断系统中，进入“44 动力转向”，进行“控制单元自诊断”，选择“访问权限”，在弹出窗口输入登录码：20103，单击“进行”按钮，如图 8-59 所示。

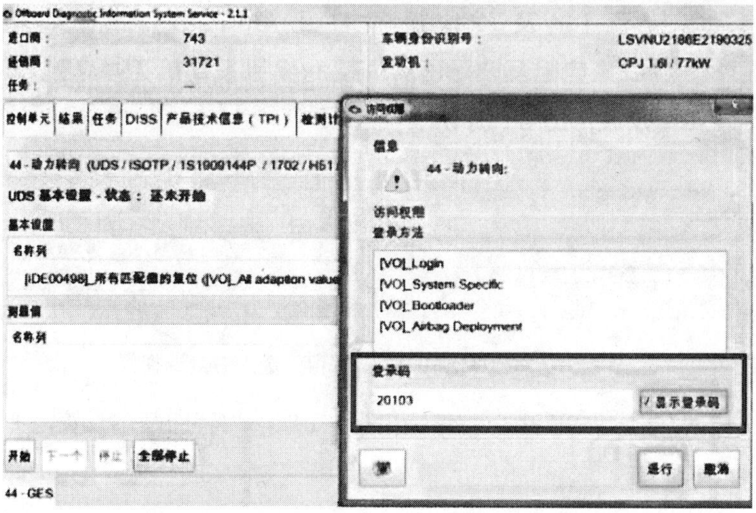

图 8-59　输入登录码

（2）再次进入“44 动力转向”，进行“控制单元自诊断”，选择“基本设置”，将“所有匹配值的复位”选入右侧选择框，单击进入下一步，如图 8-60 所示。

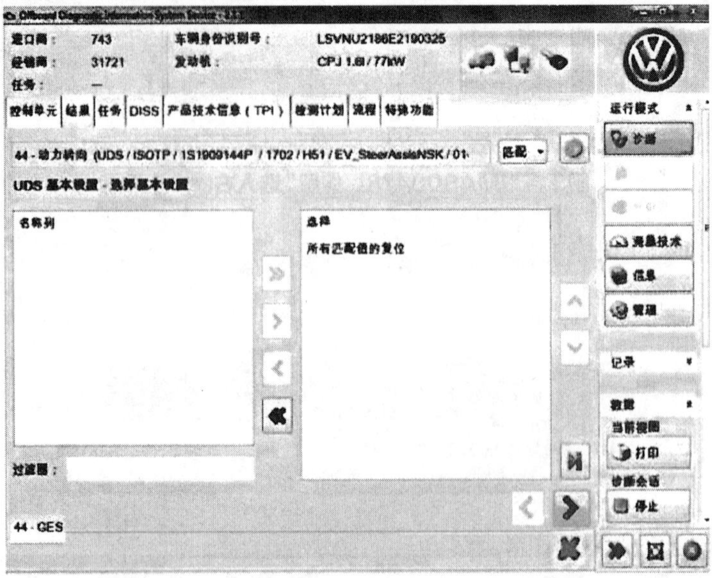

图 8-60　将“所有匹配值的复位”选入右侧选择框

（3）跳过“UDS 基本设置-设置参数”，在“UDS 基本设置-选择测量值”中，将“[MAS00478]_保留”选入右侧选择框，单击进入下一步，如图 8-61 所示。

图 8-61　将“[MAS00478]_保留”选入右侧选择框

（4）选择“基本设置”后单击“开始”按钮，完成动力转向基本设置，如图 8-62 所示。

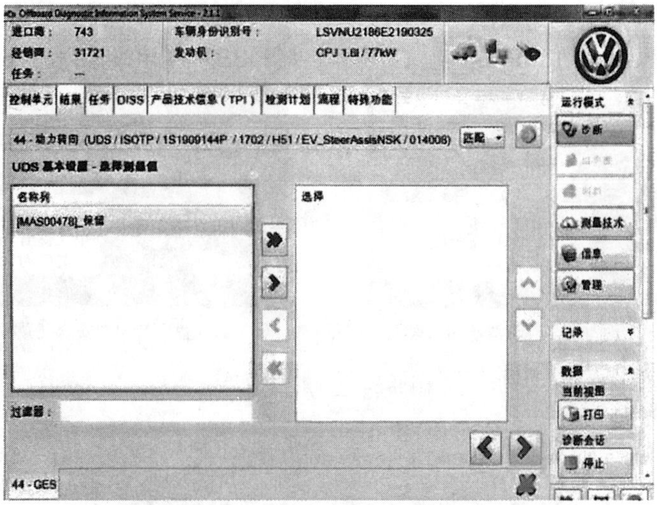

图 8-62　完成动力转向基本设置

096 迈腾 B7L 轿车转动方向盘时有“嗡嗡嗡”的异响

（1）故障现象：一辆迈腾 B7L 轿车，在转动方向盘时，方向盘底座处有“嗡嗡嗡”的异响。

（2）故障检测：接车后，启动车辆，转动方向盘，确认异响来源，最终确认异响来自方向盘与安全气囊滑环接触面附近，如图 8-63 所示。拆检方向盘发现故障原因为：方向盘底座接触面不平，方向盘上端面与安全气囊滑环间隙偏小，大约为 2mm（见图 8-64（a）），方向盘下端面与安全气囊滑环间隙偏大，大约为 5mm（见图 8-64（b）），从而导致转动方向盘时，方向盘与安全气囊滑环干涉产生异响。取下方向盘，发现方向盘底座残留有与安全气囊滑环干涉的痕迹，如图 8-65 所示。分析认为是由于方向盘底座不平，导致其与安全气囊滑环间隙不一致，在转动方向盘的过程中，因间隙偏小产生运动干涉发出异响。

（3）故障排除：更换方向盘。

图 8-63　转动方向盘时异响发出部位

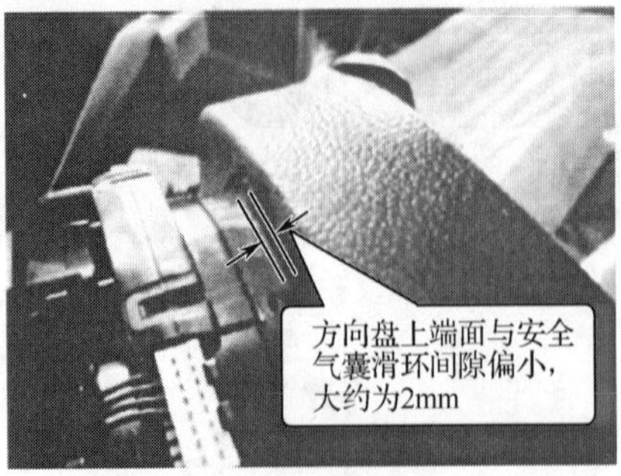

（a）方向盘上端面与安全气囊滑环间隙偏小

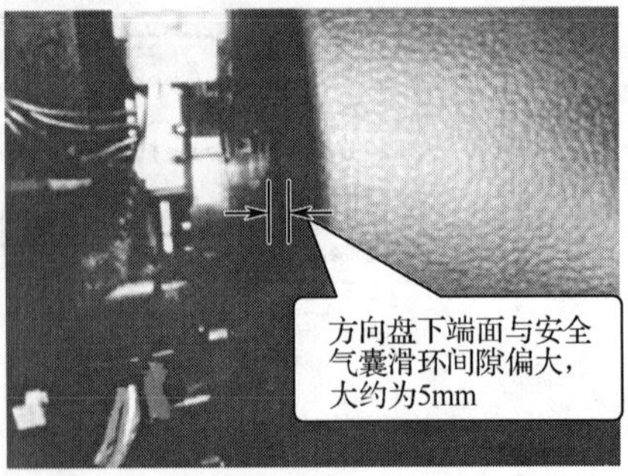

（b）方向盘下端面与安全气囊滑环间隙偏大

图 8-64　拆解方向盘

图 8-65　方向盘底座残留有与安全气囊滑环干涉的痕迹

Chapter 9

第 9 章

制动系统

097 ABS 防抱死制动系统的基本组成

ABS 防抱死制动系统主要由 ABS 控制器（包括电子控制单元、液压控制单元、液压泵等）、4 个车轮转速传感器、ABS 故障警告灯、制动警告灯等组成，如图 9-1 所示。

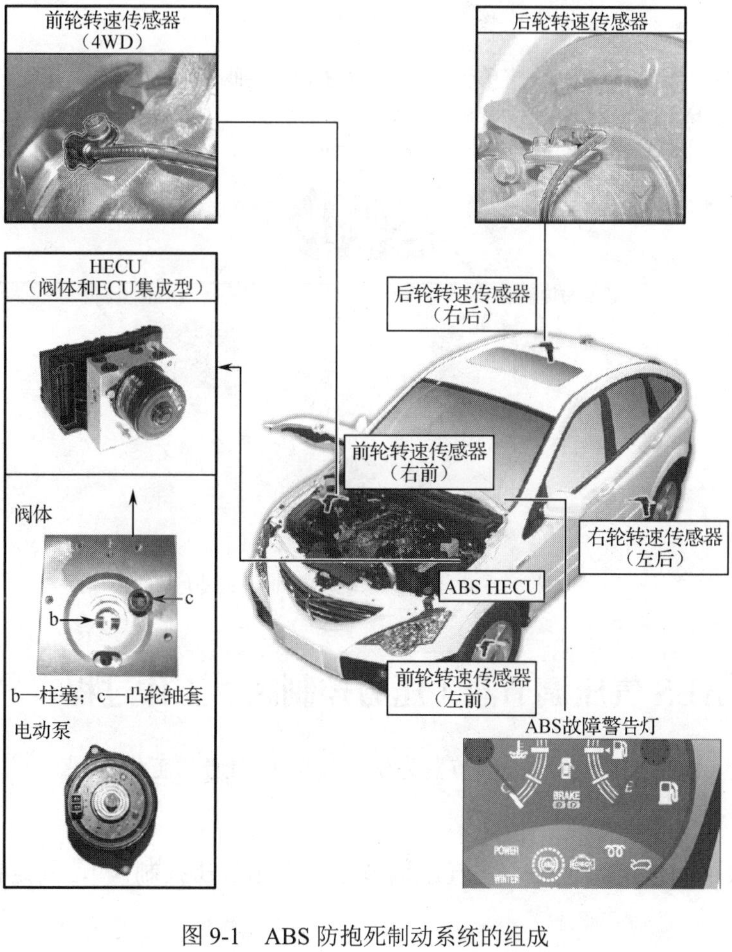

图 9-1　ABS 防抱死制动系统的组成

098 气动ABS的组成

气动 ABS 在常规气压制动系统的基础上，增设了一个电子控制系统，其组成如图 9-2 所示。

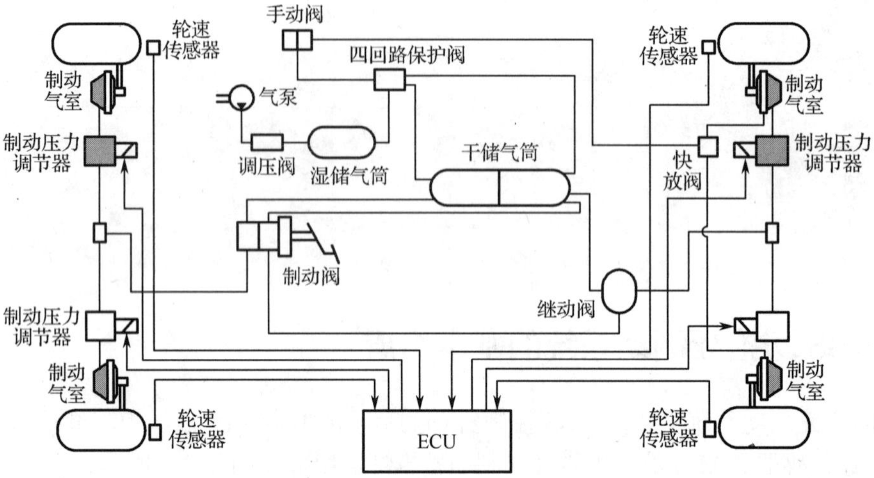

图 9-2 气动 ABS 的组成

电子控制系统主要由 ABS 电控单元 ECU、ABS 电磁阀、齿圈与传感器、制动压力调节器等装置组成。电子控制系统主要部件的外形如图 9-3 所示，其控制电路如图 9-4 所示。

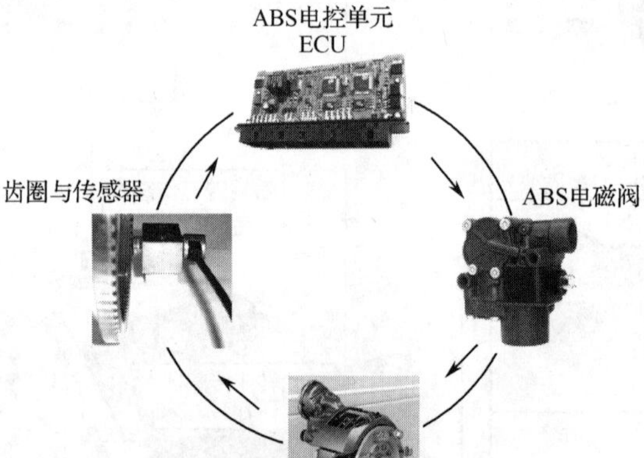

图 9-3 电子控制系统主要部件的外形

099 气动ABS气压调节器（压力控制阀）工作过程

下面以博世（BOSCH）型气压调节器为例，说明其构造和工作过程。

1）构造

许多大型汽车均采用博世公司的气压调节器（又称气压控制阀），固定在制动汽缸的支架上。

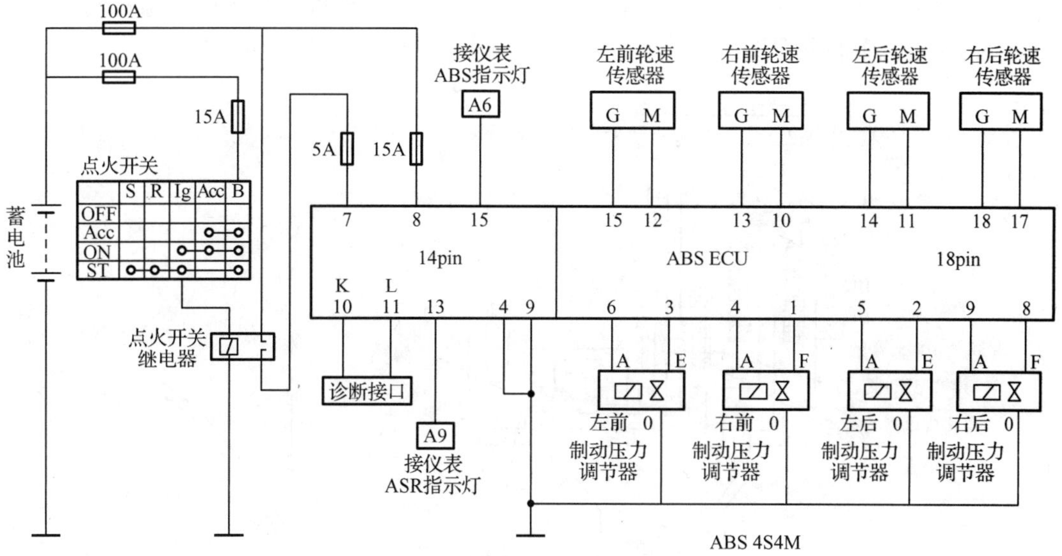

图 9-4　气动 ABS 控制电路

气压调节器主要由弹簧、进气电磁阀（阀芯、线圈）、排气电磁阀（阀芯、线圈）、排气阀膜片、进气阀膜片等组成，如图 9-5 所示。

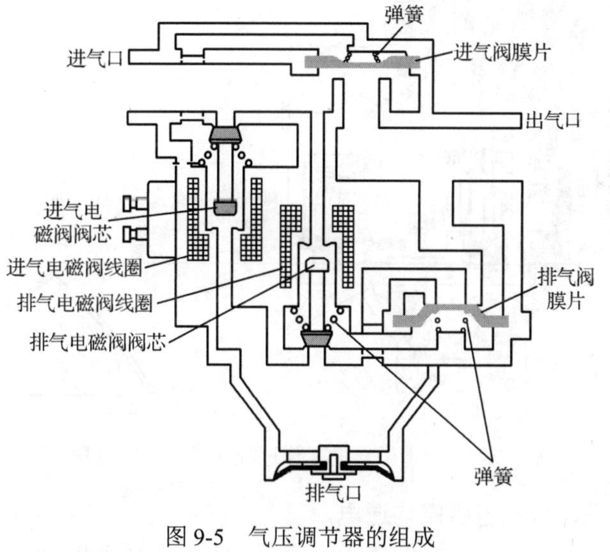

图 9-5　气压调节器的组成

2）工作过程

（1）压力升高过程。制动踏板阀门的制动压力由进气口进入，顶起进气阀膜片，经出气口继续进入到制动汽缸以实施制动。与此同时，制动压力经排气电磁阀到达排气阀膜片下的空隙内，保持排气口关闭，如图 9-6 所示。

在压力升高过程，进气电磁阀、排气电磁阀均不通电。

（2）压力下降过程。如果某一车轮趋于抱死，则进、排气电磁阀由 ABS 电脑供电。进气电磁阀上阀门打开使得压缩气体进入到进气阀膜片上的空隙内，进气阀膜片关闭以防止制动压力进一步升高。进气电磁阀下阀门关闭了排气口的通道。排气电磁阀上阀门关闭以防止压缩气体进入排气阀膜片下的空隙中，排气电磁阀下阀门打开，使排气阀膜片下的空隙排气。打开膜片，制动汽缸经由阀门排气口排气，制动压力和制动效能随之下降，如图 9-7 所示。

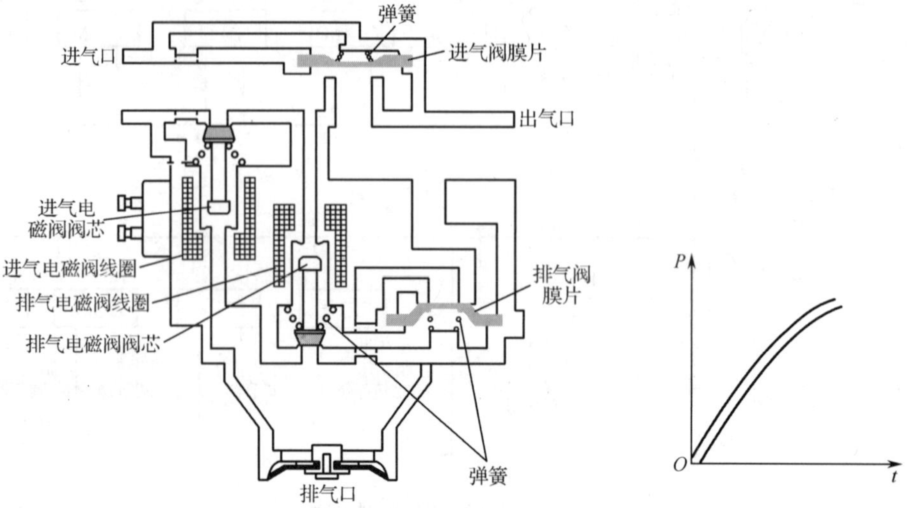

图 9-6 气压调节器的工作过程（压力升高过程）

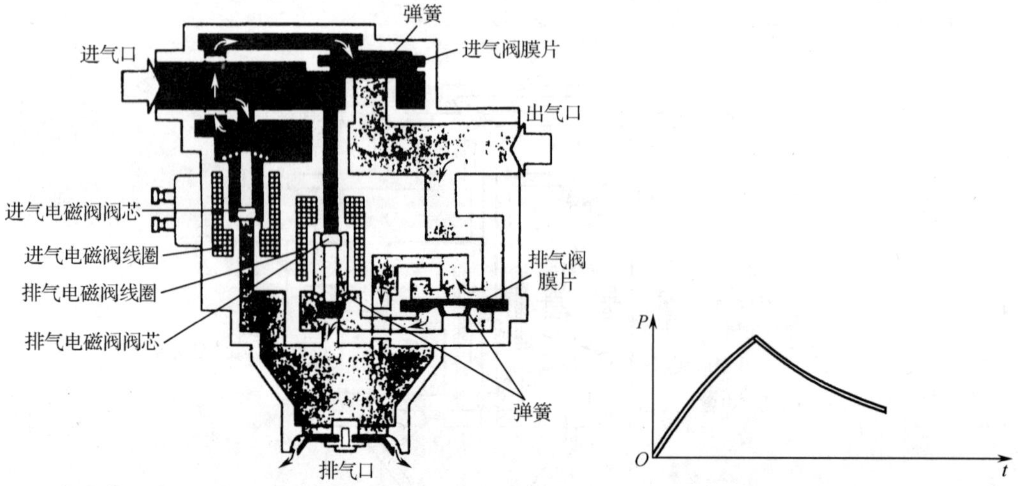

图 9-7 气压调节器的工作过程（压力下降过程）

压力下降过程，进、排气电磁阀均通电。

（3）压力保持过程。制动汽缸中的压力下降后，汽车车轮速度升高，在某一速度状态下，ABS 电脑切断排气电磁阀的供电，则排气电磁阀的上阀门打开，下阀门关闭。压缩气体流入排气阀膜片下的空隙内，使得排气口的通道关闭。这就使出气口和制动汽缸中的压力在一小段时间内保持稳定，如图 9-8 所示。

压力保持阶段，进气电磁阀通电，排气电磁阀断电。

此后，进气电磁阀中的电流中断，制动力重新升高，又开始了一个新的循环。一个工作循环的速度很快，可达 5 次/s。

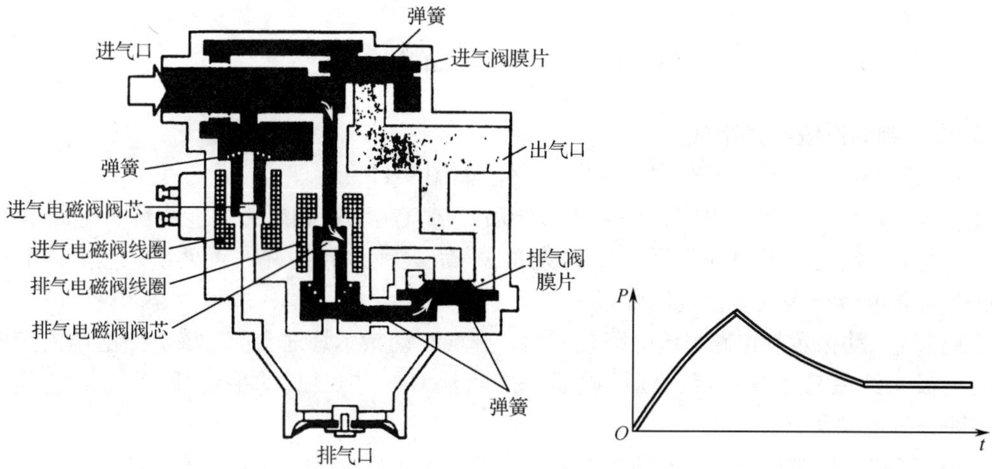

图 9-8　气压调节器的工作过程（压力保持过程）

100 排气制动系统组成

排气制动系统由操纵汽缸、电磁阀、气管、离合器踏板开关、加速踏板开关、储气筒、蝶形阀、排气制动开关等组成。排气制动原理如图 9-9 所示。

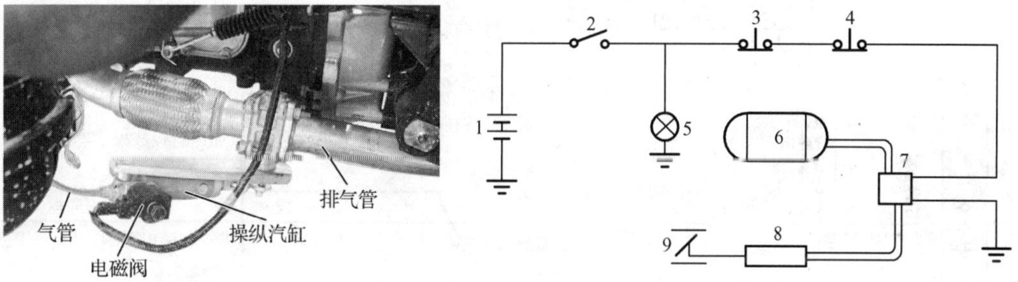

1—电源；2—排气制动开关；3—加速踏板开关；4—离合器踏板开关；5—指示灯；6—储气筒；7—电磁阀；8—操纵汽缸；9—蝶形阀

图 9-9　排气制动原理

东风系列载货车的辅助制动系统采用排气制动形式，闭合排气制动开关 2，电磁阀 7 接通，储气筒 6 的压缩空气经电磁阀 7 进入操纵汽缸 8，从而推动排气制动的蝶形阀 9 转动而关闭排气管，如图 9-10 所示，增加发动机转动的阻力，以减轻汽车在下长坡时因频繁使用行车制动而出现制动器热衰退现象，延长摩擦片的使用寿命。东风 EQ1118GA 的排气制动采用电控操纵控制方式，控制电路中设置了加速踏板开关和离合器踏板开关，使驾驶员在踩油门和离合器时，能自动解除排气制动，以防止出现错误操作。

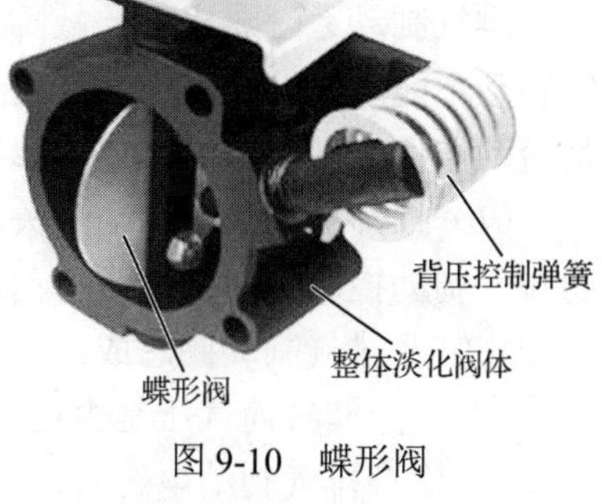

图 9-10　蝶形阀

101 排气制动系统电路图分析及常见故障

1）排气制动系统电路组成

东风 EQl118G 型运输车排气制动系统电路图如图 9-11 所示。

（1）点火锁继电器控制电路。该电路接通后，排气制动控制电路才能将源头电源引过来。该电路的电流走向为：蓄电池正极—红色易熔线—点火锁 B 接线柱—点火锁—点火锁 IG 接线柱—点火锁继电器—搭铁—蓄电池负极。

（2）排气制动指示灯电路。该电路接通后，排气制动指示灯才会亮。该电路的电流走向为：蓄电池正极—红色易熔线—点火锁继电器—熔断丝 11—排气制动手动开关—排气制动指示灯—搭铁—蓄电池负极。

（3）排气制动控制电路。该电路接通后，排气制动电磁阀才会工作。该电路的电流走向为：蓄电池正极—红色易熔线—点火锁继电器—熔断丝 11—排气制动手动开关—离合器踏板开关—排气制动电磁阀—加速踏板开关—搭铁—蓄电池负极。

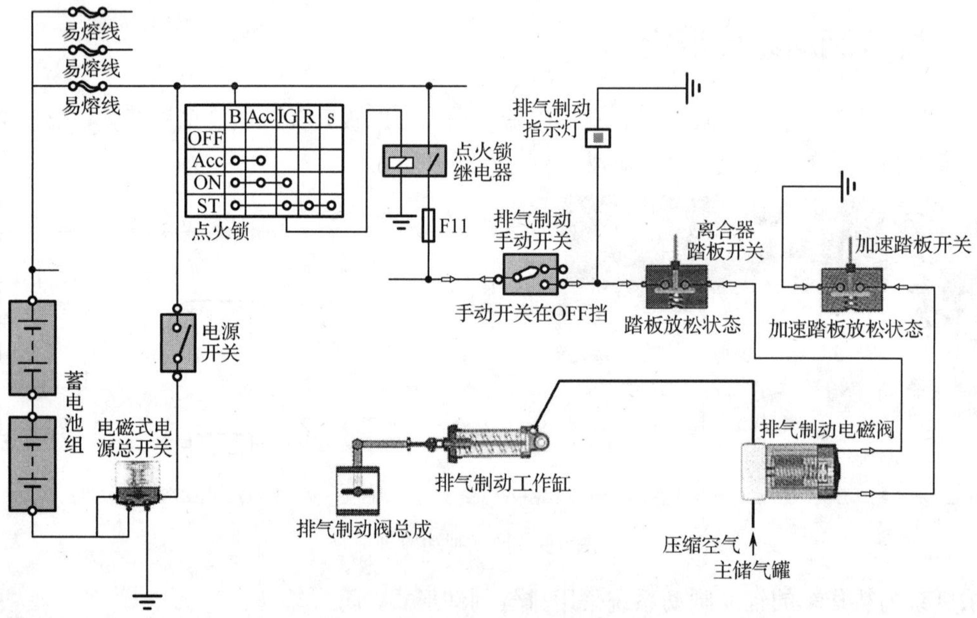

图 9-11 排气制动系统电路图

2）排气制动系统常见故障

排气制动系统易出现的故障，主要是排气制动系统无制动作用和断开排气制动手动开关排气制动不能解除。对于这两类故障，主要以打开、关闭排气制动手动开关，听排气制动电磁阀是否动作作为切入点，来分段诊断排除。

（1）打开排气制动手动开关，如能听见排气制动电磁阀动作的声音，但无制动作用，则说明排气制动控制电路部分没有问题，故障出在排气制动机械部分，即排气制动电磁阀、排气制动工作缸及排气制动阀总成。

① 检查储气筒气压是否达到标准。

② 检查排气制动电磁阀进气口是否堵塞。

③ 检查排气制动工作缸活塞是否发卡。

④ 检查排气制动阀阀门转轴是否卡死、转动是否灵活。

（2）打开排气制动手动开关，如不能听见排气制动电磁阀动作的声音，更无制动作用，则说明故障出在排气制动控制电路部分。

① 排气制动指示灯亮，说明线路都没问题，故障出在线路的后半部分。检查离合器踏板开关、排气制动电磁阀、加速踏板开关及线路。

② 排气制动指示灯不亮，说明故障出在线路的后半部分。检查熔断丝 11、排气制动手动开关、排气制动指示灯及线路。

（3）关闭排气制动手动开关，如能听见排气制动电磁阀动作的声音，但排气制动不能解除，则说明排气制动控制电路部分没有问题，故障出在排气制动机械部分，即排气制动电磁阀、排气制动工作缸及排气制动阀总成。

① 检查排气制动电磁阀出气口是否堵塞。

② 检查排气制动工作缸回位弹簧是否折断、是否老化、弹力是否过弱。

③ 检查排气制动阀阀门转轴是否卡死、转动是否灵活、是否因积炭过多嵌入阀门，而造成阀门不能完全复位。

（4）踩下离合器踏板，排气制动不能解除。

① 检查液压系统是否异常，离合器踏板开关安装部位是否漏油。

② 踩下、松开离合器踏板，检查离合器踏板开关是否发生故障或安装是否正确。

（5）踩下加速踏板，排气制动不能解除。

① 踩下、松开加速踏板，检查加速踏板开关是否有故障或安装是否正确。

② 调整时，使发动机转速略高于怠速，将加速踏板开关调整到接通状态即可。

102 电涡流缓速器结构

电涡流缓速器的主要组件为定子和转子，如图 9-12 所示。定子具有沿圆周均匀分布的铁芯，铁芯上装有线圈。定子通过支架固定在变速器后端盖、后桥壳或车架上，如图 9-13 所示。转子有两个磁盘（转子盘），分别通过突缘盘与主/从动传动轴、变速器，或传动轴、后桥连接，缓速器安装位置如图 9-14 所示。转子和定子之间仅有很小的间隙，定子中的线圈通电时即产生强磁场，在转子的两磁盘内产生涡流电，从而产生制动转矩，使车辆减速。

（a）定子

（b）转子

图 9-12　定子和转子

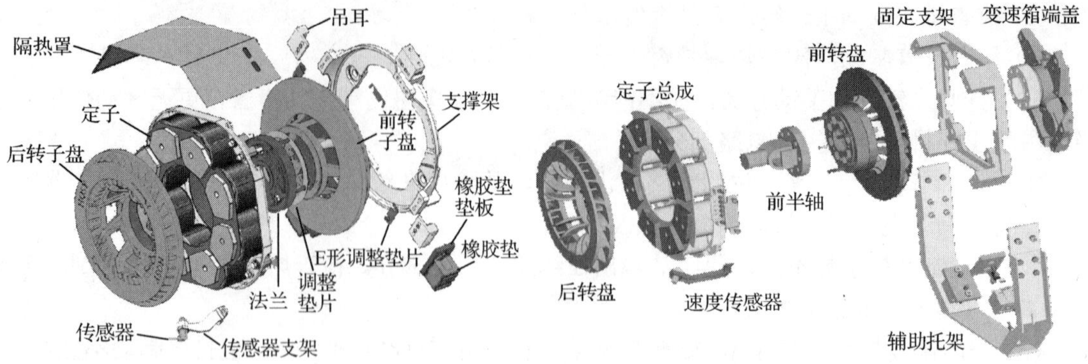

图 9-13 定子安装位置

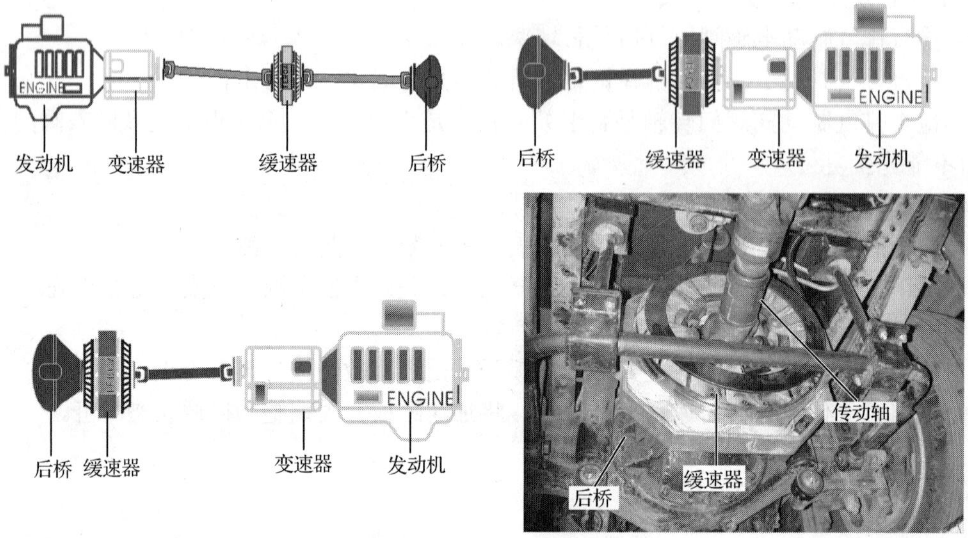

图 9-14 缓速器安装位置

103 缓速器的工作原理

在两个转盘之间有定子总成，上面装有交错接线的极性线圈。缓速器工作时由蓄电池或发电机注入电流，给缓速器的定子线圈通入直流电，这时在定子线圈中会产生磁场，该磁场在相邻的铁芯、磁轭、气隙、转子之间形成多组回路，此时如果转子转动，就相当于导体在切割磁力线，如图 9-15 所示。

根据电磁感应原理可知，在导体内部会产生感生电流，同时感生电流会产生另外一个感生磁场，即在转子中形成涡状电流磁场，该磁场和已经存在的磁场之间会有作用力，而作用力的方向永远是阻碍导体运动的方向。这就是缓速器缓速力矩的来源。涡流磁场对转子产生制动力矩，在无接触、无磨损的情况下减慢转子速度。其值与励磁电流的大小、转子转速有关，电涡流产生的热量由转子冷却风槽散出。

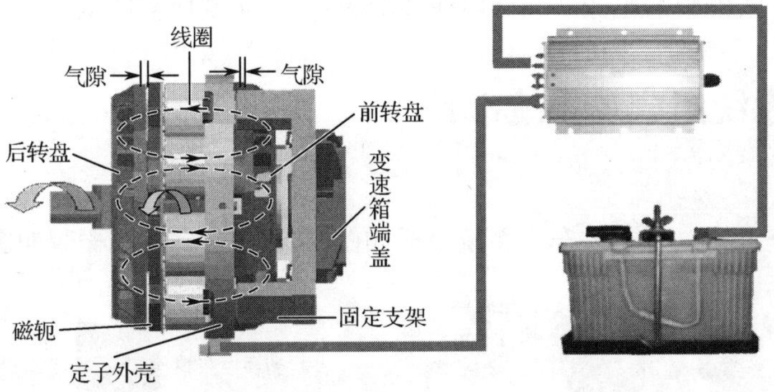

图 9-15　缓速器工作原理图

104 电涡流缓速器电路控制

定子线圈中通电时间和电流大小（或通电线圈的数量）由电涡流缓速器的控制电路控制。控制电路由手控开关、控制器、电源开关、缓冲器、车速传感器等组成，如图 9-16 所示。制动空气压力传感器与气阀座一起固定在车架上，通过三通管及气管与制动管路相连接，用于向控制器输送制动管路中的空气压力信号（间接反映制动踏板的行程）。手控开关（缓速器挡位操纵开关）位于驾驶室内，驾驶员可以选择合适的工作挡（合适的制动转矩）使车辆减速。缓速器指示灯包括电源指示灯、准备工作灯和工作指示灯。其中，准备工作灯用于指示电涡流缓速器是否处于工作待命状态；工作指示灯用于指示电涡流缓速器的工作挡，点亮的工作指示灯越多，缓速器的工作挡越高，制动转矩越大。缓速器指示灯也用于为电涡流缓速器的故障判断提供依据。

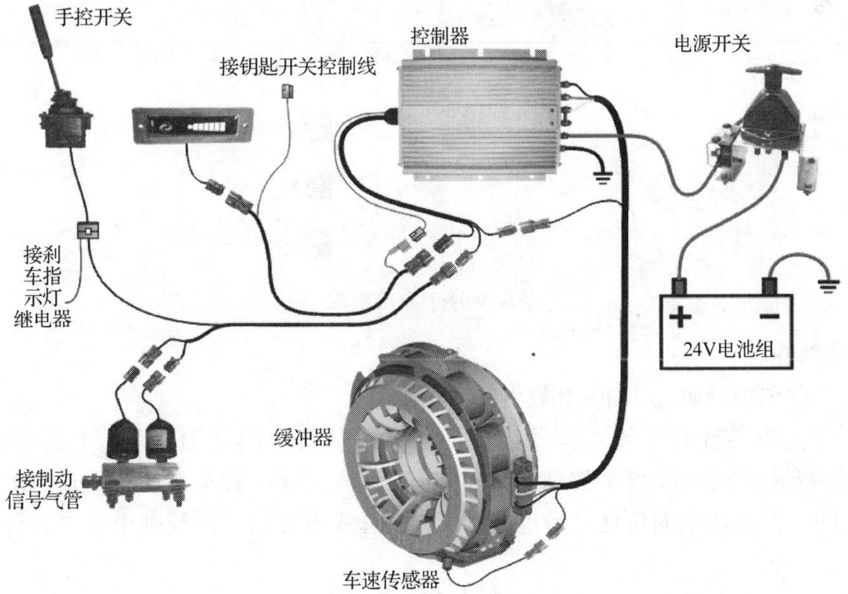

图 9-16　电涡流缓速器控制电路的组成

控制器的功用是根据车速传感器信号、制动空气压力传感器信号和驾驶员的意图（手控开关信号）确定定子线圈中的电流（或通电线圈的数量），实现所需的制动。

105 EPB系统组成及系统部件

1）系统组成

大众奥迪汽车EPB（电子驻车）系统组成如图9-17所示，系统概貌如图9-18所示。

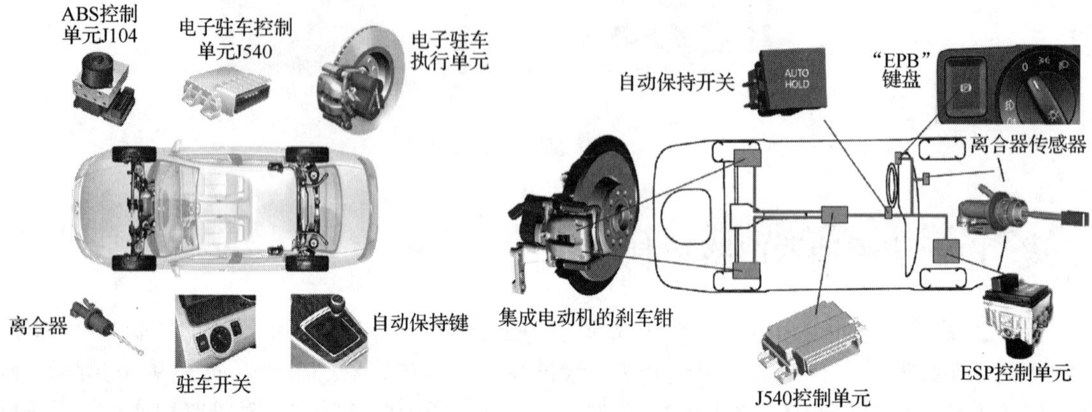

图9-17 EPB系统组成

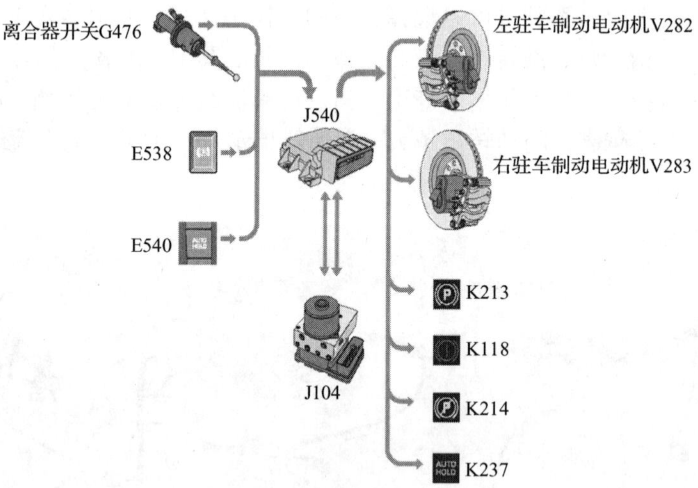

图9-18 系统概貌

2）系统部件

（1）电子驻车控制单元J540如图9-19所示。

该控制单元安装在行李箱右侧蓄电池的下方。从蓄电池开始，左、右驻车制动电动机V282/283是单独控制的。在这个控制单元内装有两个处理器，驻车制动器松开的命令要由这两个处理器共同执行，数据的传送是通过驱动CAN总线进行的。该控制单元内还有一个微型倾斜角传感器。

（2）左、右驻车制动电动机V282/283如图9-20所示。

制动摩擦衬块的收紧是通过一根螺杆的带动来实现的，这根螺杆由斜轴轮盘机构来驱动，其上的螺纹是可以自锁的。斜轴轮盘机构是由一个直流电动机来驱动的，它和直流电动机通过法兰固定在制动钳上。

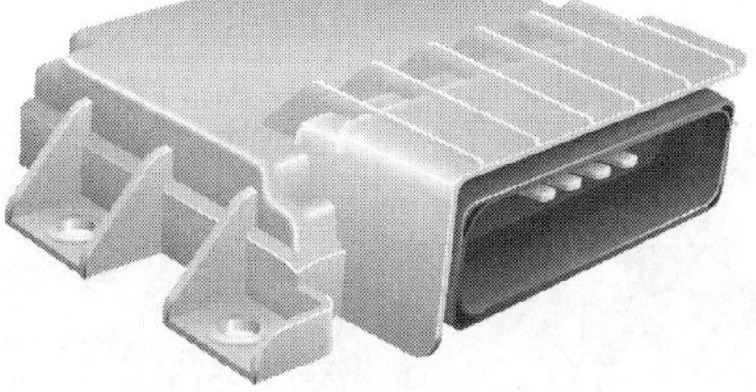

图 9-19　电子驻车控制单元 J540

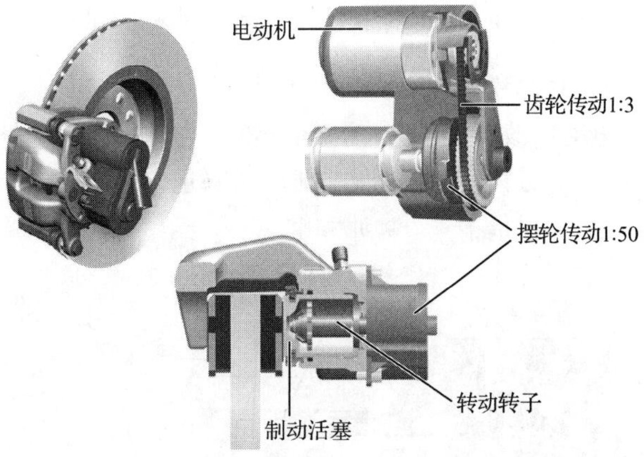

图 9-20　左、右驻车制动电动机 V282/283

106 大众汽车 EPB 电子驻车工作原理

电子机械式驻车制动只需要制动活塞进行非常小的往复运动，电动机的旋转运动通过多个阶段转化为线性运动，如图 9-21 所示。

阶段 1：从电动机的螺杆至第一级传动装置的正齿轮。

阶段 2：从蜗杆传动装置的螺杆至第二级传动装置的正齿轮。

阶段 3：通过螺杆传动装置将旋转运动转化为往复运动。

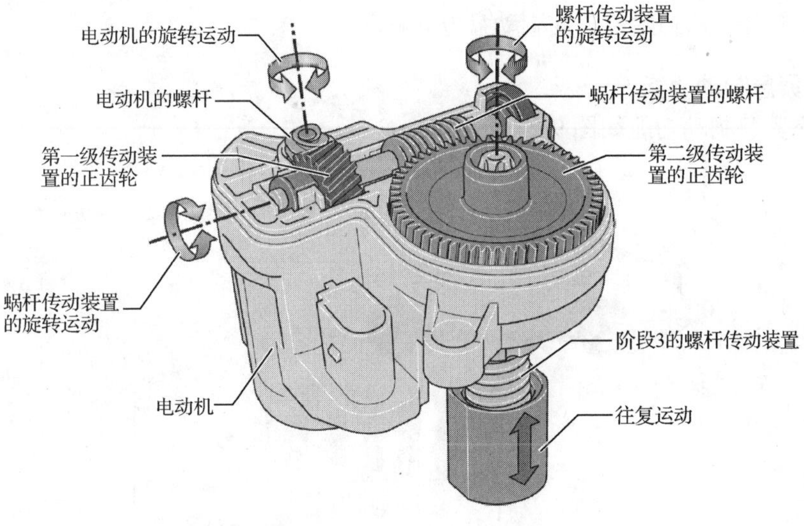

图 9-21　电动机工作原理

1）驻车制动

当关闭驻车制动器时会触发电动机，螺杆由电动机通过多级传动装置驱动，通过螺杆的旋转运动带动螺杆螺纹上的压力螺母向前移动。压力螺母碰到制动活塞的内侧端面，并将其抵到制动摩擦片上，制动摩擦片压到制动盘上，此时密封套会向制动摩擦片的方向发生变形，压力会使通过电动机的电流增大。

电子机械式驻车制动器的控制单元在整个驻车过程中对电动机的电流进行测量。当电流超过一个特定值时，控制单元会切断电动机的供电，如图 9-22 所示。

2）驻车松开

电动机改变旋转方向，螺杆沿反方向旋转，螺杆上的压力螺母向后运动，制动活塞上的压力减轻，密封套恢复变形，制动活塞也向后移动，制动摩擦片松开制动盘，如图 9-23 所示。

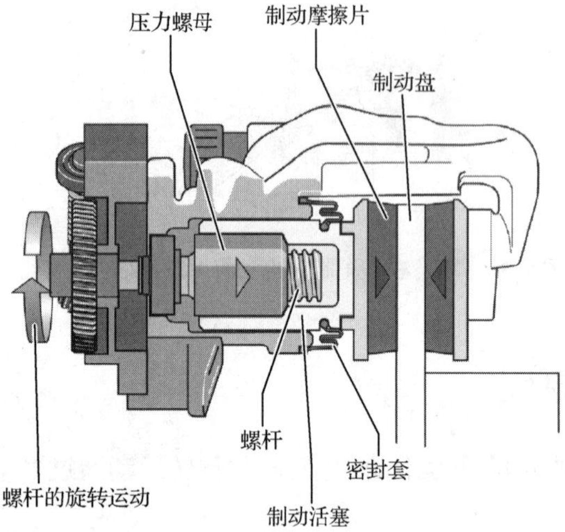

图 9-22 驻车制动

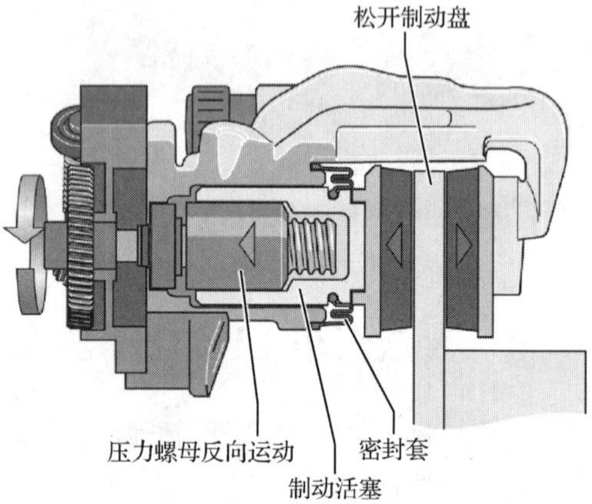

图 9-23 驻车松开

3）调整间隙

如果驾驶员在 2000～3000km 的行驶里程中没有操作 EPB，则间隙会周期性地进行调整。此时，制动摩擦片会从初始位置向制动盘方向移动。

4）动态紧急制动功能

EPB 动态紧急制动功能如图 9-24 所示。

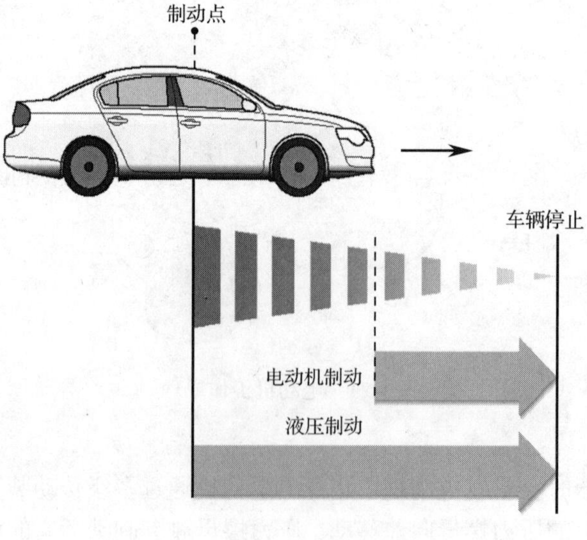

图 9-24 EPB 动态紧急制动功能

（1）拉出按键开关 F234 就可以对车辆进行制动，最大减速度可达 $8m/s^2$。操作过程与手制动杆的操作是一样的。只要拉出这个按键开关，就会对车辆实施制动。松开这个开关后，制动过程就被终止了。

（2）当车速低于 8km/h 时，如果操纵这个开关，则驻车制动器就会拉紧（处于工作状态）。为了避免误操作（如由副驾驶员而产生的操作），只要又踏下了油门踏板，则紧急制动功能就会被立即终止。

（3）如果车速超过 8km/h，则由 ESP 来实施制动过程。油门踏板还处于踏下状态时，发动机扭矩会被减至怠速状态，同时 ESP 会在所有 4 个车轮制动器中建立起制动压力。如果巡航系统（GRA）正在工作，则它会被终止工作。

107 制动摩擦衬块磨损识别和间隙校正

制动摩擦衬块的厚度值会定期（每 1000km）在车辆静止且驻车制动器不工作时自动获取。获取制动摩擦衬块的厚度值的过程是这样的：制动摩擦衬块离开零位（终点位置）顶住制动盘，控制单元根据霍尔传感器的测量值计算出制动摩擦衬块的行程，由此就可得知制动摩擦衬块的厚度值。控制单元通过检测电动机电流信号来判断蹄片行程，从而判断蹄片磨损情况，并对间隙进行补偿，如图 9-25 所示。

只有在车辆已停住、点火锁已锁定且驻车制动器未工作时才进行这种测量。

1）制动摩擦衬块更换

制动摩擦衬块更换模式如图 9-26 所示。

（1）更换制动摩擦衬块需要使用 VAS6150 在驻车制动器未工作时进行。

（2）在基本设定功能 5 中，螺杆会将汽缸完全收回（驻车制动器松开）。

（3）在制动活塞复位之后，就可以用 VAS T10145 来更换制动摩擦衬块。

（4）在基本设定功能 6 中，汽缸又与活塞接触了（驻车制动器拉紧）。

（5）在自适应功能 6 中，输入制动摩擦衬块厚度值。

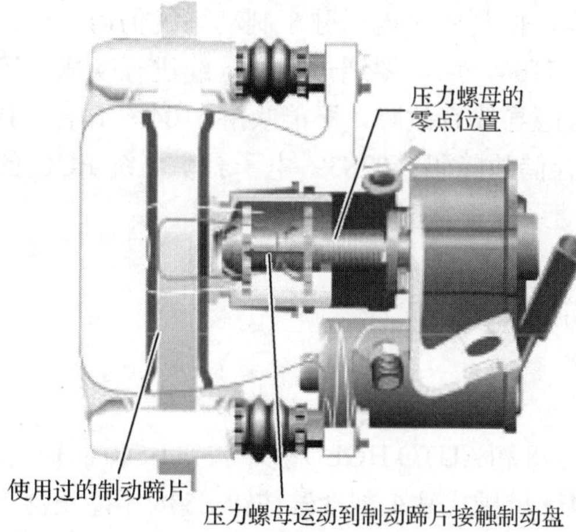

图 9-25 对间隙进行补偿

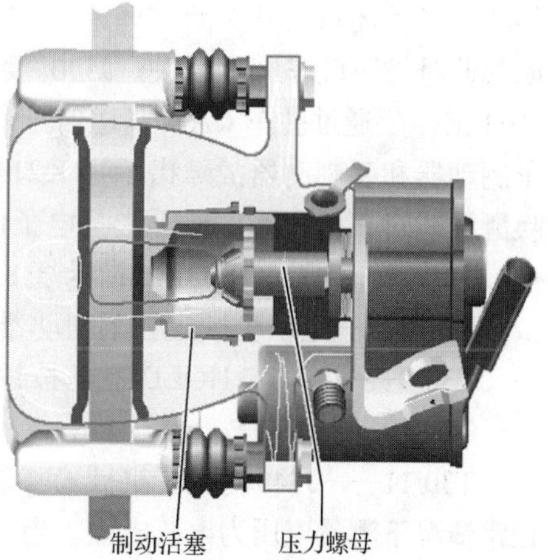

图 9-26 制动摩擦衬块更换模式

2）应急松开

（1）当驻车制动器处于拉紧状态时，如果电控功能失效或驻车制动器部件出现机械故障，那么可以通过机械方式来松开制动器。

（2）为此在随车工具中有一把应急钥匙。用千斤顶将车顶起，卸下相应的车轮。

（3）应急钥匙的 Torx 端用于拆下制动钳中的执行元件，钥匙的另一端可以转动螺杆，直至制动器松开，如图 9-27 所示。

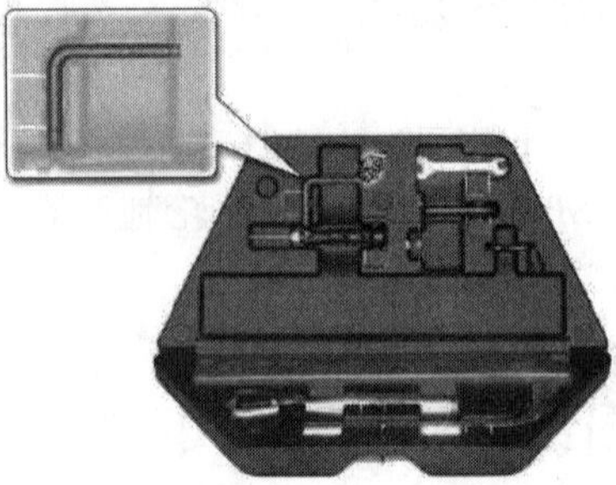

图 9-27 应急松开

108 迈腾汽车 EPB 电子控制系统电路分析

EPB 电子控制系统电路图如图 9-28～图 9-30 所示。

从电路图中可以看到，电子机械式驻车制动器的控制单元 J540 有一个 30 针的插头 T30，其各个针脚的定义如下：

T30/1——到 G476 离合器位置传感器（仅限于装备手动变速器的车辆），获取离合器位置信号，用于动态启动辅助。该线出现故障时，J540 给出故障码：03182-离合器位置传感器 G476。

T30/2——到 J285 仪表 T36/6。功用：提供手刹信号给仪表，点亮或熄灭仪表上制动系统指示灯 K118。当该线断路时，仪表上 K118 指示灯不能点亮。

T30/3～T30/5——空。

T30/6——到 J104 ABS 控制单元的 T38/6，唤醒导线。关于电子驻车制动系统 CAN 的唤醒导线，当关闭点火开关后，理论上 J104 应停止工作，但是此时电子驻车制动系统仍需工作，如果此时按下驻车制动开关，J540 要将此信号告诉 J104，所以要通过唤醒导线进行唤醒，等 J104 工作后通过驻车 CAN 发送信号。因此，如果唤醒导线有故障，不能唤醒 J104，则电动驻车制动器和手制动器故障指示灯 K214 点亮，J540 存储故障码：02839-电子刹车系统 ECU 的唤醒导线对正极短路，但不影响电子机械式驻车制动系统正常工作。

T30/7——AUTO HOLD 指示灯 K237 的控制搭铁。

T30/8——电子机械式驻车制动器指示灯 K213 的控制搭铁。

T30/9——AUTO HOLD 驻车按钮 E540 的输入线。

T30/10——空。

T30/11——J540 对电子机械式驻车制动器按钮 E538 和 AUTO HOLD 驻车按钮 E540 的输出，正常情况下测量电压为电瓶电压。当该线断路时，电子机械式驻车制动器按钮 E538 不能正常工作，按压按钮 E538 时，电子机械式驻车制动器指示灯 K213 会闪一下，但系统不工作。J540 记忆故障码：03200-电子机械式驻车制动器按钮 E538；03216-AUTO HOLD 驻车按钮 E540。

T30/12——至右侧驻车电动机 V283。

T30/13——30 正电，由 SD30 提供，2006 年 5 月后由 SC29 提供。

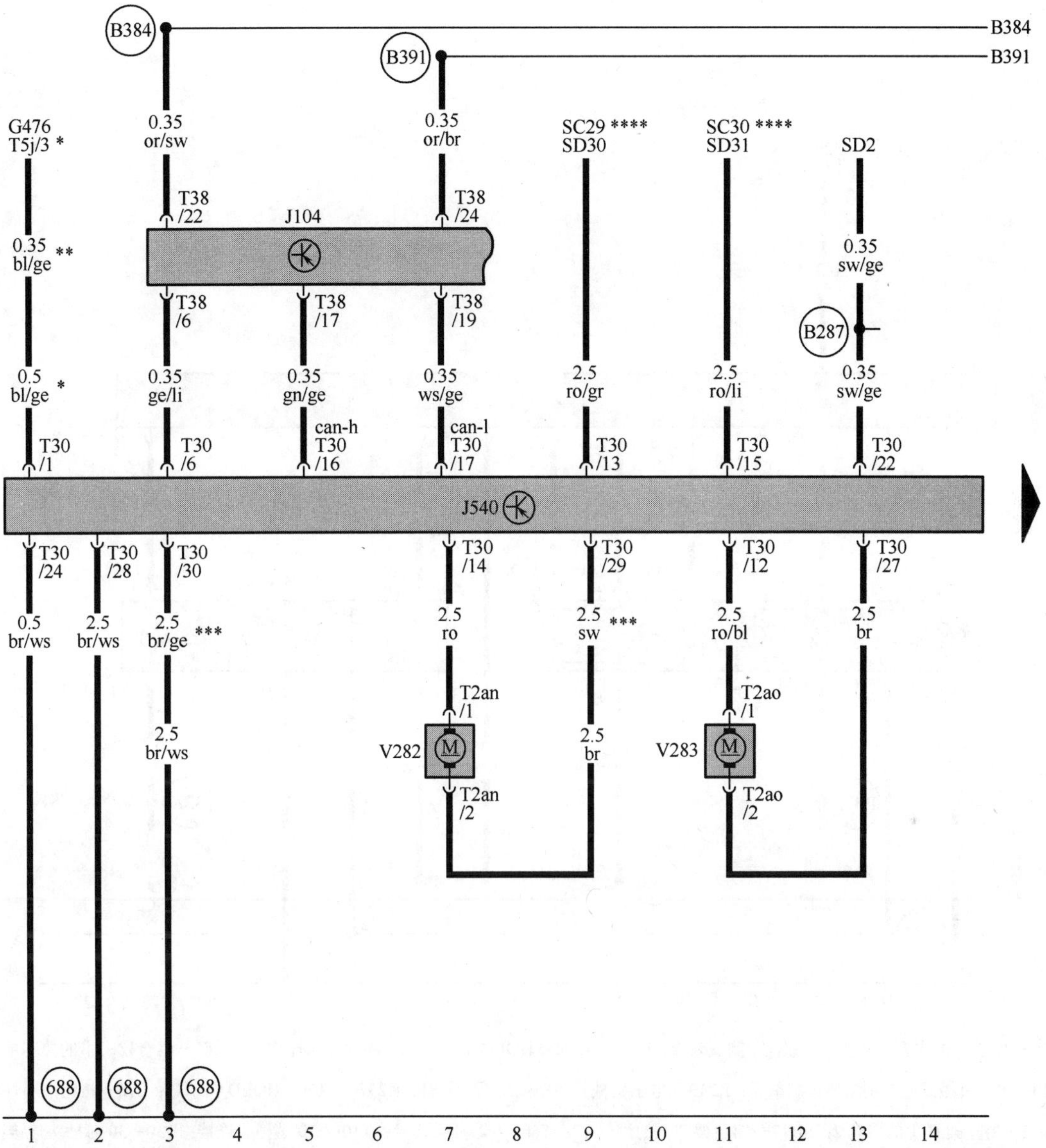

G476—离合器位置传感器；J104—ABS 控制单元；J540—电子机械式驻车制动器的控制单元；SC29—熔丝架 C 上的熔丝 29；SC30—熔丝架 C 上的熔丝 30；SD2—熔丝架 D 上的熔丝 2；SD30—熔丝架 D 上的熔丝 30；SD31—熔丝架 D 上的熔丝 31；T2an—2 芯插头连接；T2ao—2 芯插头连接；T30—30 芯插头连接；T38—38 芯插头连接；V282—左侧驻车电动机；V283—右侧驻车电动机；(688)—中间通道上的接地点 2；(B384)—连接 2（驱动系统 CAN 总线 High），在主线束中；(B391)—连接 2（驱动系统 CAN 总线 Low），在主线束中；ws—白色；sw—黑色；ro—红色；br—褐色；gn—绿色；bl—蓝色；gr—灰色；li—淡紫色；ge—黄色；or—橘黄色

图 9-28　左、右两侧驻车电动机电路图

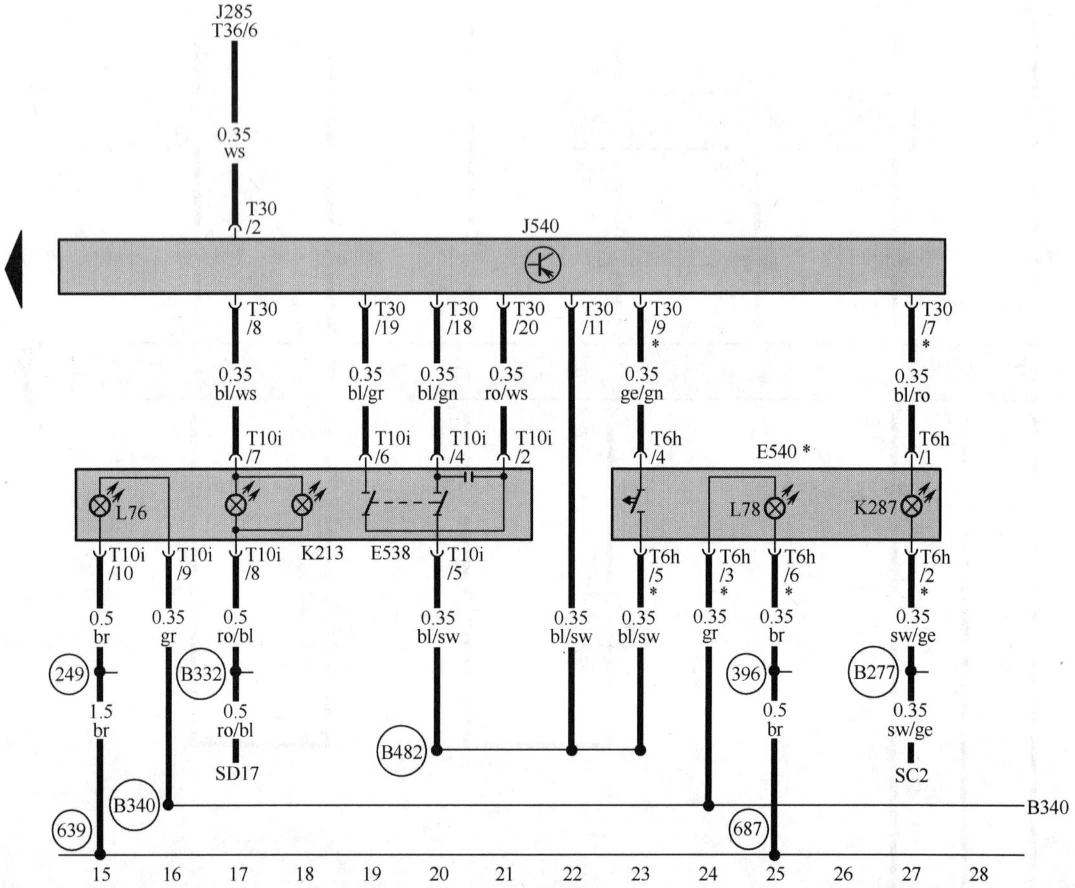

E538—电子机械式驻车制动器按钮，左侧仪表板；E540—AUTO HOLD 驻车按钮，靠近换挡操作杆；J285—组合仪表中的控制单元；J540—电子机械式驻车制动器控制单元；K213—电子机械式驻车制动器指示灯；K237—AUTO HOLD 指示灯；L76—按钮照明灯泡；SC2—熔丝架 C 上的熔丝 2；SD17—熔丝架 D 上的熔丝 17；T6h—6 芯插头连接；T10i—10 芯插头连接；T30—30 芯插头连接；T36—36 芯插头连接；(249)—接地连接 2，在车内线束中；(396)—接地连接 31，在主线束中；(639)—接地点，在左侧 A 柱上；(687)—中间通道上的接地点 1；(B277)—正极连接 1（15a），在主线束中；(B332)—正极连接 18（30a），在主线束中；(B340)—连接 1（58d），在主线束中；(B482)—连接 18，在主线束中；ws—白色；bl—蓝色；gr—灰色；gn—绿色；ro—红色；ge—黄色；br—褐色；sw—黑色

图 9-29 电子机械式驻车制动器的按钮电路图

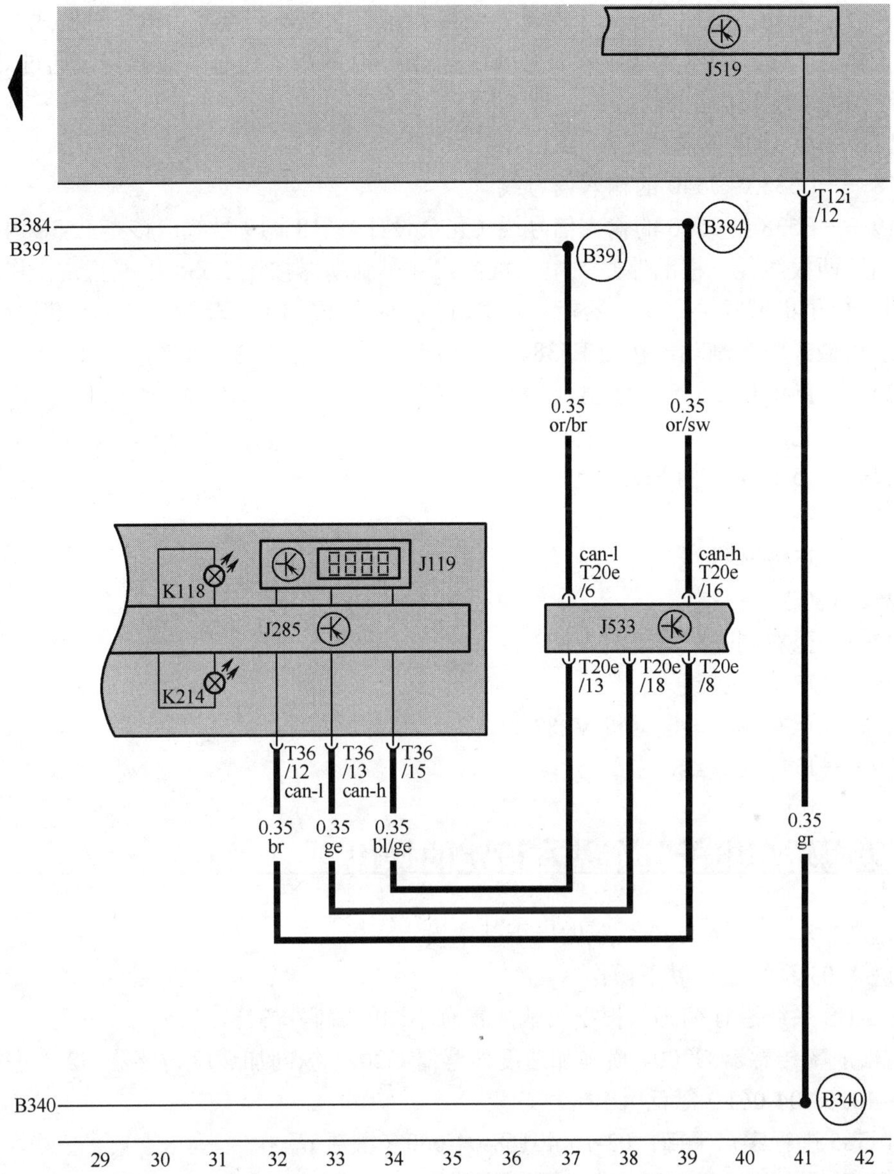

J285—组合仪表中的控制单元；J519—车载电网控制单元；J533—数据总线诊断接口；J119—多功能显示器；K118—制动系统指示灯；

K214—电动驻车制动器和手制动器故障指示灯；T12i—12 芯插头连接；T20e—20 芯插头连接；T36—36 芯插头连接；

(B384)—连接 2（驱动系统 CAN 总线 High），在主线束中；(B391)—连接 2（驱动系统 CAN 总线 Low），在主线束中；

(B340)—连接 1（58d），在主线束中；or—橘黄色；br—褐色；sw—黑色；ge—黄色；bl—蓝色；gr—灰色

图 9-30　组合仪表、多功能显示屏、数据总线诊断接口电路图

T30/14——至左侧驻车电动机 V282。

T30/15——30 正电，由 SD31 提供，2006 年 5 月后由 SC30 提供。

T30/16——至 J104 的总线 CAN-H。CAN 总线和 J104 之间的信息传递路线不能单线工作，当断路时仪表上电动驻车制动器和手制动器故障指示灯 K214 不点亮，电子机械式驻车制动系统能正常工作，但诊断仪器无法进入。也可以看出 J540 的故障信息及数据传递通过 CAN 线到 J104，再经动力 CAN 传递到仪表。

T30/17——至 J104 的总线 CAN-L。

T30/18——E538 给 J540 的输入信号线。

T30/19——E538 给 J540 的输入信号线（冗余设计）。18、19 号线应该是 E538 内的一个冗余设计，当这两根线任一根断路时，电子机械式驻车制动器按钮 E538 不能正常工作，按压按钮 E538 时，电子机械式驻车制动器指示灯 K213 会闪一下，但系统不工作。J540 记忆故障码：03200-电子机械式驻车制动器按钮 E538。

T30/20——J540 给 E538 的输出。

T30/21——空。

T30/22——15 正电，由 SD2 提供。

T30/23——空。

T30/24——J540 搭铁线。

T30/25、T30/26——空。

T30/27——至右侧驻车电动机 V283。

T30/28——J540 搭铁线。

T30/29——至左侧驻车电动机 V282。

T30/30——J540 搭铁线。

109 迈腾轿车电子驻车基本设定的操作

对于迈腾轿车，更换 J540 后应做以下基本设定。

（1）进入 03 系统进行以下操作：

① 对 ABS 系统进行编码（根据车辆配置有不同的编码：318、315、2366 等）。

② 对偏航率传感器 G200、横向加速度传感器 G202、纵向加速度传感器 G251 进行基本设定：03-16-40168-04-061（激活）。

③ 对 G85 进行零点平衡：03-16-40168-04-060（激活）。

④ 对制动压力传感器 G201 进行零点平衡：03-16-40168-04-066（激活）。

⑤ 进行 ESP 启动测试。

（2）进入 53 系统进行以下操作：

① 对 J540 进行编码：53-07-57（根据车辆配置有不同的编码：自动挡为 57，手动挡为 56）。

② 用 5051 进入故障导航，选择电子机械驻车功能，进入电子驻车手刹基本设置。注意：在做基本设置时必须放开手刹，不能进行任何操作。做完以后所有的故障灯应熄灭，系统里所有的故障代码自动清除。

（3）读取测量值块。J540 数据块读取如图 9-31、图 9-32 所示。

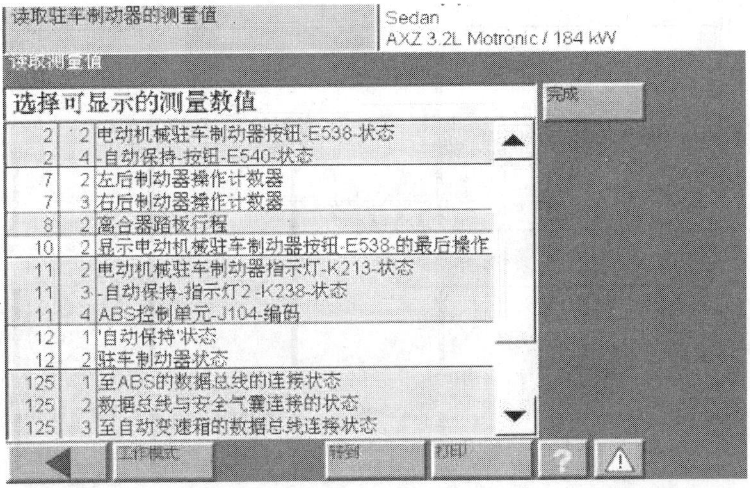

图 9-31　数据块读取（1）

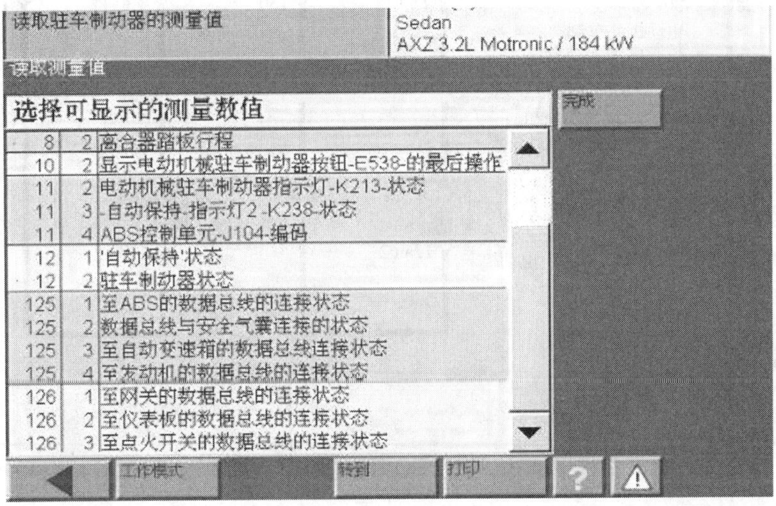

图 9-32　数据块读取（2）

110　迈腾电子机械式驻车制动器控制单元 J540 唤醒导线故障的检修

1）故障现象

仪表上电动驻车制动器和手制动器故障指示灯 K214 点亮。用 VAS5051 读取故障码：53-J540 中故障码为电动驻车制动器 ECU 唤醒导线对正极短路；03-J104 中为电子手刹 ECU 信号不可靠；25 中为 ESP 信号不可靠。后两个故障为偶发性故障，清除故障后连续开关点火开关时，故障不再现。但当关闭点火开关几分钟后，打开点火开关则再次出现同样的故障码。相关电路如图 9-33 所示。

（1）电动机驻车制动器 CAN 数据总线控制单元，从图 9-33 中可以看到，J540 是与动力 CAN 彼此分开的，如图 9-34 所示。

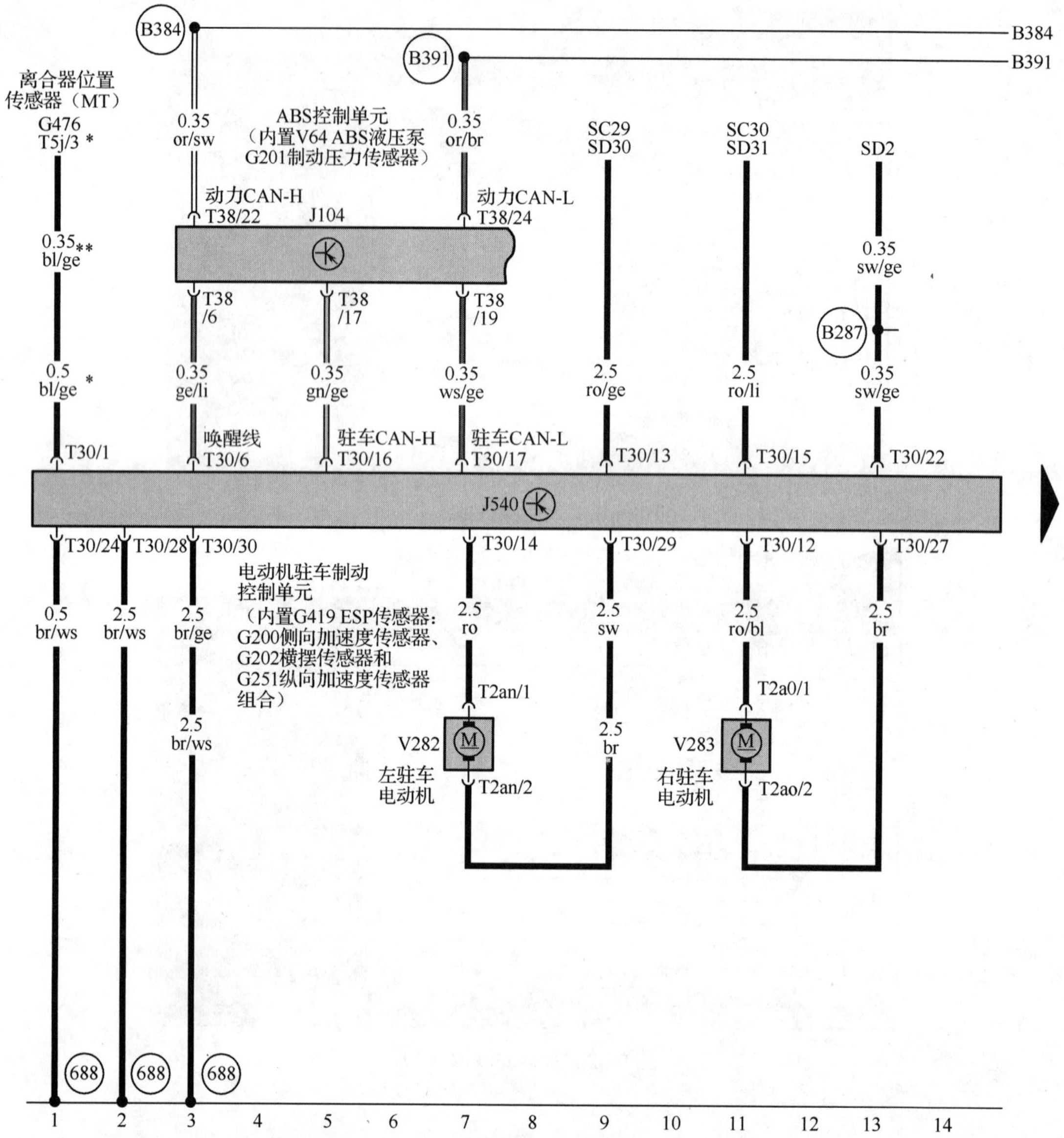

图 9-33 电动驻车系统与 ESP 控制单元的连接

（2）工作原理。

关于唤醒线，舒适 CAN 由于有睡眠功能且必须随时保证立即工作，电源不受点火开关电源控制，所以需要 CAN-L 较长时间为 6V 左右电压，对舒适 CAN 进行唤醒，但是不需要单独唤醒线。动力 CAN 的工作受 15 正电控制，即打开点火开关后所有与动力 CAN 连接的控制单元都工作，无唤醒。

关于电子驻车制动系统 CAN，可能是关闭点火开关后，理论上 J104 应该停止工作，但是此时电子驻车制动系统仍需工作，如果此时按下驻车制动开关，J540 要将此信号传递给 J104，即要通过唤醒线进行唤醒，等 J104 工作后才通过驻车 CAN 发送信号。因此，如果唤醒线有故障，不能唤醒 J104，就可能在关闭点火开关几分钟后出现故障码。

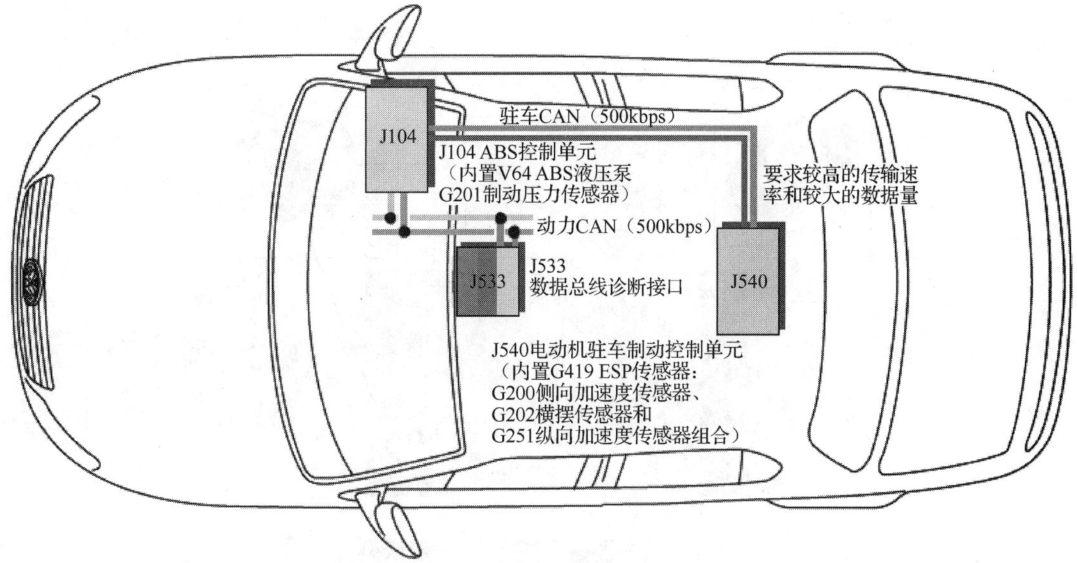

图 9-34　电动驻车系统与 ESP 控制单元通信原理

2）故障处理流程

（1）用万用表着重检测 J540 中的 T30/6 线是否正常：是否导通，是否对地/电源短路。

（2）断开 J540 控制单元的接插头，关闭点火开关几分钟后重新读取故障码。如果此时在 25 中没有出现“ESP 信号不可靠”的故障码，则应为 J540 故障。

（3）更换 J540 后故障排除。

111 迈腾轿车 EPB 故障灯闪烁但无故障码

1）故障现象

迈腾轿车 EPB 故障灯闪烁，如图 9-35 所示，但无故障码。电子制动功能正常，EPB 系统概貌如图 9-36 所示。

图 9-35　EPB 故障灯闪烁

2）故障诊断过程

（1）用 VAS5052 诊断仪进行自诊断检测，如图 9-37 所示，但无故障码。

（2）对电子机械式驻车制动器系统的数据流进行读取并分析，结果正常，如图 9-38 所示。

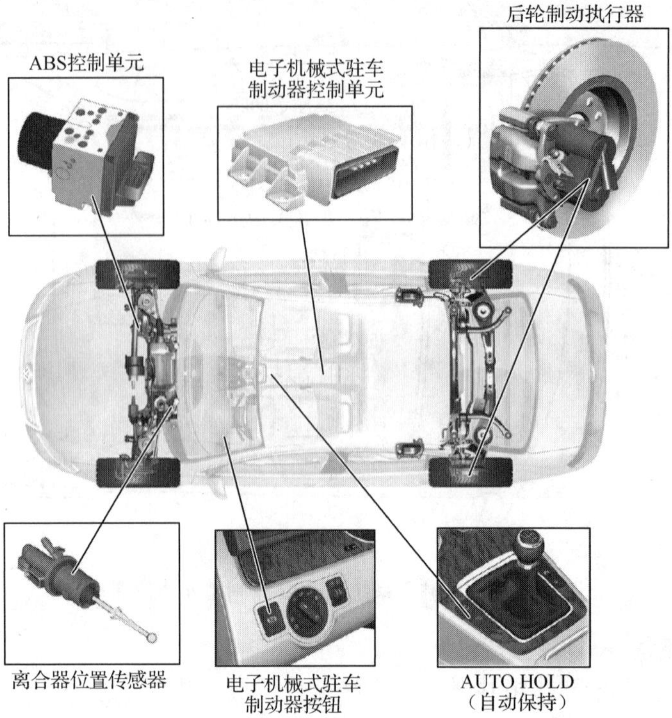

图 9-36 EPB 系统概貌

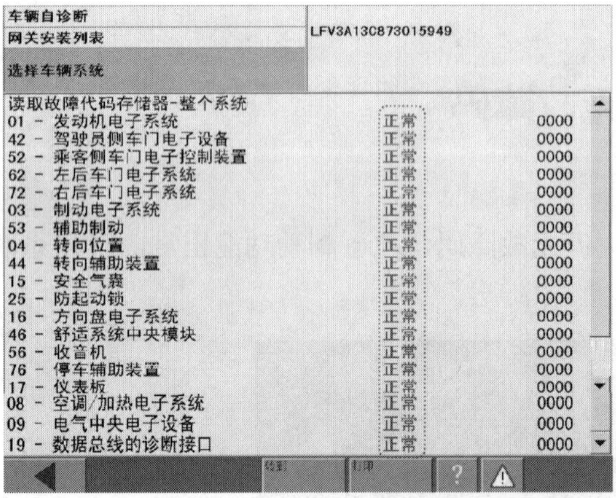

图 9-37 用 VAS5052 诊断仪进行自诊断检测

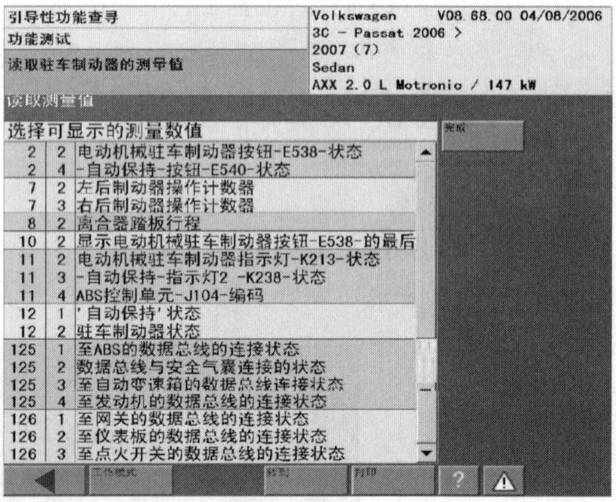

图 9-38 对数据流进行读取并分析

（3）检查 ABS 和 EBP 控制单元的版本及编码，均正常，如图 9-39 所示。

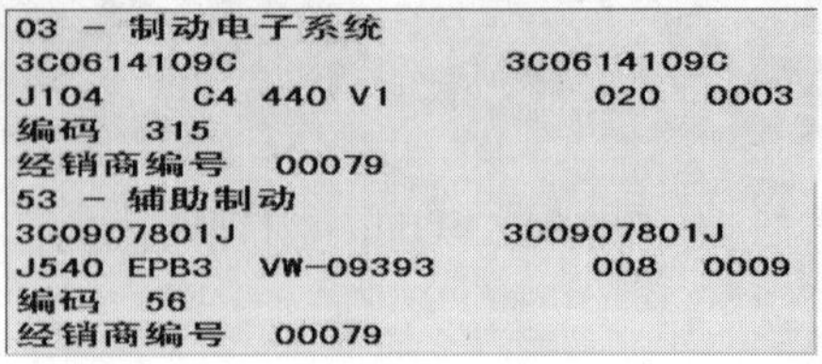
03 － 制动电子系统
3C0614109C 3C0614109C
J104 C4 440 V1 020 0003
编码 315
经销商编号 00079
53 － 辅助制动
3C0907801J 3C0907801J
J540 EPB3 VW-09393 008 0009
编码 56
经销商编号 00079

图 9-39 检查 ABS 和 EBP 控制单元的版本及编码

（4）用系统相关功能进行匹配，故障仍未解决。

03-16-40168-04-060：方向转角传感器 G85 复位。

03-16-40168-04-061：纵向、横摆、侧向加速度传感器复位。

03-16-40168-04-063：侧向加速度传感器 G200 复位。

03-16-40168-04-066：制动压力传感器 G201 复位。

（5）试对控制单元断电，故障未能排除。

① 故障原因分析：53（EPB）基本设定的功能。

53-04-007：后制动片打开。

53-04-006：后制动片关闭。

53-04-010：基本设定（后制动片开关 3 次）。

注意：进行以上操作时，必须等至少 30s 再进入下一步，否则可能由于硬件原因导致 EPB 控制单元损坏。

② 故障处理方法：53-04-010。

3）案例点评及建议

（1）EPB 基本设定的其他功能。

53-10-04 将 1 改为 0：不踩刹车可解除 EPB。

53-10-10 将 1 改为 0：AT 车会出现 03182（离合器位置传感器 G476）故障码且不能清除，EPB 故障灯会长亮。并且每断一次电，此编码可能会自动更改一次。

EPB 编码 57（AT）改为 56（MT），AUTO HOLD 开关失效。

（2）其他系统有故障灯闪烁并且没有故障码时，可先做基本设定。

112　陶瓷制动器结构

陶瓷制动器主要由 3 种材料构成，如图 9-40、图 9-41 所示。结构矩阵由碳化硅和游离硅构成，内嵌在其中的碳素纤维起强化作用。因为表面部分需要更强的硬度和耐磨性，所以摩擦面中的碳化硅陶瓷含量明显高于底板中的含量，如图 9-42 所示。

与此相对的是，底板中含有更多的碳素纤维，以确保底板具有足够的零件强度。

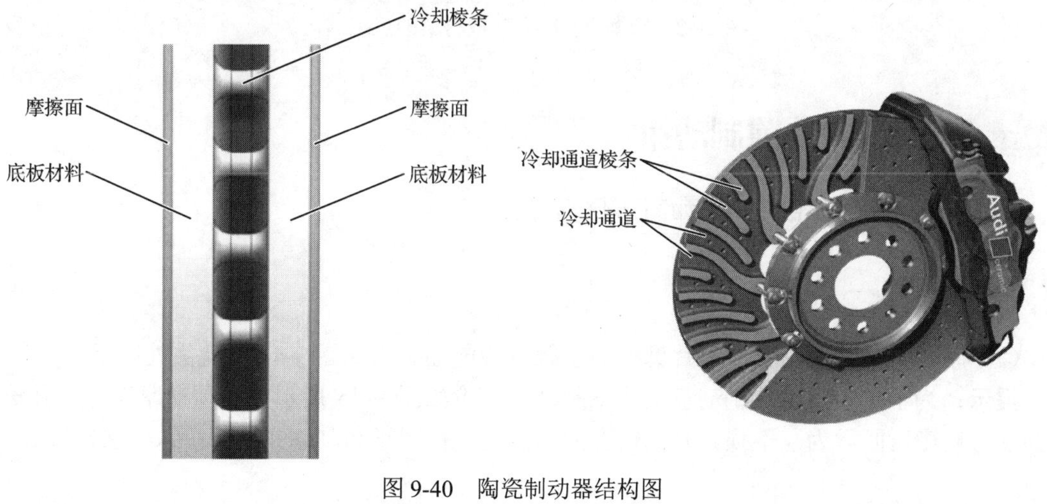

图 9-40　陶瓷制动器结构图

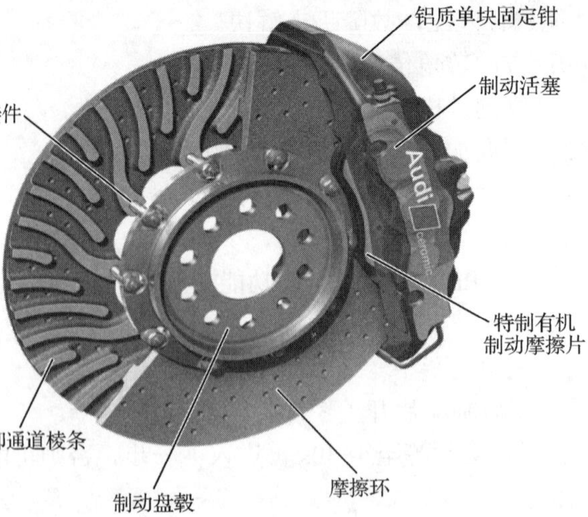

图 9-41　制动器结构图

图 9-42　摩擦面材料和底板材料的组织结构

113 拆卸和安装前制动钳

大众奥迪轿车制动钳分解图如图 9-43 所示。

1）拆卸

（1）拆卸相关的前车轮。

（2）脱开右侧制动钳上摩擦片磨损显示触点的电插头，如图 9-44 中箭头处所示。

提示：为了更容易地从制动盘上拔下制动钳，应如图 9-45 所示，将制动摩擦片 3 用合适的钳子 1 略微压回。为了不损坏制动钳上的油漆层，在钳子和制动钳之间垫入一块橡胶 2。

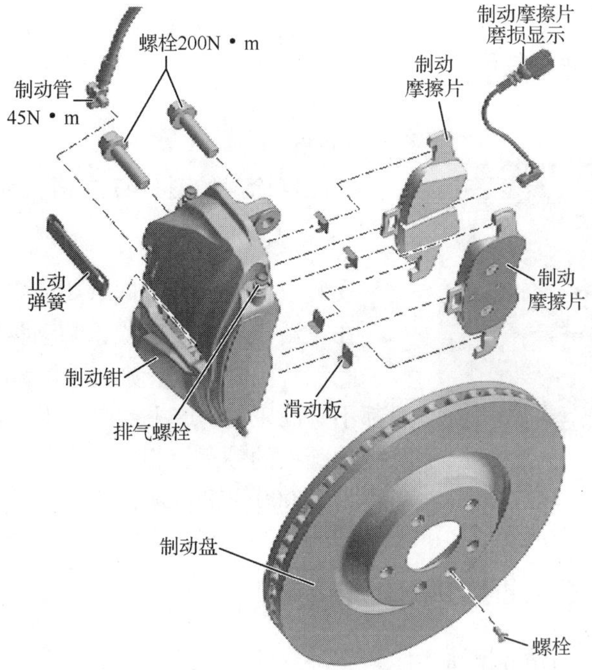

图 9-43　制动钳分解图

图 9-44　脱开右侧制动钳上摩擦片磨损显示触点的电插头

1—钳子；2—橡胶；3—制动摩擦片

图 9-45　将制动摩擦片用合适的钳子略微压回

（3）拧下制动钳的螺栓，如图 9-46 中箭头处所示。

（4）取下制动钳。

（5）用合适的钢丝将制动钳挂在车身上。

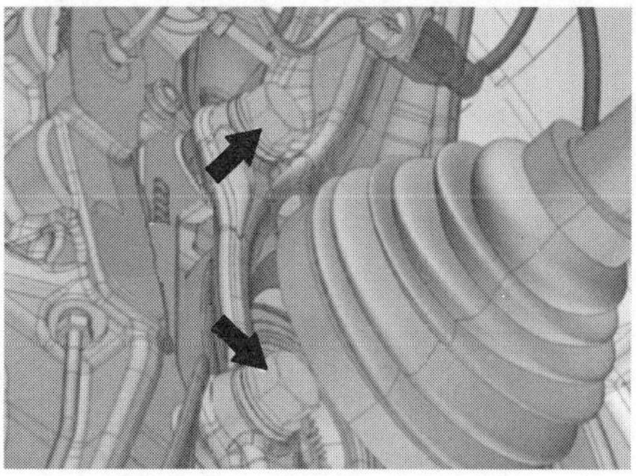

图 9-46　拧下制动钳的螺栓

2）安装

（1）清洁制动钳。

（2）将制动钳连同制动器支架和已安装的制动摩擦片一起小心移动到制动盘上方。

（3）用新螺栓拧紧制动钳。

（4）连接制动钳上摩擦片磨损显示触点的电插头。

114 拆卸和安装制动盘

图 9-47 拧出螺栓

1）拆卸

拧出螺栓，如图 9-47 中箭头处所示，取下制动盘。

2）安装

安装以倒序进行，同时要注意下列事项：

在重新使用前，应检查制动盘的磨损和损坏情况。

制动片更换时间：制动片和制动盘的更换时间周期一般都不是固定的，这主要取决于车辆行驶的路况、驾驶员踩制动踏板的频率及相关的力度。一般常规制动片的更换里程为 25000～30000km。

115 拆卸和安装后制动摩擦片

制动摩擦片分解图如图 9-48 所示。

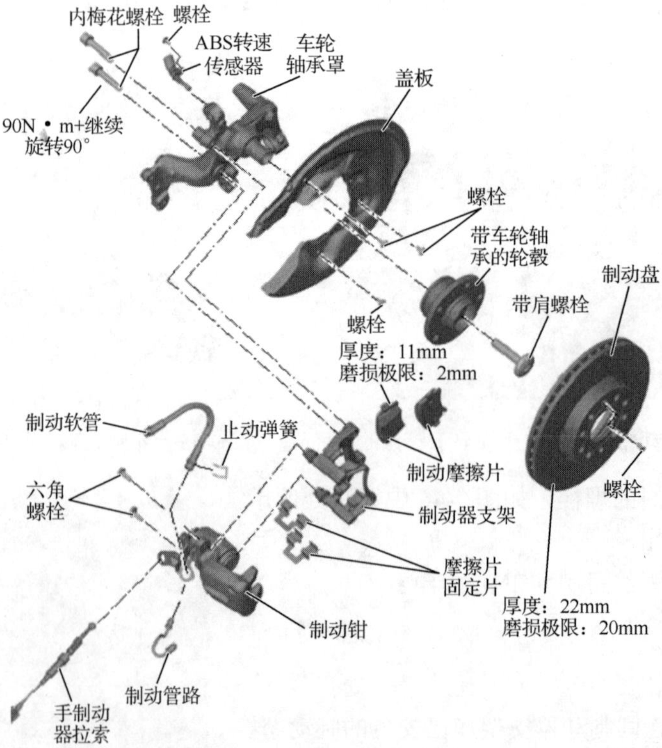

图 9-48 制动摩擦片分解图

1）拆卸

（1）升高车辆拆下后轮。

（2）固定住导向销，如图 9-49 中箭头处所示，将螺栓从制动钳上拧出。

（3）取下制动钳并用钢丝固定，以便制动钳的重量不使制动软管过度承重或损坏。

（4）拆下制动摩擦片和摩擦片固定片，如图 9-50 中箭头处所示。

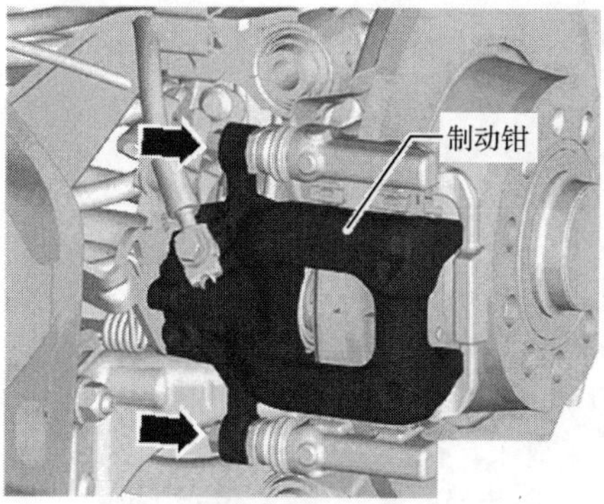

图 9-49　将螺栓从制动钳上拧出

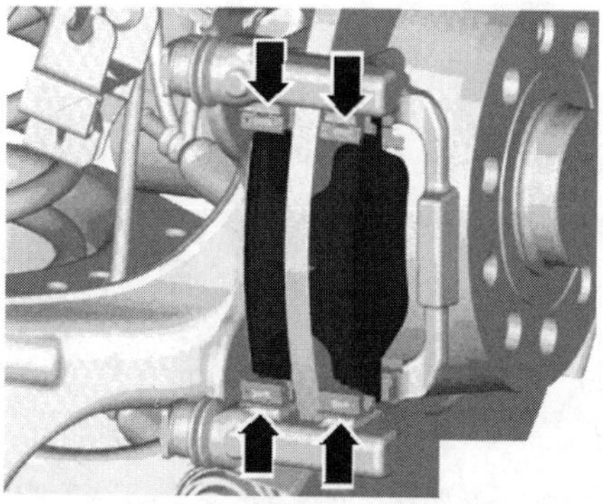

图 9-50　拆下制动摩擦片和摩擦片固定片

（5）彻底清洁制动器支架上的摩擦片固定片、制动摩擦片的支承面，清除锈蚀。

（6）清洁制动钳。提示：只能用酒精清洁制动钳。

2）安装

安装以倒序进行，并应注意下列事项：

（1）向右转动复位工具 T10165 的调节轮，拧上活塞，同时不要损坏护罩。

（2）拧入时使用板 T10165/1 作为辅助工具，如图 9-51 所示。装入复位工具 T10165 时，凸肩要靠在板 T10165/1 上。活塞活动不畅时，可将一个开口扳手（扳手开口度 13mm）置于规定的扳手平面上，如图中箭头 A 处所示。

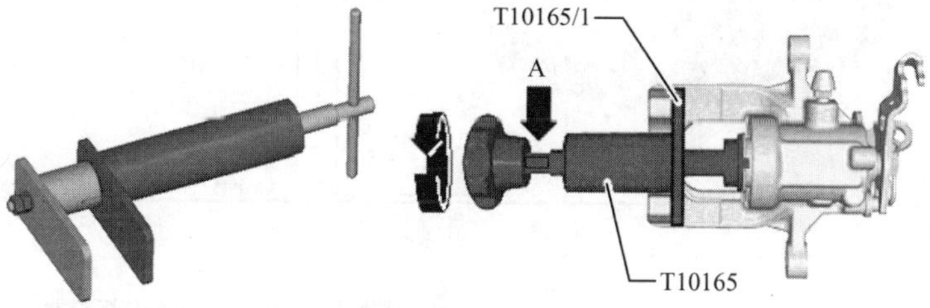

图 9-51　拧入辅助工具

（3）将摩擦片固定片 1 和 2 装入制动器支架内，如图 9-52 所示。提示：摩擦片固定片 1 和 2 是不同的，二者必须以对角形式安装。

（4）安装摩擦片固定片 1 和 2 时，制动器支架两侧的导向凸缘要指向外侧，如图 9-53 中箭头处所示。

（5）将制动摩擦片装入制动钳。

（6）注意，制动摩擦片应位于摩擦片固定片内。

（7）用新的自锁式螺栓固定制动钳，拧紧力矩为 35N • m。

（8）安装车轮。

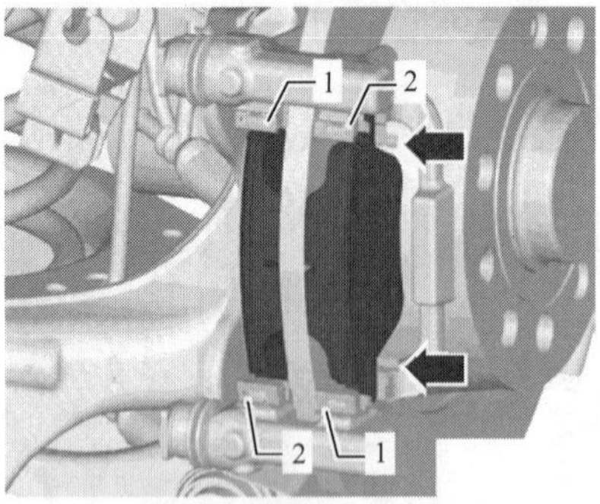

1、2—摩擦片固定片

图 9-52　将摩擦片固定片装入制动器支架内

图 9-53　导向凸缘要指向外侧

116 制动盘和制动摩擦片的检查

制动摩擦片的结构如图 9-54 所示。

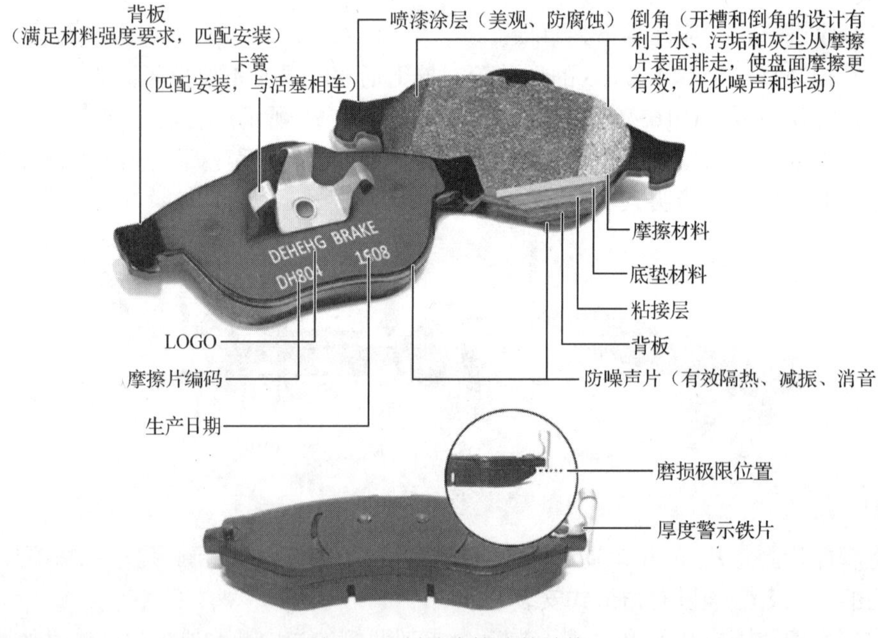

图 9-54　制动摩擦片的结构

1）制动摩擦片的检查

（1）进行外观检查，目视检查制动摩擦片是否有裂纹、油渍或脱胶现象，如图 9-55 所示。

图 9-55　制动摩擦片外观检查

（2）目视检查制动摩擦片的表面与制动盘的接触面积和接触位置，看是否存在不均匀磨损。制动盘上不应有刻痕、不均匀或者异常磨损，以及裂纹和其他损坏。

（3）对制动盘和制动摩擦片表面进行清洁工作。

（4）用卡尺检查制动摩擦片（外侧）厚度，前制动摩擦片厚度标准值为 11.0mm，维修界限为 2.0mm，如图 9-56 所示。如低于规定要求应进行更换。后制动摩擦片厚度规定值为 10.0mm，维修界限为 2.0mm，低于规定要求应进行更换。

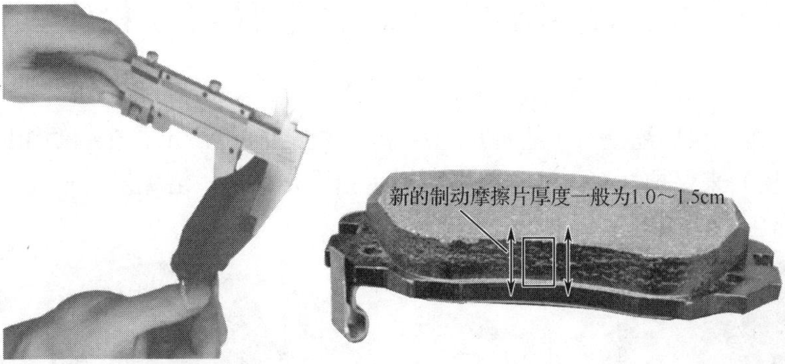

图 9-56　检查制动摩擦片厚度

2）制动盘的检查

（1）清除制动盘表面上的锈蚀及污染物，至少取 8 点测量制动盘厚度，如图 9-57 所示。前制动盘厚度规定值为 26.0mm，极限值为 24.0mm。任意位置，厚度差不能超过 0.005mm。如果磨损超过规定要求，则应更换。

图 9-57　制动盘检查

后制动盘厚度规定值为 10.0mm，极限值为 8.4mm，超过规定值应进行更换。任意位置，厚度差不能超过 0.01mm。如果磨损过度，则应更换车辆左、右两侧的圆盘和衬块。

（2）看厚度。大多数制动盘产品有磨损指示器，就是在盘面上会分布 3 个小凹坑。用游标卡尺测量小凹坑的深度是 1.5mm。也就是说，如果制动盘双面的总磨损深度达到 3mm，则建议及时更换制动盘。

（3）前制动盘径向跳动量的检查。在距制动盘外缘约 5mm 处设置百分表，测量制动盘的径向跳动量。制动盘径向跳动量极限值为 0.05mm，如图 9-58 所示。

如果径向跳动量超过极限值，则应更换；如果径向跳动量不超过极限值，则将其转动 180° 安装，再次检查径向跳动量。如果改变制动盘的位置，径向跳动量不正确，则可以进行光盘处理。

（4）后制动盘径向跳动量的检查。方法同上。

（5）目视检查制动卡钳及连接管路是否有液体渗漏，如果有渗漏，应进行更换，如图 9-59 所示。

图 9-58　制动盘径向跳动量检查

图 9-59　目视检查制动卡钳及连接管路的渗漏情况

117 宝马轿车左、右前制动钳（制动钳已拆下）检修

1）检修

（1）通过连接孔用压缩空气小心地压出柱塞，如图 9-60 所示。在制动钳凹口处放置护板（如硬木或橡胶板）来保护柱塞。注意：不要用手指固定柱塞，避免发生危险。

（2）顶出防尘套，如图 9-61 所示。

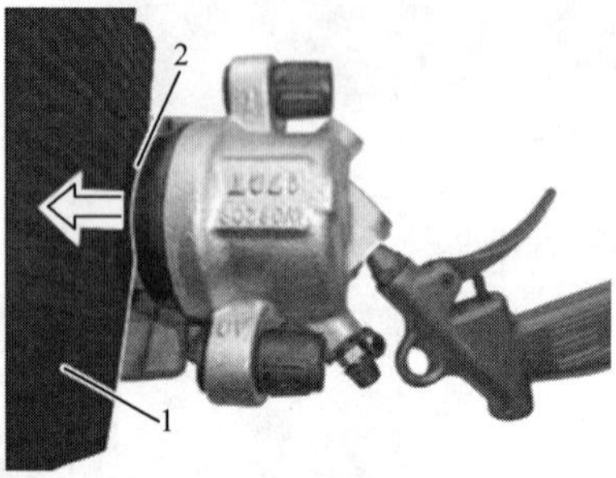

1—防尘套；2—护板

图 9-60 用压缩空气小心地压出柱塞

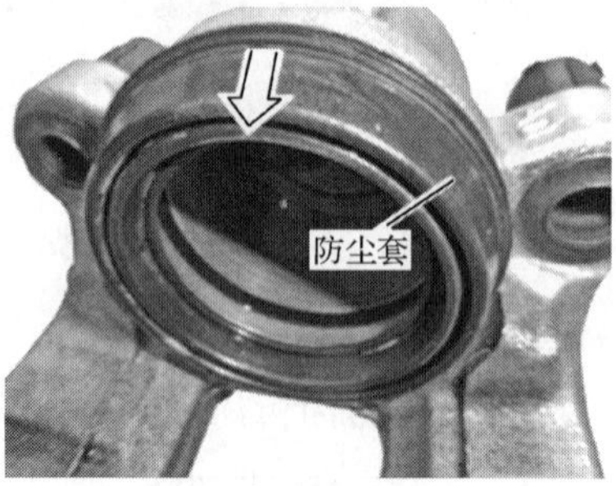

图 9-61 顶出防尘套

（3）小心地取出密封环，如图 9-62 所示。清洁制动缸孔和部件，并用压缩空气干燥。小心检查制动缸孔、柱塞和法兰表面是否有损坏。不允许对制动缸和柱塞进行机械加工。

2）安装

（1）安装密封环。在制动缸孔、柱塞和密封环上略微涂 ATE 制动缸涂膏。

（2）将防尘套 1 装入柱塞 2 的环槽中，如图 9-63 所示。

注意：不要让制动器柱塞歪斜，将柱塞压入制动缸孔中。均匀用力，在制动钳壳体上将防尘套 1 压至极限位置。

提示：防尘套和制动钳壳体之间必须保持干燥。不允许接触 ATE 制动缸涂膏或制动液，以确保防尘套位置正确。

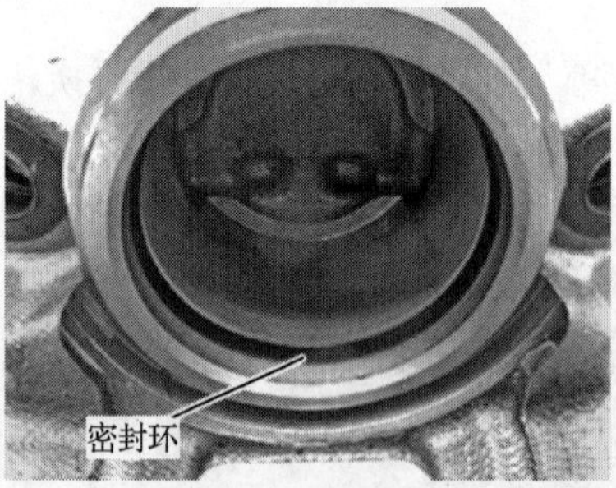

图 9-62 取出密封环

1—防尘套；2—柱塞

图 9-63 将防尘套装入柱塞的环槽中

118 轮速传感器输出电压的检查

（1）检查轮速传感器与齿圈之间的间隙是否合乎标准值，如图 9-64 所示。前轮：1.10～1.97mm；后轮：0.42～0.80mm。

（2）将车升起使轮胎离地，松开手制动器。

（3）拆下 ABS 轮速传感器线束插头并测量。

（4）以每秒 1/2 转的速度转动车轮，用万用表测量输出电压：前轮 70～310mV，后轮应大于 260mV。

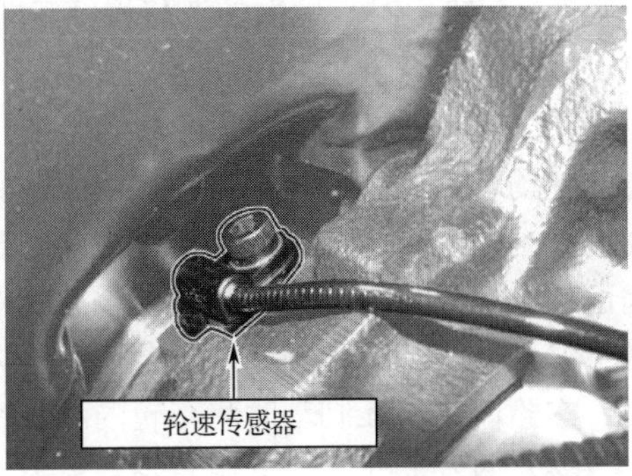

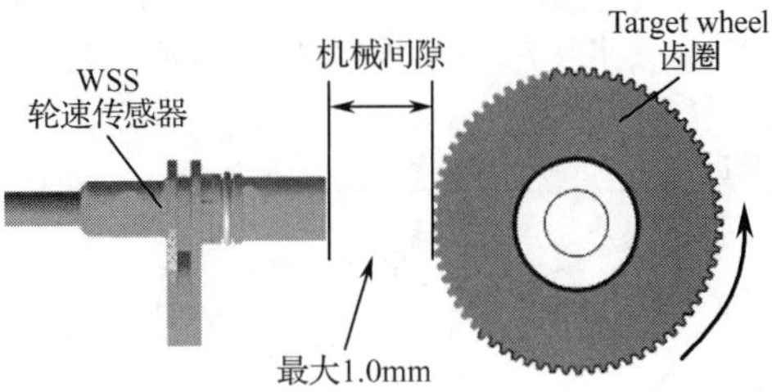

图 9-64　检查轮速传感器与齿圈之间的间隙

119　东风天锦和天龙的制动器制动间隙自动调整

东风天锦和天龙的制动器一般装有自动调整臂，如图 9-65 所示。其中，蜗杆轴位置如图 9-66 所示。当摩擦片磨损、间隙超过设定值时，能自动调小制动蹄和制动鼓之间的间隙，以减少保养时间、保证行车安全。正常工作时，每行驶 10000km 从滑脂嘴处加注润滑脂，检查并拧紧连接叉锁紧螺母。每行驶 20000km 检查一次反向调整力矩，即按逆时针方向转动蜗杆轴力矩（重复试验 3 次），若力矩均小于 26N • m，则必须更换调整臂。检查制动器各零件总成在使用过程中回位是否顺畅，有无发卡现象。当需要更换新蹄片时，应通过旋转蜗杆轴，使凸轮轴处于最小张开位置。换完摩擦片后在整车 300～400Pa 气压范围内踩制动 30～40 次，以保证制动器调小间隙。在车辆使用过程中，随着磨合，蹄片间隙会不断自动调整，直至稳定在设计预留间隙范围内。

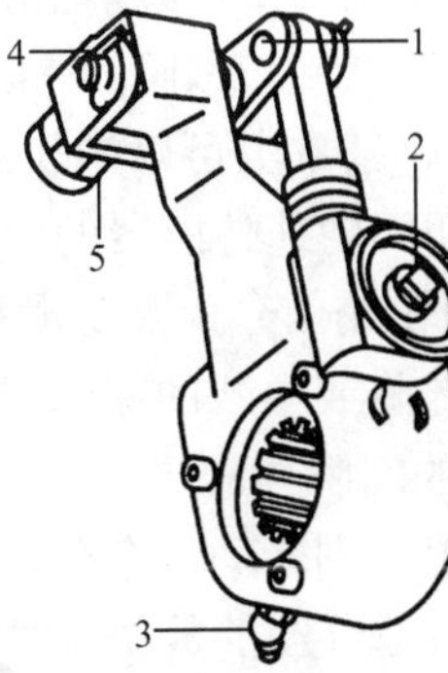

1—小轴销；2—蜗杆轴；3—滑脂嘴；4—连接叉；5—锁紧螺母

图 9-65　自动调整臂

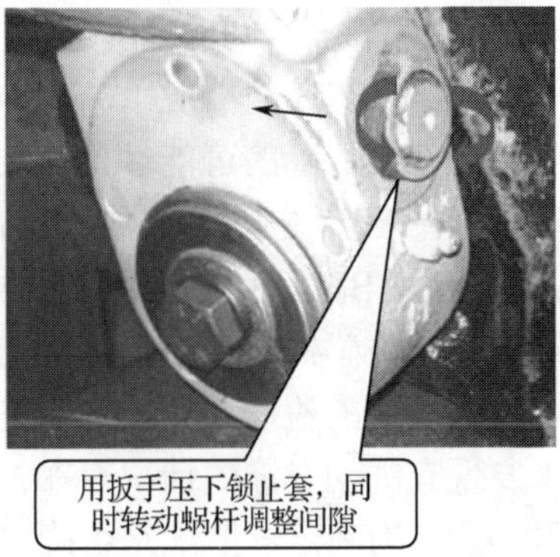

图 9-66　蜗杆轴位置

120　奇瑞瑞虎 ABS 低速误动作故障

1）故障现象

一辆新款的奇瑞瑞虎 SUV，在车辆即将停车时踩踏制动踏板，ABS 误动作。

2）故障诊断与排除

首先对该车进行了路试。在快速行驶的情况下，采取紧急制动，ABS 系统工作正常；当车速减慢接近要停车时，轻踩制动踏板，踏板频繁弹脚，说明 ABS 此时工作，并且 ABS 故障灯也没有点亮，这种情况确实不正常。我们知道，ABS 系统通常都是根据汽车车轮的滑移率 S 来实施 ABS 执行器的具体动作的。所谓滑移率，就是指车轮相对于地面的滑移程度，即

$$S=(V-\omega r)/V\times100\%$$

式中，V 为车速（车身速度、车轮中心速度）；ω为车轮旋转角速度；r 为车轮滚动半径。

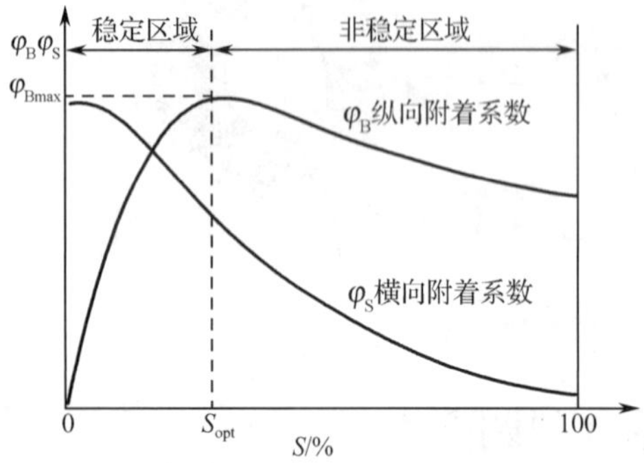

图 9-67 滑移率与附着系数的关系曲线

在实施制动时，如果滑移率过小，则表明制动力不足，会增大制动距离；如果滑移率过大，则表明制动力已远远超过地面附着力，车轮将出现抱死拖滑的情况，这不但可能增大制动距离，也会使车辆失去方向稳定性。实验证明，在制动时将车轮的滑移率控制在 15%～20%左右，此时，纵向附着系数最大，能够得到最好的制动效能。同时，横向附着系数也较大，使汽车具有较好的制动方向稳定性，如图 9-67 所示。ABS 的功用就是在制动过程中，通过调节制动器的制动力，将车轮的滑移率始终控制在 15%～20%，从而获得最佳的制动效能和较好的制动方向稳定性。

在车速低于 10km/h 的条件下，ABS 系统是不工作的，主要原因就是在如此低速的情况下，车轮滑移率很难会超过 20%，并且在该条件下，如果 ABS 参与工作，其制动距离将可能超过常规制动的距离，反倒不安全。将 X-431 检测仪连接到车上，再次进行路试。通过检测仪的诊断，无故障存在，但在车速较低时，读取到的数据流有一点异常，即左前轮速传感器信号不稳，这是否与此故障有关呢？当车速降至 12km/h 左右时，实施慢速制动，结果 ABS 又工作了。

根据上述 ABS 的工作机理和实车路试的情况，我们认为该 SUV 的故障尽管是在车速超过 10km/h 时出现，满足 ABS 工作的条件，但在实施慢速制动的情况下，其车轮滑移率不可能超过 15%～20%。因此，在正常的情况下 ABS 是不可能工作的。那么，导致该故障的原因究竟是什么呢？

由于在中、高车速的情况下 ABS 工作都很正常，因此，基本上可以排除 ABS 控制单元和液压执行系统存在故障的可能性，最大的可能就是在低速期间轮速传感器的信号陡然减弱或中断，只有这样，ABS 电脑才会根据接收到的陡降或中断的轮速信号，判定滑移率超过 15%～20%，从而启动 ABS。而能造成轮速传感器信号在低速时陡降或中断的原因主要有：个别车轮刹车发滞、轮速传感器自身故障、轮速传感器与感应齿圈的间隙异常等。

本着由简及繁的检修原则，我们首先举升起车辆，用手分别转动每个车轮，各车轮都旋转自如，未发现有制动发滞的情况存在；由于前期在用 X-431 读 FA 的数据流时发现左前轮速传感器信号不稳，为确定该情况是否确实存在，接下来我们分别慢速转动左、右前轮，并再次读取数据流，发现左前轮速传感器的信号电压时有时无，而右前轮速传感器的信号电压比较稳定，由此，我们可以断定，造成 ABS 低速误动作的原因要么是轮速传感器自身故障（线圈匝间局部短路或电路虚接），要么是轮速传感器与感应齿圈的间隙异常。拆下两前轮轮速传感器，转动半轴检查传感器的感应齿圈，均正常；测量传感器与感应齿圈的间隙，都在 0.4mm 左右，符合 0.2～0.8mm 的规定要求，可见，问题还是出在轮速传感器自身。为此，我们又分别断开左、右前轮轮速传感器插头，测试传感器的阻值，均约为 1200Ω，也在规定范围之内。之后又

查阅了瑞虎的相关资料，根据 ABS 控制电路图（如图 9-68 所示），我们对 ABS 电脑 1 号和 2 号端子至左前轮速传感器插接器进行了导通性测试，也正常。至此，可以基本确定左前轮速传感器有线路虚接的问题存在。为了证明我们的推断，本应该更换一个新的左前轮速传感器进行实验验证，但由于当时没有备件，我们采取了另外一种方法，如图 9-68 所示，断开左前轮速传感器插头，从右前轮速传感器的插接器处并出两条线路，连接至 ABS 电脑的 1 号和 2 号端子的线路插接器上，目的是利用右前轮速传感器的信号来取代原左前轮速传感器的信号。在此条件下驾驶车辆路试，ABS 低速误动作的现象终于消失了，ABS 系统工作一切正常。在推断得到证实之后，我们将左前轮速传感器拆下并剖开外层护套仔细检查，发现该传感器在左前翼子板上沿附近的位置有被挤压的痕迹，但线路并没有完全断开，这很可能是在车辆装配过程中造成的。修复后该车 ABS 系统完全恢复正常，再也没有低速误动作的情况出现。

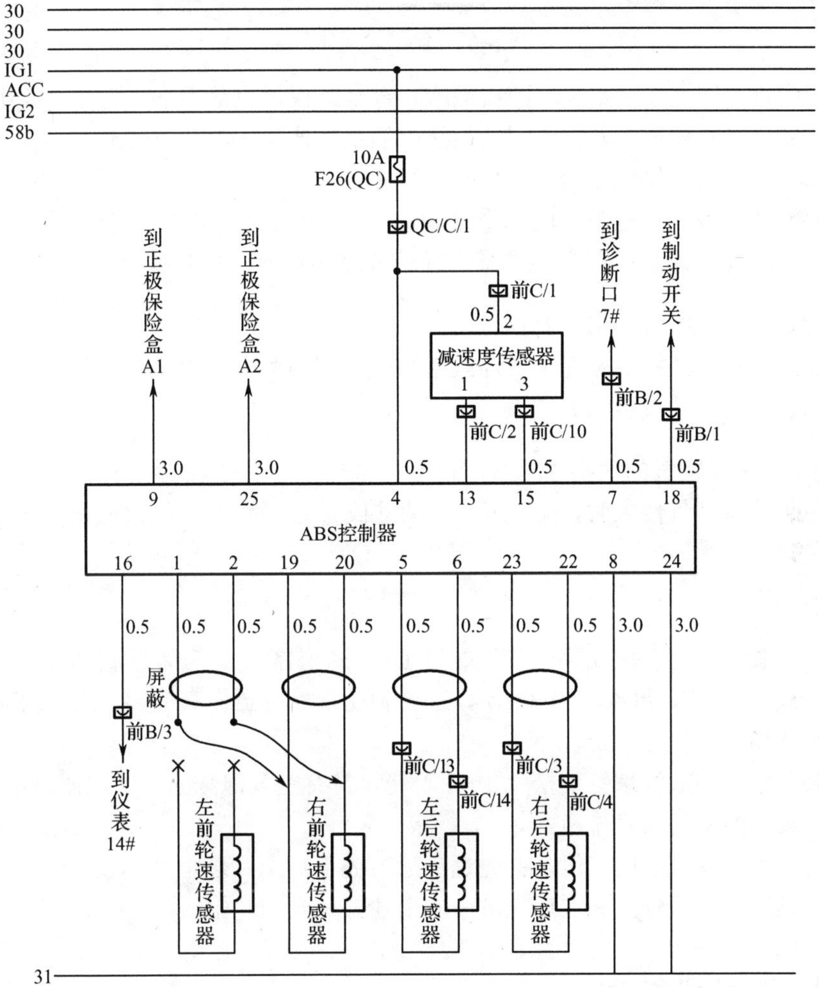

图 9-68　瑞虎 ABS 控制电路图

121 制动系统的排气

1）使用专用制动系统充液装置 VW1238/1 时的排气步骤

排气时，接通 VW1238/1 制动系统放气装置，按以下顺序操作：

按右后车轮制动轮缸→左后车轮制动轮缸→右前制动钳轮缸→左前制动钳轮缸的顺序打开放气螺栓，并用排液瓶盛放排出的制动液。

2）没有专用装置的排气步骤

（1）将一根软管一端接到排气螺钉上，另一端插入排液瓶，如图 9-69 所示。

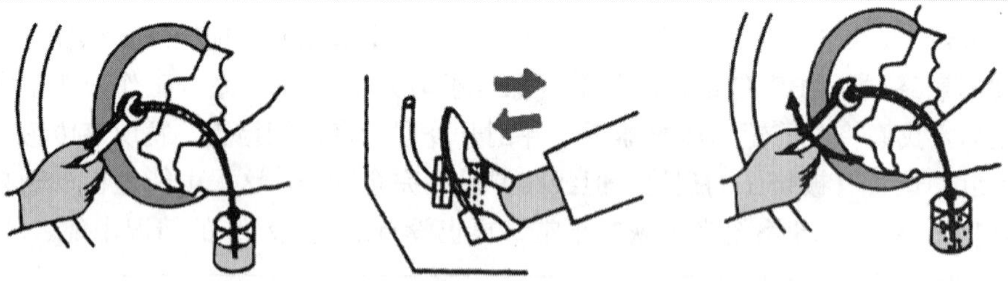

图 9-69 制动系统排气

（2）两人配合，一人连续踏制动踏板数次，直至踏板再也踏不下去为止，并用力踏住踏板不放；另一人将排气螺栓稍松开，让制动系统内的空气连同一部分制动液一起排出。当制动踏板被踏到底后，立即旋紧排气螺栓。排气顺序同上。

（3）重复上述过程，直至放出的完全是制动液，容器中制动液里无气泡为止。

（4）在排气过程中，必须观察储液罐内制动液面的高度，必要时添加制动液。

3）制动系统渗入空气的判定方法

如果一次踏下制动踏板绵软无力，连续踏数次，制动踏板逐次升高，升高后踏下不动，感到有弹力，则表明制动系统中渗有空气。

4）制动系统渗入空气的危害性

制动液压系统有空气侵入时，就会感到制动踏板无力，制动踏板行程过长，致使制动不足，甚至制动失灵。

5）常规放气方法

用一专用橡胶管的一端接在某一放气螺钉上，另一端插入盛有半瓶制动液的玻璃瓶中。慢踩快放制动踏板 2～3 次，每次间隔 3～5s，直至制动踏板升至最高位置。此时制动系统内剩余压力一般可达 0.15～2 个大气压。

迅速把某分泵上的放气螺钉旋松 1/3～1/2 转，带有空气泡沫的制动液便排出。反复 1～2 次，直至该分泵内的空气彻底排净。

（1）放气原则。放气原则一般是：先远后近，先下后上，逐个进行放气。

（2）放气顺序。右后轮缸→左后轮缸→右前轮缸→左前轮缸。

122 制动器总成拆装

制动器总成如图 9-70 所示。图中，推杆尺寸 a=164.7±0.5mm。

1）拆卸

（1）关闭点火开关。

（2）反复踩下制动踏板，降低制动助力器内的压力。

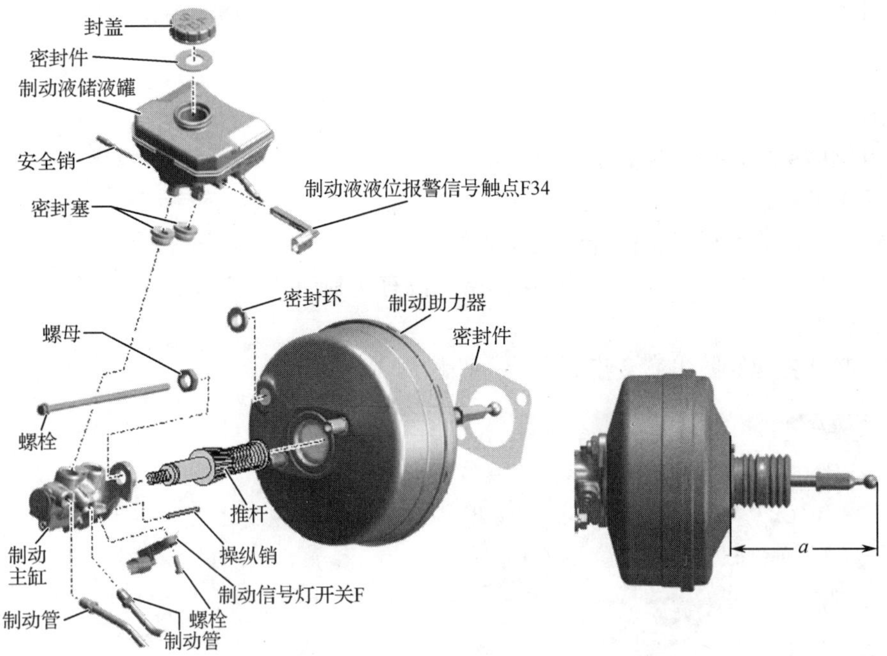

图 9-70　制动器总成

（3）从制动助力器上拆下制动踏板。

（4）在制动助力器下面的区域里铺放足够的不起毛的抹布，以防制动液溢出。

（5)将制动液用制动液加注及排气装置 VAS5234 和适配接头 VAS5234/1A 尽可能多地从制动液储液罐中吸出，如图 9-71 所示。

（6）拆卸排水槽盖板。

（7）拆卸制动液储液罐。

（8）将电插头 1 从制动助力压力传感器和制动灯开关 F（见图 9-72 中位置 4）上断开。

（9）拆卸制动助力压力传感器 2，如图 9-72 所示。

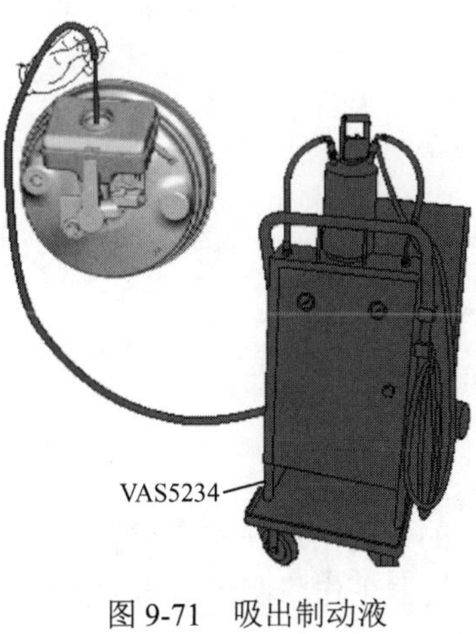

图 9-71　吸出制动液

1—电插头；2—压力传感器；3—锁紧螺栓；4—制动灯开关 F

图 9-72　拆卸制动助力压力传感器

（10）拧出制动管路的锁紧螺栓 3，将制动管路从制动主缸上拔下并略微压向一侧。

（11）立即用装配组件 5Q0 698 311 中的干净密封塞封闭敞开的连接处。

（12）拧出螺栓，如图 9-73 中箭头处所示，小心地从排水槽中拔出带制动主缸的制动助力器。

2）安装

安装以倒序进行，同时注意下列事项：

拆卸后更换螺栓。

（1）彻底清洁排水槽残留的外溢制动液。

（2）检测橡胶防尘套 2 是否如图 9-74 所示没有从制动助力器 1 上的环形凹槽（如图中箭头处所示）中滑出。

提示：必须将橡胶防尘套 2 牢固地装入凹槽周围。

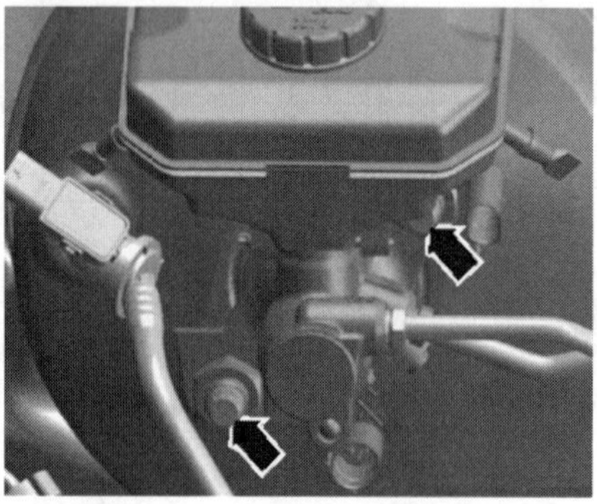

图 9-73　拆下制动助力器

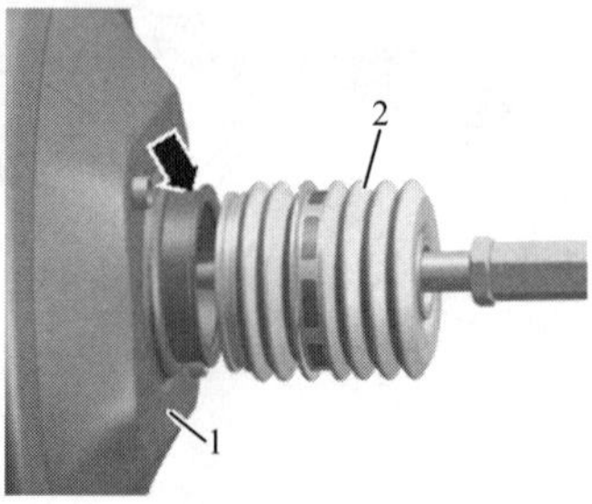

1—制动助力器；2—橡胶防尘套

图 9-74　检测橡胶防尘套

（3）小心地装入带制动主缸的制动助力器并拧入螺栓。

（4）将真空软管压入制动助力器。

（5）安装制动助力压力传感器。

（6）将真空软管稳固地推到制动助力压力传感器上。

（7）用手将制动管装入制动主缸。不要改变制动管路的弯曲形状。

（8）用必要的扭矩拧紧制动管的锁紧螺栓。

（9）安装制动液储液罐。

（10）将制动踏板与制动助力器连接在一起。

123 制动液更换

制动液更换机结构如图 9-75 所示。

更换制动液操作步骤如下。

（1）汽车处于静止状态。

（2）阀 1 指向开处，阀 2、阀 3 指向关处。

（3）找出待操作汽车制动总泵位置，先将制动液壶上的盖旋出放在安全位置，再将吸油管配上专用接头后，插至制动液壶内，开启调压阀。此时，机器工作将制动液壶内的旧油吸出至机器内旧储油桶内，如图 9-76 所示。

（4）旧油抽干净后，取出吸油管，取下专用接头，将出油管配上专用接头，放至制动液壶内，阀 3 指向开处，阀 1 指向关处，阀 2 指向开处，将新油注入制动液壶内 2/3 处即可。

（5）完毕后，关闭调压阀。

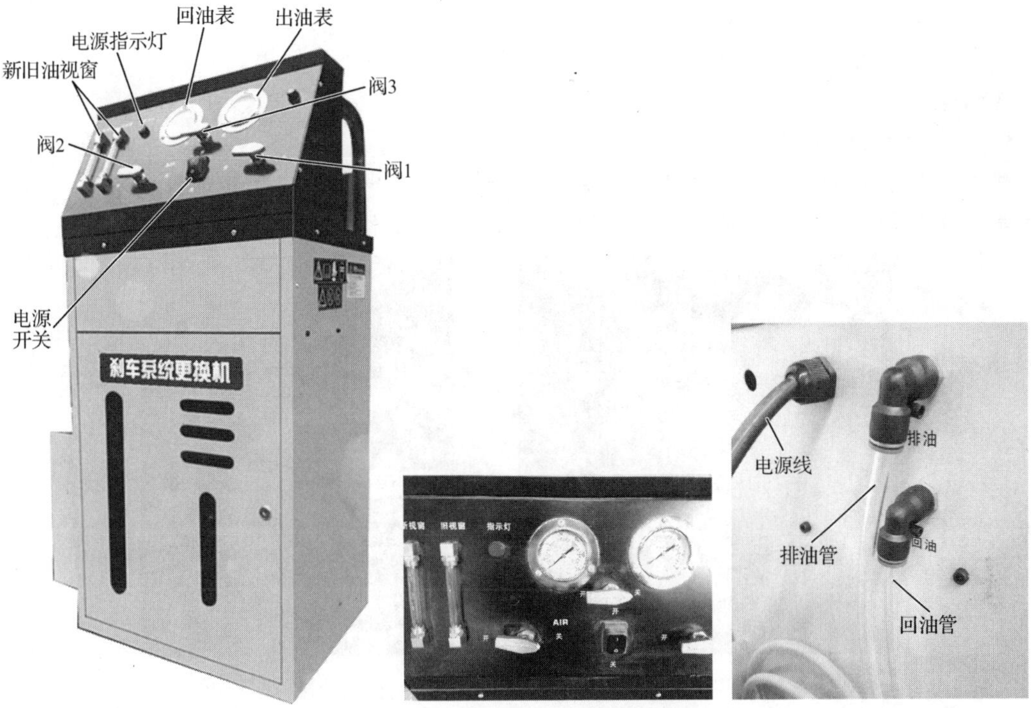

图 9-75　制动液更换机结构

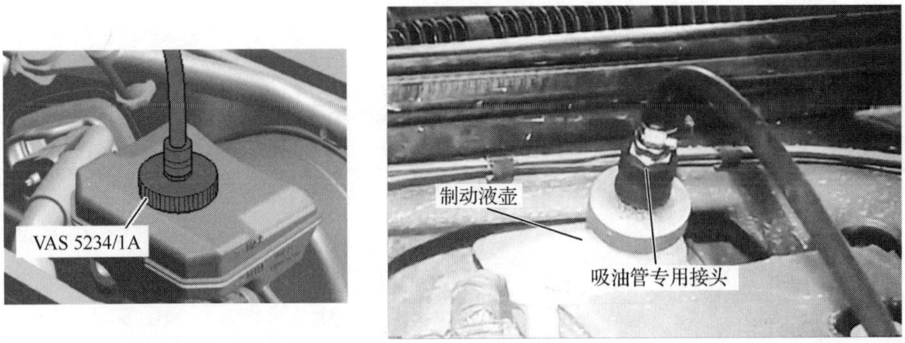

图 9-76　将吸油管配上专用接头

制动液更换机的操作如下。

（1）确定待操作汽车型号，从本机器配备的专用接头中找出与之相配的接头（制动液壶旋紧盖），旋在制动液壶上。

（2）将出油管与专用储液壶接头相连接，将吸油管配上专用吸油管连在制动轮上的排气螺栓上，并打开排气螺栓，如图 9-77 所示。

（3）当需要两轮或四轮同时操作时，可在回油管上配上专用五通阀。两轮操作时，可同时接上两根专用吸油管（一般左前右后，或右前左后）。

（4）管路接好后，可将阀 2、阀 3 指向开处，阀 1 指向关处。

（5）当回油管内出来的制动液为新油时，即可依次旋紧制动轮上的排气螺栓，关闭电源。

（6）换油完毕后，将阀 2 指向 AIR 中间泄压位置（由于制动液壶内在换油时处于高压位置，必须先卸压）。

（7）恢复汽车原状态，试制动即可。

（8）整理本机器上的出油管、吸油管及专用接头，以备下次使用。

注意：

- 汽车处于静止状态；
- 先将汽车制动液壶内的旧油抽出至本机废油桶内（同抽油、注油步骤一样）；
- 开启电源，这时制动油路内的旧油被吸出，排入本机废油桶。

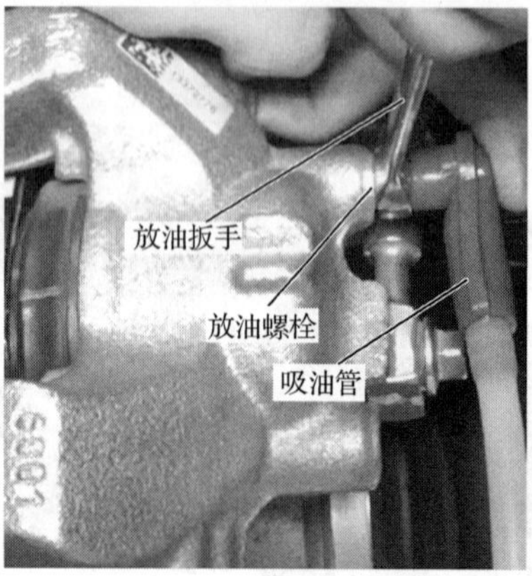

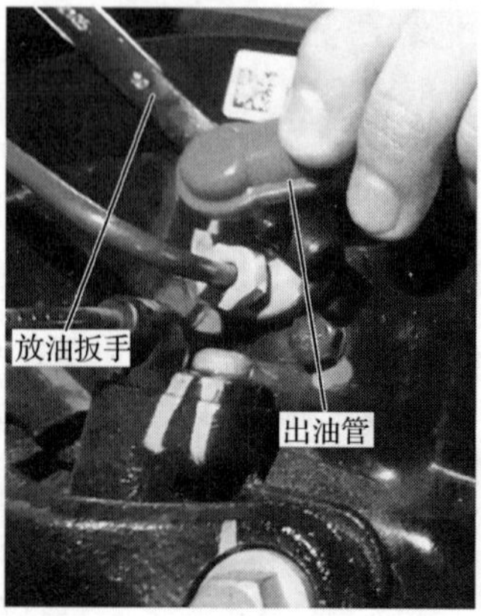

图 9-77　将吸油管配上专用吸油管连在制动轮上的排气螺栓上

反侵权盗版声明

举报电话：（010）88254396；（010）88258888
传　　真：（010）88254397
E-mail：　dbqq@phei.com.cn
通信地址：北京市海淀区万寿路 173 信箱
　　　　　电子工业出版社总编办公室
邮　　编：100036